빌브라이슨
언어의
탄 생

빌 브라이슨

언어의 탄생

영어의 역사,
그리고
세상 모든
언어에 관하여

박중서 옮김

다산북스

이 책을 준비하는 과정에서 도움을 베풀어준 분들이야 이루 말할 수 없이 많지만, 그중에서도 〈가디언〉의 조너선 펜비Jonathan Fenby, 〈선데이 타임스〉의 토니 시케마Tony Sikkema, 그리고 오사카의 다카스케 마쓰오 박사Dr. Takasuke Matsuo께 특별히 감사드린다. 이 세 분은 각각 프랑스어와 네덜란드어와 일본어에 관한 이런저런 질문에 관해 친절하게 답해주셨다. 〈인디펜던트〉의 마일스 킹턴Miles Kington은 말놀이에 관한 장에 2개의 일치운holorimes을 수록할 수 있게 허락해주었다. 우리 어머니 메리 브라이슨Mary Bryson께서는 이런저런 스크랩과 그 밖의 자료를 계속해서 제공해주셨다. 런던의 캠든 공립도서관과 디모인의 드레이크대학교 도서관은 나 혼자서는 결코 찾아내지 못했을 자료들을 찾아내는 데 도움을 주었다. 그리고 다른 누구보다도 아내인 신시아Cynthia의 끝없는 도움과 지원에 감사한다.

이 책의 일부 내용은 《TWA 앰버서더》와 캐나다의 학습 교재인 《랭귀지 인 액션》에 약간 다른 형태로 수록된 적이 있다. 그 지면에 기고했던 내용을 여기 다시 수록할 수 있게 허락해주신 것에 감사드린다. 말이 나왔으니 로런스 어댕Laurence Urdang에게도 감사드려야겠다. 왜냐하면 그는 내 기고문을 무단 도용하여 유럽과 미국에서 간행되는 최소한 3개 이상의 지면에 기고한 어느 여성을 추적하는 과정에서 (안타깝게도 아직까지는 성과가 없지만) 내게 도움을 주었기 때문이다. 그 여성이 내 기고문을 무단 도용해서 기고한 잡지 가운데 하나가 바로 어댕 씨의 저명한 계간지 〈버베이팀〉이다.

이들 모두에게 나는 심심한 감사를 보내는 바이다. 아, 물론 누군지 모를 그 무단 도용자는 빼고. 그 여성을 향해서는 심심한 raspberry를 보낸다고 해야 하겠다.[1]

---

1. 저자가 언급한 raspberry의 뜻에 관해서는 15장 말미를 참고하라. ─ 옮긴이

차례

1 —— 전 세계의 언어   9

2 —— 언어의 시작   27

3 —— 언어의 다양성   51

4 —— 맨 처음 1000년   71

5 —— 단어의 유래   109

6 —— 발음   141

7 —— 영어의 변종   167

8 —— 철자법   199

9 —— 좋은 영어와 나쁜 영어   227

10 —— 혼돈에서 질서로   251

11 —— 구세계와 신세계   275

12 —— 세계 언어가 된 영어   307

13 —— 이름   339

14 —— 욕설   371

15 —— 말놀이   393

16 —— 영어의 미래   421

옮긴이의 말   435

참고 문헌   438

찾아보기   445

1

전 세계의 언어

THE WORLD'S LANGUAGE

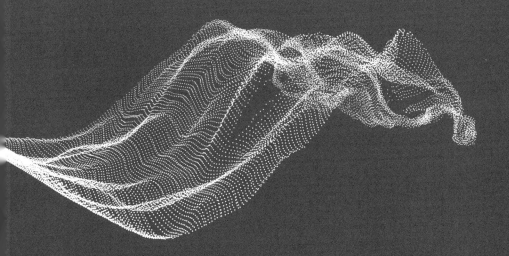

영어의 가장 주목할 만한 특성은 좋은 '동시에' 나쁘기도 한 기만적인 복잡성이다. 영어에서는 어떤 것도 겉보기처럼 간단치 않다. what이라는 간단한 단어를 예로 들어보겠다. 영어 사용자는 이 단어를 매일 쓴다. 정말이지 두어 마디 가운데 한 번씩은 이 단어가 들어갈 정도다. 하지만 어느 외국인에게 이 단어의 뜻을 어떻게 설명할 수 있을까?

BILL BRYSON

THE WORLD'S LANGUAGE

전 세계에서 3억 명 이상이 영어로 말하고, 그 밖의 사람들도 영어로 말하려고 온갖 애를 쓴다. 하지만 결과가 항상 만족스러운 것은 아니다.

유고슬라비아[1]의 어느 호텔에 적혀 있는 문장을 보자. The flattening of underwear with pleasure is the job of the chambermaid. Turn to her straightaway. 기꺼이 속옷을 평평하게 만드는 것은 객실 담당 직원의 업무입니다. 즉시 그녀에게 돌아서세요.[2] 또는 도쿄에서 볼 수 있는 운전자를 위한 안내문을 보자. When a passenger of the foot heave in sight, tootle the horn. Trumpet at him melodiously at first, but if he still obstacles your passage, then tootle him with vigour. 발 들어 올림의 승객이 보이면 경적을 연주하시오. 처음에는 상대방을 향해 아름다운 선율로 나팔을 불고, 그가 계속 당신의 앞길을 막으면 힘차게 부시오.[3] 이탈리아에서 온 즉석요리 꾸러미에 딸린 설명서도 보자. Besmear a backing

---

1. 유럽의 발칸반도에 있던 사회주의연방공화국인데, 지금은 슬로베니아·크로아티아·마케도니아·보스니아헤르체고비나·세르비아·몬테네그로 등으로 분리됐다.— 옮긴이
2. "다림질을 원하시는 분은 객실 담당 직원에게 알려주세요" 정도를 의도했을 것이다.— 옮긴이
3. "도로에 행인이 나와 서 있으면 경적을 울려 피하게 하시오. 처음에는 살살 울리지만, 상대방이 피하지 않으면 더 세게 울리시오" 정도를 의도했을 것이다.— 옮긴이

pan, previously buttered with a good tomato sauce, and, after, dispose the cannelloni, lightly distanced between them in a only couch.후진하는 프라이팬을 뒤범벅하고, 처음에는 좋은 토마토소스로 바르고, 다음, 유일한 침상에서 그 사이를 가볍게 떨어뜨려 카넬로니를 배치하시오.[4]

맨 마지막 문장을 쓴 사람은 영어에 대한 약간의 무지도 맛 좋은 음식을 즐기는 데 아무런 장애가 되지 않는다고 생각했을지도 모르겠다. 아닌 게 아니라 영어의 미덕 가운데 하나는 어떤 내용을 제아무리 대충 이해했어도, 열의만 있으면 얼마든지 잘 설명할 수 있다는 점이 아닐까. 말 그대로 '힘차게 부는' 마음만 있다면 말이다.

솔직히, 부주의한 외국인이 보기에 영어는 갖가지 부비트랩이 가득 찬 언어가 아닐 수 없다. fly라는 단어에 '날아다니는 해충', '여행 방법', '신사복에서 가장 중요한 부위' 등 여러 뜻이 있다고 하면 누가 좋다고 하겠는가. 어떤 외국인이 다음과 같은 사실을 배워야 한다고 가정해보자. 즉 영어에서는 항상 a lie하나의 거짓말와 the truth그 진실라고 하고, I could care less나는 덜 신경 쓸 수 있어라는 표현이 I couldn't care less나는 덜 신경 쓸 수가 없어라는 말과 똑같고,[5] 어느 가게에 붙어 있는 All Items Not On Sale이라는 문구가 말 그대로 '할인되는 품목은 하나도 없다'라는 뜻이 아니라 일부 품목만 할인된다는 뜻이고, 누군가가 How do you do?어떻게 하십니까?[6]라고 물었을 때 완벽한 논리에 따라 How

---

4. "빵 굽는 프라이팬에 버터를 넉넉히 두르고, 토마토소스를 넣은 다음, 카넬로니를 넣고 서로 붙지 않도록 잘 저어주시오" 정도를 의도했을 것이다. — 옮긴이
5. 원래는 둘 다 "신경 안 써", 즉 "아무래도 상관 안 해"라는 뜻이다. — 옮긴이
6. 원래는 "처음 뵙겠습니다"라는 뜻이다. — 옮긴이

do I do what?내가 뭘 어떻게 하느냐는 거죠?이라고 반문하면 상대방이 당황하게 마련이라고 말이다.

영어가 이렇게 복잡하다 보니, 원어민조차 항상 효율적으로 의사소통을 할 수 있는 것은 아니다. 영국을 방문한 미국인이라면 십중팔구 첫날부터 이런 사실을 실감할 것이다.《옥스퍼드 영어 사전》의 편찬자인 로버트 버치필드는 미국 영어와 영국 영어가 아주 빠른 속도로 서로 멀어지고 있기 때문에, 앞으로 200년 안에 두 나라 말이 소통되지 않을 수도 있다는 신념을 피력해 대서양 양쪽의 언어학계에 일대 파란을 일으켰다.

정말 그럴 수도 있다. 하지만 두 세기 뒤에 영국인과 미국인이 말 때문에 서로 당황스러워질 것이 사실이라고 해도, 그 밖의 사람들은 별로 당황하지 않을 것 같다. 적어도 현 단계에서 영어의 단어와 구문을 계속 수용하는 다른 나라 사람들은 말이다. 예를 들어 독일인들은 ein Image Problem이미지 문제과 das CashFlow캐시플로에 대해 말하고, 이탈리아인들은 il software소프트웨어로 프로그래밍을 하며, 프랑스의 운전자들은 weekend break주말 휴가를 가는 사이에 les refueling stops주유소에 잠깐 멈춰 서고, 폴란드인들은 telewizja텔레비전를 보고, 에스파냐인들은 flirt연인 간의 유희를 하고, 오스트리아인들은 Big Mäcs빅맥을 먹고, 일본인들은 pikunikku소풍를 간다.

좋든 싫든 간에 오늘날 영어는 가장 세계적인 언어이며, 사업·과학·교육·정치·팝뮤직 분야의 공통어가 됐다. 전 세계 168개국의 항공사 가운데 157개국의 항공사에서 영어로 안내 방송을 한다. 인도 한 곳만 해도 영어 신문이 3000종이나 된다. 유럽자유무역연합EFTA 소속 6개국이 영어로 업무를 처리하기로 했지만, 그중 영어가 공용어인 나라는 없다. 1977년에 프랑스·이탈리아·독일·스위스 4개국의 여러 기업이 아이비코라는 트럭 제조 벤처 기업을 설립하며 영어를 업무상 공용어로 채택했는데, 여러 설립자 중 한 사람이 "그래야만 우리 모두가 공통의 불이익을 감수할 수 있을 것"이기 때문이었다고 비꼬아 말했다. 1988년에 스위스 회사인 브라운 보베리와 스웨덴 회사인 ASEA가 합병할 때도 같은 이유로 영어를 회사의 공용어로 채택했다. 폭스바겐이 상하이에 공장을 설립할 때는 독일인 가운데 중국어를 하는 사람이 너무 적고 중국인 가운데 독일어를 하는 사람도 너무 적어서, 독일인 기술자들과 중국인 관리자들은 양쪽 모두에게 낯선 언어인 영어로 의사소통을 하게 됐다. 벨기에는 원래 공용어가 프랑스어와 플랑드르어이지만, 내가 최근 브뤼셀에 있는 공항에 가보니 프랑스어나 플랑드르어가 아니라 영어로 쓰인 포스터나 광고판이 적어도 50개는 됐다.

세계 각지의 비非영어권 사람들에게도 영어가 공통어가 되고 있다. 전 세계에서 가장 확고한 비영어권 국가인 프랑스도 영어의 모국어 잠식에 맞선 싸움에서 거의 패배한 것 같다. 1989년 초 파스퇴르 연구소가 앞으로 발행하는 국제 의학 리뷰를 영어로만 펴내기로 했다고 발표하면서, 프랑스어로 펴낼 경우 읽을 수 있는 사람이 너무 적다는 이유를 들었다.

한마디로 영어는 오늘날 세계에서 가장 큰 성장 산업이다. "영어는 공산품 못지않게 거대한 수출 산업이다." 옥스퍼드대학교의 랜돌프 퀴크 교수가 한 말이다. "한 가지 문제는 이 산업에 '애프터 서비스'와 '배송'이 없다는 것이다. 하지만 생산 라인에 문제가 생기는 일은 없다."[7] 실제로 이 언어에 대한 수요가 어찌나 큰지, 오늘날 중국에서 영어를 배우는 학생 수가 미국에서 영어를 배우는 학생 수보다 많다.

흔히 영어와 다른 언어의 가장 큰 차이점이 어휘의 풍부함이라고 말한다. 《웹스터 뉴 인터내셔널 사전》 3판에는 45만 개, 《옥스퍼드 영어사전》 개정판에는 61만 5000개의 단어가 수록되어 있다. 하지만 이건일부일 뿐이다. 과학기술 용어까지 합치면 수백만 개가 더 있다. 일상적으로 쓰이는 영어 단어만 20만 개에 이르는데, 그 개수만 따지면 (18만 4000개인) 독일어보다 많고, (겨우 10만 개인) 프랑스어보다 훨씬 많다. 영어 어휘의 풍부함과 다양한 동의어는 곧 비영어 사용자가 표현할 수없는 뉘앙스를 영어 사용자가 끌어낼 수 있다는 뜻이다. 예를 들어 프랑스어에서는 집/가정house/home, 정신/두뇌mind/brain, 남자/신사man/gentleman, 과거에 한 일/방금 한 일의 시제 차이 등을 구별하지 못한다. 에스파냐어는 회장/대표chairman/president를 구별하지 못하고, 이탈리아어에는 희망적 관측wishful thinking에 해당하는 말이 없다. 또 러시아어에는 효율성efficiency, 도전challenge, 약혼반지engagement ring, 즐기다have fun, 주의하다take care 같은 말이 원래 없었다.[8] 언어역사학자인 찰턴 레어드가 지적한 것처럼 《로제 시소러스》 같은 동의어 사전이 있는 언어또는 그런 사전이 필요한 언어는 영어뿐이다. "다른 언어 사용자 대부분은 세상에 그런 책이 있다는 사실도 모른다."[9]

반면, 다른 언어에는 영어에 없는 기능이 있다. 프랑스어와 독일어에서는 인식recognition의 결과로 생긴 지식connaître/kennen과 이해

---

7. *The Observer*, 26 October 1980.
8. *The New York Times*, 18 June 1989.
9. Charlton Laird, *The Miracle of Language*, p. 54.

understanding의 결과로 생긴 지식savoir/wissen을 구별할 수 있다. 포르투갈어에는 '내각'과 '외각'을 뜻하는 단어가 따로 있다. 모든 로맨스어에서는 물이 '안으로 새는 것'과 '밖으로 새는 것'을 구별한다. 이탈리아어에는 '물기 있는 유리잔이 탁자에 만든 자국'을 가리키는 단어인 culacino가 있다. 스코틀랜드의 게일어도 만만찮아서, '위스키를 한 모금 마시기 직전에 윗입술에 느껴지는 간질간질함'을 가리키는 단어가 있다(진짜 그런 느낌이 있지 않은가?). 바로 sgriob다. 그런가 하면 덴마크어의 hygge즉시 만족하고 기분 좋아지다, 프랑스어의 sang-froid냉정, 러시아어의 glasnost공개, 에스파냐어의 macho마초에 해당하는 단어가 영어에는 없어서, 이런 단어를 그대로 빌려 쓰거나 애초에 그런 정서를 느끼지 말고 살아야 한다.

어떤 언어에는 차라리 없어도 그만이었을 법한 단어가 있기도 하다. 독일어에 schadenfreude남의 불운을 고소하게 생각함란 단어가 있는데, 이것은 독일어의 신조어 가능성은 물론이고 튜턴족 특유의 감수성에 관해서도 많은 것을 알려준다. 흥미롭지만 발음이 불가능해 보이는 하일랜드 스코틀랜드어 단어 sgiomlaireachd도 마찬가지다. '꼭 식사 때 맞춰서 남의 집에 방문하는 버릇'을 뜻하는 이 단어는 하일랜드의 삶에서 위험 요소가 무엇인지를 알려준다. 물론 하일랜드어의 맞춤법에서 위험 요소가 무엇인지도 알려주고 말이다.

모든 언어에는 실용적인 목적으로 다른 언어보다 표현이 더 풍부한 분야가 있게 마련이다. 에스키모어에 눈雪을 유형별로 묘사하는 단어가 무려 50여 개나 있지만 일반적인 의미에서 눈을 가리키는 단어가 없다는 것은 잘 알려진 사실이다. 그들에게는 푸석푸석한 눈, 부드러운 눈,

신선한 눈, 오래된 눈이 있을 뿐 그냥 눈은 없다.[10] 쉽게 짐작할 수 있겠지만, 이탈리아어에는 파스타를 유형별로 묘사하는 단어가 500가지도 넘는다. 그중 일부는 번역해서 뜻을 아는 순간 입맛이 멀리 달아날 이름이다. 예를 들면, strozzapreti는 '목 졸라 죽인 사제'라는 뜻이고, vermicelli는 '작은 애벌레'라는 뜻이며, spaghetti는 '작은 노끈'을 뜻한다. 이탈리아산 머스캣 포도주 중에는 '파리가 빠진 포도주'라는 것

---

10. 이 대목은 현재 인터넷에 올라온 독자들의 비판에서 가장 많이 지적되는 오류다. 비판의 내용은 대략 2가지다. 하나는 에스키모에게 유형별 '눈'을 가리키는 단어는 많아도 일반적인 '눈'을 가리키는 단어는 없다는 주장이 날조됐다는 것이고, 다른 하나는 '에스키모'라는 호칭 자체가 인종차별적이니까 쓰지 말아야 한다는 것이다. 우선 눈을 가리키는 단어에 대한 내용을 살펴보자. 에스키모어에 '눈'을 가리키는 단어가 여럿이라는 주장은 미국의 인류학자 프란츠 보아스가 저서인《북아메리카 인디언 편람》(1911)에서 처음 제기했다. 원래 문맥은 영어에도 '물'의 여러 유형을 가리키는 단어들(liquid, lake, river, brook, rain, dew, wave, foam)이 있듯이, 에스키모어에도 '눈'의 여러 유형을 가리키는 단어들(aput는 '땅 위에 쌓인 눈', gana는 '하늘에서 내리는 눈', piqsirpoq는 '눈더미')이 있다는 것이었다. 미국의 언어학자 벤저민 워프는 한 논문에서 이 사례를 언급하면서 에스키모어에는 '눈'을 가리키는 단어가 '7개'라고 했는데, 나중에 그 숫자가 50개, 100개로 부풀려지며 에스키모어에는 일반적인 의미의 눈을 가리키는 단어가 없다고 와전됐다는 것이다. 또 다른 문제는 에스키모어가 단일한 언어가 아니라 알래스카, 시베리아, 캐나다, 그린란드 등에 살고 있는 여러 부족의 말을 통칭한 것이라는 점이다. 따라서 '에스키모어'의 정의를 어떻게 내리느냐에 따라 '눈'을 가리키는 단어의 수는 늘어날 수도, 줄어들 수도 있다. 에스키모라는 단어에 관해서는, '에스키모'가 '날고기를 먹는 사람'이라는 뜻에서 비롯한 모욕적인 명칭이라며 그 대신 '이누이트'라는 말을 써야 한다는 주장이 있다. 하지만 '에스키모'의 어원이 '날고기를 먹는 사람'이라는 주장은 근거가 없다는 역비판도 있다. 아울러 '이누이트'는 캐나다 영토의 부족을 가리키고 알래스카와 시베리아의 부족들은 '유피크', 그린란드의 부족은 '칼라리트'라는 명칭을 선호하기 때문에 '이누이트'는 대표성이 없다. 다만 언어학이나 인류학에서는 '에스키모'라는 이름이 지금도 통용된다. 따라서 '에스키모어에서 눈을 가리키는 단어의 개수'에 관한 빌 브라이슨의 주장에는 분명히 오류가 있지만, '에스키모'라는 단어를 쓴 것이 잘못이라고 할 수는 없다. ─옮긴이

도 있음을 알게 된다면, 여러분은 아마도 이탈리아인들의 식도락 취향이 참으로 황당무계하다고 생각할 수도 있겠다. 하지만 따지고 보면 우리가 먹는 hot dog뜨거운 개라든지, 옛날 영국에서 즐겨 먹던 toad-in-the-hole구멍 속 두꺼비, spotted dick점박이 음경, faggots in gravy고깃국 속 호모도 역겨운 이름이기는 마찬가지다.[11]

파푸아뉴기니의 트로브리안드군도 사람들이 쓰는 말에는 '얌'을 가리키는 단어만 100가지가 넘고, 뉴질랜드의 마오리족이 쓰는 말에는 '똥'을 가리키는 단어만 35가지가 넘는다(왜 그런지는 나도 모르니 묻지 마시라). 그런가 하면 (약간 미심쩍은 주장이지만) 아랍어에는 낙타와 낙타 관련 장비를 가리키는 말이 6000개나 된다고 한다. 태즈메이니아의 오스트레일리아 원주민은 온갖 나무에 이름을 붙여주었지만 '나무'를 통칭하는 단어는 못 가졌고, 칠레의 아라우카족 인디언은 불쌍하게도 배고픔의 각 단계를 구분하는 단어를 상당히 많이 가지고 있다.

똑같은 언어를 사용해도 지역이나 나라에 따라 차이가 있다. 예를 들어, 날씨가 극과 극이라는 것이 무슨 뜻인지에 관해서라면 아마 런던에 사는 사람보다는 미국 중서부에 사는 사람이 더 잘 알 것이다. 즉 영국인이 눈보라blizzard라고 부르는 것은 일리노이주나 네브래스카주의 미국인에게는 평범한 돌풍일 뿐이고, 영국인이 혹서heat wave라고 부르는 것이 다른 나라에서는 온화한 날씨인 경우가 있다(내가 스크랩한《이브닝 뉴스》 기사 중 이런 제목이 있다. "섭씨 21도, 영국 전역이 지글지글!").

---

11. 뒤의 3가지는 각각 '버터를 입혀 구운 쇠고기 요리', '말린 포도가 든 푸딩', '고깃국을 부은 돼지 간 요리'를 가리킨다. — 옮긴이

영어가 다른 언어와 큰 차이를 보이는 것으로 흔히 이야기되는 요소는 바로 유연성이다. 이것은 단어 배열에서 특히 두드러지는데, 영어 사용자들은 능동과 수동의 의미를 취할 때 상당히 자유롭다. 즉 I kicked the dog내가 개를 걷어찼다 할 수도 있고, The dog was kicked by me 개가 나에게 걷어차였다 할 수도 있다. 이런 구조가 다른 언어에서는 대개 불가능하다. 이와 비슷하게 '나는 노래한다'를 독일어에서는 그냥 ich singe, 프랑스어에서는 그냥 je chante라고만 말할 수 있는 반면, 영어는 I sing, I do sing, I am singing으로 다양하게 표현할 수 있다. 또 영어는 한 단어를 명사로도 쓰고 동사로도 써서 효과를 최대한 뽑아내는 역량이 있다. 이렇게 자유로운 단어의 목록은 drink음료; 마시다, fight싸움; 싸우다, fire불; 불타다, sleep잠; 자다, run뜀; 뛰다, fund자금; 투자하다, look봄; 보다, act행동; 행하다, view봄; 보다, ape원숭이; 원숭이처럼 흉내 내다, silence침묵; 침묵하다, worship숭배; 숭배하다, copy복제; 복제하다, blame비난; 비난하다, comfort위로; 위로하다, bend굽이; 굽다, cut자름; 자르다, reach닿음; 닿다, like좋아함; 좋아하다, dislike싫어함; 싫어하다 등 끝이 없을 지경이다. 다른 언어에도 이런 자유로움이 언뜻 보이기는 한다. 독일어의 auf는 영어의 on, in, upon, at, toward, for, to, upward 등에 상응하는 뜻으로 널리 쓰인다. 하지만 이런 경우는 드문 편이다.

이와 동시에 영어의 끝없는 자유로움이야말로 문법을 그토록 난해하게 만드는 요소다. 영어를 쓰는 나라에서 태어난 사람 중에서도 보어와 술어의 차이나 to부정사와 원형부정사의 차이를 설명할 수 있는 사람은 거의 없다. 영어의 문법 규칙이 라틴어의 문법 규칙을 모델로 삼았기 때문이다. 17세기만 해도 라틴어는 가장 순수하고 훌륭한 언어로 여겨졌다. 그건 사실인지도 모른다. 하지만 문제는, 영어와 라틴어가 엄연히 다른 언어라는 것이다. 라틴어의 규칙을 영어 구조에 적용한다는 것은, 스케이트를 신고 야구를 하려는 것과 비슷하다. 한마디로 딱 맞아떨어지지 않는다. 예를 들어, I am swimming에서 swimming은 현재분사다. 하지만 Swimming is good for you에서는 똑같은 단어 swimming이 동명사다. 실제로 의미는 똑같은데 말이다.

영어의 세 번째 이점으로 꼽히는 것은 (물론 논쟁의 여지는 크지만) 철자법과 발음이 비교적 간단하다는 것이다. 영어에는 여러 특이사항이 있지만, (특정 언어를 배우기 어렵게 하는) 어색한 자음군이나 미묘한 어조 변화는 거의 없는 것으로 통한다. 예를 들어, 광둥어에서 hae는 '예'라는 뜻이다. 하지만 어조를 약간만 바꾸면 여성의 음부를 가리키는 단어가 되기도 한다. 이런 혼동 탓에 어떤 일이 벌어질지는 여러분의 상상에 맡기겠다. 다른 언어에서는 정서법 또는 철자법이 종종 사람들을 어리둥절하게 한다. 웨일스어로 cwrw맥주는 누구도 쉽게 발음할 수 없을 것처럼 보이는 철자의 집합이다. 하지만 웨일스어의 철자법이 아무리 복잡해도, 아일랜드 게일어에 비하면 아무것도 아니다. 아일랜드 게일어의 철자법과 발음법은 마치 여러 위원회가 서로 다른 방에 틀어박혀, 어떤 근본적인 의미론적 문제에 관해 결코 타협할 수 없을 정도로 심각한 분열 상태에서 제멋대로 고안해낸 것 같은 인상을 주기 때문이다. 게일어로 겨울을 뜻하는 geimhreadh를 발음해보라. 여러분은 아마 'gem-reed-uh'라고 발음할 것이다. 하지만 이 단어의 실제 발음은 'gyeeryee'다. beaudhchais감사합니다는 'bekkas'로 발음하고, 아일랜드인에게 흔한 성인 Ó Séaghda는 그냥 'O'Shea'라고 읽는다. 이에 비하면, 앞에서 소개한 웨일스어 cwrw의 발음인 'koo-roo'는 자명하기 그지없다.

언어의 발음은 무엇이든 친근감과 편견이 뒤섞인 문제다. 평범한 영어 사용자라면 십중팔구 tchst, sthm, tchph 같은 철자 덩어리를 보자마자 아예 발음할 수 없다고 결론지을 것이다. 그러면서도 이런 덩어리들을 matchstick성냥개비, asthma천식, catchphrase표어 같은 단어에 넣어 일상적으로 사용한다. 언어의 다른 영역에서 대부분 그렇듯이, 여기에서도 평가에 자연스러운 편견이 개입되는 것은 부득이한 현실이다. "그래, 우리나라 말은 시대에 역행하고 표현력도 부족해. 그러니까 정말로 제대로 다듬어야 해." 이렇게 말하는 사람은 없다. 사람들이 남들의 언어를 평가할 때 보이는 습관은 남들의 문화를 평가할 때 보이는 습관과 똑같다. 못되게도, 마음속에 경멸을 품는 것이다.

예를 들어, 일본에서 외국인을 가리키는 멸칭 '양놈毛唐'의 본래 뜻은 '외국인의 털 냄새'다. 체코에서는 헝가리인을 '뽀루지'라고 부른다. 독일에서는 '바퀴벌레'를 프랑스인이라고 부르고, 프랑스에서는 '이蝨'를 에스파냐인이라고 부른다. 영어권에서는 인사도 없이 떠나는 무례한 행동을 '프랑스식 작별'이라고 하고, 이탈리아와 노르웨이에서는 '영국인처럼 떠난다'고 하며, 독일에서는 '네덜란드인처럼 내뺀다'고 한다. 이탈리아에서는 매독을 '프랑스 병'이라고 하고, 프랑스와 이탈리아에서는 위법 행위를 '미국식 야바위'라고 한다. 벨기에의 택시 기사들은 팁이 짠 손님을 '영국 놈'이라고 한다. 프랑스에서는 무지막지하게 지루한 상황을 être de Birmingham이라고 하는데, 직역하면 '버밍엄에서 왔나, 원'이다(맞는 말이기는 하다).

영어에는 Dutch courage네덜란드식 용기→취객의 허세, French letters

프랑스식 편지 → 콘돔, Spanish fly에스파냐 파리 → 물집청가리(곤충) → 최음제, Mexican carwash멕시코식 세차 → 자동차를 비 맞게 내버려 두는 것 등의 표현이 있다. 19세기 말엽까지만 해도 이런 식의 모멸적 표현은 주로 아일랜드인을 겨냥했는데, 솔직히 이런 표현들은 모멸적인 한편으로 재치가 넘치는 것이기도 했다. 예를 들어, Irish buggy아일랜드식 사륜마차는 '외바퀴 손수레'를 뜻했다. Irish beauty아일랜드 미인는 '맞아서 양쪽 눈에 멍이 든 여자'를 가리켰다. Irish confetti아일랜드식 컨페티[12]는 '벽돌'을 뜻했다. Irish promotion아일랜드식 승진은 '좌천'을 뜻했다. 그 훌륭한 민족을 직접 겨냥해 비아냥거리는 표현은 get one's Irish up아일랜드인 기질을 촉발하다, 즉 '성질나게 하다'뿐인데, 사실 이것도 따지고 보면 엄청난 모욕으로 여길 표현은 아니다.

이렇게 객관적인 증거가 있는데도 권위자라는 이들은 엉뚱한 소리를 한다. 영어에 관한 책은 대부분 자기 언어가 다른 모든 언어보다 우월하다는 것을 갖가지 방식으로 암시한다. 《영어》라는 책에서 로버트 버치필드는 이렇게 썼다. "지적 능력과 즐거움의 원천으로서 영어로 쓰인 모든 산문은 아마도 이 세상 무엇과도 비견할 수 없을 것이다." 나도 그의 말이 맞았으면 좋겠지만, 한편으로는 과연 그가 러시아인이나 독일인이나 중국인으로 태어났어도 그렇게 너그러운 주장을 펼쳤을지 의문이다. 어떤 언어의 질이나 효율성을 측정하는 신뢰할 만한 방법은 이 세상에 없기 때문이다. 하지만 적어도 영어가 다른 언어보다 약간 앞선다

---

12. 결혼식에서 축하의 뜻으로 신랑·신부의 머리에 뿌리는 것으로, 보통 '색종이 조각'이지만 관습에 따라 '쌀'을 뿌리기도 한다. ─ 옮긴이

는 것을 보여주는 방법이 한두 가지는 있다. 그중 하나는 고맙게도 대명사가 대체로 굴절되지 않는다는 점이다. 독일어에서 you너라고 말하려면 du너, dich너를, dir너에게, Sie당신; 당신을, Ihnen당신에게, ihr너희, euch너희를; 너희에게 등 7가지 중 하나를 선택해야 한다. 이것은 크나큰 사회적 불안을 야기할 수도 있다. 작곡가 리하르트 슈트라우스와 그의 오페라 대본가인 후고 폰 호프만스탈은 25년 동안 함께 일하며 서로 아주 좋아했는데도 상대방을 부를 때 항상 뻣뻣한 Sie밖에 쓰지 못했다. 영어에서야 you밖에 없기 때문에 이런 문제가 생길 리 없다.

다른 언어에서는 친소 관계를 따지는 문제가 훨씬 더 복잡다단하다. 한국에서는 호칭되는 상대방의 지위에 따라 반말부터 높임말까지 동사의 어미 6가지 가운데 하나를 붙여야 한다. 일본에서도 사회적 지위에 어울리는 일련의 언어적 층위를 잘 헤쳐나가야 한다. '고맙습니다'라고 말할 때도 형식적인 'ありがとう', 즉 일반적인 '고맙습니다'에서부터 그보다 훨씬 더 겸손한 'まことにご親切なことでございます', 즉 '당신께서 제게 해주신(또는 약속해주신) 일은 참으로 친절하고 너그러우신 행동입니다'에 이르는 말 중에서 하나를 선택해야 한다.

무엇보다도 영어는 성별에 관해서도 무척 자유롭다. 어린 시절 내내 plume깃털 앞에 le와 la 중 어느 것을 붙여야 맞는지 기억하려고 고민한 사람이라면, 어떤 언어에서 명사의 성性을 구분하는 것이 얼마나 무의미한 부담인지 알 수 있을 것이다. 이 점에서 영어는 세계의 학생들에게 하늘이 내린 선물이다. 정관사와 부정관사에서 성별 문제를 없애버렸고, 때로는 관사 자체를 없애버리기도 하니 말이다. 영어로는 It's time to go to bed이제 침대로 갈 시간이다라고 말하면 그만이지만, 대부분의 유럽 언어에서는 It's *the* time to go to *the* bed이제 '그' 침대로 갈 '그' 시간이다라고 말해야 한다. 영어에서 이렇게 간결한 표현의 예는 life is short인생은 짧다, between heaven and earth하늘과 땅 사이, to go to work일하러 가다 등 한도 끝도 없다. 다른 언어에서는 이 모든 표현에 관사가 필요하다.

영어는 다른 언어에 비해 간결성을 추구하는 경향도 뚜렷하다. 독일어에는 Wirtschaftstreuhandgesellschaft경제상업신탁회사, Bundesbahnangestelltenwitwe국립철도종사자미망인, Kriegsgefangenenentschädigungsgesetz전쟁포로손해보상법처럼 발음하기도 숨가쁜 단어가 있는가 하면, 네덜란드 회사 중에는 Douwe Egberts Koninlijke Tabaksfabriek-Koffiebranderijen-Theehandal Naamloze Vennootschap다우버 에흐베르츠 국영 담배 제조·커피로스터·차 무역 주식회사처럼 40개가 넘는 철자로 된 이름도 있다. 이런 회사에 다니는 사람은 접어서 가지고 다녀야 하는 길쭉한 명함을 써야 하지 않을까. 반면, 영어는 이와 상당히 대조적으로 바짝 줄여 읽기를 좋아한다. International Business Machines Corporation국제사업기계회사의 약자인 IBM, Light Amplification by Stimulated Emission of Radiation광선의 유도방출에 따른 빛의 증폭의 약자인 LASER, North Atlantic Treaty Organization북대서양조약기구의 약자인 NATO 같은 것이 그 예다. 하지만 영어에서도 때로는 애매어amphibology와 현학적인 말을 고집하는 성향이 있다. 학계와 정계에서 특히 그렇다. 1977년 미국에서 열린 어느 사회학 학술 대회에서 '사랑'이 '애모되는 대상에 의해 야기되는 애모하는 감정의 상호성에 관한 강제적이고 강박적인 공상을 특징으로 하는 인식적이고 감정적인 상태'라고 규정했다. 이런 식으로 삽을 '삽'이라고 부르는 대신 굳이 '수동식 토양 재구축 장비'라고 부르는 것이 바로 현학적인 말이고, 현대 영어에 내려진 가장 큰 저주라고 할 수 있다.

하지만 영어의 가장 주목할 만한 특성은 좋은 '동시에' 나쁘기도 한 기만적인 복잡성이다. 영어에서는 어떤 것도 겉보기처럼 간단치 않다. what이라는 간단한 단어를 예로 들어보겠다. 영어 사용자는 이 단어를 매일 쓴다. 정말이지 두어 마디 가운데 한 번씩은 이 단어가 들어갈 정도다. 하지만 어느 외국인에게 이 단어의 뜻을 어떻게 설명할 수 있을까? 《옥스퍼드 영어 사전》에서도 무려 1만 5000개 단어를 사용해 다섯 쪽에 걸쳐 그 뜻을 설명할 정도니까. 그런데도 영어 원어민들은 영어가 얼마나 복잡하고 비논리적인 언어인지를 가만히 생각해볼 기회가 거의 없다시피 하다. 매일 별생각 없이 수많은 단어와 표현을 사용한다. 때로는 그게 무엇을 표현하는지, 무엇을 가리키는지 생각해보지도 않고 말이다. hem and haw헛기침하고 헛기침하다 → 우물쭈물하다에서 hem헛기침이 도대체 무엇이며, short shrift짧은 참회 → 건성으로 다루다에서 shrift참회가 도대체 무엇이며, fell swoop급히 떨어지다 → 갑자기에서 fell떨어지다이 도대체 무엇인가? 뭔가에 overwhelmed압도되다라고 할 때, 도대체 뭐가 over위로해서 whelm덮다했다는 것일까? 어째서 overwhelm위로 덮다 → 압도되다이니 underwhelmed아래로 덮다 → 실망하다이니 하면서도, 감정이 그다지 뚜렷하지 않은 경우 semiwhelmed(직역하면 '절반만 덮다')라든가 그냥 whelm이라고 하지는 않을까? 왜 또 colonel을 발음할 때, 그 안에 들어 있는 l을 r처럼 발음할까? 왜 four에는 u를 넣고, forty

에서는 u를 뺄까?

　이런 문제에 대답해보는 것이 바로 이 책의 주목적이다. 하지만 먼저 가장 오래되고 수수께끼 같은 질문에서 시작해야 할 것이다. 영어라는 언어는 도대체 맨 처음에 어디에서 나타났을까?

2

언어의 시작

THE DAWN OF LANGUAGE

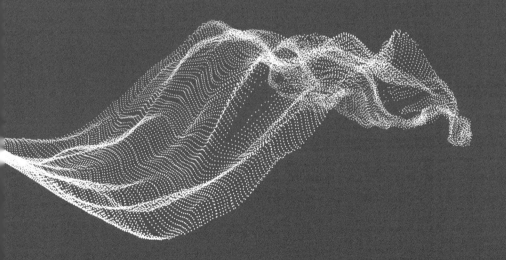

선사 시대의 가장 큰 수수께끼는 넓은 지역에서 개별적으로 살아가던 사람들이 어떻게 거의 비슷한 시기에 갑자기, 그리고 동시에 언어 능력을 발전시켰는가 하는 점이다. 마치 그 사람들이 머릿속에 넣고 다니던 유전자 알람시계가 갑자기 세계 전역에서 울리는 바람에, 각 대륙에 뿔뿔이 흩어져 있던 서로 다른 집단들이 저마다 언어를 만든 것처럼 보인다. 20개 남짓 되는 주요 어족에 해당하지 않는 민족들도 저마다 상당히 독자적인 언어를 발전시켰다.

BILL BRYSON
THE DAWN OF LANGUAGE

최초의 단어가 발음된 때가 지금으로부터 2만 년 전이었는지, 20만 년 전이었는지 우리는 절대 알 수 없다. 다만 인류가 10만 세대 동안이나 아이를 낳고 먹고사는 것 말고는 거의 아무 일도 하지 않았다는 것은 분명하다(비교를 위해 덧붙이자면, 우리와 예수 그리스도는 80세대밖에 안 떨어져 있다). 그러다가 갑자기 지금으로부터 3만 년쯤 전에 어마어마하게 창의적이고 협동적인 노력을 통해 라스코의 동굴벽화, 더 쓸모 있고 가벼워진 도구, 불, 기타 협동이 필요한 일들이 발명 또는 발견되고 폭발적으로 늘어났다. 그런데 이 중 어떤 것도 정교한 언어 체계 없이 만들어졌을 것 같지는 않다.

1857년 독일의 뒤셀도르프 근처 네안데르 계곡에 있는 어느 동굴을 조사하던 인류학자가 그때까지 한 번도 본 적 없는 고대인의 해골 일부를 발견했다. 지금으로부터 15만 년 전부터 3만 년 전까지 유럽과 서남아시아와 아프리카 북부의 일부에 걸쳐 살았던 인종의 것이다. 네안데르탈인이라고 명명된 이 고대인은 현대인과 아주 달랐다. 키가 150센티미터 정도로 땅딸막하고 이마는 작고 좁으며 체구는 컸다. 누가 봐도 멍청해 보이는 외모지만, 두뇌는 현대인보다 더 컸다(반드시 더 효율적이라곤 할 수 없더라도 말이다). 네안데르탈인은 아주 독특했다. 그 전에나 후에나 그와 비슷한 사람은 결코 없었다. 그는 옷을 입고 도구를 만들고 사회 활동에 참여했다. 시신을 묻고 돌로 무덤을 표시했는데, 이는 결국 그가 어떤 식으로건 종교적 제의를 갖추었다는 것을 시사한다. 또한 그는 자기 부족이나 가족의 연약한 구성원을 돌봤다. 그가 소규모 전쟁에 참여했을 가능성도 크다. 이 모두는 결국 그에게 말하는 능력이 있었다는 것을 시사한다.

지금으로부터 3만 년 전 네안데르탈인이 사라지고 나서 그 자리를 호모 사피엔스 사피엔스라는, 적어도 우리 눈에는 더 키가 크고 더 날씬하며 전체적으로 더 민첩하고 잘생긴 인종이 출현했다. 이들은 지금으로부터 약 10만 년 전에 아프리카에서 나타나 근동으로 퍼져나갔으며, 마지막 대빙하기의 얼음판이 후퇴함에 따라 나중에는 유럽으로까지 들어왔다. 이들이 바로 크로마뇽인으로, 프랑스의 라스코와 에스파냐의 알타미라에 유명한 동굴벽화를 남긴 주인공들이다. 이 동굴벽화들은 유럽 내 문명의 흔적 중 가장 이른 시기의 것이며, 세계 최초의 화가가 남긴 작품이기도 하다. 동물의 가축화와 농업의 탄생보다도 2만 년이나 앞선 아주 오래전 일이긴 했지만, 크로마뇽인들은 우리와 똑같았다. 그들은 우리와 똑같은 체격에 똑같은 두뇌, 똑같은 생김새를 갖고 있었다. 그리고 지구를 배회하던 그 전까지의 모든 호미니드Hominidae, 사람과와 달리, 그들은 음식을 먹다가 질식할 수도 있었다. 그게 뭐 자랑인가 싶겠지만, 후두를 목구멍으로 좀 더 깊숙이 넣은 사소한 진화적 변화 때문에 인간은 음식을 먹다가 질식할 가능성뿐만 아니라 정교하고 분명히 발음되는 말을 할 가능성까지도 얻었다.

다른 포유류는 기도와 식도가 전혀 연결되어 있지 않다. 즉 그들은 숨을 쉬면서도 먹이를 삼킬 수 있으며, 그렇게 해도 먹이가 잘못된 길로 내려갈 가능성은 전혀 없다. 하지만 호모 사피엔스는 음식이나 음료가 식도로 내려가려면 후두부터 지나가야 하고, 따라서 자칫 부주의하게 그중 일부를 후두로 들이마시게 될 위험이 상존했다. 현대인의 경우, 날 때부터 그렇게 낮아진 후두가 딱 자리 잡고 있는 것은 아니다. 태어난 후 다섯 달에서 세 살 사이의 어느 순간에 그렇게 내려가는 것이다. 흥미로운 사실은, 바로 이 기간이 아기들이 유아 돌연사 증후군에 노출될 가능성이 가장 큰 시기와 정확히 일치한다는 점이다. 어쨌거나 그렇게 낮아진 후두가 우리는 말을 할 수 있지만 개는 말을 할 수 없는 이유인 셈이다.

브라운대학교의 필립 리버먼이 연구한 바로는, 네안데르탈인은 bee꿀벌의 [i] 발음이라든지 boot장화의 [u] 발음 같은 특정한 기본 발음을 내뱉지 못하도록 생리학적으로 타고났다고 한다. 즉 그들의 말은 (물론 그들에게 말이 있었다고 가정할 경우) 비음이 많이 섞이는 바람에 아마 상당히 불분명하게 들렸을 것이다. 그리고 이는 의심의 여지 없이 그들의 발전을 크게 저해했을 것이다.

네안데르탈인이 그보다 더 진보한 호모 사피엔스에게 흡수됐으리라는 추정은 오래전부터 있었다. 하지만 최근에 발견된 증거는 호모 사피엔스와 네안데르탈인이 근동에서 무려 3만 년 동안이나 이종교배 없이 공존했음을 시사한다. 이것이야말로 네안데르탈인이 분명히 우리와는 다른 종이었음을 보여주는 강력한 증거다. 만약 이들이 오늘날까지도 살아남았다면 과연 어떻게 됐을지를 생각해보면, 문득 묘한 기분이 든다. 혹시 우리가 그들을 노예로 부려먹지는 않았을까? 아니면 사냥감으로 여기지는 않았을까? 알 수 없는 일이다.

어쨌거나 네안데르탈인은 그야말로 확실히 압도당하고 말았다. 호모 사피엔스가 놀라우리만치 수준 높은 예술에 종사했을 뿐만 아니라, 비교적 높은 수준의 다른 문화적 업적도 뚜렷이 보여주었기 때문이다. 그들은 더욱 다양한 종류의 작업에 쓸 수 있을 만큼 한층 특화된 도구를 고안했고, 더욱 체계적이고 협동적인 방법으로 사냥에 나섰다. 네안데르탈인의 음식 찌꺼기에서는 다양한 짐승 뼈가 발견되는데, 이는 그들이 찾을 수 있는 것이라면 뭐든지 먹어 치웠음을 시사한다. 반면, 호모 사피엔스가 남긴 고고학적 유물들은 그들이 특정한 종류의 사냥감을 찾아다녔으며 계절에 따라 짐승들을 쫓아다녔음을 보여준다. 이 모두는 그들이 다음과 같은 생각을 할 수 있을 만큼 충분히 정교한 언어 체계를 보유하고 있었음을 강력하게 시사한다. "오늘은 붉은 사슴을 잡는 거야. 너는 커다란 막대기를 가지고 사슴들을 숲 밖으로 몰아내. 우리는 창을 들고 강둑에 숨어 있다가, 그놈들이 오면 잡을 테니까." 이에 비해 네안데르탈인의 말은 겨우 이런 정도가 아니었을까. "나, 배고파. 사냥 가자."

어쩌면 그냥 흥미로운 우연의 일치인지도 모르지만, 크로마뇽인의 동굴벽화가 있는 지역은 유럽에서도 가장 오래되고 가장 수수께끼 같은 민족인 바스크족이 사는 지역을 포함하고 있다. 그들의 언어 '유스카라'는 유럽에서 사용되다가 나중에는 인도유럽어로 대체된 신석기 시대의 언어들 중 마지막으로 남은 것인지도 모른다. 물론 누구도 장담할 수는 없지만 말이다. 확실한 것은 바스크어야말로 나중에 그 지역에 들어간 켈트어보다 훨씬 오래된 언어라는 점이다. 오늘날 이 언어를 모국어로 쓰는 사람은 에스파냐에 60만 명, 프랑스에 10만 명가량 있으며 지리적으로는 대략 빌바오에서 바욘까지 뻗어 있는 비스카야만 인근 지역과 피레네산맥에서 팜플로나에 이르는 내륙 지역에 분포한다. bat, bi, hirur, laur, bortz가 1부터 5를 가리키는 단어들이라는 것은 이 언어가 인도유럽어에서 얼마나 멀리 떨어져 있는지를 보여주는 사례다. 바스크어는 이제껏 알려진 다른 어떤 언어와도 분명한 유사 관계가 입증되지 않았다.

선사 시대의 가장 큰 수수께끼는 넓은 지역에서 개별적으로 살아가던 사람들이 어떻게 거의 비슷한 시기에 갑자기, 그리고 동시에 언어 능력을 발전시켰는가 하는 점이다. 마치 그 사람들이 머릿속에 넣고 다니던 유전자 알람시계가 갑자기 세계 전역에서 울리는 바람에, 각 대륙에 뿔뿔이 흩어져 있던 서로 다른 집단들이 저마다 언어를 만든 것처럼 보인다. 20개 남짓 되는 주요 어족에 해당하지 않는 민족들도 저마다 상당히 독자적인 언어를 발전시켰다. 인도 남부와 스리랑카 북부의 드라비다족 언어나 시베리아 동부의 루오라웨틀란어가 그런 경우다. 이보다 훨씬 더 낯선 아이누어는 일본의 홋카이도라는 북쪽 섬에서 사용된다. 그곳 사람들은 캅카스인의 민족적 특색을 분명히 갖고 있으며, 분명히 우연의 일치지만 그들의 언어는 유럽의 여러 언어와 뚜렷한 유사성이 있다. 예를 들어, 8을 10개 합쳤다는 뜻의 '80'을 그들의 언어로 말하면 '4를 20개 합쳤다'가 된다. 그들이, 그리고 그들의 언어가 어떻게 거기 있게 됐는지는 아무도 모른다. 일본어 자체도 수수께끼이긴 마찬가지다. 사실 그 문자 체계뿐만 아니라 어휘 가운데 일부까지 중국에서 가져온 것이지만, 그것만 제외한다면 일본어 역시 기존에 알려진 어떤 언어와도 상당히 다르다. 이는 한국어도 마찬가지다.

어쩌면 그렇게까지 다르지는 않을 수도 있다. 지리적으로 넓은 지역에 뿔뿔이 흩어져 있는 언어들도 전에 생각한 것보다는 훨씬 더 많은 관계가 있다고 보여주는 증거가 늘고 있기 때문이다. 신세계에서 이를 가장 잘 보여주는 사례는 에스키모알류트어족, 애머린드어족, 나데네어족이다. 이 세 어족은 다른 어족과 관계가 없음은 물론이고, 서로 간에도 전혀 관계가 없는 것으로 오래전부터 추정됐다. 하지만 프랑스어의 tu와 영어의 thou와 히타이트어의 tuk가 모두 '너'를 뜻하는 것처럼, 2가지 이상의 언어에서 철자와 의미가 유사한 단어를 가리키는 동족어 연구를 통해 전혀 관련 없을 것 같은 언어들 사이의 연결고리가 발견됐다. 미국과 캐나다 북서부에서 주로 사용되는 인디언 언어인 나데네어와 바스크어의 관련성이라든지, 핀란드어와 에스키모알류트어의 관련성이 그렇다. 피레네산맥의 어느 외딴곳에서만 사용되는 언어가 도대체 어떻게 신세계의 인디언 언어에 영향을 끼치게 됐는지에 관해서는 누구도 그럴싸한 설명을 내놓은 적이 없지만, 이 두 언어의 동족어 간 연결고리가 너무 많다 보니 단순히 우연의 일치라고만 설명하기도 어렵다.

어떤 동족어는 보편적이기까지 하다. 개를 가리키는 단어를 예로 들어보자면, 애머린드어·우랄어·원시 인도유럽어 사이에서 수상쩍을 정도로 유사성이 발견된다. 그런가 하면 손가락 1개나 숫자 1을 나타내는 어근 tik은 대부분 대륙에서 발견된다. 메리트 룰렌은 미국자연사박물관이 펴내는 월간지 《내추럴 히스토리》에서 이렇게 지적한다. "이런 전 지구적 동족어가 그렇게 많이 발견된다는 사실을 근거로 일부 언어학자는 세계의 모든 언어가 궁극적으로는 어느 단일한 어족에 속하는 것이라고 결론 내린다."[1]

언어가 어떻게 시작됐는지를 설명하는 이론은 상당히 많다. 그런데 이름만 보면 그야말로 웃음거리가 되길 작정하고 만든 것 같다. 바우와우Bow Wow 이론, 딩동Ding-Dong 이론, 푸푸Pooh-Pooh 이론, 요헤호Yo-He-Ho 이론 등이 있기 때문이다. 이런 이론들은 언어가 궁극적으로는 놀람, 기쁨, 고통 등의 자동적인 발성에서 비롯했다는 가정 또는 언어가 어떤 식으로든 현실 세계의 소리를 모방하는 의성어에서 비롯했다는 가정에 근거하고 있다. 웨일스어에서 'goody-hoo'로 발음하는 gwdihŵ올빼미는 실제로 올빼미가 내는 소리를 흉내 낸 단어일 것이다.

언어는 특정한 소리 주위에 단어들이 무리를 지어 생겨나는 경향도 있다. spray물보라, splash물을 튀기다, spit침을 뱉다, sprinkle물을 끼얹다, splatter물을 튀기다, spatter물을 튀기다, spill물을 흘리다, spigot물마개 등 영어에서 sp로 시작되는 단어들에는 '축축함'이라는 뜻이 있다. 그런가 하면 flail도리깨질하다, flap펄럭이다, flicker불이 깜박이다, flounce몸부림치다, flee도망치다 등 fl로 시작되는 수많은 단어는 움직임과 관련이 있다. 그리고 flash번쩍이다, dash돌진하다, crash충돌하다, bash후려갈기다, thrash때려눕히다, smash박살 내다, slash난도질하다 등 ash로 끝나는 수많은 단어는 갑작스러운 동작을 묘사한다. 의성어는 실제로 언어의 형성에서 한몫을 담당한다. 하지만 그것만으로 또는 다른 어떤 특징만으로 언어의 형성을 설명할 수 있을지는 여전히 의문이다.

---

1. *Natural History*, 20 October 1980.

특정한 소리를 다른 언어들에서는 어떻게 듣는지, 그리고 그 다른 언어들의 의성어가 얼마나 더 나은지를 살펴보면 상당히 흥미롭다. 예컨대 개가 프랑스에서는 '우아우아'하고, 이탈리아에서는 '부부'하고, 한국에서는 '멍멍'하고, 일본에서는 '완완'한다. 가르랑거리는 고양이도 프랑스에서는 '롱롱'하고, 독일에서는 '슈누르'한다. 병에서 액체를 따르는 소리가 중국에서는 '글룹글룹'하고, 에스파냐에서는 '톳톳토'한다. 심장이 한국에서는 '두근두근'하고, 일본에서는 '도키도키'한다. 종이 독일에서는 '빔밤'하고 울리고, 에스파냐에서는 '딘단'하고 울린다. 에스파냐어로 속삭임은 '수수르라르'다(하긴 달리 뭐라고 표현할 수 있겠는가).

어원에 관해 우리가 이미 아는 것이나 우리가 안다고 생각하는 것 가운데 상당수는 아이들이 말을 배우는 과정을 관찰한 결과다. 우리는 오랫동안 인간이 언어를 단순히 배워 익힌다고 믿었다. 유럽 여러 나라 수도의 이름과 위치나 구구단을 배우는 것처럼 house white is the라고 하지 않고 the house is white그 집은 하얗다라고 한다는 식의 말하기 '규칙'을 배우는 것으로 생각했다. 여기서 가정은 우리의 정신이 태어날 때는 빈 서판이고, 거기에 모국어의 규칙과 예외가 적힌다는 것이다. 하지만 최근 들어 MIT의 놈 촘스키 같은 저명한 권위자들이 이런 견해에 도전해, 말하기의 '기본 원리'라고 해도 무방할 언어의 어떤 구조적 측면은 분명히 선천적이라고 주장했다. 물론 누군가가 늑대 무리에서 자라났어도 저절로 영어를 배우게 된다는 뜻은 아니다. 다만 우리 대부분이 언어가 어떻게 작동하는지에 대한 본능적인 감각을 지녔는지도 모른다는 뜻이다. 그렇게 추정할 만한 이유는 꽤 많다. 그중 하나를 예로 들자면, 우리는 언어에 대한 선천적인 판별력을 지니고 있는 것 같다. 태어난 지 한 달이 지난 아기는 말과 비슷한 소리를 다른 소리보다 선호하는 모습을 뚜렷이 보여준다. 그 언어가 무엇이든 상관없다. 아기에게는 어떤 언어도 다른 언어에 비해 각별히 더 쉽거나 어렵지는 않을 테니 말이다. 아기들은 제아무리 불규칙하고 억양이 제멋대로인 언어라고 해도 거의 같은 속도로 터득한다. 한마디로 마치 언어를 배우기 위해 프로그래밍된 것 같은데, 이는 아기가 걸음을 배우기 위해 프로그래밍된 것처럼 보이는 것과 마찬가지다. 이 과정을 '기본 어린이 문법'이라고 한다. 사실 다섯 살까지의 어린이는 주목할 만한 언어 습득 능력이 있어서, 어머니가 중국인이고 아버지가 미국인인 경우 구조적으로 전혀 다른 언어를 동시에 쉽게 배울 수 있으며 그런 와중에 스트레스나 혼란을 느끼는 징후가 거의 드러나지 않는다.

더군다나 세계 어디에서나 아이들은 꽤 비슷한 방식으로 언어를 배운다. 즉 Me나 같은 간단한 호칭부터 시작해, Me want나 하고 싶어 같은 주어-동사 구조로 발전하고, Me want now나 하고 싶어 지금 같은 주어-동사-강조어 구조로 나아간다. 아이들은 옹알이까지 똑같은 방식으로 한다. 볼티모어에 있는 존 F. 케네디 연구소의 연구에 따르면, 아랍어·영어·중국어·에스파냐어·노르웨이어 등 아주 다양한 언어권에서 아이들이 모두 어떤 체계적인 방식으로, 즉 거의 똑같은 시간에 똑같은 소리를 내면서 옹알이를 시작했다는 것이다(아이들은 첫 단어를 말하기 4~6개월 전에 옹알이를 시작했다).[2]

시제의 굴절이나 성별의 사용 등 어떤 언어를 다른 언어와 구별해주

---

2. *Scientific American*, January 1984.

는 의미론적이고 문법적인 특성은 대개 마지막에, 즉 아이가 언어를 기능적으로 구사하게 된 다음에 배운다. 언어 습득의 어떤 측면들은 그야말로 수수께끼다. 아이들은 거의 항상 yes응보다는 no아니를, on위에보다는 in안에을 먼저 배우고, 세계 어디에서나 아이들은 gone갔다과 all gone다 갔다의 관념에 이상하다 싶을 정도로 매료되는 단계를 거친다.

전통적인 견해에서는 이 모든 것을 바로 어머니의 무릎 위에서 배운다고 설명했다. 하지만 꼼꼼히 연구해보니 그럴 가능성이 희박한 것으로 보인다. 성인은 대부분 유아들에게 단순화된 방식, 즉 '얼레리 까꿍' 하는 방식으로 말을 건네는 경향이 있다. 이것이 아이에게 현재 시제와 과거 시제의 차이점을 가르치는 현명하거나 효과적인 방법이라고 할 수는 없는데, 그래도 아이는 그걸 배운다는 것이다. 실제로, 모국어에 점차 숙달되면 아이는 그 언어의 규칙보다 훨씬 더 논리적인 규칙에 따라 말하려고 한다. 예를 들어 buy, eat, go의 과거형인 bought, ate, went를 써야 할 곳에서 buyed, eated, goed라고 말해보는 것이다. 누가 그렇게 말하는 걸 듣지는 못했지만, 아이들이 생각하기에는 그게 훨씬 더 논리적으로 보이기 때문이다(가만 생각해보면, 내가 보기에도 그게 더 논리적인 것 같다).

아이들은 어휘를 습득할 때 각자의 어머니(또는 자신을 주로 돌보는 누군가)를 무척 의지하는 편이다. 어머니가 어떤 단어를 말하면, 대개는 아이가 그걸 듣고 따라 하려고 한다. 하지만 문법을 습득할 때 아이들은 각자의 길을 간다. 한 연구에 따르면, 어머니가 자신의 어린 자녀에게 한 말 중 3분의 2는 명령문이나 의문문이고 3분의 1만 평서문이었는데도 아이들의 발언에서는 평서문이 압도적으로 많았다.[3] 아이들에게 똑같이 반복되는 학습이 필요하지 않은 것은 분명하다. 통사론에서라면 아이들은 벌써 한발 앞서 있기 때문이다.

하와이대학교 교수 데릭 비커턴은 언어 발달에 관한 최근의 이론 중에서도 아주 흥미로운 이론을 내놓았는데, 영국 출신인 그는 세계 곳곳의 크리올어들이 현저하게 유사하다는 데 주목했다. 우선 피진어와 크리올어의 차이를 이해하는 것이 중요하다. '피진pidgin'은 영어의 비즈니스business라는 단어에 대한 중국어 음차로 생각되고, 피진어는 다양한 배경을 지닌 사람들이 상황에 따라 모였을 때 형성되는 초보적인 언어다. 역사적으로 이 언어는 혼성적인 언어적 배경이 있는 다수의 노동자가 소수의 서양인에게 지배되는 플랜테이션 농업 위주의 외딴섬들에서 생겨나는 경향을 보였다. 피진어는 항상 아주 초보적이었고, 그 구조는 장소와 사람에 따라 상당히 달랐다. 본질적으로 그 언어는 영어 사용자가 졸지에 불가리아나 아제르바이잔 같은 생판 낯선 곳에 떨어졌을 때 그곳 언어를 말할 수 있는 수준보다 조금 더 나은 정도에 불과하다. 그야말로 임시변통의 언어이기 때문에 결과적으로 오래 지속되는 경우가 드물다.

피진어를 사용하는 공동체에서 태어난 아이들에게는 다음 2가지 중 하나의 현상이 나타난다. 미국 남부에서 흑인 노예들이 거의 항상 그랬던 것처럼 지배 계급의 언어를 배우거나 '토착의'라는 뜻의 프랑스어 크레올créole에서 비롯한 크리올어를 계발하게 된다. 오늘날 사람들이 피진어라고 생각하는 것들 대부분은 사실 크리올어다. 크리올어는 이 언

---

3. *Economist*, 28 April 1985.

어에 입문하지 않은 사람들에게는 상당히 원시적으로 보일 수 있고, 심지어 우스꽝스러워 보일 수도 있다. 영어에 뿌리를 둔 크리올어인 파푸아뉴기니의 네오멜라네시아어에서 수염을 가리키는 단어 gras bilong fes는 말 그대로 grass that belongs to the face얼굴에 속한 풀란 뜻이며, 동맥이나 정맥을 가리키는 rop belong blut는 rope that belongs to the blood피에 속한 밧줄란 뜻이다. 아프리카 크리올어에서는 bak sit drayva가 말 그대로 back seat driver뒷좌석 운전사, 즉 '오지랖 넓은 사람'이란 뜻이고 wesmata는 what's the matter?무슨 일이야?라는 뜻이며 bottom bottom wata waka는 bottom bottom water walker아래 아래 물 걷는 것으로 '잠수함'이란 뜻이다. 시에라리온에서 사용되는 크리올어에서는 배에 찬 가스를 bad briz, 즉 bad breeze나쁜 바람라고 부르고, 가스를 분출하는 것을 pul bad briz, 즉 pull bad breeze나쁜 바람 빼기라고 한다.

웃어넘기는 것은 자유다. 하지만 이런 묘한 어휘만 가지고 이런 언어들을 수준 이하의 교양 없는 언어라고 간주하는 것은 오산이다. 이런 언어들 역시 다른 언어들과 마찬가지로 형식화되어 있고, 효율적이고, 표현력이 풍부하기 때문이다. 비커턴이 지적한 대로, 대부분의 크리올어는 영어에서도 표현할 수 없는 행동의 미묘함을 표현할 수 있다. 예컨대 영어에서는 과거 시제에서 의도와 성취를 구별하기가 쉽지 않다. I went to the store to buy a shirt나는 옷가게에 갔다, 셔츠를 한 벌 사려고라는 문장에서, 우리는 과연 화자가 셔츠를 이미 샀는지 아닌지를 정확히 구별하지 못한다. 하지만 모든 크리올어에서는 그런 모호함이 결코 없다. 하와이 크리올어에서 셔츠를 산 사람은 이렇게 말한다. I bin go store go buy shirt.나는 옷가게에 갔다, 가서 셔츠를 샀다. 반면, 옷가게에는 갔지만 셔츠를 사지 못한 사람은 이렇게 말한다. I bin go store for buy shirt.나는 옷가게에 갔다, 셔츠를 사려고. 중대한 차이가 드러나지 않는가.

크리올어는 결코 열등하지 않다. 사실 남아프리카의 아프리칸스어, 마카오의 중국어, 동아프리카의 스와힐리어 등 오늘날의 어엿한 언어들 가운데 상당수가 원래는 크리올어였다. 비커턴은 크리올어를 연구하면서 그 언어들의 구조가 두서너 살 먹은 아이들의 언어와 아주 유사하다는 사실에 주목했다. 그 나이 때의 아이들은 말할 때 특정한 초보적 실수를 한다. 이중부정이나 불규칙 복수를 사용할 때 혼동해서 feets발들들나 sheeps양들들라고 하는 것이다. 그와 동시에 어른들이 생각하기에는 아이들이 그야말로 어리둥절해하지 않을까 싶은 측면, 예컨대 문법의 상당히 복잡한 측면에서는 의외로 전혀 곤란을 느끼지 않는다.

그중 하나가 상태동사 및 비상태동사와 현재분사를 구별하는 능력이다. 약간 전문적으로 설명하자면 이것은 우리가 특정한 종류의 동사들은 현재분사로 써서 I am going for a walk나는 산책하러 가는 중이야라는 문장을 만드는 한편, 다른 동사들에 대해서는 현재분사를 면제한다는 뜻이다. 예컨대 I like you나는 네가 좋아라고는 해도 I am liking you나는 너를 좋아하는 중이야라고는 말하지 않는다. 아마 영어 원어민 가운데 이런 사실을 한 번이라도 생각해본 사람은 거의 없을 것이다. 마치 본능적인 것 같기 때문이다. 아이들은 대부분 상태동사와 비상태동사의 구별을 두 살 무렵에 숙달하고, 다시는 결코 이 문제로 골치를 썩지 않는다. 흥미로운 사실은 모든 크리올어도 정확히 이와 똑같이 구별한다는 것이다.

앞서 말한 이 모든 이야기는 언어의 특정한 성질은 선천적이라는 것을 시사하는 듯하다. 더 나아가, 앞에서 살펴본 것처럼 지구상의 언어들은 생각보다 훨씬 더 밀접하게 연관된 것 같다. 독일어의 Bruder · 영어의 brother · 게일어의 bhrathair · 산스크리트어의 bhrata · 페르시아어의 biradar 같은 언어들 간의 연계가 오늘날 우리에게는 아주 자명한 것처럼 보이지만, 지금까지 항상 그랬던 것은 물론 아니다. 역사언어학이라는 학문도 다른 분야처럼 어느 열성적인 아마추어의 작업을 통해 처음 시작됐는데, 그 주인공이 바로 윌리엄 존스 경이라는 영국인이다.

1783년 인도에 법관으로 파견된 존스는 저녁마다 산스크리트어를 독학했다. 산스크리트어는 벌써 수 세기째 죽은 언어였기 때문에 그가 하는 일이 얼핏 보기에는 이상한 데다 전혀 실용적이지 않은 일 같았다. 그 언어가 그렇게 많이 살아남을 수 있었던 것은 상당 부분 사제들의 노력 덕분이었다. 그들은 산스크리트어로 된 성스러운 찬송인 《베다》를 암송했으며 그 말들이 자신들에게 아무런 의미도 지니지 않게 된 이후로도 수백 년 동안이나 다음 세대로 전했다. 《베다》는 어떤 인도유럽어로 쓴 것보다도 오래된 기록 중 일부다. 존스는 산스크리트어와 다른 유럽 언어들 사이에 놀라우리만치 많은 유사성이 있다는 사실에 주목했다. 예를 들어, '자작나무'를 뜻하는 산스크리트어 bhurja는 같은 뜻의 영어 birch와 유사했다. 또 '왕'을 뜻하는 산스크리트어 raja는 같은 뜻의 라틴어 rex와 가까웠다. '10'을 뜻하는 산스크리트어 dasa는 같은 뜻의 라틴어 decem을 연상시켰다. 이런 식이었다. 이 모두가 어떤 공통의 역사적 혈통을 분명히 시사했다. 존스는 다른 언어들도 살펴본 후 그 이상의 유사성을 발견했다. 콜카타에 있는 아시아학회에서 한 기념비적인 연설에서 그는 산스크리트어, 그리스어, 라틴어, 고트어, 켈트어, 페르시아어를 비롯한 고전 언어들의 상당수가 똑같은 근원에서 나왔을 것이라고 주장했다. 당시까지의 역사에는 이런 주장을 뒷받침할 만한 증거가 전혀 없었기 때문에 대담한 주장이었다. 하지만 유럽 전역의 학자들에게 크나큰 흥미를 불러일으켰고, 다음 세기에는 그 조상언어를 추적하려는 열띤 노력이 전개됐다. 그리고 얼마 뒤 그것을 인도유럽어라고 부르게 됐다. 이에 관여한 수십 명 중에는 프리드리히 폰 슐레겔, (그 유명한 동화집의 편저자이지만 원래는 언어학자인) 야코프 그림, 프란츠 보프 같은 저명한 학자들이 있었다. 하지만 아주 중요한 돌파구 가운데 일부는 역시 반짝이는 영감이 있는 아마추어들의 연구 덕에 마련됐다. 영국 동인도회사의 관료 헨리 롤린슨이 고대 페르시아어를 독자적으로 해독해냈는가 하면, 그보다 뒤에 등장한 마이클 벤트리스는 어렵기로 유명한 고대 미노아의 선형 B 문자를 해독해냈다.

이런 업적들이 얼마나 대단한 것인가를 이해하려면, 우선 그야말로 파편들을 이용해 이뤄낸 결과라는 사실을 기억해야 한다. 고대 트라키아어의 파편에 대해 말하자면, 중세까지만 해도 넓은 지역에서 사용된 이 중요한 언어에 관해 오늘날 우리가 아는 것은 겨우 25개의 단어뿐이다. 그리고 고대 그리스인과 로마인조차 다른 언어의 세부 사항을 기록하는 것에 관해서라면 놀라우리만치 무관심했다는 것을, 따라서 그들로부터 간접적인 도움도 받을 수 없었다는 것을 떠올려야 한다. 로마인들은 자신들의 언어에 크게 기여한 에트루리아어조차 말살되도록 방치했기 때문에, 오늘날까지도 에트루리아어 기록은 감질날 정도로 해독이 미미한 상황이다.

그런가 하면 인도유럽어 기록도 전혀 읽을 수가 없다. 기록이 단 한 조각도 남아 있지 않기 때문이다. 우리가 아는 것은 하나부터 열까지 추측에 근거한다. 다시 말해 오늘날의 언어들에 있는 공통 요소를 찾아내고, 이 요소들을 추적해 가설적인 모어母語인 원시 인도유럽어에 도달한 것이다. 따라서 가설적인 언어는 실제로 전혀 존재하지 않았을 수도 있다. 문헌 증거가 뒷받침되지 않는다는 사실이 그리 놀라운 일도 아닌 것이, 사실상 엄청나게 긴 시간을 거슬러 올라가는 셈이기 때문이다. 초기의 인도유럽어는 신석기 시대, 즉 석기 시대 막바지의 사람들이 쓴 것으로 기원전 7000년쯤으로 거슬러 올라갈 수 있다. 인도유럽어를 계승한 언어들은 대부분 일종의 유사성을 보여준다.

예컨대 어머니와 아버지처럼 주요한 가족 관계를 가리키는 이름, 눈과 발과 심장과 귀 같은 신체 부분을 가리키는 이름, 염소나 황소처럼 흔한 짐승을 가리키는 이름, 천둥과 눈과 불 같은 자연 요소를 가리키는 이름이 그렇다. 우리는 그런 동족어들을 통해 당시 사람들이 어떻게 살아갔는지를 유추해낼 수 있다. 그들에게 추위와 눈에 관한 공통 언어가 있었으니까, 당시 기후가 열대성이 아니었다는 것은 분명하다. 반면, 그들에게는 바다를 가리키는 공통 언어가 없었다. 훗날 바다에 도달한 부족들이 그걸 가리키는 단어를 저마다 고안했으니, 그들은 내륙의 한 지점에서 이주를 시작했을 것이다. 그 밖에 공통으로 사용되던 언어들은 oak참나무, beech너도밤나무, birch자작나무, willow버드나무, bear곰, wolf늑대, deer사슴, rabbit토끼, sheep양, goat염소, pig돼지, dog개 등이다. 하지만 말馬과 창문을 가리키는 공통 언어는 없었다. 기존에 알려진 특정 식물군과 동물군에 관한 연구를 통해 언어학자들은 각 단어의 원산지를 여러 곳에서 찾아냈다. 러시아의 스텝 지대, 스칸디나비아, 중유럽, 다뉴브강 유역, 소아시아 등 대부분의 곳이었다.

그들의 공존은 기원전 3500년에서 2500년 사이에, 그러니까 그들이 유럽과 아시아를 가로질러 널리 퍼져나가기 시작하면서 끝난 것으로 보인다. 대부분의 경우 아마도 대규모의 집단 이동까지는 아니고, 새로운 세대가 새로운 목초지와 사냥터를 찾는 과정에서 벌어진 점진적인 전파였을 것이다. 1000년이 넘도록 그들은 넓은 지역에 흩어졌고, 중국에까지 이르렀다. 20세기 초에 이르러 탐험가들은 옛 실크로드의 일부인 오늘날의 중국 신장 지방에서 불경을 발굴하고 깜짝 놀랐는데, 서로 관련은 있었지만 그때까지만 해도 전혀 알려지지 않았던 2가지 언어로 적혀 있었기 때문이다. 토하라어 A형과 B형이라고 불리게 된 그 2가지 언어는 분명히 인도유럽어였다. 2가지 언어에서 숫자 3을 가리키는 단어가 영어의 three와 비슷한 tre와 trai였기 때문이다. 여러 세기가 지나면서 원래의 인도유럽어가 켈트어, 게르만어, 그리스어, 인도이란어, 슬라브어, 트라코일리리아어 등 몇 가지 큰 집단으로 갈라졌다. 이 집단은 또다시 스웨덴어, 페로스어, 파르티아어, 아르메니아어, 힌디어, 포르투갈어 등 수십 가지의 새로운 언어로 세분화됐다. 게일어를 쓰는 스코틀랜드의 하일랜드인이든 신할라어를 쓰는 스리랑카인이든, 모두 똑같은 출발점까지 곧장 거슬러 올라갈 수 있는 언어를 사용한다는 사실을 떠올려보면 정말 놀라지 않을 수 없다. 이런 사실을 염두에 두면, 자신들의 언어가 결국 주위 다른 야만인들의 언어와 사촌지간이라는 사실을 그리스인과 로마인이 전혀 몰랐다는 것도 그리 놀랍지는 않다. 그런 생각을 떠올리는 것만으로도 그리스인이나 로마인은 정말로 어이없어했을 테니까. 유럽 내에서만 해도 서로 워낙 달라 보이던 알바니아어와 아르메니아어라는 두 언어가 똑같이 인도유럽어에 속한다는 사실조차 비교적 최근에야 확인됐을 정도다.

모든 인도유럽어 중 리투아니아어는 가장 변화가 적은 경우다. 어찌나 변화가 적은지, 일각에서는 리투아니아인이라면 간단한 산스크리트어 문장은 충분히 이해할 수 있으리라는 이야기까지 나올 정도다. 따라서 리투아니아어는 그 어족에 속하는 다른 언어들에 비해 원래의 인도유럽어에 있는 굴절의 복잡성을 더 많이 보존한다고도 할 수 있다.

영어는 게르만어 어족에 포함되는데, 이 어족이 점차 세 갈래로 나뉘었다. 하나는 스칸디나비아의 언어들로 구성된 북게르만어이고, 다른 하나는 주로 영어와 독일어와 네덜란드어(프리슬란트어, 플랑드르어, 그리고 이와 연관된 다른 방언들)로 구성되는 서게르만어이며, 나머지 하나는 부르고뉴어와 고트어와 반달어로 이루어진 동게르만어다. 그런데 이 언어들이 차례차례 죽은 언어가 되고 말았다. 그 밖에도 유럽의 많은 언어가 세월의 흐름과 함께 사라지고 말았다. 그중에는 콘월어, 맹크스(맨섬)어, 갈리아(골)어, 리디아어, 오스칸어, 움브리아어, 그리고 한때 유럽을 지배하다시피 했던 켈트어와 라틴어 등이 있다.

물론 켈트어가 완전히 죽지는 않았다는 사실을 반드시 덧붙여야겠다.[4] 지금도 유럽에서 그 언어를 쓰는 사람이 무려 50만 명이나 되니까. 하지만 그들이 넓은 지역에 드문드문 흩어져 있기 때문에 영향력은 거의 없다. 켈트어는 최고 전성기인 기원전 400년경 유럽 대륙의 방대한 지역에서 사용됐다. 이런 사실은 베오그라드Belgrade며 파리Paris며 던디Dundee처럼 켈트 부족의 이름을 기념하려고 지은 수십 개의 지명으

로 확인할 수 있다. 하지만 그 이후로 켈트어의 지배력은 계속 약화됐
는데, 켈트인 자체가 커다란 민족국가가 아니라 부족들의 느슨한 집단
이라서 쉽게 분열되고 정복되어버렸기 때문이다. 오늘날까지도 켈트어
의 다양한 분파 간에 의사소통이 되지 않는 경우가 종종 있다. 스코틀랜
드의 켈트어 사용자들은 남쪽으로 160킬로미터 떨어진 웨일스에서 사
는 켈트어 사용자들의 말을 이해하지 못한다. 오늘날의 켈트어는 유럽
의 맨 서쪽 변방에만 흩어진 채 남아 있다. 즉 황량한 헤브리디스제도와
스코틀랜드의 해안 지대, 아일랜드의 골웨이Galway · 메이오Mayo · 케리
Kerry · 더니골Donegal 등 점차 줄어드는 산간 고립 지역, 웨일스에서도
가장 외딴 지역, 그리고 프랑스 북서부의 브르타뉴반도 같은 곳들이다.
어디에서나 켈트어는 처참한 몰락을 겪고 있다. 20세기 초에 노바스코
샤의 케이프 브레턴섬에는 대개 스코틀랜드 하일랜드인들의 강제 퇴거
조치로 그곳까지 쫓겨 간 10만 명의 게일어 사용자가 있었는데, 오늘날
그곳에서 일상 대화에 쓰는 게일어는 멸종하고 말았다.

　이와 뚜렷한 대조를 보이는 라틴어는 별다른 퇴조나 발전을 겪지 않
았고, 여러 로맨스어를 낳았다. 프랑스어, 이탈리아어, 에스파냐어, 포르
투갈어, 루마니아어 (그리고 프로방스어와 카탈루냐어 같은 몇 가지 소규모 언어와
방언) 등은 본질적으로 라틴어의 현대판이라고 해도 지나치지 않을 것

---

4. 인터넷에 올라온 독자들의 비판 중에는, 저자가 본문에서 '켈트어는 죽었다'고 말했다
　가 곧이어 '켈트어는 살아 있다'고 말한 것이 모순이라는 지적도 있다. 이는 저자가 '켈
　트어족'에 속하는 유럽의 '대륙 켈트어'와 영국제도의 '도서 켈트어'를 정확히 구분하지
　못한 데서 비롯한 오류인 듯하다. 즉 '한때는 유럽을 지배하다시피 했던 대륙 켈트어'는
　오늘날 소멸했고, '도서 켈트어는 아직 남았다'는 뜻이다.— 옮긴이

이다. 라틴어가 계속 라틴어로 남기를 포기하고 이처럼 다른 언어들로 변하기 시작한 시기를 정확히 따져보자면, 813년이 분기점이라고 할 수 있을 것이다. 샤를마뉴 대제가 자신의 영토 전역에서 하는 모든 설교에 기존 라틴어 대신 통속 라틴어를 쓰도록 명령했기 때문이다. 하지만 아무렇게나 선을 하나 쓱 긋고 저기까지만 라틴어고, 여기서부터는 이탈리아어나 프랑스어라고 말할 수는 없다. 13세기 말까지만 해도 단테는 자신의 피렌체 모국어가 바로 라틴어라고 생각했다. 그리고 현대 이탈리아어에서도 여전히 고대 라틴어와 똑같은 긴 문장을 만들어낼 수 있다.

여러 로맨스어는 키케로의 우아하고도 세련된 산문을 이루는 문어적 라틴어가 아니라, 오히려 길거리와 평민들의 언어인 통속 라틴어에서 파생된 결과물이었다. 문어적 라틴어에서 '말馬'을 뜻하는 단어는 equus지만 길거리의 사람들은 그걸 caballus라고 불렀고, 바로 여기에서 프랑스어의 cheval과 에스파냐어의 caballo와 이탈리아어의 cavallo가 나왔다. 이와 유사하게, 고전 라틴어에서 '머리'를 뜻하는 말은 caput이고 바로 여기서 capital머리글자→대문자과 per capita머릿수로 나눈→일인당라는 말이 유래했다. 그런데 당시 길거리에서 '머리'를 가리키는 말은 일종의 그릇을 가리키는 testa였고, 바로 여기서 프랑스어의 tête, 이탈리아어의 testa가 유래했다(물론 이탈리아어에서는 capo라는 말도 쓴다). 고전 라틴어에서 '고양이'는 feline고양잇과 동물에서 유래한 feles였지만, 통속 라틴어에서는 cattus였다. 영어의 salary봉급는 통속 라틴어의 salarium, 즉 salt money소금 돈에서 비롯됐다. 봉급으로 어떤 물건을 사는지에 착안해 로마 병사들이 지어준 역설적인 이름이었다.

이와 똑같은 과정을 거쳐, 영어 pugnacious싸우기 좋아하는의 어원인 고전어의 pugna는 영어 battle전투의 어원인 통속어 battualia로 대체됐다. 또 영어 urban도시의의 어원이고 '도시'를 뜻하는 고전어 urbs를 통속어 villa가 대신하게 됐다. villa에서 프랑스어로 '도시'를 뜻하는 ville가 나왔고, 영어에서는 이 말을 시골 별장을 가리키는 데 쓰게 됐다.

라틴어가 그때까지 알려진 세계 전역에 퍼지고, 다양한 언어적 배경을 지닌 사람들이 라틴어를 사용하게 되면서 통속어의 문법도 간소해졌다. 고전 라틴어 단어는 통사론을 반영하기 위해 항상 어미가 굴절됐다. 라틴어 사용자는 domus집라는 명사의 어미를 변화시켜야만 domo집 안에와 domum집으로을 구분할 수 있었다. 하지만 세월이 흐르면서 이렇게 일일이 명사를 굴절시키는 것보다는 차라리 '~(으)로'라는 뜻으로 그 앞에 ad를 붙이고, '안에'라는 뜻으로 그 앞에 in을 붙이는 것이 훨씬 더 간단하다는 결론을 내렸고, 그래서 이 모든 전치사의 사용으로 격 변화 접사는 라틴어에서 사라지게 됐다. 훗날 영어에서도 이와 거의 똑같은 과정이 일어났다.

루마니아인들은 종종 자신들이 고대 라틴어와 가장 흡사한 언어를 지녔다고 주장한다. 하지만 마리오 페이에 따르면, 고대 라틴어를 말하는 방식이 정말로 궁금한 사람은 차라리 사르데냐 중부에서 사용되는 이탈리아어 방언인 로구도리아어를 들어보는 게 낫다. 이 언어야말로 지금으로부터 1500년 전의 라틴어에서 전혀 바뀌지 않은 면모를 여럿 간직하고 있기 때문이다.

많은 학자는 고전 라틴어를 실제로 말한 사람은 거의 없었으리라고 믿고 있다. 즉 고전 라틴어는 오로지 문학과 학술 언어로만 사용됐다는 것이다. 실제로 우리에게 남아 있는 그 시대의 일상적인 글쓰기라고 할 수 있는 폼페이의 벽에 적힌 낙서들 같은 증거를 보면, 고전 라틴어는 로마가 멸망하기 훨씬 전부터 일상 대화에서는 죽은 언어나 다름없었다는 사실을 알 수 있다. 그리고 앞으로 살펴보겠지만, 로마의 멸망이라는 중대한 사건이야말로 지금 우리가 쓰는 언어의 도래에 일조했다.

3
언어의 다양성
GLOBAL LANGUAGE

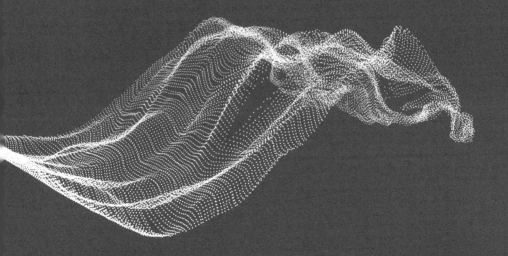

의사소통이라는 목표야 모든 언어에서 똑같지만, 이 하나의 목표를 이루는 방법은 다양하다. 얼핏 보기에 불가결하거나 보편적인 문법적 · 통사적 특징 따위가 이 세상에는 전혀 없는 것 같다. 숫자와 시제와 격과 성별 같은 문제를 다루는 방법은 언어마다 놀라우리만치 제각각이다. 상당수 언어는 아주 기본적인 문법적 · 어휘적 특징조차 못 가진 반면, 어떤 언어들은 놀라우리만치 복잡한 문법의 무게에 짓눌릴 지경이다.

BILL BRYSON

GLOBAL LANGUAGE

의사소통이라는 목표야 모든 언어에서 똑같지만, 이 하나의 목표를 이루는 방법은 다양하다. 얼핏 보기에 불가결하거나 보편적인 문법적·통사적 특징 따위가 이 세상에는 전혀 없는 것 같다. 숫자와 시제와 격과 성별 같은 문제를 다루는 방법은 언어마다 놀라우리만치 제각각이다. 상당수 언어는 아주 기본적인 문법적·어휘적 특징조차 못 가진 반면, 어떤 언어들은 놀라우리만치 복잡한 문법의 무게에 짓눌릴 지경이다. 웨일스어 사용자는 than~보다이라는 뜻을 표현하기 위해 무려 5가지 방법, 즉 na · n' · nag · mwy · ynfwy 중 하나를 골라야 한다. 핀란드어 에는 15가지 격 형태가 있기 때문에, 주격nominative · 대격accusative · 향 격allative · 재내격inessive · 공동격comitative 중 어느 격인가에 따라, 또는 다른 10가지 문법 조건 중 무엇인가에 따라 모든 명사가 달라진다. cat, dog, house 같은 단어의 철자법을 단어당 15개씩 배워야 한다고 생각 해보라. 반면, 영어에서는 이런 격 형태를 아예 포기했다. 예외라면 보통 's를 갖다 붙이는 소유격, 그리고 아무리 많아야 they · their · them 처럼 3가지이고 대개 you · your처럼 2가지인 인칭대명사뿐이다. 이 와 유사하게 영어에서 ride라는 단어에는 ride, rides, rode, riding, ridden처럼 겨우 5가지 형태가 있을 뿐이다. 그에 비해 독일어에서

는 이와 같은 동사의 형태가 무려 16가지나 된다. 러시아어에서는 명사가 최대 12가지, 형용사가 무려 16가지 어형 변화를 할 수 있다. 영어에서는 형용사가 불변하는 단 1가지 형태만 지니는데, 내 생각에는 blond · blonde금발의가 유일한 예외인 것 같다.

때로는 아주 기초적으로 보이는 어휘조차 없는 언어가 있다. 예를 들어, 로마인들에게는 '회색'에 해당하는 말이 없었다. 그들이 보기에는 그 색깔이 '짙은 청색'이나 '짙은 초록색'에 불과했기 때문이다. 아일랜드 게일어에는 yes와 no에 해당하는 말이 없다. 따라서 그 언어 사용자는 I think not아닌 것 같아과 This is so바로 그거야라고 에둘러 표현해야만 했다.[1] 이탈리아어에서는 '조카딸'과 '손녀', '조카'와 '손자'를 구분할 수 없다. 일본어에서는 영어의 a · an · the에 상응하는 정관사나 부정관사가 없으며, 영어에서 ball · balls공 · 공들와 child · children아이 · 아이들을 구분하고 프랑스어에서 château · châteaux성 · 성들를 구분하는 것처럼 단수와 복수를 구분하지는 않는다. 얼핏 보기에는 아주 이상한 것 같지만, 가만 생각해보면 sheep양 · 양들, deer사슴 · 사슴들, trout송어 · 송어들, Swiss스위스인 · 스위스인들, scissors가위 · 가위들 등 영어에서도 단수와 복수를 구분하지 않는 단어가 제법 많으며 그것 때문에 곤란해지지는 않았다. 아마 모든 단어에 그런 구분이 없어도 영어 사용자는 잘 살

---

1. 인터넷에 올라온 독자들의 비판 중 하나는, 아일랜드 게일어에도 yes와 no에 해당하는 ta와 nil이라는 단어가 있으며 종종 사용된다는 것이다. 하지만 ta와 nil은 그 자체가 yes와 no라는 뜻은 아니고 우리말로는 대략 '~한다'와 '~하지 않는다' 정도의 뜻이다. 예컨대 아일랜드 게일어에서 '커피를 마시겠습니까?'라는 질문에 대한 긍정이나 부정은 '예'나 '아니요'가 아니라 '마시겠습니다'나 '마시지 않겠습니다'가 된다. 따라서 아일랜드 게일어에 yes와 no에 해당하는 '단어'가 없다는 말은 사실이다. — 옮긴이

아갈 수 있을 것이다. 하지만 일본어에 미래 시제가 없다는 것은 또 다른 경우라고 할 수 있다. 일본어 '東京へ行きます'는 I go to Tokyo나는 도쿄에 간다와 I will go to Tokyo나는 도쿄에 갈 것이다라는 뜻 모두가 된다. 이 중 어떤 뜻인지를 이해하려면 그 맥락을 알아야 한다. 이런 명확성의 부족이야말로 일본어의 특징이라고 할 수 있다. 그리고 일본어에서는 me나를, my나의, yours당신의 것라는 인칭대명사를 드물게 사용한다. 물론 그런 단어가 있긴 하지만, 일본어에서는 그런 단어들을 극도로 삼가기 때문에 굳이 없어도 될 정도다. 일본어 문장 가운데 절반 이상이 주어가 없다. 일본인은 단도직입적으로 '예'나 '아니요'라고 말하기를 싫어한다. 그러니 일본인이 외국인들에게 종종 속내를 알 수 없다는 평가를 받는 것도 무리는 아니다.

다양한 언어 공동체는 서로 다른 언어를 고안했을 뿐만 아니라, 그런 언어들과 나란히 가는 서로 다른 문화적 경향도 고안했다. 지중해 지역의 언어 사용자들은 말할 때 자기 얼굴을 상대방에게 아주 가까이 대기를 좋아한다. 칵테일파티 같은 곳에서 남유럽 사람과 북유럽 사람이 이야기를 나눌 경우, 대화 내내 북유럽 사람은 상대방과 떨어지려고 몸을 슬금슬금 뒤로 빼고 남유럽 사람은 더 가까이하려고 점점 앞으로 다가서는 광경을 흔히 볼 수 있다. 물론 양쪽 모두 그런 사실을 전혀 깨닫지는 못하지만 말이다. 이런 말하기의 풍습에는 우리 생각보다 많은 것이 담겨 있다. 영어 사용자는 침묵을 가장 두려워해서, 대화가 시들해지면 몹시 불편하다고 느낀다. 연구에 따르면, 대화의 중단이 4초 동안 이어질 경우 십중팔구는 입담 좋은 사람 가운데 한두 명이 진부하기 짝이 없는 날씨 이야기나 "어이구, 벌써 시간이 이렇게 됐나?" 같은 호들갑스러운 외침이라도 불쑥 꺼내 침묵이 결코 5초까지 이어지지 않게 한다.

언어에 꼭 따르는 것이 바로 몸짓인데, 어떤 문화에서는 이런 몸짓 자체가 일종의 어휘를 구성하다시피 했을 정도다. 현대 그리스인에게는 무려 70가지 이상의 일상적인 몸짓이 있다. 극도의 불쾌감을 나타낼 때는 팔뚝을 끊어내는 듯한 몸짓을 한다. 고도로 정교한 몸짓도 몇 가지 있다. 왼손을 무릎 위에 올리고 한쪽 눈을 감고서 다른 눈으로 상대방을 적당한 거리에서 바라보며 오른손을 위아래로 휘휘 젓는 것이 그런 경우인데, 이는 곧 '난 그 일에 전혀 관여하고 싶지 않다'는 뜻이다. 마리오 페이에 따르면, 인간의 해부학적 구조는 이런 유형의 '기본적인 몸짓'을 무려 70만 가지나 만들어낼 수 있다고 한다. 영어에 있는 몸짓의 수야 그에 비하면 아무것도 아니지만, 흔히 생각하는 것보다는 훨씬 많다. 아이를 향해 경고의 표시로 손가락을 흔들어 보이는 것에서부터, 아주 고약한 냄새가 난다는 것을 나타내기 위해 코를 움켜쥐고 얼굴에 부채질을 하는 것, "잘 안 들리는데?"라고 말하듯 한쪽 귀에 손을 갖다 대는 것에 이르기까지 말이다.

전 세계 언어의 개수를 2700개쯤으로 잡는 모양인데, 물론 누구도 정확히 계산해본 적은 없다.[2] 여러 나라에서는, 아니 사실상 대다수의 나라에서는 최소한 2개 이상의 모국어를 사용하며 카메룬과 파푸아뉴기니 등 몇몇 나라는 모국어가 수백 개나 된다. 이 분야에서 최고봉은 역

---

2. 언어학 연구 기관인 SIL의 2009년 통계에 따르면 전 세계의 언어 개수는 6909개이지만, 언어의 정의와 방언의 분류 방법에 따라 최소 5000개에서 최대 1만 개까지 줄어들거나 늘어날 것으로 추정된다. 본문에 나온 2700개라는 숫자는 지금 상황과는 맞지 않는다는 점을 기억할 필요가 있다.— 옮긴이

시 인도로, 무려 1600개 이상의 언어와 방언이 있다(이쯤 되면 어떤 것이 어떤 언어인지를 정확히 판정하기도 벅찰 정도다). 1984년을 기준으로 세계에서 가장 희귀한 언어는 우비흐어인데, 무려 82개의 자음과 겨우 3개의 모음이 있는 무지하게 복잡한 캅카스어로 한때는 크림반도에 사는 사람들 5만 명가량이 사용했다. 하지만 1984년 7월을 기준으로 그 언어를 사용하는 생존자는 단 1명이었고, 그것도 82세 된 할아버지였다.

언어의 개수가 변하는 것은, 종종 부족들이 멸망하거나 언어 집단이 어딘가로 흡수되기 때문에 벌어지는 자연스러운 현상이다. 가끔은 크리올어 같은 새로운 언어가 탄생하지만, 현재의 추세는 흡수와 합병이라고 할 수 있다. 콜럼버스가 신세계에 도착했을 때만 해도, 그곳에는 무려 1000개쯤으로 추산되는 언어가 있었다. 오늘날 그 언어는 600개 정도로 줄어들었다.

언어는 십중팔구 변한다. 보기 드문 예외는 문어체 아이슬란드어로, 지금으로부터 1000년 전에 쓴 것을 현대의 아이슬란드인이 읽을 수 있을 만큼 거의 변하지 않았다. 만약 레이프 에이릭손Leif Ericson[3]이 오늘날 레이캬비크 거리에 나타난다고 해도 충분히 혼자 길을 찾아 돌아다닐 수 있을 것이다. 물론 '공항'이나 '쿼터 파운드 치즈버거' 같은 단어를 이해하려면 적잖이 힘들겠지만 말이다. 반면, 영어에서는 훨씬 더 극적인 변화가 일어났다. 예컨대 가경자可敬者 비드의 시대인 7세기에 작성된 어떤 사본을 문외한이 우연히 들여다본다면, 거기 적힌 글이 영어

---

3. 노르웨이의 탐험가(970~1020). 콜럼버스보다 약 500년 앞선 11세기 초에 북아메리카에 다녀간 첫 유럽인으로 여겨진다. — 옮긴이

라고 선뜻 단언하지 못할 것이다. 그리고 어떤 면에서는 그런 판단이 지당하다. 오늘날의 영어는 당시의 영어와는 전혀 다른 어휘와 철자법, 구조를 가지고 있기 때문이다.

언어는 국경을 각별히 존중하지도 않는다. 만약 유럽 각국에서 사용하는 언어별로 지도를 작성한다면, 전통적인 지도와는 비슷한 구석이 거의 없을 것이다. 스위스 같은 경우에는 그 주위를 에워싼 프랑스어와 이탈리아어와 독일어의 영역에 포함되어 흔적도 없이 사라지고 로망슈어(또는 로만치어, 또는 레토로만어)를 나타내는 작은 고립 지역 몇 개만 남을 것이다. 이 언어는 스위스의 동쪽 가장자리에 위치한 그라우뷘덴(또는 그리종) 지역의 주민 가운데 약 절반이 사용하는 모국어로 알려져 있다. 이 가파르고도 아름다운 지역은 오늘날 장크트모리츠·다보스·클로스터스 등 스키장이 있는 지역으로, 한때는 혹독한 겨울 추위와 접근하기 힘든 지형 때문에 외부 세계와 거의 철저히 단절되어 있었다. 그런 고립이 어찌나 심했던지, 이웃한 계곡에 사는 사람들까지도 이 언어의 조금씩 다른 버전을 말하기 시작했다. 결국 로망슈어는 1가지 언어가 아니라 사실은 5가지의 파편적인, 그리고 상호 이해가 항상 가능하지는 않은 방언들의 모음이라고 할 수 있다. 수트셀바 인근 계곡에서 온 사람은 "이리 오시오"라는 말을 Vanged nà qua라고 하지만, 그 옆 동네 사람은 Vegni neu cheu라고 하는 식이다.[4] 또 다른 장소에서는 사람들이 발음은 똑같이 하지만, 가톨릭교인이냐 프로테스탄트냐에 따라서 철자를 다르게 쓰기도 한다.

---

4. *Economist*, 27 February 1988.

독일어는 전통적인 독일 영토뿐만 아니라 오스트리아와 스위스의 상당 부분을 차지하고 있으며 벨기에, 체코슬로바키아,[5] 루마니아, 헝가리, 소련,[6] 폴란드에까지 침투해 있다. 같은 독일어라도 고지 독일어high German와 저지 독일어low German 사이에는 어휘와 구문에서 꽤 큰 차이가 있다. '토요일'을 바이에른에서는 Samstag이라고 하지만, 베를린에서는 Sonnabend라고 한다. 또 '배관공'을 바이에른에서는 Spengler라고 하지만, 베를린에서는 Klempner라고 한다.

이탈리아도 언어별 지도에서는 하나의 언어 실체가 아니라, 넓은 견지에서야 관련이 있긴 하지만 종종 상호 이해가 불가능한 다양한 방언의 모음으로 나타난다. 이탈리아어는 본래 이탈리아라는 한 나라의 언어가 아니라, 피렌체와 토스카나 지방의 방언에 불과하던 것이 천천히 다른 방언들을 물리치고 두각을 나타낸 경우다. 1979년의 한 여론조사에서도 당시 이탈리아인의 50퍼센트 이상이 이탈리아어를 그냥 집에서 사용하는 방언으로 여긴다는 사실이 드러났다.

소련도 상황이 비슷해서, 무려 149가지 언어가 사용된다. 이 나라의 국민 가운데 거의 절반이 러시아어가 아닌 다른 언어를 모국어로 사용하고 있으며, 국민 가운데 4분의 1은 러시아어를 전혀 못 한다.

이런 빈 구멍이나 고립 지역은 어디에나 있을 수 있다. 라틴어도 여기에 얼굴을 내민다. 이 언어는 지금까지도 바티칸시국의 공용어다. 이 모

---

5. 유럽 내륙에 있던 사회주의연방공화국으로, 1993년에 체코와 슬로바키아 등 두 공화국으로 분리 독립했다. ― 옮긴이
6. 최초의 사회주의 국가인 소비에트 사회주의공화국연방으로, 1991년에 해체됐다. ― 옮긴이

든 언어는 뒤섞이고 합쳐지며 다양하게 서로 영향을 끼친다. 프랑스어는 일반적으로 형용사를 그것이 수식하는 명사 다음에 놓아 le rouge auto보다는 l'auto rouge빨간 자동차라고 하지만, 독일에서 영향을 받은 알자스와 라인란트 지역에 사는 사람들은 이런 일반적인 순서를 뒤집어 사용하는 경향이 있다. 이와 유사한 방식으로, 스코틀랜드의 하일랜드에서는 영어 사용자들이 게일어에 대한 이해 여부와 상관없이 게일어 어법의 영향을 받은 것이 분명한 독특한 말하기 패턴을 발달시켜왔다. 이들은 bring that here라고 하기보다는 take that here라고 하며, I see you라고 하기보다는 I'm seeing you라고 한다. 네덜란드와 서독[7] 사이라든지 서독과 덴마크 사이처럼 접경 지역에서는 양측의 주민들이 자기 동포의 말보다 오히려 이웃 나라의 말을 더 잘 이해하기도 한다.

어떤 언어들은 우리가 종종 생각하는 것과 달리 차이가 그다지 뚜렷하지 않다. 에스파냐어와 포르투갈어는 관계가 상당히 밀접해서, 이 언어들의 사용자는 서로의 신문이나 책을 어렵잖게 바꿔 읽을 수 있다. 물론 서로의 말을 이해하는 데에는 좀 어려움이 있지만 말이다. 핀란드어와 에스토니아어도 의사소통을 자유롭게 할 수 있다. 덴마크인과 스웨덴인과 노르웨이인은 종종 서로 언어가 전혀 다르다고 주장한다. 하지만 마리오 페이의 설명에 따르면, 스칸디나비아의 이 세 주요 언어 간 차이보다는 오히려 이탈리아의 시칠리아 지방과 피에몬테 지방의 언어 간 차이가 더 크다고 한다. 루마니아어와 몰다비아어(소련에서 사용되는 언어 중 하나)는 본질적으로 같은 언어를 다른 이름으로 부를 뿐이다. 세르

---

7. 1990년에 동독과 통합해 독일연방공화국이 됐다.— 옮긴이

비아어와 크로아티아어도 마찬가지여서, 진짜 차이라고는 세르비아어가 러시아어처럼 키릴 알파벳을 사용하고 크로아티아어가 서양식 알파벳을 사용한다는 것뿐이다.

사람들이 어떤 활동을 하느냐에 따라 사용하는 언어가 달라지는 나라들도 있다. 룩셈부르크에서는 학교에서 프랑스어를, 신문 읽을 때 독일어를, 집에서 그 지역의 독일계 방언인 룩셈부르크어를 사용한다. 파라과이에서는 사업할 때 에스파냐어를, 농담할 때 토착 인디언 언어인 과라니어를 사용한다. 그리스에서는 오랫동안 아이들을 가르칠 때 카타레보사만을 사용했는데, 이 공용어는 워낙 구식이 되어버려서 지금도 마찬가지지만 벌써 오래전부터 그 나라의 어디에서도 쓰지 않았다. 그리스에서 일상 대화에 사용하는 말은 디모티키였는데, 이 일상 언어는 워낙 오랫동안 천대를 받았기 때문에 1903년에 디모티키로 번역된 《구약성서》가 처음 출간되자 이에 항의하는 폭동이 전국적 규모로 일어났을 정도다.[8]

2가지 이상의 언어가 공존하는 나라에서는 종종 혼란이 야기된다. 벨기에에서는 수많은 마을이 전혀 다른 2가지 이름을 갖게 됐다. 하나는 프랑스어 사용자들이 아는 이름이고, 다른 하나는 네덜란드어 사용자들이 아는 이름이다. 프랑스어로 Tournai는 네덜란드어의 Doornik를 가리키고, 프랑스어의 Liège는 네덜란드어의 Luik를 가리킨다. 네덜란드어의 Bergen은 프랑스어의 Mons를 가리키고 네덜란드어의 Kortrijk

---

8. Peter Trudgill, *Sociolinguistics: An Introduction to Language and Society*, p. 115 ff.

는 프랑스어의 Courtrai를 가리키며, 프랑스어 사용자들 모두뿐만 아니라 영어 사용자들 대부분에게 ('broozsh'로 발음하는) Bruges라는 이름으로 알려진 곳을 그 지역 사람들은 ('broo-guh'로 발음하는) Brugge라고 철자와 발음 모두를 다르게 쓰고 읽는다. 수도인 브뤼셀만 해도 공식적으로는 이중 언어를 쓴다고 하지만, 사실 네덜란드어 방언인 플랑드르어의 호수 한가운데 있는 프랑스어의 섬일 뿐이다.

벨기에의 역사에서 언어는 종종 감정적인 문제로 비화되어 정권을 여럿 갈아치웠다. 이런 문제의 원인 중 하나는 이 2가지 주요 언어 집단의 상호 관계에서 종종 운명이 역전되기 때문이다. 벨기에 국토의 남부 절반을 차지하며 프랑스어를 사용하는 왈롱 지역은 오래전부터 이 나라의 경제 발전소 구실을 했지만, 철강·석탄 산업 같은 전통적인 중공업의 퇴조와 함께 그 경제적 기반이 북쪽으로, 즉 인구는 더 많지만 그 전까지만 해도 뒤처졌던 플랑드르어 지역으로 옮겨진 것이다. 왈롱이 우세하던 시기에는 의회며 법원이며 학교에서까지 플랑드르어 사용이 금지됐다. 이 조치로 네덜란드어를 사용하던 대다수 국민에게 질긴 원한이 남게 됐다.

상황이 일촉즉발로 번진 적도 있다. 플랑드르 지방에서 유독 프랑스어를 사용하는 몇몇 마을, 즉 푸롱이라는 곳에서도 프랑스어 사용자인 시장을 뽑았다. 그런데 이 시장이 자신의 임무를 수행하는 과정에서 네덜란드어의 사용을 거부하자 그 여파로 결국 중앙정부가 두 차례나 바뀌고, 이 문제가 그 뒤 10년 동안이나 벨기에의 정치에 먹구름을 드리웠다.

이보다 더 통렬한 상황으로는 캐나다의 프랑스어 사용 지역을 들 수 있다. 1976년에 분리주의를 지지하는 퀘벡당이 르네 레베스크의 진두지휘하에 101법안을 제출했다. 광고 간판에 프랑스어 이외 언어의 사용을 금지하고, 영어 학교 입학생의 수를 제한하며, 이민자의 자녀들은 부모가 모두 영어를 써도 반드시 프랑스어 학교에 다녀야 하고, 직원이 50명 이상인 사업장에서는 프랑스어만 사용하도록 규제한다는 내용이었다. 이 법률의 시행은 '프랑스어감독위원회'라는 불길한 이름의 조직이 담당했다. 400명의 '언어경찰'이 최고 760달러까지 과태료를 물릴 수 있었다. 이 모든 것이야말로 퀘벡주에 사는 영어 사용자 80만 명에게는 지나친 조치이자 분개할 만한 일이었다. "메리 크리스마스!"라는 인사를 해서도 안 되고, 1만 5000개의 던킨도너츠 봉투까지 압수됐으니 말이다. 1988년 12월, 캐나다 연방대법원은 101법안이 위헌이라고 판결했다. 판결문에 따르면, 퀘벡주가 프랑스어를 최우선 통상 언어로 사용하도록 명령할 수는 있어도 유일한 통상 언어로 사용하도록 명령할 수는 없었다. 이 소식이 전해지자마자 1만 5000명의 프랑스어 사용자들이 몬트리올 시내에서 항의 시위를 벌였으며, 이중 언어 간판을 달고 있는 수많은 상점이 곤경에 빠졌다. 상점들의 쇼윈도에 퀘벡해방전선을 뜻하는 FLQ가 스프레이로 분사됐고, 그중 한 곳에서는 폭발물이 터지기까지 했다.

퀘벡주에서 약 1600킬로미터 떨어져 있는 곳에서도 간혹 언어적 반감이 수면 위로 떠오른다. 캐나다는 공식적으로는 이중 언어 국가로서 헌법은 반드시 자국의 모든 지역에서 프랑스어와 영어 모두로 서비스를 제공해야 한다고 규정하고 있지만, 프랑스어를 사용하지 않는 일부 지역에서는 이런 조치가 종종 큰 분노를 일으키기 때문이다. 매니토바

주에는 프랑스어가 모국어인 사람보다 독일어와 우크라이나어가 모국
어인 사람이 더 많다. 이 주에서는 프랑스계 캐나다인이 1961년에는 전
체 인구의 29퍼센트였지만 1990년대에는 24퍼센트로 줄어들었으며,
21세기 초에는 20퍼센트로 줄어들 전망이다.[9]

 이런 문제에 관해서라면 사람들은 터무니없을 정도로 민감한 반응
을 보이기도 한다. 1989년 2월 기준으로, 바스크의 분리주의 조직인 바
스크국가와자유ETA는 언어와 문화의 독립이라는 미명하에 지금까지
672건의 살인을 저질렀다. 이런 폭력에 대해서는 혐오감이 들지만, 언
어적 소수자들 사이에 생겨나는 원한의 감정이 어느 정도인지는 쉽게
이해할 수 있을 것이다. 프랑코 치하에서는 공공장소에서 바스크어를
썼다는 죄로 체포·투옥될 수도 있었던 것이다. 에스파냐어와 프랑스어
의 중간에 놓인 언어라고 할 수 있는 카탈루냐어도 (주로 카탈루냐에 거주
하는 사람들 25만 명이 사용하며, 심지어 프랑스의 루시용처럼 거기서 먼 지역에서도
사용하는 언어다) 에스파냐에서는 오랫동안 금지됐다. 프랑스에서는 수십
년 동안이나 브르타뉴어로 주소가 적힌 편지는 '브르타뉴어 편지 작성
금지'라는 경고문과 함께 반송됐다. 히틀러와 무솔리니는 에스페란토
사용자를 박해했다는 공통점이 있다.

 언어에 대한 탄압은 지금도 진행 중이다. 1980년대에 소련에서는 아
제르바이잔인을 비롯한 언어적 소수자들이 폭동을 일으켜서 목숨을 잃

---

9. 2016년 인구 조사에서 프랑스계 캐나다인은 13.6퍼센트로 집계됐지만, 이른바 '캐나다
   계'로 자처한 응답자도 32퍼센트를 차지했으므로, 프랑스계 캐나다인 인구는 이 통계
   수치보다 더 많을 것으로 추정된다.— 옮긴이

기도 했는데, 이들의 목표는 신문과 교과서를 자신들의 언어로 펴낼 수 있는 권리를 획득하는 것이었다. 루마니아에는 세켈리라는 사람들이 살았는데, 이들이 구사하는 말은 헝가리어 중에서도 가장 순수하고 아름답다는 평이 있었다. 하지만 니콜라에 차우셰스쿠가 몰락할 때까지 무려 30년 동안이나 루마니아 정부는 그들의 문화를 조직적으로 근절했다. 언어적 일치라는 미명하에 여러 학교를 폐쇄한 것은 물론이고, 헝가리어를 사용하던 저명한 보야이대학교를 그보다 한 수 아래지만 루마니아어를 사용하던 대학교와 합병하고, 마을 전체를 불도저로 밀어버리기까지 했다.

하지만 전반적으로 보자면 오늘날의 각국 정부는 자국의 소수 언어를 과거에 비해 좀 더 계몽된 시각으로 본다. 이런 태도 변화를 가장 뚜렷하게 보여주는 곳이 웨일스다. 한때는 사실상 금지됐던 웨일스어를 오늘날에는 정부가 공식적으로 보호하고 있다. 웨일스어는 풍부하면서도 섬뜩한 아름다움이 있는 언어다. 웨일스의 8개 카운티 중에서도 웨일스어를 가장 고집스럽게 사용하는 곳이 귀네드인데, 그곳 주차장의 어느 간판에 적힌 문장을 한번 따라 읽어보시라. A ydycg wedi talu a dodi eich tocyn yn y golwg? "요금 지불은 잊지 않으셨겠지요?"라는 뜻인데, 얼핏 보기에는 솔직히 발음 자체가 전혀 불가능할 것만 같다. 사실 영어 사용자가 보기에 웨일스어의 발음은 그 철자법과는 거의 아무런 관계가 없는 것 같다. Dolgellau는 'doll-geth-lee'로 발음되고, Llandudno는 'klan-did-no'로 발음된다. 이 정도는 약과다. Llwchmynydd, Bwlchtocyn, Dwygyfylchi, Cwmystwyth, Pontrhydfendigaid, Cnwch Coch 등 외부인으로서는 그냥 쳐다보는 것만으로도 눈이 아파서 눈물이 다 날 정도인 이름이 이 지역에는 수두룩하다.

이런 경이로운 음성학을 고려하면, 찰스 왕세자가 1969년에 웨일스공[10]이 된 이래 지금까지도 이 언어에 숙달하지 못하고 끝없는 어려움을 겪는 것도 놀랄 일은 아닐 것이다. 이런 어려움을 겪은 사람이 그 혼자만은 아니다. 사실 웨일스인 가운데 약 80퍼센트가 웨일스어를 모른다.

이 지역이 공식적으로는 이중 언어를 쓰고 모든 공공 간판이 웨일스어와 영어를 병기한다. 하지만 웨일스어는 오로지 남부의 스완지·카디프·뉴포트 같은 주요 산업도시 인근에서만 열심히 쓰이고, 대부분 더 외진 내륙 지역에서만 쓰이기 때문에 언어지도상에 구멍이 숭숭 뚫린 모습으로 존재할 뿐이다.

다만 이 언어가 살아남았다는 사실 자체는 웨일스인의 성격에 대한 찬사와 같다. 20세기에 들어서고 한참 후까지도 웨일스어를 쓰는 것은 사실상 불법이나 다름없었기 때문이다. 학교와 법원에서는 물론이고 수많은 사업장에서도 웨일스어 사용을 금지했다. 그 사실을 깜박 잊고 운동장에서라도 무심코 그 말을 한 아이들은 굴욕적인 처벌을 감수해야만 했다. 하지만 지금은 상황이 달라졌다. 1960년대부터 영국 정부는 웨일스어를 공용어로 허용했고, 웨일스어를 절대적으로 많이 사용하는 곳에서는 학교에서도 쓸 수 있도록 했으며, 웨일스어로 작성된 법정 증

---

10. 영국의 왕족들은 서열에 따라서 영국 연방 내 여러 지역의 이름을 딴 작위에 임명된다. 예컨대 '웨일스 공'과 '웨일스 공비'는 영국의 왕세자와 왕세자빈을 말한다.─옮긴이

거를 제출할 수 있게 했고, 내친김에 웨일스어 TV 방송국까지 만들었다. 〈이코노미스트〉에 따르면, 웨일스어는 오늘날 "전 세계에서 가장 많은 보조금을 받는 소수 언어"다. 웨일스어 TV 방송국 S4C의 설립에 관한 한 기사에서는 이렇게 조롱하기도 했다. "웨일스 전체 인구의 20퍼센트, 즉 영국 전체 인구의 단 1퍼센트에 불과한 웨일스어 사용자들에게 방송을 해주기 위해 연간 4300만 달러가 든다는 사실은 전혀 개의치 말자."

이 모두가 웨일스인이 오랜 세월에 걸쳐 벌인 훼손 투쟁 덕분에 성취된 것이다. 이들은 도로 표지판에 페인트를 덧칠하고, TV 송신탑을 부러뜨렸으며, 영어 사용자들이 소유하고 있는 주말 별장에 불을 질렀다. 이 투쟁 중에 100여 명이 투옥됐다. 오늘날에는 보잘것없는 소수 언어일 뿐이지만, 웨일스어는 유럽 내 다른 어떤 소수 언어보다도 더 강인한 체질을 자랑한다. 웨일스어와 갈라진 지 1500년이 넘었지만 서로 대화를 나눌 만큼 아주 가까운 친척인 프랑스의 브르타뉴어보다 더 강인하다. 물론 그 사용자의 수는 줄어들고 있지만, 아직 50만 명이 웨일스어를 쓴다.[11]

반면, 아일랜드의 게일어는 상황이 이렇게 낙관적이지만은 않다. 이곳에서도 정부가 이 언어에 대해 관대한 옹호 정책을 도입했지만 구체적인 성과는 거의 없다. 아일랜드는 공식적인 영어 사용 국가도 아니다. 하지만 국민 가운데 94퍼센트는 영어만 쓰고, 1퍼센트만 게일어를 선호

---

11. 2020년 조사에 따르면 웨일스어 사용자는 전체 인구의 28.8퍼센트인 87만 2200명이다.—옮긴이

하는 언어로 쓴다. 아일랜드는 유럽경제공동체EEC의 회원국 중 유일하게 그 공동체의 업무에서 자신들의 고유 언어를 고집하지 않는데, 고유 언어가 없어진 상황에서 그렇게 한다는 것은 무의미하기 때문이다. 게일어 사용자가 매우 적다는 사실은 오히려 그 언어에 숙달된 사람들에게는 일종의 이득이 되기도 한다. 런던의 시사여론 주간지 〈스펙테이터〉에 따르면, 1986년에 코너 크루즈 오브라이언 박사가 아일랜드의 하원의회인 다일Dáil에서 나온 거북한 질문에 대해 유창한 게일어로 장광설을 늘어놓았는데 그 자리에 있던 사람들 대부분이 그 뜻은 이해하지 못했어도 존경심을 나타냈다고 한다.

아일랜드에서 아일랜드어(아일랜드 게일어)를 말하는 지역, 즉 게일터흐트는 오랫동안 처참하리만치 줄어들었다. 1845년에 감자 기근으로 수십만 명이 조국을 떠나기 전만 해도, 게일어 사용자는 전체 인구의 4분의 1에 달했다. 오늘날 게일어 사용자는 오지 몇 군데에 드문드문 퍼져 있는데, 그 대부분은 서부 해안의 인구밀도가 아주 낮은 바위투성이 지역에 살고 있다. 이곳이야말로 놀라우리만치 경치가 좋지만, 오랫동안 유럽에서 가장 살기 힘든 곳이었다. 정부는 연신 휘청거리기만 하는 경제를 살리려고 이곳에 관광객과 산업을 유치하려고 했는데, 이것이 오히려 그 지역 문화와 불가피한 긴장을 빚고 말았다. 1970년대에 아일랜드어 사용 지역의 핵심이던 더니골의 인구는 5분의 1이나 증가했지만, 새로운 인구는 거의 영어 사용자였고 게일어를 알지 못했다. 게다가 한편으로는 어렵고 한편으로는 이미 죽어가는 것이 분명했던 그 언어를 배울 생각조차 거의 없었다.

이 모든 증거는 소수 언어들의 위축이나 번성은 어디까지나 그 언어의 불가피한 운명에 따른다는 것을 시사한다. 정부가 그런 언어들을 철저하게 탄압하건 호화롭게 지원하건 간에 큰 차이는 없어 보인다. 아일랜드 정부의 온갖 격려와 지원 속에서도 정작 그곳의 게일어 사용자는 정부의 보조를 전혀 받지 못하는 스코틀랜드 게일어 사용자의 절반밖에 안 된다. 실제로 스코틀랜드 게일어는 사용자 수가 점차 증가하는 보기 드문 소수 언어 가운데 하나다. 게일어는 13세기 아일랜드인 침략자들이 스코틀랜드에 도입했는데, 그때부터 스코틀랜드 게일어는 그 지역 서쪽 가장자리의 외딴섬과 계곡 같은 곳에서만 사용됐다. 1960년대에 8만 명이던 스코틀랜드 게일어 사용자는 오늘날 9만 명을 약간 넘을 정도로 늘어났다. 그래도 스코틀랜드 전체 인구 가운데 게일어 사용자는 겨우 2.5퍼센트다.[12]

다른 모든 곳에서도 대개 궁극적인 쇠퇴로 가는 과정이 느리지만 꾸준히 벌어지고 있다. 콘월어를 모국어로 사용한 마지막 사람은 벌써 200년 전에 사망했고, 이 언어를 부흥하려는 지속적인 노력이 있었지만 대화를 나눌 수 있을 정도로 콘월어에 숙달된 사람은 기껏해야 50~60명을 넘지 않는다. 오늘날 이 언어는 2~3가지 방언 단어로만 남아 있는데, 그중 하나인 emmets개미는 그 지역 주민들이 멋진 풍경을 구경하러 여름마다 찾아오는 관광객들을 가리키는 말이었다. 맨섬에서 사용되는 켈트어인 맹크스어도 최후의 모국어 사용자가 1960년대에 사망했기 때문에 그와 유사한 운명을 맞이했다.

---

12. 게일어 사용자는 1970년대 이후 다시 감소해서 2011년 조사에서는 전체 인구의 1.1 퍼센트인 5만 7602명이었다.—옮긴이

그다음은 아마 아일랜드의 게일어가 아닐까 싶다. 1983년에 게일어 위원회, 즉 이 언어를 보존하는 업무를 담당하던 정부 기관에서는 이렇게 썼다. "이 세기가 지난 다음에도 아일랜드어가 게일터흐트 공동체의 언어로 살아남을 가능성은 사실 거의 없다고 봐야 한다." 냉정할 정도로 우울하지만 현실적인 예측이 아닐 수 없다.

이런 언어들의 몰락을 애도해야 마땅하지만, 한편으로는 왠지 다행스럽다는 역설적인 느낌도 있다. 조이스, 쇼, 스위프트, 예이츠, 와일드, 싱, 비언을 비롯한 아일랜드 출신 문호들의 작품이 불가피하게 주변부 언어로 창작됐다면 과연 어땠을까? 그들의 작품은 아이슬란드나 노르웨이 시인들의 작품과 마찬가지로 우리에게 거의 알려지지 않았을 테고, 그렇다면 역시 비극이 아닐 수 없었으리라. 총인구수 대 작가 수의 비율로만 따져봐도, 아일랜드만큼 이 세상에 비할 데 없는 문학을 선물한 나라는 없다. 따라서 바로 그 이유 하나만으로도 영어 사용자는 영어가 이렇게 위대한 작가들을 거느린 언어라는 사실에 대해 사소하면서도 상당히 이기적인 자축을 할 만하다.

4

맨 처음 1000년

THE FIRST THOUSAND YEARS

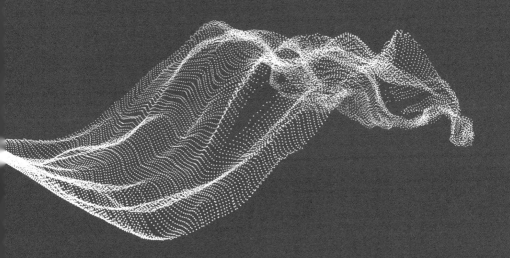

―――――

"이 암늑대는 내 친척 남자에게 주는 보상이다." 물론 심오한 내용까지는 아니지만, 이것은 오늘날 영국에 전하는 앵글로색슨인의 기록 중 가장 오래된 것이다. 달리 말하자면 이것이야말로 영어로 기록된 첫 문장이다.

THE FIRST THOUSAND YEARS

덴마크와의 접경지대인 독일 북부 슐레스비히홀슈타인주의 한 술집에
서 사람들이 말하는 것을 가만히 들어보면 마치 영어의 어느 잊힌 방
언처럼 기괴하게 들릴 때가 있다. 가끔 그중 어떤 단어를 알아듣고 보
면 뜻이 통하는 것 같기까지 한데, 그들이 veather ist cold날씨가 춥네라
고 말하거나 What ist de clock?몇 시야?라고 물어볼 때가 그렇다. 킬대
학교의 독일어과 학과장인 후베르투스 멘케 교수는 그 언어가 "지금으
로부터 1000여 년 전에 영국에서 사람들이 말하던 방식과 아주 흡사하
다"라고 한다.[1] 하지만 이 말에 깜짝 놀랄 필요는 없다. 독일의 앙겔른
Angeln이라고 불리는 이 지역에 한때 앵글인Angles이 살았기 때문이다.
게르만족에 속하는 그들은 지금으로부터 1500년 전에 북해를 건너 영
국으로 들어가서 토착민인 켈트인을 쫓아내고 훗날 가장 유명한 언어
가 될 언어를 이 세계에 선사했다.

　거기서 그리 멀지 않은 네덜란드 북부와 독일 서부의 늪지로 이루어
진 갑岬에는, 그리고 그 해안을 따라 길게 늘어선 황량한 섬들에는 그
보다 훨씬 더 영어와 가까운 방언을 사용하는 사람들이 살고 있다. 바

---

1. *The Independent*, 6 July 1987.

로 인구 30만 명에 달하는 프리슬란트인이다. 그들이 사용하는 게르만어는 지금까지도 거의 바뀌지 않아서, 찰턴 레어드는 그들이 영국의 중세 서사시 〈베오울프〉를 '거의 딱 보자마자' 술술 읽을 수 있을 정도라고 했다.[2] 그들의 어휘도 여러 면에서 놀랄 만큼 닮은 점이 있다. 예컨대 프리슬란트어의 boat, rein, goes는 각각 영어의 boat, rain, goose에 해당한다(반면 지리적으로 더 가까운 네덜란드어와 독일어에서는 각각 boot, regen, gans라고 해서 약간 더 차이가 있다).

450년경 로마 군대가 영국에서 철수하자, 앵글인과 프리슬란트인은 물론이고 이들과 친척 관계인 북부 유럽의 또 다른 두 집단, 즉 색슨인과 주트인이 영국으로 향하는 기나긴 이주를 시작했다. 이것은 침략이라기보다 향후 수 세대에 걸쳐 일어난 일련의 시기적절한 침식이었다. 이 부족들은 영국에서 서로 다른 지역에 정착했으며 말하기에서 저마다 나름대로 변형을 일으켰는데, 이 변형 가운데 일부는 오늘날까지 영국에 그대로 남아 있다. 그리고 몇 세기 뒤에는 아메리카로 건너가기도 했다. 뉴잉글랜드에서 a를 [a]로 발음하는 경향은 아마 최초의 필그림들이 노퍽·서퍽·에식스처럼 과거 앵글인의 중심지에서 온 사람들이라는 사실에서 비롯됐을 수 있고, 대서양 중부 여러 주의 뚜렷한 r 발음은 미들랜드와 북부에서 색슨인의 지배가 낳은 지속적인 결과일 수 있다.

---

2. 인터넷에 올라온 독자들의 비판 중에는 이 대목이 지나치게 과장됐다는 지적이 있다. 한 독자는 실제로 인터넷에 올라온 〈주기도문〉의 고대 영어, 프리슬란트어, 영어(《킹 제임스 성서》) 번역문을 비교하며 이 3가지가 전혀 달라 보인다는 것을 증명했다. 따라서 프리슬란트인이 〈베오울프〉를 '거의 딱 보자마자' 술술 읽을 수 있다는 표현은 지나친 과장 또는 농담이다. — 옮긴이

어떤 경우든, 영국에 들어온 여러 부족은 다양하게 합쳐지고 분리된 끝에 작은 왕국 7개를 세우며 그 섬 대부분을 지배하게 됐다. 여전히 켈트인의 지배를 받던 웨일스, 스코틀랜드, 콘월 같은 지역만 예외였다.

여기까지는 우리가 충분히 잘 알고 있다. 그리고 그중 상당 부분은 어디까지나 추측일 뿐이다. 과연 그 침략이 언제 어디서 시작됐는지, 얼마나 많은 사람이 관여했는지 우리로서는 정확히 알 길이 없다. 또한 왜 침략자들이 안전한 고향을 버리고 굳이 적대적 세력의 영토에 들어가 모험을 시도했는지도 알 길이 없다. 무엇보다, 그곳을 정복한 부족들이 서로 말을 얼마나 잘 이해했는지 또는 과연 이해하기나 했는지에 관해서도 확신하지 못한다. 다만 색슨인은 그 뒤에도 유럽 대륙에서 번성한 반면, 앵글인과 주트인의 소식은 더 들을 수 없게 됐다는 것은 확실하다. 그들은 모조리 사라져버렸다. 색슨인이 지배적인 집단이긴 했지만, 새로운 국가는 점차 영국England으로 알려지고, 그 언어는 영어English로 알려지게 됐다. 색슨인에 비하면 오히려 덜 알려진 앵글인Angles의 이름을 따른 것인데, 왜 굳이 그래야 했는지 역시 누구도 모른다.

초기의 앵글로색슨인은 이런 사건들에 관해서 아무런 기록도 남기지 않았는데, 그럴 수밖에 없었던 데에는 간단한 이유가 있다. 그들이 사실상 문맹이었기 때문이다. 물론 룬 알파벳이란 것이 있어서, '룬runes'이라는 기념비에 글을 새기는 데 사용하거나 (바로 여기서 '룬 문자runic'라는 명칭이 유래했다) 간혹 가치 있는 물건들을 표시하는 수단으로 사용했다. 하지만 시간을 뛰어넘어 생각을 전하는 수단으로서 그 알파벳이 지닌 잠재력에 대해서는 결코 깨닫지 못했다. 1982년에 서퍽의 어느 들판에서 10펜스짜리 동전 크기의 금메달이 발견됐다. 대략 450년에서 480년 사이에 침략자들 중 가장 앞선 집단이 떨어뜨리거나 땅에 묻어놓은 것으로 추정되는데, 메달에 적힌 룬 문자의 내용은 이랬다(또는 최소한 다음과 같은 말을 하려고 했다). "이 암늑대는 내 친척 남자에게 주는 보상이다." 물론 심오한 내용까지는 아니지만, 이것은 오늘날 영국에 전하는 앵글로색슨인의 기록 중 가장 오래된 것이다. 달리 말하자면 이것이야말로 영어로 기록된 첫 문장이다.

앵글로색슨인은 비교적 문명의 혜택을 못 받았을 뿐만 아니라 이교도이기도 했는데, 이 사실은 일주일 가운데 무려 나흘의 이름에 색다른 모습으로 보존되어 있다. 즉 Tuesday, Wednesday, Thursday, Friday는 각각 Tiw, Woden, Thor, Frig 같은 신들을 기념하기 위해 지은 이름이다(나머지 요일들인 Saturday, Sunday, Monday는 각각 Saturn, Sun, Moon의 이름을 따서 지은 것이다).

로마 제국 변두리의 야만적인 땅에서 온 원시적이고 문맹인 전사들에게 침략을 당한 켈트인들이 얼마나 모욕감을 느꼈을지는 차마 상상도 할 수 없다. 켈트인들은 의심의 여지 없이 아주 세련된 민족이었기 때문이다. 레어드는 이렇게 말한다. "토착민인 켈트인은 문명화되고 법을 준수하는 민족이었으며 정부는 물론이고 믿을 만한 경찰도 있었지만, 수많은 침략자 앞에서 속수무책이었다. 아마 오늘날 대부분의 문명인도 그런 상황에 처하면 그들과 매한가지일 것이다." 피지배자 중 상당수가 누리던 수돗물이나 중앙난방 같은 문명의 혜택이 새로운 지배자인 유목민들에게는 온통 생소했기 때문에 제대로 유지될 수 없었고, 이런 문명의 혜택이 영국에 다시 보편화된 것은 거의 1500년이 흐른 뒤였다.

침략 이전의 영국은 당시까지 존재한 것 중 가장 위대한 문명의 일부로 4세기 가까이 편입되어 있었고, 그 덕에 따라오는 이득과 편의를 만끽했다. 로마 치하 영국의 일상생활과 코스모폴리탄적 성격에 관해서는 1987년 바스에 있는 어느 샘, 즉 술리스 미네르바 여신에게 바쳐진 샘 근처에서 저주가 담긴 평판이 한 무더기 발견되면서 부분적으로나마 살펴볼 수 있게 됐다. 당시에는 불만을 품은 시민들이 납으로 된 평판에 저주의 내용을 적어 그 샘에 던져 넣으면서 복수를 기원하는 관습이 있었다. 그 저주가 효력이 있으려면 당연히 진심으로 말해야만 했다. 전형적인 경우는 이랬다. "도키메데스가 장갑 두 켤레를 잃어버렸으니, 그걸 훔쳐 간 자는 성한 정신과 성한 눈 모두를 잃어버릴지니라."

거기 적힌 내용이 흥미로운 까닭은, 로마 치하 영국 사람들도 오늘날의 우리 못지않게 좀도둑질로 골치를 앓았음을 (또한 우리 못지않게 철자법이나 문법을 잘 틀렸음을) 보여주는 동시에 문화의 다양성을 강조하기 때문이다. 예컨대 유난히 의심이 많던 한 피해자는 자신이 당한 사소한 좀도둑질을 언급하고, 자신이 보기에 그 짓을 했을 가능성이 큰 사람들을 18명이나 거명하기도 했다. 그런데 그중 2명은 그리스어, 8명은 라틴어, 8명은 켈트어 이름을 가졌다. 거의 4세기 가까이 함께 살아가며 종종 통혼까지 한 결과,[3] 로마인과 켈트인의 관계가 아주 가까워진 것은

---

3. 주목할 만한, 그러나 거의 알려지지 않은 예를 하나 들어보겠다. 아일랜드의 수호성인인 성 패트릭은 어느 로마인 장교와 그의 영국인 아내 사이에서 태어난 아들이었다. 흔히 생각하는 것과 달리 성 패트릭은 아일랜드인이 아니라 웨일스인이었다. 그가 결국 아일랜드에서 생애를 마친 것은 단지 그가 16세 때 아일랜드인 해적에게 납치되어 거기로 끌려갔기 때문이다.

물론이고 여러 면에서 구분할 수 없는 정도가 된 것이 분명하다.

410년에 제국이 무너지자 로마 군대는 영국에서 철수했고, 켈트인의 앞날도 험난해지고 말았다. 점진적으로 진행된 이교도의 맹공으로 수많은 켈트인이 이교도로 흡수되거나 살해됐다. 다른 켈트인은 영국제도의 서쪽 가장자리로 달아나거나 영국해협을 건너 프랑스로 가서 브르타뉴라는 식민지를 세우고 유럽 본토에 다시 켈트 문화를 도입했다. 켈트인 가운데 일부는 계속 남아서 싸웠고, 전설적 인물인 아서 왕도 그중 한 사람이다. 켈트 문화의 고립 지역들이 한동안 영국에서 살아남았다고 추측할 수 있게 해주는 증거가 도싯주 북동부의 샤프츠베리 인근 지명에 남아 있다. 하지만 확실히 알려진 것은 거의 없다. 당시야말로 암흑시대 중에서도 암흑시대, 즉 역사와 신화가 뒤섞이고 증거는 드문 시대다.

이 시대에 관한 최초의 총체적인 서술은 노섬브리아의 재로에 살던 수도사인 가경자 비드가 라틴어로 쓴 《영국 교회사》다. 전반적으로는 정확한 편이지만, 이 책은 그 안에 서술된 사건이 끝난 지 거의 300년이 지난 후에 쓰인 것이다. 다시 말해, 오늘날 우리가 오로지 풍문에 근거해 엘리자베스 시대 영국에 관한 역사서를 쓰는 것과 비슷하다고나 할까.

이 섬에 로마인은 367년, 켈트인은 최소한 1000년 이상 있었는데도 정작 남겨놓은 것은 거의 없다. 영국의 여러 지명은 (Avon이나 Thames처럼) 켈트어에서 비롯된 것이거나 ('군부대의 주둔지'를 리키는 라틴어에서 파생된 영어 접미사 -chester/-caster가 붙은 Manchester나 Lancaster처럼) 라틴어에서 비롯된 것이지만, 일상의 어휘만 놓고 본다면 그런 민족들은 일찍이 영국에 전혀 없었던 것만 같다. 에스파냐와 골에서만 해도 로마의 지배가 각각 에스파냐어와 프랑스어라는 아주 새로운 언어를 낳았다. 하지만 영국에서는 로마인이 남긴 단어가 기껏해야 5개뿐이고, 그보다 낫다는 켈트인조차 남긴 단어가 20개를 넘기지 못하며 그나마도 대개는 영국 내에서 비교적 언덕이 많고 변화무쌍한 지형을 가리키는 지리학 용어에 국한돼 있다.[4]

언어적 영향력이 거의 없다는 사실이 더 놀라운 것은 로마인이 영국 제도로 건너오기 전까지만 해도 앵글로색슨인이 로마인들의 여러 어휘를 자유롭게, 그리고 사실상 감지덕지하면서 차용했기 때문이다. street거리, pillow베개, wine포도주, inch인치, mile마일, table탁자, chest가슴 같은 어휘가 대표적이다. 이 민족이 고유어를 갖지 못했던 일상용품에 어떤 것들이 있는지 살펴보기만 해도 이들의 문화가 얼마나 빈곤했는지를 알 수 있다.

이런 갖가지 결핍 속에서도 앵글로색슨인들은 오토 예스페르센의 말마따나 "가능성이 풍부한" 언어를 갖고 있었으며, 일단 읽고 쓰는 능력을 갖추게 되면서부터는 언어도 놀라운 속도로 꽃을 피우게 됐다. 이들에게 읽고 쓰는 능력과 아울러 기독교를 가져다준 사람은 성 아우구스티누스다. 그는 597년에 선교사 40명과 영국으로 건너가, 그로부터 1년이 지나기 전에 켄트의 에셀버트 왕을 그 나라의 작은 수도인 캔터베리에서 개종시켰다(바로 이런 사실 때문에 오늘날 영국 국교회의 수장은 정작 런던에 거주하는데도 '캔터베리 대주교'로 불린다). 이 최초의 승리로 기독교는 이 섬 전역에 신속히 퍼져나갔으며, 그 뒤를 따라 읽고 쓰는 능력도 함께 퍼져나갔다. 그로부터 100년이 조금 더 지나자, 영국은 유럽 어떤 곳 못지않

4. Albert C. Baugh and Thomas Cable, *A History of the English Language*, p. 80.

게 뛰어난 문화와 교육의 중심지가 됐다.

영어가 과연 어느 시점부터 유럽 본토의 게르만 방언들과 구분되는 별개의 언어가 됐는지에 관해서는 물론 누구도 확언할 수 없다. 분명한 사실은 침략자들이 가져온 그 언어가 곧 변하기 시작했다는 것이다. 그 기원이 된 인도유럽어와 마찬가지로 영어는 놀라우리만치 복잡한 말이었다. 명사에는 3가지 성별이 있고, 무려 5가지 격에 따라 굴절할 수 있었다. 현대 유럽 언어와 마찬가지로 성별은 종종 제멋대로였다. 예컨대 wheat밀는 남성이고 oats귀리는 여성이며 corn옥수수은 중성이었는데, 이는 현대 독일어에서 Polizei경찰가 여성인 반면 Mädchen소녀은 중성인 것과 마찬가지다.[5] 하지만 현대 영어는 인칭대명사에서 I, me, mine과 he, him, his 등을 구분하는 것을 제외하고는 격 변화를 포기해버렸다.

고대 영어에는 7가지의 강변화 동사와 3가지의 약변화 동사가 있으며, 그 어미는 숫자와 시제와 법과 인칭에 따라 변한다(그러나 이상하게도 미래 시제는 따로 없다). 또한 형용사와 대명사는 다양하게 굴절한다. green이나 big 같은 단순 형용사는 최대 11가지 형태를 가질 수 있다. 정관사 the처럼 간단한 것조차 남성·여성·중성이 될 수 있고, 하나는 단수이고 나머지 넷은 복수인 5가지 격 형태를 갖는다. 과연 그런 말하기 방법을 다 배운 사람이 어디 있겠나 싶을 정도다.

그 모든 문법적 복잡성에도 고대 영어와 현대 영어의 거리는 생각만큼 아주 멀지도 않다. Scip · bæð · bricg · þæt 같은 단어가 첫눈에는 낯

5. Simeon Potter, *Our Language*, p. 25.

설게 보이지만, 각각 ship · bath · bridge · that의 발음과 똑같은 그 발음만큼은 1000년 동안이나 변하지 않았기 때문이다. 당시의 철자 i는 오늘날의 [i] 발음에 해당하며 철자 e는 [ei] 발음에 해당한다는 등의 철자와 발음 차이를 20분 동안만 익혀도, 현대의 영어 사용자는 아주 난해해 보이는 고대 영어 텍스트 가운데 상당 부분을 읽어나갈 수 있을 것이다. 또한 음가만 놓고 보면 고대 영어가 더 간단하고 믿을 만한 언어이며, 각 철자가 음 하나와 뚜렷하고도 일관성 있게 대응함을 알게 될 것이다. 현대 영어 철자법의 골칫거리인 묵음이나 음성학적 불일치 등은 전혀 없다.

한마디로, 그 언어에는 상당한 미묘함과 유연성이 애초부터 들어 있었으며 앵글로색슨인은 글쓰기를 배우고 나자 즉각적이고 자신감 넘치는 문학의 홍수를 만들어냈다. 이런 문화적 개화는 노섬브리아라는 먼 북쪽의 왕국에서 가장 두드러졌다. 문명 세계에서 가장 먼 가장자리였던 바로 이곳에서 영국 최초의 위대한 시인인 수도사 캐드먼, 최초의 위대한 역사가인 가경자 비드, 최초의 위대한 학자이자 아헨에 있는 샤를마뉴 왕궁 학교의 교장이었으며 르네상스의 선조 중 한 사람으로 꼽히는 요크의 알쿠인 등이 배출된 것이다. "그때는 유럽의 그 어디보다도 노섬브리아에서 배움의 빛이 더 밝게 빛났다." 시미언 포터가 《우리의 언어》에서 한 말은 과장이 아니었다. 알쿠인이 없었다면 우리의 고대사는 십중팔구 유실됐을 것이다. 케네스 클라크는 이렇게 썼다. "라틴어 저자들의 고대 문서 가운데 오늘날 전하는 것은 겨우 서너 종밖에 되지 않는다는 것을 우리는 종종 잊어버린다. 고대 문학에 관한 우리의 모든 지식은 사실 샤를마뉴 치하에서 시작된 그런 문서의 수집과 필사 덕을

봤다."[6]

이 문화적 부흥이 시작되자마자 영국, 그리고 아직 유아기였던 그 언어는 또다시 공격을 당했다. 스칸디나비아와 덴마크에서 온 바이킹 침략자들이 공격한 것이다. 이들은 혈연적으로나 언어적으로나 앵글로색슨인과 관계가 있는 민족이었다. 사실 양측이 아주 밀접한 관계에 있어서 서로의 언어를 대체로 이해할 수도 있었겠지만, 침략자들의 약탈로 고통받은 수도사나 농부나 능욕당한 여자에게는 별 위로가 되지 않았을 것이다. 영국에 대한 공격은 바이킹, 즉 역사의 다양한 호칭법에 따라 '노르인Norsemen'이나 '데인인Danes'으로 불린 이들의 대대적이고도 막무가내인 데다 수수께끼 같은 세력 확장의 일부였다. 그 전까지만 해도 온화하고 전원적이던 민족이 왜 그토록 갑자기 공격적이고 모험적으로 변했는지는 누구도 모른다. 하지만 어쨌거나 2세기 만에 이들은 러시아, 아이슬란드, 영국, 프랑스, 아일랜드, 그린란드와 북아메리카에 이르는 세계 각지로 진출했다. 초기에만 해도 영국에서 바이킹의 공격은 대부분 동부 해안에서 벌어지는 일시적인 기습과 약탈 행위에 불과했다. 그 지역에 있는 린디스판의 유명한 수도원은 793년에, 그리고 비드가 머물던 재로의 수도원은 이듬해에 노략질을 당했다.

그러다가 역시 수수께끼같이 그 공격은 뚝 그쳤고, 그 뒤 반세기 동안이나 영국제도 인근의 바다는 잔잔하기만 했다. 하지만 이것은 (진부한 표현을 굳이 쓰자면) 한마디로 폭풍 직전의 고요와 같았다. 따라서 그 시기에 이 섬의 주민들은 조마조마한 마음으로 해안을 감시할 수밖에 없

---

6. Kenneth Clark, *Civilisation: A Personal View*, p. 18.

었을 것이다. 850년에 그들의 가장 큰 두려움이 현실화되어 약 350척의 중무장한 바이킹 배들이 템스강을 거슬러 올라왔고, 영토의 지배권을 둘러싼 전투가 몇 년 동안이나 이어졌다. 양측은 마치 레슬링 선수들처럼 서로 엉켜 영국의 풍경 위를 뒹굴었으며, 행운은 처음에는 이쪽 편을 들었다가 다음에는 저쪽 편을 들었다. 마침내 878년에 전혀 예상치 못한 영국 측의 승리 직후 평화조약이 맺어지고 데인로Danelaw,[7] 즉 대략 런던과 체스터 사이를 잇는 경계선이 그어짐으로써 그 남부의 잉글랜드인과 북부의 데인인이 영국의 지배권을 나눠 갖게 됐다. 오늘날까지도 이 선은 영국의 북부와 남부 방언의 중요한 경계로 남아 있다.

그 북부에서 데인인의 영향력은 어마어마했다. 오늘날 영국 북부의 지명 가운데 1400여 가지의 기원이 스칸디나비아어라는 사실은 그들의 정착이 어느 정도 규모였는지를 알 수 있게 해준다. 한동안 어떤 장소에 사는 사람들은 고대 영어만 쓴 반면, 바로 옆 동네에 사는 사람들은 고대 스칸디나비아어(노르드어)만 썼다. 때로는 이런 상황이 몇 년씩 지속됐고, 셰틀랜드제도에서는 수 세기 동안이나 지속되어 1700년대까지만 해도 그곳 사람들은 오늘날 약 1500가지 단어만 전하는 노른Norn이라는 노르웨이어 방언을 사용했다. 하지만 대개 이 두 언어의 사용자들은 완만하면서도 평화로운 합병에 들어갔다. 스칸디나비아어 단어 중 상당수가 영어에 채택됐다. 만약 freckle주근깨 · leg다리 · skull두개골 · meek온순한 · rotten썩은 · clasp걸쇠 · crawl기다 · dazzle눈부시

---

7. 당시에 데인인이 점령한 지역을 가리키며, 오늘날에는 잉글랜드 북동부 지역을 일컫는 말이 됐다.— 옮긴이

다 · scream비명 · trust믿다 · lift들다 · take취하다 · husband남편 · sky하늘 같은 단어가 없었다면, 영어는 지금보다 훨씬 빈약했을 것이다. 때로는 이런 단어들이 고대 영어의 단어들을 완전히 대체했지만, 대개는 2가지가 나란히 남아서 이 언어에 유용한 동의어를 하나 더해주었다. 그래서 오늘날 영어에서는 craft와 skill기술, wish와 want원하다, raise와 rear기르다 등 여러 이중어가 있는 것이다. 때로는 shriek와 screech비명, no와 nay아니요, ditch와 dike도랑처럼 출처가 같은 단어들이 발음 차이를 조금씩 보이기도 했다. 때로는 한 걸음 더 나아가 scatter흩뿌리다와 shatter박살 내다, skirt치마와 shirt셔츠, whole전체과 hale강건한, bathe담그다와 bask몸을 녹이다, stick꽂다과 stitch바느질하다, hack난도질하다와 hatch알을 까다, wake잠을 깨다와 watch지켜보다, break깨뜨리다와 breach위반하다처럼 조금씩 다른 의미를 얻기도 했다.

하지만 그중에서도 가장 주목할 만한 점은, 영어가 특정한 문법적 형태를 채택했다는 것이다. they나 them이나 their 같은 대명사는 스칸디나비아어에서 비롯됐다. 통사론의 기본 요소를 이렇게 빌린 것이야말로 아주 이례적인 일인데, 어느 정도 발달한 언어로서는 아마도 유일무이한 경우이고 영어 사용자의 주목할 만한 적응력에 대한 초기의 예증이 아닐까 싶다.

영어에는 최후의 대격변이 기다리고 있었다. 1066년 노르만인의 정복이다. 노르만인Normans은 그로부터 200년 전에 프랑스 북부에 정착한 바이킹이다. 그 전의 켈트계 영국인과 비슷하게 그들은 프랑스의 한 지방에 자신들의 이름을 남겼는데, 그곳이 바로 노르망디Normandy다. 하지만 켈트인과 달리 노르만인은 자신들의 언어는 물론이고 문화의 상당 부분을 포기하고 태도나 말을 프랑스식으로 바꿨다. 특히 언어는 얼마나 철저히 포기했던지, 노르망디에서도 몇 군데 지명을 제외하면 스칸디나비아어가 살아남지 못했다. 이는 아주 주목할 만한 일이다. 노르만인이 영어에 무려 1만 개가량의 단어를 선사해주었다는 것을 떠올려보면 더더욱 그렇다. 노르만인이 말한 프랑스어는 파리에서 쓰는 표준어라기보다는 방언에 불과해, 그 말이 영국에서 뿌리를 내리자 표준 프랑스어와 다른 점이 더욱 두드러졌다. 심지어 오늘날 역사가들조차 그 말을 프랑스어라고 하지 않고 앵글로노르만어라고 할 정도다. 뒤에서 살펴보겠지만, 이것이야말로 오늘날의 영어에 중요한 결과를 가져다준 것은 물론이고 영어의 생존에도 크게 기여했다.

그 뒤 300년이 지나도록 영국의 왕들 가운데 영어를 말할 수 있는 사람은 아무도 없었다. 1399년, 그러니까 헨리 4세가 등극하고 나서야 영국은 비로소 영어를 모국어로 사용하는 통치자를 얻은 것이다. 여하간 노르만 정복 이후로는 영국의 백작과 주교도 하나하나 노르만인으로 대체됐다(어떤 경우에는 몇 년이 걸리기도 했지만). 프랑스어를 말하는 장인이며 재단사며 요리사며 학자며 필경사가 영국으로 건너갔다. 그래도 평민들의 삶은 예전과 마찬가지로 굴러갔다. 그들은 통치자들이 외국어만 쓸 수 있다는 사실에도 그리 놀라지 않았다. 그런 일은 과거에도 비일비재했기 때문이다. 예컨대 그로부터 한 세기 전의 커뉴트 왕은 덴마크어(데인어)를 썼고, 심지어 앵글로색슨인 왕으로는 끝에서 두 번째인 에드워드 참회왕은 원래 프랑스어를 모국어로 사용했다. 비교적 최근인 18세기에도 영국에는 독일 출신 왕인 조지 1세가 아무렇지도 않게 등극했고, 영어라고는 단 한 마디도 못 했는데도 13년 동안이나 나라를 다스렸으며, 그 와중에 자기 신민들의 언어를 배우고 싶다는 생각은 전혀 하지 않았다. 평민들이야 물론 자기 주인들처럼 떵떵거리며 살고 싶은 마음만큼이나 자기 주인들의 언어를 배우고 싶은 생각이 굴뚝같았겠지만 말이다. 노르만인의 사회는 두 계급으로 이루어져 있었다. 프랑스어를 말하는 귀족 계급과 영어를 말하는 농민 계급이다. 따라서 노르만인의 언어적 영향력이 궁전, 정부, 패션, 상류 생활 등에 관한 문제에 집중된 것은 놀랄 일도 아니다. 그 와중에도 영국의 농부들은 영어로 먹고, 마시고, 일하고, 자고, 놀기를 계속했다.

이런 분열상은 2가지로 예시될 수 있다. 우선 평범한 직업은 baker빵집 주인·miller방앗간 주인·shoemaker제화공 같은 앵글로색슨식 이름을 갖게 된 반면, 좀 더 숙련된 기술이 필요한 직업은 mason석공·painter화가·tailor재단사 같은 프랑스식 이름을 갖게 됐다. 그와 동시에 sheep양·cow암소·ox황소처럼 들판에서 기르는 동물들은 영어식 이름을 갖게 됐지만, 일단 요리되어 식탁에 오르면 대개 beef쇠고기·mutton양고기·veal송아지고기·bacon베이컨처럼 프랑스식 이름을 갖게 됐다.[8]

앵글로노르만어는 파리의 표준 프랑스어와도 여러 면에서 달랐다. 그중 하나를 예로 들자면, 프랑시엔이라고 불리는 파리식 프랑스어는 'w' 소리를 피하는 경향이 있다. 노르만인은 quit·question·quarter 같은 단어에 들어 있는 q를 'kw' 소리로 (즉 'kwit·kwestion·kwarter'로) 발음

---

8. 한 가지 주목해야 할 사실은, 버치필드가 저서 《영어》에서 이런 동물 이름과 식품 이름 간 구분이 '사실무근'이라고 단언했다는 것이다. 그 근거로 그는 프랑스식 용어가 살아 있는 동물에게도 사용됐다며, 새뮤얼 존슨이 cow를 beef라고 한 예를 든다. 하지만 내 생각에는 본문에 나온 설명이 상당히 일리 있는 일반화인 것 같다.

한 반면, 파리 사람은 그저 강한 'k' 소리로 발음했다. 이와 마찬가지로 carry/charrier운반하다, cauldron/chaudron큰 솥, cattle/chattel가축·소 같은 몇몇 조어도 노르만인은 ca-를 사용하는 자리에서 표준 프랑스어는 cha-를 사용했다(이 중 chattel은 나중에야 영어에 차용됐다). 또 salary/salaire봉급와 victory/victoire승리 같은 경우처럼 노르만인은 -arie와 -orie 같은 접미사를 사용한 반면, 프랑스인은 -aire와 -oire를 사용했다. 앵글로노르만어는 August8월·forest숲·beast짐승 같은 단어에 s를 간직한 반면, 프랑스어는 점차 이 철자를 버리고 곡절 악센트를 넣어서 Août8월, forêt숲, bête짐승로 만들었다.[9]

　노르만 프랑스어는 그 전의 게르만어와 마찬가지로 영어 어휘에 지속적인 영향력을 발휘했다. 노르만 프랑스어에서 차용한 1만 가지 단어 중 약 4분의 3은 여전히 사용되고 있다. 그중에는 justice정의, jury배심, felony중죄, traitor배반자, petty사소한, damage손해, prison감옥, marriage결혼, sovereign군주, parliament의회, govern통치하다, prince군주, duke공작, viscount자작, baron남작 등이 있다. 사실 영어 단어 가운데 법률과 정부에 관한 것들은 거의 모두 프랑스어에 기원을 두고 있으며, 이는 countess백작부인·duke공작·duchess공작부인·baron남작 같은 귀족 계급 가운데 상당수도 마찬가지다(다만, 어딘가 약간 기묘하게도 king왕과 queen여왕은 그렇지 않다). 이와 동시에 프랑스어도 영어 단어를 차용했다. 때로는 과연 어느 쪽이 어느 쪽의 단어를 빌렸는지 구별할 수 없을 정도다. 영어가 aggressive호전적인라는 단어를 노르만어에서 가져

---

9. Baugh and Cable, *A History of the English Language*, p. 176.

온 것인지, 그쪽이 aggressif라는 단어를 영어에서 가져간 것인지, 영어의 intensity강렬함와 노르만어의 intensité 가운데 어떤 것이 먼저였는지가 그렇다. 통사론 같은 다른 문제들에서는 그들의 영향력이 이만큼 극적이지는 않다. 오로지 court martial군법회의, attorney general법무부 장관, body politic정치 통일체; 국가 같은 몇 가지 표현에 프랑스어식 단어 배열의 습관이 반영되어 있을 뿐이다.[10]

영어는 아무런 공식적 지위도 갖지 못했기에, 3세기 동안이나 표류하는 신세가 됐다. 어떤 문화적 축이나 표준을 세울 만한 장소가 없었기 때문에 지역적 용법의 차이는 점차 두드러지게 됐다. C. L. 바버의 지적처럼 "초기의 중세 영어 문헌들은 갖가지 방언을 뒤섞어놓은 듯한 인상을 주는데, 발음이나 철자법에 공통 규약이 거의 없고 문법과 어휘에도 광범위한 차이가 있었기 때문이다."[11]

그래도 영어는 결국 살아남았다. 영국 언어에 한 가지 놀라운 점이 있다면, 바로 믿을 수 없을 정도의 영속성이다. 지금 와서 돌이켜 보면 과거가 전혀 다른 방향으로 흘러갔을 가능성은 상상조차 할 수 없을 것처럼 여겨지지만, 그것은 민족이 얼마나 쉽게 그 언어를 내버리는지를 잠시 망각한 탓이다. 켈트인이 에스파냐와 프랑스에서, 바이킹이 노르망디에서, 이탈리아인과 폴란드인과 아프리카인과 러시아인과 수많은 민족이 미국에서 그랬으니 말이다. 하지만 영국에서만큼은 그 지속적인

---

10. 영어식이라면 martial court, general attorney, politic body로 써야 맞을 것이다.—옮긴이

11. C. L. Barber, *The Story of Language*, p. 152.

역사의 난타 속에서도 끝내 영어가 살아남았다. 이것이야말로 기억해둘 만한 역설이 아닐 수 없다. 거의 은밀하게 계승되고, 수 세기 동안 농부들이나 사용하는 부적절한 이류 언어로만 간주되던 것이 나중에는 세계에서 가장 중요하고 성공적인 언어로 부상한 셈이기 때문이다.

그 낮은 지위가 오히려 영어를 더 단순하고 굴절이 덜한 언어로 만드는 데 일조한 것은 분명하다. 보와 케이블이 지적한 대로 "노르만인의 정복으로 영어는 주로 교육을 제대로 받지 못한 사람들의 언어가 됐고, 따라서 제대로 검증되지도 않은 문법적 변화를 마음대로 사용할 수 있게 된 셈이다." 앞에서 살펴봤듯이, 고대 영어에서는 대부분의 동사가 고도로 굴절할 뿐만 아니라 자음도 하나의 형태에서 다른 형태로 변했다. 하지만 이런 것들이 점차 규칙화하면서 오늘날에는 그런 형태 가운데 단 하나만 남았다. 바로 was/were다.

이런 간소화의 뚜렷한 사례는 피터버러에 있던 수도승들이 앵글로색슨인의 생활에 관해 기록한 《피터버러 연대기》에서 찾아볼 수 있다. 당시 전국을 휩쓴 혼란 때문에 이 연대기의 집필은 1131년에 부분적으로 이루어졌고 23년의 공백기를 지나 1154년에 재개됐는데, 그 시기에 영어는 가장 극적인 변화 가운데 일부를 거쳤다. 연대기의 앞부분은 고대 영어로 기록되어 있지만, 1154년에 연대기가 다시 기록되면서부터는 그 언어가 한없이 단순해지고 말았다. 성별이 사라졌고, 곡용과 활용도 마찬가지였으며, 철자법도 크게 간소화됐다. 영어를 쓰는 현대인이 보기에 그 연대기의 전반부는 마치 외국어 같다. 하지만 후반부는 분명히 영어다. 중세 영어의 시대가 시작된 것이다.

몇 가지 사건이 이에 일조했다. 우선 1204년에 불운한 존 왕이 노르망디를 프랑스 왕에게 빼앗겼다. 영국해협 때문에 유럽의 나머지 지역으로부터 고립되자, 노르만인 통치자들은 점차 자신을 추방된 프랑스인이 아니라 영국인이라고 생각하게 됐다. 또한 노르만인과 영국인 간의 통혼은 영국인다움의 의미를 정립하는 데 기여했다. 이런 결합으로 태어난 아이들은 아버지에게는 프랑스어를, 어머니와 유모에게는 영어를 배웠다. 종종 아이들은 영어를 더 편안하게 여겼다. 노르만인은 결코 영어에 적대적이지 않았다는 것을 여기서 분명히 말해두어야겠다. 정복왕 윌리엄만 해도 비록 실패로 끝나긴 했지만 한때 영어를 배우려고 노력했고, 영어를 탄압하려는 시도는 전혀 하지 않았다.

영어는 다시 두각을 나타내기 시작했다. 영국에서 프랑스어는 1362년까지 의회의 공용어로 남아 있었고 법정에서는 그보다 더 오래 남아 있었지만, 이것은 가톨릭교회에서 라틴어의 역할처럼 어디까지나 공적인 목적에 한했다. 한동안, 즉 최소한 제프리 초서의 시대가 오기 전까지는 두 언어가 공존했다. 바넷은 윈저의 수석사제가 헨리 4세에게 보낸 편지에 사용된 언어가 영어와 프랑스어 사이를 무의식적으로 왔다 갔다 한다는 점을 지적했다. 당시는 초서가 사망한 지 3년 뒤인 1403년으로, 그때까지만 해도 프랑스어가 남아 있었던 셈이다. 하지만 영국에서 프랑스어는 벌써 쇠퇴하고 있었다.

12세기 말에 노르만인의 아이들 가운데 일부가 학교에 들어가기 위해 프랑스어를 새로 배워야 하는 일이 벌어졌다. 14세기에 옥스퍼드대학교에서는 "프랑스어가 전적으로 사용되지 않는다고 해도" 학생들이 부분적으로라도 프랑스어를 배워야 한다는 교칙을 세웠다. 이 시기에 작성된 법원 문서를 살펴보면, 판결문이 프랑스어로 작성되기는 했지만 생각은 어디까지나 영어로 했다는 것이 통사론에서 확실히 드러난다. 능력이 되는 사람들은 자녀를 파리에 보내 최신 유행인 중앙 프랑스 방언을 배우게 했는데, 그때 벌써 그들의 언어는 프랑스어와는 별개인 언어가 되어 있었다. 이에 관한 뚜렷한 증거가 《캔터베리 이야기》에 등장하는데, 초서는 동행하는 순례자 가운데 한 사람인 수녀원장이 런던에서만 알려진 프랑스어의 한 종류를 말했다고 썼다(For French of Paris was to hir unknowe이 원장님께선 파리의 표준 불어는 미처 몰랐다).**12**

거칠고 재잘거리고 저속하게 느껴지는 앵글로프랑스어는 파리 사람들에게 놀림의 대상이 됐으며, 이는 아마도 영국의 언어에 최종적이며 역설적인 것이 분명한 타격을 주지 않았을까 싶다. 노르만인 귀족들은 어쨌거나 자신들 중 상당수가 제대로 말하지도 못하는 열등한 방언을 계속 쓰면서 놀림감이 되기보다는 영어에 대해 급증하는 자부심을 지니는 쪽을 택했다. 그런데 헨리 5세가 1415년에 아쟁쿠르에서 자신과 함께 싸울 병사들을 찾을 때는 그야말로 두 언어에 대한 태도가 완전히 역전됐다. 영어에 대한 프랑스어의 위협을 일종의 슬로건으로 사용한 것이다.

그래서 영어가 마침내 승리를 거두었지만, 앨프리드 대왕이나 가경자 비드의 고대 영어와는 상당히 다른 언어이자 여러 면에서 철저히 별개의 언어였다. 사실 고대 영어는 오늘날 우리에게뿐만 아니라 제프리 초서에게도 해독 불가능해 보이는 언어였을 것이다. 노르만인의 시대에 들어서서 워낙 큰 변화가 생겼기 때문이다. 문법은 간소해지고, 어휘는 더

---

12. 제프리 초서, 김진만 옮김, 《캔터베리 이야기》 1, 동서문화사, 1978, 10쪽. ― 옮긴이

욱 풍부해졌다. 예를 들어 고대 영어의 motherhood모성애, friendship
우정, brotherhood우애의 동의어인 maternity, amity, fraternity가 바
로 그 시대에 생겨난 것이다.

스칸디나비아어와 노르만어의 기나긴 공격으로 앵글로색슨어는 만
신창이가 된 셈이다. 한 추계에 따르면, 3만 개나 되는 앵글로색슨 단
어 가운데 약 85퍼센트가 덴마크어(데인어)와 노르만어의 영향으로 사
멸됐다.[13] 이는 결국 고대 영어 단어 가운데 약 4500개, 즉《옥스퍼드 영
어 사전》에 실린 총 단어 수의 1퍼센트만 살아남았다는 뜻이다. 하지만
이렇게 살아남은 man, wife, child, brother, sister, live, fight, love,
drink, sleep, eat, house 등이야말로 영어에서도 가장 기본적인 것들
이다. to, for, but, and, at, in, on 등 이 언어의 짧은 기능어들 가운
데 대부분도 이렇게 살아남은 단어다. 그 결과, 현대 영어로 작성된 글
이라면 무엇이든지 간에 거기 들어 있는 단어 중 최소한 절반가량은 기
원이 앵글로색슨어다. 로버트 매크럼이 인용한 또 다른 연구에 따르면,
영어에서 가장 흔히 사용되는 단어 100개는 하나같이 앵글로색슨어라
고 한다.[14] 오늘날까지도 우리는 더 오래된 앵글로색슨어식 구절을 거
의 본능적으로 선호한다. 시미언 포터가 적절히 표현한 것처럼 "우리는
cordial reception극진한 환대을 받는 것보다는 hearty welcome따뜻한
환영을 받는 편이 훨씬 편안하기 때문이다."

---

13. Lincoln Barnett, *The Treasure of Our Tongue*, p. 97.
14. Robert McCrum, William Cran, and Robert MacNeil, *The Story of English*, p.
   61.

영어의 어휘가 방대한 것은 애초부터 그렇게 만들어졌기 때문이라는, 즉 영어를 휩쓸고 지나간 다양한 언어적 영향 때문이라는 주장이 나오기도 한다. 하지만 사실 표현의 다양성에 대한 이런 사랑은 그보다도 훨씬 더 깊은 근거가 있다. 앵글로색슨인의 초기 시가를 보면 확실히 단어에 대한 직관적인 감식력이 있었다. 심지어 영국이 한 번 더 이민족의 침략을 당하지 않았어도, 영어는 동의어가 풍부한 언어가 됐으리라고 장담할 수 있을 정도다. 예스페르센이 지적했듯이 〈베오울프〉만 보더라도 hero영웅의 동의어가 36개, battle전투의 동의어가 12개, ship배의 동의어가 11개나 되기 때문이다. 한마디로, 오늘날 존재하는 단어보다 훨씬 더 많았다는 얘기다.

그 뒤 영국제도를 휩쓴 연이은 언어적 파도 때문에 영어가 측정할 수 없을 만큼 풍부해진 것은 사실이다. 하지만 오늘날 영어라는 언어가 풍부하고 표현력이 뛰어나게 된 것은 단순히 새로운 단어들이 거기 덧붙었기 때문이라기보다는 오히려 새로운 단어들이 열렬히 환영받았기 때문이라고 말하는 편이 진실에 좀 더 가까울 것이다.

노르만 통치 기간에 영어 방언이 늘어난 덕에, 15세기에는 영국의 한 지역에 있는 사람들이 다른 지역에 있는 사람들의 말을 이해하지 못하는 경우가 종종 있었다. 영국에서 처음으로 책을 인쇄한 윌리엄 캑스턴은 당시에 흔히 벌어진 오해들을 1490년에 펴낸 《에네이도스》[15]의 서문에 서술했다. 거기서 그는 런던에서 네덜란드를 향해 출항해 Tamyse템스강을 따라 내려간 선박이 순풍을 만나지 못해 켄트에 머무른 일화를 소개했다. 음식을 구하려고 한 선원이 어느 농부의 아내에게 다가가 'axed for mete and specyally he axyd after eggys고기를 달라고 물어

보고, 특히 달걀을 달라고 물어봤는데', 농부의 아내는 멍한 표정으로 자기는 'coude speke no frenshe프랑스 말을 못 한다'라고 대답하더라는 것이다. 선원들이 고향에서 채 80킬로미터도 떨어지지 않은 곳에 갔는데도 영어 사용자가 또 다른 영어 사용자의 말을 거의 알아듣지 못한 것이다. 당시 켄트에서는 eggs달걀를 eyren이라고 했으며, 그 뒤 최소한 50년 이상 계속 그렇게 불렀다.

그로부터 한 세기가 지난 뒤, 시인 조지 퍼트넘은 런던의 영어가 그 도시의 반경 100킬로미터 정도밖에 뻗어 나가지 못했다고 썼다. 하지만 그 영향력은 계속 커졌다. 런던의 규모와 중요성은 그 지역 방언이 결국 승리를 거두도록 보장했으며, 그 밖에 다른 요소들도 승리에 일조했다. (런던 방언의 공식 명칭인) 영국 이스트 미들랜드 방언은 다른 방언들에 비해 문법에서 극단적인 경우가 적었다는 사실, 그리고 영국 이스트 미들랜드 지역은 옥스퍼드와 케임브리지라는 2개의 주요 대학교가 있는 장소였고, 그곳의 졸업생들은 일종의 언어 선교사처럼 자연스럽게 행동하게 마련이라는 사실이 그런 요소였다.

초서의 언어도 런던의 언어였다. 따라서 그의 언어는 우리도 비교적 따라가기 쉬운 편이다. 물론 모든 단어를 곧바로 이해할 수 있는 것은 아니지만,《캔터베리 이야기》의 프롤로그를 보면 최소한 그것이 영어라는 사실은 알 수 있다.

---

15. 버질(Virgil), 즉 베르길리우스의 라틴어 서사시《아이네이스(Aeneis)》의 프랑스어 번역본을 영어로 중역한 다음 중구난방이던 당시 영어의 철자법에 따라 바질(Vargyle)의《에네이도스(Eneydos)》로 표기한 것이다.—옮긴이

When that Aprille with his shoures sote 4월의 감미로운 소나기가

The droghte of Marche hath perced to the rote, 3월의 가뭄을 속속들이 꿰뚫고,

And bathed every veyne in swich licour, 꽃이 피게 하는 습기로,

Of which vertue engendred is the flour. 온 세상 나뭇가지의 힘줄을 적시어주면.[16]

위의 인용문을 당시에 기록된 어느 켄트 방언의 문장과 비교해 보라. "And vorlet ous oure yeldinges: ase and we verleteþ oure yelderes, and ne ous led naȝt into vondinge, ac vri ous vram queade." 무슨 말인지 알겠는가? 바로 'And forgive us our trespasses as we forgive them that trespass against us; And lead us not into temptation, But deliver us from evil우리가 우리에게 죄지은 자를 사하여 준 것 같이 우리 죄를 사하여 주시옵고, 우리를 시험에 들게 하지 마시옵고, 다만 악에서 구하시옵소서이라는 〈주기도문〉의 일부분이다. 초서 연구의 권위자인 데이비드 벌리가 지적한 것처럼, 이 시인의 동시대인 중에서도 런던 이외의 지역에 살던 사람들은 전혀 다른 철자법과 어법을 사용했기 때문에 "오늘날 우리는 특별한 연구 없이는 그들의 저술을 거의 이해할 수 없게 됐다."[17] 북부의 방언들 가운데 일부는 사실상 외국어와 같았고, 실제로 그중 일부는 지금까지도 때때로 그렇게 보인다.

이때는 영어에서 가장 크고도 빠른 변화가 벌어진 시기로, 이에 관

---

16. 제프리 초서, 앞의 책, 7쪽.— 옮긴이

해 캑스턴은 이렇게 적었다. "And certaynly our langage now used varyeth ferre from that which was used and spoken when I was borne.그리고 오늘날 사용하는 우리의 언어는 분명 내가 태어났을 때 사용하고 말하던 것과는 매우 달라지고 말았다." 캑스턴은 초서가 사망한 지 겨우 22년 뒤에 태어났지만, 그동안 런던의 영어는 중세에서 현대로 건너온 것이다. 그 차이는 놀라울 정도였다. 심지어 지금까지도 우리는 상당한 분량의 각주를 동원하고 나서야 비로소 초서의 글을 이해할 수 있지만, 캑스턴의 글은 셰익스피어의 글만큼이나 쉽게 이해할 수 있다. 물론 캑스턴이 사용한 철자법이 오늘날의 우리에게는 종종 신기하게 보이는 것도 사실이다. 하지만 그가 사용한 어휘는 거의 변하지 않아서, 우리는 다음과 같은 그의 문장을 거의 정상적인 속도로 읽을 수 있다. "I was sittyng in my study [when] to my hande came a lytle booke in frenshe, which late was translated oute of latyn by some noble clerke of fraunce……서재에 앉아 있노라니 [그때 마침] 프랑스어로 된 작은 책 한 권이 내 손에 들어왔는데, 이것은 최근에 프랑스의 어느 지체 높은 성직자께서 라틴어를 번역한 것으로……."

그러나 초서 시대의 영어는 벌써 수많은 중대한 변화를 거친 상태였다. 그중 가장 주목할 만한 변화는 영어가 굴절 가운데 상당수를 잃어버렸다는 점이다. 잉글랜드의 북부에서는 벌써 성별이 없어졌고, 그런 변화가 남쪽으로 퍼져나가고 있었다. 한때 무려 11가지 방식으로 굴절하던 형용사조차 a fressh floure신선한 꽃와 fresshe floures신선한 꽃들처

---

17. David Burnley, *A Guide to Chaucer's Language*, p. 10.

럼 단수와 복수라는 2가지 굴절만 갖게 됐지만, 여기서도 오늘날처럼 항상 1가지 형태만 쓰려는 경향이 커지고 있었다.

때로는 단어들이 어떤 문법적 상황에서는 변하면서도 다른 문법적 상황에서는 전혀 변하지 않게 됐다. 그래서 오늘날 영어에는 f가 들어간 knife칼뿐만 아니라, v가 들어간 knives칼들도 있다. 다른 예로는 half/halves절반, grass/graze목초, grief/grieve슬픔, calf/calves송아지 등이 있다. 때로는 철자법의 변화도 일어났는데, speech말와 speak말하다에서 두 번째 모음이 그 예다. 때로는 bath목욕하다와 bathe목욕하다의 발음 차이에서 볼 수 있는 것처럼, 또는 house집에서 [s] 발음이 houses집들에서는 [z] 발음으로 바뀌는 것처럼 발음이 변했다. 때로는 비영어 사용자에게 영원한 혼란의 원인이 되듯이, 이 모든 변화가 동시에 벌어졌다. 그래서 영어에는 life/lives목숨라는 이중 철자법뿐만 아니라, a cat with nine lives lives next door목숨이 9개인 고양이가 옆집에 산다에서처럼 life의 복수형인 lives의 [ai] 발음과 live의 3인칭 현재형인 lives의 [i] 발음처럼 이중적인 발음도 있다. 지역끼리 상충하던 어법이 오늘날 영어에 한 단어의 2가지 형태를 남겨주기도 했다. f가 있는 fox여우와 v가 있는 vixen암여우이 그런 경우다. 때로는 '유리병'을 뜻하는 phial과 vial처럼 아예 철자법이 둘인 경우도 있다. 나중에 다시 살펴보겠지만, 때로는 세계 모든 언어 중에서도 가장 심한 비음성학적인 철자법을 영어에 남겨주기도 했다.

이스트 미들랜드의 방언이 가장 두각을 나타낸 것은 사실이지만, 이스트 미들랜드의 형태가 모두 승리를 거둔 것은 아니다. 현재 직설법 동사에 -n이나 -en을 붙이는 런던의 관습은 그 대신 -th를 사용하는 남부의 관습에 점차 밀려나 loven이 loveth가 됐다. 그리고 이런 관습은 또다시 어미에 –s나 –es를 붙이는 북부의 습관에 밀려나 오늘날에는 loves라고 쓴다. 이런 북쪽의 사투리가 어떻게 동사 기본형을 장악하게 됐는지는 그야말로 영원한 수수께끼다. 어쩌면 단순히 –s로 끝나는 형태를 취하면 영어를 좀 더 부드럽게 말할 수 있기 때문이었는지도 모른다. 어떤 경우든지 간에, 셰익스피어의 시대가 되자 이것은 글쓰기보다도 말하기에서 훨씬 더 일반적인 현상이 됐다. 물론 셰익스피어는 2가지 형태를 모두 사용해, 때로는 goes를 쓰고 때로는 goeth를 썼지만 말이다.

어법과 문체의 변덕은 중세 영어와 초창기 현대 영어의 특징이었다. 초서는 현대 영어의 daughters에 해당하는 단어를 daughtren이나 doughtres로 썼고, years에 해당하는 단어를 yeer나 yeres로 썼다. 그 시대의 다른 저술가들처럼 그는 무조건 맨 먼저 자기 머리에 떠오른 형태를 쓰고, 그래서 한 문장과 다음 문장 사이에 불일치가 일어날 위험까지 기꺼이 감수한 것 같다.

하지만 여기서 분명히 짚고 넘어가야 할 사실이 있다. 초서를 해석할 때 문제는 그의 친필 원고가 하나도 남아 있지 않다는 점이다. 오늘날 우리가 가진 그의 저술은 모조리 중세의 필경사들이 필사한 것인데, 때로는 본문을 옮겨 쓰는 과정에서 권한을 남용해 필경사보다는 편집자 노릇을 했다. 필경사들은 종종 놀라울 정도로 부주의하기도 했다. 예를 들어,《캔터베리 이야기》에 수록된 〈대학생의 이야기〉에는 'Ther stood a throop of site delitable경치 좋은 곳에 조그마한 동네가 하나 있었다'[18]이라는 구절이 있는데, 사본에 따라 site가 sighte · syth · sigh · cite 등으로 다르게 나와 있다. 필경사의 이런 부주의 때문에 초서가 애초에 썼던 단어가 과연 무엇인지를 알아내는 것은 불가능해졌다. 이 시기의 시인들 대부분의 필사본에는 이런 혼란과 불일치가 수십 개씩이나 들어 있어서, 당시의 언어 변화에 대한 분석이 어려웠다. 초서의 철자법이 심각할 정도로 일관성이 없다는 것은 종종 지적됐다. 민망하지만 초서를 다룰 때 반드시 짚고 넘어가야 할 이야기를 잠시 하자면, 그의 저술들에서 cunt보지의 철자는 kent에서 quainte에 이르기까지 최소한 5가지 이상으로 적혀 있다. 따라서 이렇게 일관성이 없는 것이 과연 초서의 탓인지, 필경사의 탓인지, 양쪽 모두의 탓인지는 딱 꼬집어 말할 수 없다.

다른 형태들, 예컨대 복수형 대명사 같은 것은 여전히 확정되지 않은 상태였다. 초서는 they, them, their를 써야 할 때 hi=he, hem=him, her를 사용했다(their 대신 her를 사용하는 습관은 셰익스피어 시대까지도 남아, 그의 희곡에서 최소한 두 번 이상 사용됐다). 이와 유사하게 오늘날 우리가 its를 사용하는 곳에 his를 사용하는 것도 1600년까지는 일상적인 형태라서,《킹 제임스 성서》에는 "If the salt has lost his savour, wherewith shall it be salted?소금이 그 맛을 잃으면 무엇으로 짜게 하리오?"[19]라는 식의 문장이 잔뜩 등장한다. 이와 유사하게 관계대명사 which가 생물은 물론이고 무생물에도 똑같이 적용되어, 〈주기도문〉에서는 'Our Father which art in heaven하늘에 계신 우리 아버지'이라고 한다. 고대 영어에는 복수를 의미하는 접미사가 최소한 6가지 있었지만, 셰익스피어 시대에는 2가

---

18. 제프리 초서, 앞의 책, 265쪽.— 옮긴이
19. 마태복음 5장 13절. 본문의 인용은 개역 개정판《성서》에서 가져왔다.— 옮긴이

지로 줄어들었다. 바로 -s와 -en이다. 하지만 그때도 그런 변화의 과정이 완료되지는 않았다. 엘리자베스 시대에는 사람들이 때때로 shoes나 shoen이라고 하고, house나 housen이라고 했다. 만약 당시에 정부의 소재지가 런던에서 100킬로미터가량 떨어진 윈체스터이기만 했어도, 오늘날 우리는 six housen집 여섯 채이나 a pair of shoen신발 한 켤레이라고 말하고 있지 않을까. 오늘날에는 이와 같은 과거의 약변화 복수형 가운데 3개만 남아 있다. 바로 children, brethren, oxen이다. 하지만 -s(그리고 -sh로 끝나는 철자 다음에는 -es)가 복수를 나타내는 표준 형태가 된 뒤에도 men, women, feet, geese, teeth 등 복잡한 고대 영어 체계의 흔적은 여전히 잠복해 있다.

　동사도 이와 유사하게 길고 변덕스러운 규칙화 과정을 거쳤다. 초서만 해도 ached와 oke아프다, climbed와 clomb오르다, clew와 clawed실을 감다, shaved와 shove면도하다 가운데 하나씩 골라 쓸 수 있었다. 셰익스피어 시대에는 forget과 dig의 과거형이 forgat과 digged였다(오늘날에는 각각 forgot과 dug로 쓴다). 사실 17세기가 시작되고 한참 뒤까지도 digged는 흔히 사용됐다(셰익스피어는 'Two kinsmen digg'd their grave with weeping눈물로 자기네 무덤을 판 두 근친'[20]이라고 쓰기도 했다). 비교적 최근인 1751년까지만 해도 토머스 그레이의 유명한 시는 'Elegy Wrote in a Country Churchyard시골 교회묘지에서 쓴 비가'라는 제목으로 출간됐다. 그로부터 70년 뒤에 시인 존 키츠는 'Let my epitaph be: here lies

---

20. 셰익스피어, 김재남 옮김, 〈리처드 2세〉 3막 3장, 《(삼정) 셰익스피어전집》, 을지서적, 1995, 1347쪽.—옮긴이

one whose name was writ on water내 묘비명을 이렇게 적어다오. 물 위에 이름이 쓰인 자가 여기 누워 있다'라고 쓸 수 있었다. 오늘날 영어에서 사용하는 불변의 패턴, 즉 write · wrote · written은 사실상 아주 최근에야 나타난 것이다.

이런 변화에서 나타난 일반적인 패턴은 강변화 동사가 약변화 동사를 밀어낸 것이었지만, 때로는 다른 방식으로 작용하기도 했다. 그래서 오늘날 영어가 tear의 과거분사로 teared 대신 torn을, know의 과거형으로 knowed 대신 knew를 가지고 있는 것이다. 이들 가운데 상당수는 규칙화했지만 아직 250개 불규칙동사가 있으며, 이 중 상당수는 여전히 유동적인 상태다. 그래서 지금까지도 많은 사람이 dived/dove, sneaked/snuck, hove/heaved, wove/weaved, strove/strived, swelled/swollen 가운데 어느 것을 써야 할지 혼란을 겪는다.[21]

다른 단어들도 변화를 겪었으며, 특히 n-으로 시작하는 것들이 그랬다. 이때는 이 철자가 단어에서 떨어져 나와서 바로 앞에 있는 부정관사의 꽁무니에 붙어버리는 경향이 나타났다. 이 과정을 이분석異分析metanalysis이라고 한다. 따라서 a napron은 an apron앞치마이 됐고, a nauger는 an auger송곳가 됐으며, an ekename은 시간이 흐르면

---

21. dived/dove는 각각 dive(뛰어들다)의 과거와 과거분사, sneaked/snuck는 각각 sneak(엿보다)의 과거와 과거 겸 과거분사, hove/heaved는 양쪽 모두 heave(올리다)의 과거 겸 과거분사, wove/weaved는 각각 weave(천을 짜다)의 과거 겸 과거분사와 weave(빠져나가다; 누비다)의 과거 겸 과거분사, strove/strived는 각각 strive(분투하다)의 과거와 과거분사, swelled/swollen은 swell(부풀다)의 과거와 과거분사다.─옮긴이

서 결국 a nickname애칭이 됐다. 이와 유사한 과정에 따라 Ned, Nell, Nan 같은 애칭들은 원래 mine나의이 붙은 mine Edward, mine Ellen, mine Ann에서 변모한 것으로 생각된다.[22]

하지만 그 와중에는 손실도 있었다. 오늘날 우리에게는 this와 that이라는 2가지 지시대명사가 있지만 셰익스피어 시대만 해도 세 번째 지시대명사인 yon이 있었다. 밀턴의 시 〈일 펜세로소〉에서 'Him that yon soars on golden wing저기 황금 날개로 솟아오르는 그를'이라는 표현처럼 이것은 that보다 더 멀리 떨어져 있는 것을 가리켰다. 즉 this hat이 모자, that hat저 모자, yon hat저어기 모자이라고 말할 수 있었다. 오늘날 이 단어는 구어인 yonder저 너머로 남아 있지만, 이 손실로 영어가 일부나마 빈약해진 것이 사실이다. 이와 유사하게 셰익스피어는 〈베로나의 두 신사〉에서 'Shee hath more haire than wit, and more faults than hairs그 여자는 지혜보다는 머리카락이 더 많고, 머리카락들보다는 잘못들이 더 많다'라고 쓰면서 hair머리카락와 hairs머리카락들를 구분할 수 있었는데, 오늘날 우리로서는 이런 구분도 잃어버리고 말았다.

다른 언어에는 더 여러 단계의 '저것'을 가리키는 말들이 있다. 페이에 따르면, "크리족 인디언의 말에는 방금 시야에서 벗어난 것들을 가리키는 특별한 종류의 '저것'이 있고, 필리핀의 토착어인 일로카노어에는 눈에 보이는 대상을 가리키는 '이것'이 3개나 있고, 눈에 보이지 않는 것을 가리키는 네 번째 '이것'과 더는 존재하지 않는 것을 가리키는 다섯 번째 '이것'이 있었다."[23]

---

22. C. L. Barber, *The Story of Language*, p. 152.

셰익스피어 시대 이후에 생긴 변화 가운데 일부는 아주 뚜렷했다. 영국 북부의 몇몇 방언에는 여전히 남아 있지만 thee너를와 thou너는 벌써 기나긴 쇠퇴에 돌입한 뒤였다. 원래 thou너와 you당신의 관계는 프랑스어에서 tu너와 vous당신의 관계와 같았다. 즉 thou는 가까운 지인이나 사회적으로 나보다 아래인 사람을 가리킨 반면, you는 좀 더 비인칭적이고 일반적인 말이었다. 오늘날에도 유럽의 여러 언어에서는 이 두 형태 가운데 하나를 선택하는 데 적잖은 사회적 고민이 따른다. 덴마크인이던 예스페르센은 이에 대해 다음과 같이 평가했다. "따라서 영어는 개인의 기본적인 권리를 존중하는 나라에 걸맞은 유일한 호칭법만 갖게 됐다."[24]

영어의 변화하는 구조 덕에 저술가들은 전혀 존재하지 않던 방식으로 자기 자신을 표현하는 자유를 누렸고, 이에 관해서라면 셰익스피어만큼 그 기회를 만끽한 사람은 없다. 그는 기꺼이 명사를 동사로, 부사로, 실명사substantives로, 형용사로 사용했다. 이런 방식을 통해 그 전까지 한 번도 차용된 적이 없는 단어들이 상당수 생겼다. 그는 〈헨리 4세〉에서 that bastardly rogue그 사생아 같은 악당 놈라고 쓴 것처럼 부사를 형용사로 쓰기까지 했다. 이런 구문이 당시에는 상당히 새로운 것으로 여겨졌으리라. 그는 그 전까지만 해도 문법적으로 전혀 존재하지 않던 breathing one's last그의 최후를 숨 쉬다 → 숨을 거두다라든지 backing a horse말을 뒤로 물리다 같은 표현들을 창조했다.

23. Mario Pei, *The Story of Language*, p. 128.
24. Otto Jespersen, *The Growth and Structure of the English Language*, p. 251.

어떤 언어의 어떤 사용자도 셰익스피어만큼 자신의 언어를 잘 가지고 놀지는 못했다. 그는 정말 대단하게도 2000개가량의 단어를 고안한 한편 우리에게 수많은 명언을 남겼다. 명언 제조로 말하자면 세상 누구도 그에게 필적할 수 없을 것이다. 그의 발명품 가운데 몇 가지를 예로 들자면, one fell swoop한 번 덮쳐→단번에,[25] in my mind's eye이 마음의 눈 속에→기억으로,[26] more in sorrow than in anger성난 얼굴이라기보다는 슬픈 표정으로,[27] to be in a pickle술독에 빠져서→곤경에 처해서,[28] bag and baggage가방과 행낭→행장→모조리,[29] vanish into thin air엷은 공기 속에 녹아버리다→완전히 사라지다,[30] budge an inch한 치를 움직이다→꼼짝하다→놀라다,[31] play fast and loose팽팽했다 느슨했다 하다→변덕스러워 믿을 수 없다,[32] go down the primrose path앵초 길로 내려가다→

25. "귀여운 병아리와 어미 닭을 단번에 죄다 채 가다니?" 셰익스피어, 김재남 옮김, 〈맥베스〉 4막 3장,《(삼정) 셰익스피어전집》, 을지서적, 1995, 963쪽.―옮긴이
26. "아버님 모습이 보이는 것 같네. (……) 그저 이 마음의 눈 속에." 〈햄릿〉 1막 2장, 앞의 책, 799쪽.―옮긴이
27. "어때, 성난 얼굴이던가?" "성난 얼굴이라기보다는 슬픈 표정이었다랄까요." 〈햄릿〉 1막 2장, 앞의 책, 800쪽.―옮긴이
28. "대체 너는 어떻게 해서 그렇게 술독에 빠졌다 나온 사람 같은가?" 〈태풍〉 5막 1장, 앞의 책, 674쪽.―옮긴이
29. 우린 정정당당하게 퇴각합시다. 행장을 꾸려 가지고서가 아니라, 손주머니에 뭣을 좀 넣어 가지고서." 〈뜻대로 하세요〉 3막 2장, 앞의 책, 279쪽.―옮긴이
30. "우리가 본 배우들은, 아까도 말했지만, 모두 정령인데, 이젠 공기 속에, 엷은 공기 속에 녹아 버렸다." 〈태풍〉 4막 1장, 앞의 책, 669쪽.―옮긴이
31. "누가 놀랄 줄 알아, 제기." 〈말괄량이 길들이기〉 서막 1장, 앞의 책, 45쪽.―옮긴이
32. "신의를 야바위판으로(직역하면 '팽팽했다 느슨했다') 만들어도 좋단 말이오?" 〈존 왕〉 3막 1장, 앞의 책, 1304쪽.―옮긴이

환락에 빠지다,[33] the milk of human kindness인정의 젖 → 따뜻한 인정,[34] remembrance of things past지나간 것들의 기억,[35] the sound and the fury소리와 분노,[36] to thine own self be true너 자신에게 충실하라,[37] to be or not to be사느냐 죽느냐,[38] cold comfort차가운 위로 → 달갑지 않은 위로,[39] to beggar all description모든 묘사를 무력하게 하다 → 필설로 다할 수 없다,[40] salad days생채 시절 → 철부지 시절,[41] flesh and blood살과 피; 혈육, foul play더러운 행실; 반칙, tower of strength힘의 탑; 절대 무적,[42] to be cruel

---

33. "오만하고 분별없는 방탕아처럼 환락의 앵초 길을 가면서."〈햄릿〉 1막 3장, 앞의 책, 801쪽.— 옮긴이

34. "당신은 원래 인정의 젖이 너무 많아서 지름길을 취하지는 못하는 위인."〈맥베스〉 1막 5장, 앞의 책, 943쪽.— 옮긴이

35. "과거 일을 돌이켜 생각해볼 때."〈소네트〉 30번, 앞의 책, 1619쪽. 이 구절은 마르셀 프루스트의 소설《잃어버린 시간을 찾아서(A la recherche du temps perdu)》의 영역본 제목으로 차용되어 더욱 유명해졌지만, 최근에는 프루스트의 소설 제목을 원제목에 더 가까운 '잃어버린 시간을 찾아서(In Search of Lost Time)'로 대체하는 추세다.— 옮긴이

36. "소리와 분노로 가득하다. 아무 의미도 없이."〈맥베스〉 5막 5장, 앞의 책, 967쪽. 윌리엄 포크너의 소설《소리와 분노》는 바로 이 대목에서 제목을 차용한 것으로 유명하다.— 옮긴이

37. "뭣보다도 너 자신에 충실해라."〈햄릿〉 1막 3장, 앞의 책, 801쪽.— 옮긴이

38. "사느냐 죽느냐, 이것이 문제다."〈햄릿〉 3막 1장, 앞의 책, 815쪽.— 옮긴이

39. "나는 많은 것을 청하지 않는다. 다만 차가운 위로가 필요하다."〈존 왕〉 5막 7장, 앞의 책, 1323쪽.— 옮긴이

40. "당사자인 여왕으로 말하면, 모든 묘사를 무력하게 했소."〈앤토니와 클레오파트라〉 2막 2장, 앞의 책, 983쪽.— 옮긴이

41. "그때 그런 말을 한 것은 철부지인 탓으로."〈앤토니와 클레오파트라〉 1막 5장, 앞의 책, 979쪽.— 옮긴이

42. "게다가 왕의 이름은 금성철벽(직역하면 '힘의 탑') 아닌가."〈리처드 3세〉 5막 3장, 앞의 책, 1282쪽.— 옮긴이

to be kind친절하기 위해 가혹해져야 하는,[43] on and on and on and on계속 또 계속 또 계속 또 계속 → 연이어 등이 있다. 이뿐만이 아니다. 워낙 다작이다 보니, 2가지 명언을 한 문장에 모두 욱여넣을 수도 있었다. 햄릿이 "Though I am native here and to the manner born it is a custom more honored in the breach than the observance나는 이곳 태생이라 이 나라 풍습에는 젖어 있지만, 이건 지키는 것보다 깨뜨리는 편이 도리어 명예가 아닐까"[44] 하고 논평한 것이 그 예다. 그는 Or to take arms against a sea of troubles아니면 환난의 조수를 두 손으로 막아[45]처럼 은유들을 뒤섞고 나서도 잘 써먹었다.

셰익스피어가 사망하고 7년 뒤인 1623년에 충실한 추종자인 배우 존 헤밍과 헨리 콘델이 상당한 곤란을 무릅쓰면서 저 유명한 초판 2절판 First Folio을 펴내지 않았다면, 그의 희곡 가운데 16편은 십중팔구 영영 유실되어 우리에게 전해지지 않았을 것이다. 정말 그랬다고 생각해보면 그야말로 오싹해진다. 실제로 그렇게 유실된 희곡들이 두 편이나 있다. 바로 〈카르데니오〉와 〈사랑의 보람〉이다.

초서의 경우와 마찬가지로 셰익스피어의 친필 원고는 단 하나도 전하지 않기 때문에, 오늘날 우리가 아는 셰익스피어의 작품이 실제 작품과 어느 정도 비슷한지를 알아볼 방법은 없다. 헤밍과 콘델은 2절판을 편집하면서 인쇄소의 필사본이며 배우의 프롬프터용 대본이며 다른 배

---

43. "자식 된 자로서 간언을 하자니 이렇게 너무 가혹하게 될 수밖에요." 〈햄릿〉 3막 4장, 앞의 책, 825쪽.─옮긴이
44. 〈햄릿〉 1막 4장, 앞의 책, 802쪽.─옮긴이
45. 〈햄릿〉 3막 1장, 앞의 책, 815쪽.─옮긴이

우들의 기억력에 이르기까지 온갖 출처를 다 이용했다. 하지만 과거 다른 저자들의 저술에 벌어진 일들을 고려할 때, 셰익스피어의 작품들도 상당히 변했을 가능성이 크다. 셰익스피어 작품의 출판인 중에는 리처드 필드도 있는데, 현존하는 필사본들을 살펴본 결과 그가 시인 존 해링턴의 작품을 출간하면서 철자법과 어법을 무려 1000가지 이상 바꿔놓았음이 드러났다. 따라서 그가 셰익스피어의 작품을 펴내는 과정에서만 그러지 않았으리라는 보장은 없다. 게다가 셰익스피어로 말하자면 자신의 사후에 자기 작품이 어떻게 될지에 관해서는 기이할 정도로 무관심했던 것 같기 때문이다. 지금까지 알려진 바로는 자신의 시나 희곡 가운데 어떤 것도 굳이 보존하려고 애쓰지 않았다. 이것이야말로 그가 사실은 그 작품들의 진짜 저자가 아니라는 증거로 종종 간주된다.

셰익스피어 시대 이후로도 영어에는 훨씬 더 미묘한 변화들이 많이 생겼다. 그중 하나는 진행형 동사 형태의 대두다. 우리가 지금 What are you reading?당신은 무엇을 읽고 있습니까?이라고 말할 부분에서 셰익스피어는 What do you read?당신은 무엇을 읽습니까?라고만 말할 수 있었다. 그는 I am going나는 가고 있다, I was going나는 가고 있었다, I have been going나는 가던 중이었다, I will (or shall) be going나는 가고 있을 것이다 등에 담긴 차이를 표현하는 데 어려움을 느꼈을 것이다. The house is being built집이 지어지고 있다 같은 수동 진행형 구문을 그는 전혀 몰랐다. 하지만 그렇다고 해도 그의 창작열은 결코 식지 않았다.

영어는 가장 만개한 시기에도 여전히 여러 면에서 이류 언어로 간주되고 있었다. 뉴턴의 《프린키피아》와 베이컨의 《노붐 오르가눔》은 모두 라틴어로 출간됐다. 토머스 모어 경도 《유토피아》를 라틴어로 썼다. 윌리엄 하비는 혈액의 순환에 관한 논고를 (셰익스피어가 죽은 해인 1616년에) 라틴어로 썼다. 에드워드 기번은 역사서를 프랑스어로 쓰고, 나중에 영어로 번역했다. 보와 케이블이 지적한 대로, "당시만 해도 영어를 학술용으로 쓰는 것은 솔직히 실험적이었다."

그리고 셰익스피어 시대에도 영어는 영국제도 전체를 정복하지는 못했다. 영어는 잉글랜드와 스코틀랜드 저지에서만 사용됐고, 웨일스와 아일랜드와 스코틀랜드 고지(하일랜드)와 여러 섬에는 거의 진입하지 못했다. 그리고 이런 상황은 한동안 지속됐다(20세기에 들어서도 영국에서는 영어를 모국어로 사용하지 않던 인물이 총리로 선출됐다. 바로 웨일스 출신의 데이비드 로이드 조지가 그런 경우다). 1582년에 학자인 리처드 멀캐스터는 무뚝뚝하게도 이렇게 적었다. "영어는 중요성이 작고, 우리 섬 너머로 뻗어 나가지도 못하며, 이곳에서도 전역을 장악하지는 못했다."

그로서는 그 뒤 한 세대도 지나지 않아 영어가 신세계로 건너간다는 것을, 그리고 그곳에서 거침없이 세력을 확장해 결국 세계에서도 수위의 언어가 된다는 사실을 전혀 알 길이 없었으리라.

5

단어의 유래

WHERE WORDS COME FROM

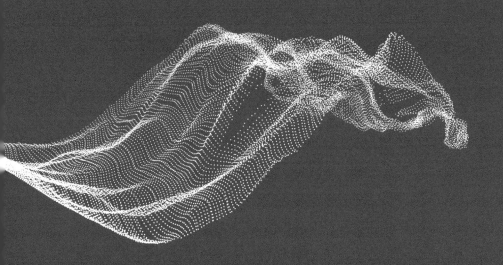

단어들은 모두 어디서 온 것일까? 위대한 덴마크의 언어학자 오토 에스페르센에 따르면, 대개 단어들을 더하거나, 단어들에서 뭔가를 빼거나, 단어들을 새로 만들거나, 단어들을 내버려두는 등 4가지 방식 가운데 하나로 만들어졌다고 한다. 깔끔해 보이는 도식이긴 하지만, 내가 보기에 이런 설명은 새로운 단어를 만들어내는 다른 2가지 현저한 원천을 간과한 것만 같아서, 감히 이 자리에서 그 이야기를 꺼내볼까 한다. 그 2가지란 실수로 만들어낸 것과 다른 언어에서 빌려 오는 것이다.

BILL BRYSON

WHERE WORDS COME FROM

영어에는 땅콩버터가 입천장에 달라붙는 것을 몹시 두려워하는 상황을 가리키는 단어가 있다. 바로 arachibutyrophobia땅콩버터공포증다. 여자가 된다는 상태를 묘사하는 단어도 있다. 바로 muliebrity여자다움; 여자임다. 갑작스레 생각이 끊기는 것을 묘사하는 단어도 있다. 바로 aposiopesis돈절다. 길을 가다가 남의 집 창문을 들여다보고 싶은 충동을 가리키는 단어도 있다. 바로 cryptoscopophilia절시증다. 잠이 들자마자 갑자기 어디론가 뚝 떨어지는 듯한 느낌을 가리키는 단어도 있다. 바로 myoclonic jerk=myoclonus, 근육간대경련다. 어떤 단어가 끝에서 두 번째 음절에 곡절 악센트가 있다고 말하고 싶은데 그렇다고 해서 그냥 "그 단어에 곡절 악센트가 있어"라고 평범하게 말하고 싶지 않을 때 사용할 단어도 있다. 바로 properispomenon어미 앞 곡절 악센트이다. 심지어 보통은 형용사 하나와 명사 하나를 함께 써야만 전달되는 어떤 복합 개념을 단 2가지 단어와 접속사로만 표현하는 말의 형태를 묘사하는 단어도 있다. 바로 hendiadys중언법[1]다. 한마디로 영어에는 대부분 것에

---

1. buttered bread(버터 바른 빵)를 bread and butter(빵과 버터)라고 표현하는 것을 말한다.—옮긴이

대응하는 단어가 있다.

이런 단어 가운데 일부는 널리 알려져도 좋을 법하다. velleity는 가냘픈 욕망, 즉 너무나도 미약해서 행동으로 귀결되지 못하는 소망이나 충동을 말한다. 이것이야말로 유용한 단어 같지 않은가? slubberdegullion은 어떤가. 이것은 쓸모도 없고 단정치도 못한 친구를 가리키는 17세기의 단어다. ugsome은 어떤가. 이것은 싫거나 불쾌함을 나타내는 중세 단어다. 이 단어는 500년 넘게 존속했으며, 19세기 말까지만 해도 종종 horrid무서운; 불쾌한라는 단어의 동의어로 여겨졌으며, 잊히긴 했지만 지금도 대부분의 무삭제판 사전 한구석에서 찾아볼 수 있다. 이런 단어를 잃어버리는 것이야말로 정말 안타까운 일이 아니겠는가. 영어 사전에는 이런 단어들이 가득하다. 아주 구체적인 상황, 정녕 일어날 법하지 않은 우발적 사건, 그야말로 불가해한 구분을 묘사하는 단어들 말이다.

하지만 여기에는 기묘한 간극이 있다. 영어에는 warmth따뜻함에 상응하는 차가움을 표현하는 단어가 없다. 기묘하게도 중간 단어가 없는 것이다. hard단단하다와 soft부드럽다, near가깝다와 far멀다, big크다과 little작다 사이의 중간치를 정확하게 나타내는 단어가 없다. his그의 · her그녀의 · their그들의와 함께 비인칭 소유격 대명사인 its그것의는 있지만, whose누구의라는 인칭대명사에 상응하는 비인칭대명사는 없다. 따라서 the house whose roof집의 지붕 같은 우아하지 못한 구문이나 완곡법에 의존해야만 한다. 누군가가 휴가에서 돌아와 맞닥뜨려야 할 갖가지 일 더미에 대한 단어인 backlog미해결 업무는 있지만, 휴가 가기 전에 반드시 해치워야 하는 모든 일을 묘사하는 단어는 없다. 왜 forelog라고는 하지 않을까? 그리고 영어에는 inept부적당한, disheveled흐트러진, incorrigible구제 불능인, ruthless무자비한, unkempt난잡스러운 등 부정적인 단어들은 수도 없이 많아도 그런 단어의 긍정적인 형태는 아예 없다. 어떤 말쑥한 사람을 가리키며 존경스럽다는 듯 so sheveled라고 말하거나, 어떤 유능한 사람을 가리키며 ept하다고 하거나, 정력적인 사람을 가리키며 상당히 ert하다고 말할 수만 있다면 영어는 더욱 풍부해질 것이다. 이런 단어 가운데 상당수는 한때 긍정적인 형태를 갖고 있었다. ruthless는 ruth라는 짝이 있었는데, 이것은 '동정심'을 의미했다. 밀턴의 시 중 유명한 구절이 있다. Look homeward, Angel, now, and melt with ruth.천사여, 고향을 바라보며, 동정심으로 슬픔을 가라앉혀 다오.[2] 하지만 다른 단어들처럼 둘 중 한 형태는 죽어버리고, 다른 형태는 살아남았다. 왜 굳이 그래야만 했는지는 설명할 수 없다. 왜 굳이 demit멀리 보내다라는 단어는 잃어버리는 대신 commit행하다는 남겨놓았을까? 왜 impede방해하다는 살아남은 반면, 한때 똑같이 흔하고 똑같이 유용해 보이던 expede촉진하다는 없어졌을까? 여기에는 누구도 대답할 수 없다.

이런 간극과 손실이 있었지만, 영어는 다른 어떤 언어보다도 풍부한 어휘를 보유하고, 가장 다양한 의미의 색조를 지니고 있다. 영어 사용자는 (프랑스인과 달리) house집와 home가정을 구분할 수 있고, continual계속적인과 continuous연속적인, sensual관능적인과 sensuous육감적인, forceful힘 있는과 forcible강제적인, childish유치한와 childlike어린애 같은, masterly교묘한와 masterful건방진, assignment할당와 assignation

---

2. 존 밀턴, 조신권 옮김, 〈리시이다스〉, 《5월의 노래》, 민음사, 1976, 80쪽. ─ 옮긴이

할당, informant정보원와 informer정보원를 구분할 수 있다. 영어에서는 대부분 단어가 다수의 동의어를 갖고 있다. 그래서 어떤 것에 대해 그냥 big큰이라고 말하고 끝이 아니라 large거대한, immense막대한, vast 방대한, capacious널찍한, bulky집채만 한, massive어마어마한, whopping 터무니없이 큰, humongous믿을 수 없이 크하다고 말할 수 있는 것이다. 다른 어떤 언어도 똑같은 것을 가리키는 단어들을 이렇게 많이 갖고 있지는 않다. 사람들은 영어가 대중적인 층위, 문학적인 층위, 학술적인 층위 등 문화의 각 층위에 걸맞은 동의어를 보유하고 있다는 점에서 특이하다고 한다. 영어 사용자는 각자의 이력과 대뇌의 능력에 따라 rise 계단을 올라가고, mount올라타고, ascend오르고 하며 fear무서움, terror공포, trepidation전율을 느끼고 소스라치며 어떤 문제를 think생각하고, ponder고려하고, cogitate숙고하고 한다.

단어의 풍부함은 종종 미덕으로 여겨진다. 하지만 반대로 영어가 쓸데없는 단어들의 과잉으로 얼룩진 너저분하고 탐욕스러운 언어라고 비판할 수도 있을 것이다. mouldable주조 가능한과 fictile모양 지을 수 있는, hairless털이 없는와 glabrous털이 없는, sneezing재채기과 sternutation 재채기 같은 동의어가 정말로 필요할까? 줄스 파이퍼의 신문 연재만화에서 가난한 주인공은 사람들이 자신을 poor가난하다, needy궁핍하다, deprived불우하다, underprivileged혜택을 받지 못하다, disadvantaged불리한 처지에 놓이다 등으로 묘사하는 것을 가만히 듣고 있다가 지금껏 땡전 한 푼 벌지는 못했지만 어휘만큼은 제법 많이 얻은 셈이라고 결론 내린다. 이 농담에는 뭔가가 있다. 풍부한 어휘는 장황함이라는 위험을 동반하는데, 이는 영어 사용자가 똑같은 것을 두 번이나 말하는 중복 구절과 표현을 유난히 좋아한다는 데서 분명히 드러난다. 그 예는 beck and call손짓으로 부르고 목소리로 부르다 → 부려먹다, law and order법과 질서 → 치안, assault and battery폭행 및 구타 → 법률 용어로 '폭행', null and void무효이고 무효인 → 법률 용어로 '무효', first and foremost우선이자 먼저인 → 맨 먼저 → 무엇보다도, trials and tribulations시험과 시련 → 고난, hem and haw헛기침하고 헛기침하다 → 우물쭈물하다, spick-and-span말쑥하고 깨끗한 → 아주 새로운, kith and kin일가와 친척 → 친척, dig and delve파고 또 파고, hale and hearty꼿꼿하고 기운찬 → 늙었지만 원기 왕성한, peace and quiet평화롭고 조용한 → 소란 뒤의 정적, vim and vigour정력적이고 활기 넘치는, pots and pans냄비와 프라이팬 → 취사도구, cease and desist그만두고 중지한 → 법률 용어로 '정지명령', rack and ruin파괴와 황폐 → 파멸, without let or hindrance허락도 방해도 없이 → 무사히, to all intents and purposes어떤 의도나 목적에서든 → 어느 면에서나 → 사실상, various different여러 가지로 다양한 등이 있다.

이렇게 단어가 풍부한데도 영어 사용자는 단 하나의 단어에 그야말로 갖가지 의미의 은하계를 부여하는 특이한 성향, 즉 영어를 배우는 외국인의 입장에서는 환장할 만한 성향이 있다. fine이라는 단어만 해도 형용사로 14개, 명사로 6개, 부사로 2개의 정의가 있다. 《옥스퍼드 영어사전》을 찾아보면, 이 단어 하나를 설명하는 데 꼬박 두 쪽에 걸쳐서 무려 5000단어가 사용됐다. fine art예술 · fine gold순금 · a fine edge맨 가장자리 · feeling fine기분 좋은 · fine hair가느다란 머리카락 · a court fine즉결 과태료 등에 관해 이야기하는데, 이 모두가 서로 전혀 다른 것을 의미한다. 한 단어가 여러 가지 의미를 갖는 것을 '다의성'이라고 하는데, 이런 경우는 아주 흔하다.

  sound도 다의어라고 할 수 있다. 그 방대한 의미의 보고에 따르면, 이것은 '귀에 들리는 소리'를 비롯해서 sound mind건강한 정신처럼 '건강 상태', sound off언성을 높이다처럼 '외침', sound out의중을 떠보다처럼 '탐구', Puget Sound퓨젓사운드[3]처럼 '큰물', sound economy안정된 경제처럼 '경제적 안정성' 등을 의미한다. 그런가 하면 round도 있다. 《옥스퍼드 영어 사전》에서는 round라는 단어 하나에 대한 설명이 일곱 쪽하고도 반을 차지하며, 무려 1만 5000단어가 동원됐다. 지금은 쓰지 않는 이런저런 의미를 다 빼고도 round는 여전히 형용사로서 12가지, 명사로서 19가지, 타동사로서 7가지, 자동사로서 5가지, 부사로서 1가지, 전치사로서 2가지의 용례를 갖는다. 하지만 다의성의 황제라고 할 만한 단어는 분명 set일 것이다. 얼핏 보기에는 전혀 두드러진 구석이 없는 단음절어, 생물로 말하자면 단세포동물에 해당하는 듯하지만 이 녀석은 무려 명사로 58가지, 동사로 126가지, 분사 형용사로 10가지의 용례가 있다. 워낙 의미가 다양하고 제각각이다 보니, 《옥스퍼드 영어 사전》에서는 이 녀석을 모조리 설명하는 데 무려 6만 단어를 사용한다. 웬만한 단편소설 한 편 분량이다. 외국인의 경우, set의 의미를 파악할 때야말로 진정 영어를 아는 것으로 생각하면 되겠다.

  일반적으로 다의성이 발생하는 까닭은 한 단어에서 다양한 의미가 뻗어 나오기 때문이지만, 이와 좀 다른 경우도 가끔 있다. 즉 유사하지만 분명히 별개였던 단어들이 진화해 똑같은 철자법을 갖게 된 경우다.

---

3. 퓨젓사운드는 미국 워싱턴주 북서부에 있는 만이다. — 옮긴이

물이 담긴 냄비를 가열한다는 의미의 boil과 피부에 뭔가가 난다는 의미의 boil은 전혀 무관한 두 단어가 단순히 똑같은 방식으로 철자를 쓰게 된 경우다. 전략이나 계획이라는 의미의 policy와 생명보험 계약서라는 의미의 policy도 마찬가지다. 뭔가를 잘라낸다는 의미의 excise는 관세를 의미하는 excise와는 기원부터가 전혀 다르다.

때로는 혼란을 조장하기에 딱 알맞게 똑같은 단어가 상충하는 의미를 갖기도 한다. 이런 종류의 단어를 모순어라고 한다. sanction이라는 단어는 어떤 일을 할 수 있도록 '허락받는 것(재가)'과 '금지당하는 것(제재)'을 모두 의미할 수 있다. cleave라는 단어는 뭔가를 '절반으로 뚝 자르는 것(쪼개다; 가르다)'과 '서로 붙이는 것(부착하다; 고수하다)'을 모두 의미할 수 있다. sanguine한 사람은 '성미 급하고 잔인한' 사람이거나 '차분하고 쾌활한' 사람일 수 있다. 뭔가가 fast한 것은 어딘가에 '딱 붙어 움직이지 않는 것'이거나 '재빨리 움직이는 것'을 말한다. 문을 bolted하면 '잠갔다'는 뜻이지만, 말馬이 bolted하면 '달려 나갔다'는 뜻이다. 회의를 wind up 했다면 그걸 '끝냈다'는 뜻이요, 시계를 wind up했다면 그걸 '움직이려고 태엽을 감는다'는 뜻이다. ravish는 '강간한다'는 뜻이지만, 이와 동시에 '황홀하게 한다'는 뜻이기도 하다. quinquennial은 '5년 내내 지속되는 것'과 '5년마다 한 번씩 돌아오는 것' 모두를 가리킨다. 누군가가 최선을 다해 trying시도한다는 것은 좋은 일이지만, 누군가의 인내를 trying시험한다는 것은 나쁜 일이다. 도구가 blunt하다면 '무디다'는 뜻이지만, 발언이 blunt하다면 '날카롭고 퉁명스럽다'는 뜻이다. 때로는 사전 제작자들이 이런 단어의 갖가지 의미를 구별하기 위해 flour밀가루와 flower꽃, 또는 discrete따로따로의와

discreet분별 있는처럼 원래는 똑같았던 철자를 다르게 쓰자고 제안하기도 하지만, 그런 사려 깊은 태도는 보기 드물다.

그렇다면 도대체 이놈의 단어들은 모두 어디서 온 것일까? 위대한 덴마크의 언어학자 오토 예스페르센에 따르면, 대개 단어들을 더하거나, 단어들에서 뭔가를 빼거나, 단어들을 새로 만들거나, 단어들을 내버려 두는 등 4가지 방식 가운데 하나로 만들어졌다고 한다. 깔끔해 보이는 도식이긴 하지만, 내가 보기에 이런 설명은 새로운 단어를 만들어내는 다른 2가지 현저한 원천을 간과한 것만 같아서, 감히 이 자리에서 그 이야기를 꺼내볼까 한다. 그 2가지란 실수로 만들어낸 것과 다른 언어에서 빌려 오는 것이다. 이를 포함하여 단어들이 어떻게 생겨나는지를 살펴보자.

1. 실수로 만든 단어

우선 유령 단어가 있다. 이런 종류에 속하는 단어 가운데 가장 유명한 것은 dord로, 1934년 판《메리엄 웹스터 인터내셔널 영어 사전》에 density밀도를 가리키는 다른 단어로 등장했다. 이것은 원래 'D or d'라고 휘갈겨 쓴 것을 잘못 읽은 경우다. 즉 density라는 단어를 대문자 D나 소문자 d로 축약해 쓸 수 있다는 뜻이었다. 메리엄 웹스터의 직원들은 서둘러 그 단어를 삭제했지만, 벌써 그 단어가 다른 여러 사전에 등록된 다음이었다. 이런 경우는 우리 생각보다 흔하다.《옥스퍼드 영어 사전》의 초판 보유편補遺篇에 따르면, 영어 사전 가운데 인쇄상의 실수나 착오로 생겨난 단어들이 최소한 350개는 된다. 다만 대개 눈에 잘 띄지 않을 뿐이다. 그중 하나인 messuage는 건물과 대지 모두를 포함한 주택 전체를 가리키는 법률 용어다. 그런데 이것은 프랑스어의 *ménage*를 잘못 베껴 쓰다 보니 생겨난 단어로 추정된다.

그런가 하면 잘못 들은 데서 비롯된 단어도 여럿 있다. button-hole단춧구멍은 원래 buttonhold단추붙잡개였다. sweetheart애인는 원래 sweetard였고, dullard둔한 녀석는 원래 dotard노망든 사람였다. bridegroom신랑은 고대 영어에서 bryd-guma였지만, 사람들은 이 단어의 뒷부분이 문맥상 groom남자이 되어야 마땅하다고 생각한 나머지 r을 붙여버렸다. belfrey종각도 이와 비슷한 과정을 거쳐서 l이 하나 덧붙은 경우며, 어원학적으로는 bell종과 아무런 관련이 없다. asparagus 아스파라거스는 원래 200년 넘게 sparrow-grass참새풀라고 불리던 것이다. pentice는 penthouse옥상 주택가 됐다. shamefaced부끄러워하는는 원래 shamefast다(이때 fast는 stuck fast단단히 붙다에서와 마찬가지로 뭔가 단단히 자리 잡고 있다는 뜻이다). 이런 과정은 오늘날에도 여전히 볼 수 있다. 그 예로 catercorner대각선상의를 catty-corner로 읽거나 프랑스어의 chaise longue긴 의자를 chaise lounge라고 읽는 것을 들 수 있다.

때로는 잘못된 유추나 역성逆成에 따라 단어가 생겨나기도 한다. 그 예로 pea완두콩를 들 수 있다. 'pease porridge hot, pease porridge cold완두콩 죽이 뜨거워, 완두콩 죽이 식었어'라는 동요의 한 대목에서 보이는 것처럼 원래는 pease였다. 하지만 사람들은 pease가 완두콩의 복수형을 뜻한다고 잘못 생각한 나머지, 역으로 pea라는 단수형을 만들어냈다. cherry체리도 원래의 단어인 cerise를 오해한 데서 생겨난 예다.

어원학적으로 cherries는 단수이기도 하고 복수이기도 하며 한때는 실제로 그렇게 사용됐다. 동사인 grovel기다; 굴복하다과 sidle옆걸음질하다도 원래 형용사인 grovelling설설 기는; 비굴한과 sideling옆으로 기운; 비스듬한이 walking과 seeing처럼 동사 원형에 -ing를 붙인 것으로 오인되면서 영어에 편입된 예지만, 사실 이 경우에는 접미사 -ling가 붙었다고 해야 맞다. 그런데도 사람들은 아무 주저 없이 유용한 말들을 자기네 언어에 더했다. 이런 역성의 다른 사례로는 lazy게으른에서 나온 laze게 을리하다, rover유랑자에서 나온 rove헤매다, burglar강도에서 나온 burgle강도질하다, greedy탐욕스러운에서 나온 greed탐욕, beggar거지에서 나온 beg구걸하다, difficulty어려움에서 나온 difficult어려운 등이 있다. 이 과정이 얼마나 간단하고 훌륭한지를 생각해보면, 언어 분야의 권위자들이 여전히 영어에 덧붙은 새로운 단어들에 대해 질색하는 것은 아이러니다. 그중 enthuse열광하다와 donate기부하다는 지금까지도 악평을 듣고 있다.[4]

실수로 생겨난 단어들 중에는 때때로 이 언어의 사용자 가운데 가장 존경받는 인물이 저지른 실수로 생겨난 것도 있다. 셰익스피어는 illustrious빛나는가 lustrous빛나는의 반대말이라고 생각한 나머지, 한동안 그 단어를 '희미한'이라는 전혀 어울리지 않는 의미로 사용했다.[5] 그보다 더 놀라운 점은 시인 로버트 브라우닝이 자신의 작품 중 하나에

---

4. 이 두 단어는 각각 enthusiasm(열광)과 donation(기부)에서 역성된 것이다.— 옮긴이
5. "그을리며 타는 촛불같이 천하고 희미한 것을," 셰익스피어, 김재남 옮김, 〈심벨린〉 1막 6장,《(삼정) 셰익스피어전집》, 을지서적, 1995, 560쪽.— 옮긴이

twat보지라는 단어를 사용해 상당한 당혹감을 자아낸 것인데, 그는 이 단어가 그런 뜻인 줄 꿈에도 몰랐던 모양이다. 문제의 작품은 1841년에 쓴 희곡 〈피파가 지나간다〉이다. 이 작품은 "God's in his heaven, all's right with the world하느님은 하늘에 계시니, 세상이 모두 평화롭도다"라는 구절로 유명한데, 결말에 다음과 같은 당혹스러운 구절이 등장한다.

Then, owls and bats, 그러면 올빼미와 박쥐,

Cowls and twats, 두건과 보지,

Monks and nuns, in a cloister's moods, 수사와 수녀가 수도원식으로,

Adjourn to the oak-stump pantry! 참나무 그루터기 식료품실로 옮겨간다!

브라우닝은 아마도 어디선가 twat라는 단어를 우연히 알게 된 모양인데, 그때나 지금이나 의미가 완전히 똑같은 이 단어가 수녀들이 머리에 쓰는 물건을 가리킨다고 착각한 것 같다. 이 시는 그 뒤 수많은 세대의 남학생들에게 웃음의 원천이 되었으며, 어른들에게는 영원한 민망함의 원천이 됐다. 하지만 이 단어는 결코 한 번도 변경되지 않았고, 브라우닝 자신은 그런 사실을 평생 모르고 살았다. 이 실수를 저자에게 설명할 점잖은 방법을 누구도 생각해내지 못했기 때문이라고 한다.

2. 차용된 단어

이것도 영어의 자랑 가운데 하나다. 즉 영어는 예나 지금이나 기꺼이

외국에서 단어들을 들여왔다는 것이다. 마치 그 단어들이 무슨 피난 민이라도 되는 것처럼 말이다. 영어는 정말 거의 모든 언어에서 단어를 가져왔다. shampoo샴푸는 힌디어에서, chaparral덤불은 바스크어에서, caucus간부회의는 앨곤퀸 인디언 언어에서, ketchup케첩은 중국어에서, potato감자는 아이티 원주민 언어에서, sofa소파는 아랍어에서, boondocks산림는 필리핀의 타갈로그어에서, slogan구호은 게일어에서 가져왔다. 이를 능가하는 절충주의는 아마 찾아보기 힘들 것이다. 영어는 이런 일을 수 세기 동안이나 계속해왔다. 보와 케이블에 따르면, 16세기에만 해도 무려 50가지 언어로부터 단어를 차용했다고 한다.[6] 상당히 경이적인 숫자다. 때로는 그런 단어들을 취한 경로가 아주 우회적이기도 했다. 그리스어 단어 가운데 상당수가 라틴어 단어가 됐고, 다시 프랑스어 단어가 됐으며, 또다시 영어 단어가 되는 식이었다. garbage라는 단어는 중세 이후 음식 쓰레기라는 현재의 의미를 지니게 됐는데, 원래 그 말을 영어에 도입한 노르만족 역시 이탈리아의 방언인 garbuzo를 차용했으며, garbuzo도 고대 이탈리아어의 garbuglio지저분한 것를 차용한 것이고, 궁극적으로는 garbuglio도 라틴어의 bullire끓이다; 거품에서 비롯된 것이다.

때로는 똑같은 단어가 서로 다른 시기에 도달하고, 그 와중에 여러 단계의 여과를 거치는 바람에 영어에서도 2개 이상의 서로 비슷한 형태로 남아 있다. canal운하과 channel수로, regard고려와 reward보상, poor가난뱅이와 pauper거지, catch붙잡다와 chase뒤쫓다, cave동굴와 cage우리,

6. Baugh and Cable, *A History of the English Language*, p. 227.

amiable호감을 주는과 amicable우호적인 등이 그 예다. 이런 단어들은 종종 여행 도중에 모습이 바뀌어 그 친족 관계가 전혀 눈에 띄지 않는다. coy수줍어하는와 quiet조용한가 라틴어의 quietus가만히 있는; 조용한라는 똑같은 조부모를 갖고 있다고 누가 상상이나 하겠는가. sordid더러운와 swarthy거무스름한가 라틴어 sordere더럽히다; 지저분하다에서 비롯된 것이나 entirety완전와 integrity완전가 라틴어 integritus완전; 순수에서 비롯된 것도 이와 마찬가지다.

때로는 한 어원에서 3가지 단어가 생겨나기도 한다. cattle소; 가축, chattel동산動産, capital수도; 대문자; 자본이라든지 hotel호텔, hostel호스텔, hospital병원 또는 strait해협, straight똑바른, strict엄한가 그런 경우다. 그런가 하면 jaunty쾌활한, gentle부드러운, gentile이방인; 이교도, genteel품위 있는 등이 모두 라틴어 gentilis씨족의; 동향의; 이방의; 이교의에서 비롯된 것처럼 4가지 단어가 생겨난 경우도 있다. 아마 이런 예는 더 많이 찾을 수 있을 것이다. 그중에서도 최고 기록을 보유한 단어는 라틴어 discus원반; 접시가 아닐까 싶다. 바로 이 단어에서 disk디스크, disc디스크, dish접시, desk책상, dais연단, 그리고 무엇보다도 discus원반가 나왔기 때문이다(하지만 이렇게 말해놓고 보니, 앵글로색슨어의 어원 가운데 하나인 bear 지니다; 견디다; 낳다 역시 birth출산, born태어난, burden짐; 부담을 비롯해 무려 40개 이상의 단어를 낳았다는 사실이 떠오른다).

단어들은 종종 이 나라에서 저 나라로 건너가는 과정에서 의미가 극적으로 바뀌기도 한다. 라틴어의 bestia짐승는 이탈리아에서 biscia뱀, 영국에서 bitch암캐, 프랑스에서 biche암사슴, 포르투갈에서 bicho곤충로 바뀌었다.[7]

때로는 영어 사용 국가에서 사는 사람들이 외국어에서 차용한 말을 원래 주인보다도 잘 돌본다. 영어가 흡수한 단어 가운데 상당수가 원산지에서 더는 존재하지 않기 때문이다. 예컨대 프랑스인은 nom de plume필명, double entendre이중적 의미, panache깃털 장식 → 허세, bon viveur=bon vivant, 미식가, legerdemain손의 빛 → 눈속임; 억지 같은 단어는 물론이고 répondez s'il vous plaît답장 부탁드립니다의 약자인 R. S. V. P.조차 쓰지 않는다(그 대신 오늘날의 프랑스인은 Prière de répondre라고 쓴다). 이탈리아인은 brio생기; 활발라는 단어를 쓰지 않으며, al fresco야외; 노천라는 말을 쓰기는 하지만 영어에서처럼 야외에 나와 있다는 뜻이 아니라 감옥에 들어가 있다는 뜻으로 쓴다.

이들 가운데 상당수는 영어화가 워낙 잘됐기 때문에, 지금 와서 그것들이 외래어라는 사실을 알면 오히려 놀라울 정도다. puny자그마한가 원래 앵글로노르만어의 puis né였고, curmudgeon노랭이이 프랑스어의 coeur mérchant사악한 마음에서 비롯됐으며, 지극히 영국적으로 들리는 breeze산들바람가 에스파냐어의 brisa미풍에서 온 것이며, mayday메이데이라는 구조 신호조차 프랑스어의 m'aidez사람 살려라는 외침에서 비롯됐고, 심지어 poppycock무의미; 헛소리이 네덜란드어 pappekak무른 똥에서 왔다는 것을 과연 누가 상상이나 할 수 있을까? chowder차우더는 프랑스어 chaudière큰 솥에서 비롯됐으며 bankrupt파산는 이탈리아어 banca rotta망가진 걸상에서 고스란히 가져온 것이다. 중세 말기에는 이탈리아에서 금융업이 발전하면서 공개 시장에서 거래가 이루어졌

---

7. Pei, *The Story of Language*, p. 151.

다. 어떤 은행가가 지급불능 상태가 되면, 그가 사용하던 걸상을 부숴버렸다고 한다. 때로는 외국어 단어가 슬그머니 차용되기도 하지만, 때로는 한참 주물러놓아야만 비로소 모국어와 비슷한 형태가 되기도 한다. 게일어의 sionnachuighim이 결국 shenanigan허튼소리; 속임수이 되거나 애머린드어의 raugroughcan이 raccoon미국 너구리이 된 것처럼 말이다.

외국어 발음을 모국어식으로 변화시키려는 성향은 영어에서 아주 일반적인 것이다. 미국 뉴욕의 지명 Flatbush는 원래 Vlacht Bos였고, Gramercy Park는 원래 De Kromme Zee였다. 제1차 세계대전 때 영국군은 격전지인 벨기에의 소도시 Ypres를 Wipers라고 불렀고, 1950년대에 미군은 Shi-i-Na-No-Yo-Ru支那の夜라는 일본 노래를 She Ain't Got No Yo-Yo그 여자한테는 요요가 없어로 바꿔 불렀다.

이에 비해 얼핏 보기에는 잘 드러나지 않는 영어의 또 다른 습관은 앵글로색슨어 명사의 형용사랍시고 군이 외국어를 가져와 써먹는 성향이다. 따라서 fingers손가락의 형용사형은 fingerish가 아니라 digital이다. eyes눈의 형용사형은 eyeish가 아니라 ocular다. 모국어의 명사에 차용어의 형용사를 결합시키는 언어는 영어가 유일무이하다. 이런 쌍의 다른 예로는 mouth/oral입/입의, book/literary책/문학의, water/aquatic물/물의, house/domestic집/집의, moon/lunar달/달의, son/filial아들/자식의, sun/solar태양/태양의, town/urban도시/도시의 등이 있다. 이것은 영어를 배우는 사람이라면 누구에게나 또 다른 지속적인 혼란의 원천이 된다. 라틴어에서 유래한 형용사가 차용된 한편으로 모국어의 형용사도 여전히 남아 있으므로, 때로는 둘 중 하나를 골라 쓸 수도 있다. earthly

지상의와 terrestrial지상의, motherly어머니의와 maternal어머니의, timely 적시의와 temporal시간의이 그런 예다.

흔히 쓰는 영어 단어 가운데 최소한 절반 가까이가 앵글로색슨어가 아닌 다른 언어에서 유래했다. 이처럼 영어는 여기저기서 단어를 엄청나게 빌려 온 언어 가운데 하나지만, 다른 언어들도 외국어의 어휘를 차용하는 데 크나큰 열성을 보였다. 아르메니아어는 전체 단어 가운데 토착어에서 유래한 것의 비율이 겨우 23퍼센트이고, 알바니아어는 그 비율이 겨우 8퍼센트다. 마지막으로 흥미로운 사실 하나는 영어가 게르만(독일)계 언어이고 독일인이야말로 미국을 처음 세운 주요 집단 가운데 하나였는데도, 독일어에서 차용한 단어는 지극히 드물다는 점이다. 그 몇 안 되는 예로 kindergarten유치원과 hinterland후배지가 있다. 다른 유럽 언어로부터는 이보다 훨씬 더 많은 단어를 빌렸으며, 심지어 이누이트어처럼 규모가 훨씬 작고 덜 알려진 언어들에서도 제법 많이 빌렸다. 하지만 어째서 군이 그래야 했는지에 관해서는 누구도 그럴싸한 설명을 내놓지 못하고 있다.

3. 창조된 단어

단어들은 종종 하늘에서 뚝 떨어진 것처럼 갑자기 생겨나기도 한다. dog개를 예로 들어보겠다. 수 세기 동안 영어에서 이에 해당하는 단어는 hound나 hund였다. 그런데 중세 말에 이 단어는 갑자기, 어원학상으로 보면 기존의 어떤 단어와도 연관성이 없는 dog로 대체됐다. 어째서 그랬는지는 아무도 모른다. 이런 갑작스러운 단어의 대두는 생각보다도 훨씬 자주 일어났다. 이렇게 도대체 유래를 알 수 없는 단어들로는 jaw턱, bad나쁜, jam잼, big큰, gloat흡족한, fun재미있는, crease주름, pour붓다, put놓다, niblik니블릭, noisome해로운, numskull바보, jalopy미늘살 창문 등 무수히 많다. (저명한 개척자인 데이비 크로켓이 가장 먼저 쓴) blizzard 눈보라는 19세기 들어서 미국에 나타난 단어이고, rowdy난폭자도 이와 비슷한 시기에 나타났다. 이런 현상의 최근 사례로는 yuppie여피와 sound bites핵심 내용를 들 수 있는데, 이 단어들은 그야말로 갑자기 대두해 영어 사용 국가에 놀라우리만치 신속하게 퍼져나갔다.

수백 년 동안 영어의 일부로, 즉 방언이나 주류 단어 가운데 하나로 존재했지만 거의 잘 쓰이지 않다가 신기할 정도로 갑자기 명성을 얻은 단어도 있다. scrounge징발하다와 seep스미다가 바로 이런 경우다. 이 단어들이 생겨난 지는 벌써 몇 세기가 됐다. 그런데 로버트 버치필드에 따르면, 1900년 이전까지만 해도 일반적으로 사용되지는 않았다.[8]

작가들이 지어낸 단어도 상당히 많다. 누군가가 꼼꼼히 계산해보니 셰익스피어는 작품 전체에 1만 7677개의 단어를 사용했는데, 그 가운데 최소한 10분의 1가량은 그 전까지 한 번도 사용되지 않은 것이었다. 만약 오늘날 누군가가 10개 가운데 하나꼴로 완전히 새로운 단어를 쓴다면 천재라고 불러야 마땅하지 않을까? 그런데 셰익스피어가 살던 시대에는 이 세상에 새로운 단어와 사상이 전무후무할 정도로 한꺼번에 쏟아져 나왔다. 1500년부터 1650년까지 한 세기 반 동안 영어에는 새

---

8. Robert Burchfield, *The English Language*, p. 46.

로운 단어들이 물밀 듯 쏟아져 들어왔다. 당시 1만 개에서 1만 2000개의 단어가 고안됐는데, 그중 절반가량이 아직도 존재한다. 그 숫자로만 따져도 현대 이전에 결코 깨지지 않은 기록이고, 심지어 현대에 들어와서도 섣불리 비교할 수 없을 정도의 규모다. 오늘날 새로 고안되는 단어들은 lunar module달 착륙선이나 myocardial infarction심근경색처럼 기술의 폭발적 성장을 반영한 현상일 뿐 어떤 시詩나 감정에서 나온 것은 아니기 때문이다. 셰익스피어 한 사람이 우리에게 선사한 단어들, 즉 barefaced민얼굴의 · critical치명적인 · leapfrog목마 넘기 · monumental 기념비적인 · castigate 매질하다 · majestic웅장한 · obscene추잡한 · frugal검약한 · radiance광휘 · dwindle줄다 · countless셀 수조차 없는 · submerged수중의 · excellent탁월한 · fretful초조한 · gust돌풍 · hint 힌트 · hurry서두르는 · lonely외로운 · summit정상 · pedant현학자와 그 밖에 1685개의 단어들을 한번 보라. 이런 단어가 없다면 우리는 어떻게 살아갈 수 있을까? 희곡의 내용을 관객이 곧바로 이해할 수 있어야 한다는 실용성의 원칙을 염두에 두지만 않았다면, 그는 아마 이보다 훨씬 더 많은 단어를 창조했을지도 모른다. 셰익스피어가 사용한 어휘는 나이가 들면서 크게 변했다. 예스페르센은 그의 초기 연극에서 발견되던 단어들 가운데 대략 200~300개는 결코 다시 사용되지 않았다고 지적한다. 이 가운데 상당수는 그가 훗날 결국 벗어버린 지방색을 드러내는 것이었지만, 나중에는 저마다 알아서 언어 속으로 편입됐다. 그런 단어들로는 cranny틈새, beautified아름다워지다, homicide살인, aggravate 악화하다, forefather선조 등이 있다. 또한 학자들은 snow-white새하얀, fragrant향기로운, brittle부서지기 쉬운의 경우처럼 그가 젊은 시절에 고안한 새로운 단어들이 감각에 직접적으로 호소하는 것들인 반면, 후기에 고안한 단어들은 심리적인 면을 고려한 편이라고 고찰했다.

셰익스피어가 이 주목할 만한 언어적 폭발의 중심에 서 있었던 것은 사실이지만, 그 혼자만 서 있었던 것은 결코 아니다. 벤 존슨은 damp축축한, defunct죽은, clumsy꼴사나운, strenuous정력적인 같은 유용한 단어들을 우리에게 선사했다. 아이작 뉴턴은 centrifugal원심의과 centripetal구심의이란 단어를 고안했다. 토머스 모어 경은 absurdity불합리, acceptance받아들임, exact정확한, explain설명하다, exaggerate과장하다 같은 단어를 고안했다. 고전학자인 토머스 엘리엇 경은 animate활기를 불어넣다, exhaust소진하다, modesty겸손를 비롯한 여러 단어를 고안했다. 콜리지는 intensify격렬히 하다라는 단어를 고안했다. 제러미 벤담은 international국제적인이라는 단어를 고안하고(이 단어가 우아하지 못한 것에 대해 사과했으며), 토머스 칼라일은 decadent퇴폐적인와 environment환경를 고안했다. 조지 버나드 쇼는 superman초인이라는 단어를 고안했다.

새로 고안된 단어 중 오래가지 못한 것도 상당수다. 대개는 그럴 만도 했다. 벤 존슨의 발명품 가운데 실패작으로는 ventositous배에 가스가 찬와 obstupefact어리석은가 있다. 셰익스피어는 우리에게 gloomy우울한라는 유용한 단어를 선사했지만, barky나무껍질 같은와 brisky활발하게는 실패작으로 끝났다(모두 똑같은 패턴으로 만든 단어지만, 뒤에 있는 것들은 왠지 인기를 얻지 못했다). conflux합류, vastidity광대함, tortive뒤틀린 역시 실패했다. 밀턴은 inquisiturient심문자의; 캐묻기 좋아하는를 만들었지만 아무도 쓰지 않았고, 한참 뒤에 디킨스는 vocular말하다를 세상에 선사하려고 했지만 세상은 그 단어를 원치 않았다.

때로는 특정한 목적을 위해 단어가 고안되기도 한다. 1974년에 미국 육군은 사병의 식단 선호도 조사의 일환으로 funistrada라고 불리는 가상 식품을 만들어냈다. 물론 그런 식품이 실제로 있지는 않았는데도 조사에서 이 funistrada는 리마콩이나 가지보다 더 선호되는 것으로 나타났다(솔직히 나 같아도 리마콩보다는 차라리 먹어보지도 않은 음식이 더 낫다고 했겠다).

메리 헬렌 도언의《우리의 말》에 따르면, 군용 차량을 가리키는 tank라는 이름은 이 물건이 비밀 실험 단계에 있을 때, 무기가 아니라 말 그대로 tank수조; 저장 용기를 만드는 척하느라 붙인 것이라고 한다. 그리고 이 차량의 여러 부분을 가리키는 데 굳이 선박 용어인 hatch갑판 승강구 →출입구, turret포탑, hull선체 → 차체, deck갑판→바닥 등을 쓰는 것은 애초에 탱크를 개발한 곳이 영국 육군이 아니라 영국 해군성이었기 때문이라고 한다.

4. 아무것도 하지 않았는데 바뀐 단어

단어는 그대로 남아 있는데 의미만 바뀐 경우다. 이때 의미가 원래의 것과 정반대로, 또는 거의 그 정도로 바뀌는 경우가 의외로 자주 발생했다. counterfeit모조의는 한때 '합법적인 사본'을 의미했다. brave용감한는 한때 '비겁함'을 의미했고, 실제로 bravado허세는 아직도 그런 의미를 갖고 있다(이 두 단어 모두 depraved타락한와 어원이 같다). 지금은 안 좋은 뜻으로 사용되는 crafty교활한; 능란한는 원래 '솜씨가 좋다'는 의미였지만, enthusiasm열심은 한때 '광신적'이라는 살짝 모욕적인 의미를 가졌다. zeal열성은 원래의 경멸적인 의미를 잃어버렸지만, zealot열성분자는 흥미롭게도 아직 그런 의미를 갖고 있다. garble취사선택하다은 한때 뭔가를 뒤섞는 것이 아니라 오히려 정돈한다는 의미였다. harlot매춘부은 원래 소년을 의미했고, 초서 시대에 girl소녀은 남녀를 막론하고 젊은이를 가리켰다. manufacture제조하다는 원래 손을 의미하는 라틴어 manus에서 나온 것으로, 한때는 손으로 만든 물건을 의미했지만 지금은 그 반대를 의미하게 됐다. politician정치인은 원래 사익을 위해 공무에 참여하는 사람이라는 불길한 뜻이 있는 단어였으며(지금 와서 가만히 생각해보면 정말 그렇다), obsequious아첨하는와 notorious악명 높은는 원래 각각 유연한 것과 유명한 것을 의미했다. 시미언 포터는 제임스 2세가 세인트 폴 성당을 처음 본 감상을 amusing즐겁고, awful두렵고, artificial 인위적이라고 표현했다고 서술한 다음, 결국 그 성당이 보기에 즐겁고, 두려우리만큼 대단하고, 사람의 뛰어난 솜씨로 만들었다는 뜻이라고 설명했다.

이런 의미의 변천을 전문 용어로는 '오용catachresis'이라고 하는데, 이런 현상은 흥미로울 정도로 널리 퍼져 있다. egregious는 한때 '저명한' 또는 '감탄할 만한'이라는 뜻이었다. 그런데 16세기에 들어서면서 알수 없는 이유로 '나쁨'과 '무가치함'이라는 정반대 의미를 갖기 시작했고(셰익스피어가 이 단어를《심벨린》에 차용했을 때 바로 이 뜻이었다),[9] 그때 이후

---

9. "언어도단의 살인마," 셰익스피어, 김재남 옮김, 〈심벨린〉 5막 5장,《(삼정) 셰익스피어 전집》, 을지서적, 1995, 594쪽.—옮긴이

줄곧 이런 뜻을 갖게 됐다. 하지만 오늘날에는 사람들이 이 단어를 나쁘다거나 충격적이라는 뜻이 아니라, 무의미하거나 건설적이지 않다는 뜻으로만 사용하는 듯하다.

마리오 페이에 따르면, 영어가 라틴어에서 차용한 단어의 절반 이상은 의미가 원래의 것에서 상당히 달라졌다고 한다. 이런 변화의 폭이 얼마나 넓을 수 있는지를 보여주는 단어가 nice다. 처음 기록된 1290년에만 해도 이것은 '어리석은' 또는 '바보 같은'이라는 뜻이었다. 그로부터 75년 뒤 초서는 이 단어를 '음탕한'이나 '바람난'이라는 의미로 사용했다. 그 뒤 400년 동안 이 단어는 '터무니없는', '우아한', '기묘한', '나태한', '남자답지 않은', '사치스러운', '겸손한', '가냘픈', '정확한', '얄팍한', '소심한', '식별하는', '고상한' 등의 뜻으로 사용되다가 마침내 1769년에 '유쾌한'과 '기분 좋은'이라는 뜻을 나타냈다. 의미가 워낙 빈번하고도 급격하게 바뀌었기 때문에 이제는 그것이 원래 어떤 의미를 의도했는지 판단할 수 없는 상황이 됐다. 제인 오스틴이 한 친구에게 보낸 편지에서 "너한테 받은 (……) '곤혹스러우리만치nice' 긴 편지를 보니 나를 엄청나게 야단쳐놓았더라"라고 쓴 것처럼 말이다.

가끔은 한 단어가 담고 있는 변화무쌍한 의미가 문학작품의 구절 속에서 새롭고도 당혹스러운 의미를 부여하기도 한다. 토머스 하디가 《캐스터브리지의 시장》에서 등장인물 가운데 한 사람이 "파프레이의 '발기한 음경erection'의 흉측한 외관"을 물끄러미 바라보게 한 것이라든지 《황량한 집》에서 디킨스가 "레스터 경은 의자에 앉아 등을 뒤로 기대면서, 숨 가쁘게 '사정했다ejaculates'"라고 쓴 것처럼 말이다(문맥상의 의미는 각각 '건물'과 '비명을 질렀다'다).[10]

의미의 변천은 거의 어디에서나 생길 수 있으며, 심지어 우리의 옷차림에서도 그렇다. 의류 품목의 이름이 고정되지 않고 신체 곳곳을 배회한다는 사실은 상당히 흥미롭지만 비교적 덜 주목받아왔다. 미국에 사는 영국인이라면 (마찬가지로 영국에 사는 미국인도) 누구나 이런 사실을 체감하게 마련이다. 즉 의복의 이름이 변천하는 속도가 서로 다르다 보니, 지금은 같은 단어가 종종 전혀 다른 대상을 의미한다는 사실을 발견하게 된다. 뉴욕의 백화점에 간 영국인이 vest내의 · knickers바지 · suspenders양말대님 · jumper스웨터 · pants팬티를 사려고 한다면, 매번 그는 자신이 원하는 것과는 전혀 다른 것을 건네받을 것이다. 영국인의 vest는 미국인의 undershirt내의이고, 미국인의 vest는 영국인의 waistecoat조끼이다. 영국인의 knickers는 미국인의 panties반바지다. 영국인이 jumper라고 부르는 옷을 미국인은 sweater스웨터라고 부르고, 미국인이 jumper라고 부르는 옷을 영국인은 piafore dress앞치마 달린 드레스라고 부른다. 미국인의 suspenders멜빵를 영국인은 braces멜빵라고 부른다. 따라서 미국인은 suspenders멜빵로 pants바지를 고정할지언정 영국인이 suspenders양말대님를 가지고 pants팬티를 고정할 수는 없다. 그 대신 영국인은 suspenders를 이용해서 stockings양말를 고정한다. 무슨 말인지 아시겠는가?

때로는 어떤 구절이나 표현에 옛 의미가 보존되기도 한다. neck는 한때 땅 한 구획을 가리키는 말로 사용됐지만, 오늘날에는 오로지 neck of the woods숲 한 구획에만 남아 있다. tell은 한때 숫자 세는 것을 가리

10. Robert K. Sebastian, "Red Pants," *Verbatim*, Winter 1989.

켰는데, 이런 의미는 벌써 사라지고 bank teller은행 출납원와 teller투표 개표원를 가리키는 말로만 남아 있다. 이런 말을 '화석어'라고 한다. 화석어의 또 다른 사례를 다음 목록에서 이탤릭체로 표시했다.

short *shrift* 짧은 '참회' → 건성으로 다루다

hem and *haw* '헛기침'하고 '헛기침'하다 → 우물쭈물하다

rank and *file* '하사관'과 '병졸' → 하사관 → 일반 시민

raring to go 가려고 '말이 뒷발로 서다' → 가고 싶어 안달하다

not a *whit* '조금'도 아니다 → 전혀 아니다

out of *kilter* '정상적인 상태'에서 벗어나 → 나쁜 상태에서

new *fangled* 새로운 '유행의' → 신기한 → 최신의

at *bay* '사냥개'를 만나서 → 궁지에 처해서

spick-and-span '말쑥하고 깨끗한' → 아주 새로운

to and *fro* 이리로 '저리로' → 동요하는

kith and kin '일가'와 친척

간혹 단어의 의미 변화 때문에 화석어 표현이 졸지에 사람들을 오도하는 경우도 있다. 종종 인용되는 the exception proves the rule예외가 법칙을 증명한다이라는 격언을 보자. 대부분 사람은 예외가 있어야 법칙이 확정된다는 의미로 받아들이지만, 그런 말을 쓰는 사람에게 이 문장이 논리적으로 어떻게 그런 뜻이 되는지를 물어보면 제대로 아는 사람이 거의 없다. 그건 그렇고 도대체 '어떻게' 예외가 법칙을 증명할 수 있다는 것일까? 당연히 그럴 수가 없다. 정답이 무엇이냐면, 과거에는

prove증명하다의 뜻이 바로 '검사하다'였다는 것이다(이런 의미는 proving ground성능 검사 시험장에 지금까지 남아 있다). 이렇게 설명해놓고 보면 이 표현의 의미가 갑자기 타당하게 보인다. 즉, 예외라는 것이 법칙을 검증해준다는 의미였던 것이다. 이와 유사하게 종종 잘못 이해되는 격언이 바로 the proof of the pudding is in the eating푸딩을 증명하는 방법은 먹어보는 것이라는 말이다.

때로는 단어의 의미가 구체화함으로써 변하기도 한다. starve는 원래 '죽다'라는 뜻이었다가 '굶어 죽다'라는 더 구체적인 의미를 갖게 됐다. deer사슴는 한때 어떤 동물이든 다 가리키는 말이었다(이에 상응하는 독일어의 tier는 지금도 마찬가지다). 그리고 meat고기는 먹을 수 있는 것을 다 가리키는 말이었다(오늘날 meat and drink식사와 음료나 mincemeat민스파이 속재료라는 표현에 여전히 남아 있다. 후자는 오늘날 우리가 사용하는 의미의 고기는 없고 각종 과일만 들어 있는 음식이다). forest숲는 사냥을 위해 별도로 마련해놓은 시골에 해당하는 말이었는데, 그 지역에 나무가 있건 없건 상관없었다(예를 들어, 영국 랭커셔의 Forest of Bowland에는 나무가 거의 없으며 햄프셔의 New Forest라는 넓은 땅도 마찬가지다). 그리고 worm벌레; 지렁이이라는 단어는 뱀을 비롯해서 기어 다니는 생물을 다 가리켰다.

5. 뭔가를 더하거나 빼서 생긴 단어

영어에는 -able, -ness, -ment, pre-, dis-, anti- 등 100개 이상의 접두사와 접미사가 있으며 이것으로 쉽게 단어를 만들거나 바꿀 수 있다. 이것도 영어가 다른 언어들과 크게 차이 나는 점이다. 예를 들어, 영어에서는 '모반'이라는 뜻의 프랑스어 단어 mutin을 mutiny폭동 · mutinous폭동의 · mutinously폭동적으로 · mutineer폭도를 비롯해 여러 단어로 변형한 반면, 프랑스어에는 지금도 mutin이라는 단 한 가지 형태밖에 없다.

합성어를 만드는 점에서라면 영어는 특히 무차별적이라서, 가끔은 plainness명백함나 sympathizer동정자처럼 그리스어나 라틴어의 어근에 앵글로색슨어의 접두사나 접미사를 붙이고, 또 가끔은 readable읽기 쉬운이나 disbelieve불신하는처럼 그 반대로 하기도 했다.[11] 이렇게 접두사와 접미사를 사용하는 경향은 어떤 단어를 새로운 용도에 맞추기 위해 창조하거나 조절하는 데 만족스러운 유연성을 제공한다. 그런 점이 여실히 드러나는 단어가 바로 incomprehensibility불가해인데, 어근 -hen-에 접두사와 접미사가 in-, -com-, -pre-, -s-, -ib-, -il-, -it-, -y까지 무려 8개나 붙어 있는 형태다. 이보다 좀 더 곡조가 아름다운 단어로는 음악 용어인 quasihemidemisemiquaver를 들 수 있을 텐데, 이것은 온음표semibreve의 128분의 1에 해당하는 '128분음표'를 뜻한다.

하지만 이런 방법은 유연성과 동시에 혼란을 가중하기도 한다. 영어에서는 labyrinth미궁라는 단어를 형용사로 만드는 데 labyrinthian, labyrinthean, labyrinthal, labyrinthine, labyrinthic, labyrinthical 등 무려 6가지 방식이 있다. 부정을 표현하는 접두사도 a-, anti-, in-, il-, im-, ir-, un-, non- 등 8가지가 넘는다. 이것이 놀라운 다양성의

---

11. Burchfield, *The English Language*, p. 112.

징조인지, 그저 너저분함의 표시인지에 대해서는 논란의 여지가 있다. 외국인들은 뭔가 '눈에 보이지 않는' 것이 unvisible이 아니라 invisible 인 반면, 뭔가 '되돌릴 수 없는' 것이 inreversible이 아니라 irreversible 이며, 뭔가 '불가능한' 것이 nonpossible이나 antipossible이 아니라 impossible임을 배워야 한다는 사실에 분통을 터트릴 것이다. 게다가 어떤 단어가 부정 접두사나 접미사를 포함한다고 해서 그것이 항상 부정을 내포하지는 않는다는 사실까지 배워야 한다. in-을 예로 들어보면, 거의 항상 부정의 의미를 내포하기는 해도 invaluable값을 따질 수 없는→아주 귀중한은 예외다. 이와 마찬가지로 -less는 보통 부정의 의미이지만, priceless값을 매길 수 없는→아주 귀중한는 예외다. 이런 것들이 워낙 혼란스럽다 보니, 때로는 영어 원어민조차 골치가 아파진 나머지 결국 똑같은 것을 의미하는 단어를 2개씩 남겨주고 말았다. flammable/inflammable가연성의, iterate/reiterate되풀이하다, ebriate/inebriate 도취하다, habitable/inhabitable거주할 수 있는, durable/perdurable오래가는; 영속적인, fervid/perfervid아주 열심인, gather/forgather모으다, ravel/unravel풀다 등이 그 예다.

어떤 단어의 어미는 놀라우리만치 희귀하다. 예컨대 angry화난와 hungry배고픈를 떠올려본다면, -gry라는 어미가 흔하다고 생각하게 마련이다. 하지만 사실 영어에서는 결코 흔한 단어가 아니다. 이와 마찬가지로 -dous는 stupendous엄청난, horrendous무서운, tremendous 거대한, hazardous위험한, jeopardous위험한에만 나타난다. 그런가 하면 -lock는 오로지 wedlock결혼 생활과 warlock마술사에만 남아 있고, -red는 hatred증오와 kindred친족에만 남아 있다. forgiveness용서는 동사에 -ness를 더한 형태로서는 유일하게 남아 있는 사례다. 이와 마찬가지로, 얼핏 보기에는 흔한 것 같은 접두사 가운데 일부는 예상외로 꽤 희귀하다. forgive용서하다 · forget잊다 · forgo~없이 때우다 · forbid금지하다 · forbear억제하다 · forlorn버려진 · forsake버리다 · forswear맹세코 그만두다 등을 보면, for-가 아주 흔한 접두사일 것으로 생각하기 쉽다. 그런데 사실 앞에 언급한 단어들과 거의 안 쓰이는 몇십 가지 단어를 제외하면, 일반적인 단어에 등장하는 법은 거의 없다. 왜 -ish, -ness, -ful, -some 같은 것은 여전히 계속 출몰하는 반면에 -lock이나 -gry 같은 것은 한때 그에 못지않게 인기가 있다가 이제는 쓰지 않게 됐는지는 누구도 대답할 수 없는 문제다.

유행 역시 분명히 이와 관계가 있을 것이다. 접미사 -dom은 kingdom왕국같이 확고해진 몇몇 단어를 제외하면 거의 사라질 위험에 놓인 지 오래됐다. 그러다가 19세기에 들어서 이 접미사는 (특히 미국에서부터 부추겨져서) 일종의 부흥을 맞이했고, 그 결과 officialdom관료제과 boredom권태이라는 유용한 단어는 물론이고 나중에는 best-sellerdom베스트셀러의 지위; 베스트셀러 작가이라는 좀 더 복잡한 형태가 나타나기도 했다. -en이라는 어미는 (harden단단히 하다, loosen느슨하게 하다, sweeten달게 하다 등) 동사를 만드는 데 아주 다양한 방법으로 사용하는데, 이런 단어가 사용된 지는 기껏해야 300년 정도밖에 안 됐다.

그런데 특정한 접사가 특정한 단어에 붙는 이유라든지 어떤 창조물은 살아남았는데 어떤 창조물은 무관심 속에 없어져 버리는 이유를 설명해줄 뚜렷한 패턴이 있는 것은 아니다. 왜 영어는 disagree일치하지 않다는 계속 쓰면서 disadorn추하게 하다; 장식을 제거하다은 잃어버리고,

impede방해하다는 계속 쓰면서 expede촉진하다는 사라지게 내버려 두었으며, inhibit금지하다는 계속 쓰면서 cohibit제지하다는 거부했을까?[12]

이런 과정은 아마 지금까지도 새로운 단어들을 만드는 가장 현저하고도 간단한 방법일 것이다. 수 세기 동안 영어에서는 political이라는 단어가 쓰였지만, 그 앞에 단 한 글자 a를 붙여서 만든 apolitical정치에 무관심한이라는 새로운 단어는 1952년부터 가세하게 됐다. 반면, 다른 단어들은 여전히 꽁무니를 잘라내 만들어지기도 한다. 예컨대 mob군중은 원래 라틴어 mobile vulgus변덕스러운 군중가 줄어든 형태다. exam, gym, lab도 각각 examination시험, gymnasium체육관, laboratory실험실의 꽁무니를 자른 단어들인데, 19세기에 들어 음절 절단이 유행처럼 번져 나가던 시절에 생겨났다. 하지만 단어를 줄이려고 하는 충동은 아주 오래전부터 있었다.

비록 순서는 마지막이지만 역시나 중요한 사실은 영어가 합성어를 주조함으로써 새로운 단어를 만들어내는 능력이 있다는 것이다. airport(공중+항구=공항), seashore(바다+가장자리=바닷가), footwear(발+의류=신발), wristwatch(손목+시계=손목시계), landmark(땅+표시=경계표), flowerpot(꽃+항아리=화분) 등이 그 예다. 모든 인도유럽어는 합성어를 만들어낼 능력이 있다. 물론 (제1장에 나온 사례를 보면) 독일어와 네덜란드어도 그렇게 한다고, 그것도 지나칠 정도로 그렇게 한다고 말할 수 있을 것이다. 하지만 영어는 다른 언어들보다 훨씬 더 깔끔하게 합성어를 만들 수 있다. 다른 게르만계 언어에 등장하는 숨 막힐 정도의 단어

---

12. Baugh and Cable, *A History of the English Language*, p. 225.

연쇄를 피하는 한편 합성어의 구성 요소들을 뒤바꾸기도 하는 재치 있는 정련을 취함으로써 영어는 houseboat집배와 boathouse보트 창고, basketwork바구니 세공와 workbasket도구 바구니, casebook사례집과 bookcase책갑 등을 구분할 수 있는 것이다. 다른 언어들은 이런 능력까지는 미처 갖추지 못했을 것이다.

6

발음

PRONUNCIATION

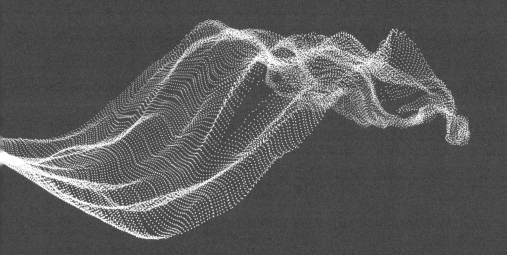

영어의 발음에서 확실한 게 하나 있다면, 그건 바로 확실한 게 거의 없다시피 하다는 것이다. 세계의 어떤 언어를 뒤져봐도 영어처럼 철자는 같은데 발음은 전혀 딴판인 경우는 없다.

BILL BRYSON

PRONUNCIATION

영어에서 가장 흔한 모음은 무엇일까? hot에서 o의 발음, cat에서 a의 발음, red에서 e의 발음, in에서 i의 발음, up에서 u의 발음 정도이리라고 추측하는 사람이 많지 않을까? 하지만 사실은 그렇지 않다. 가장 흔한 모음은 표준적인 모음조차 아니다. 그것은 희미한 중얼거림에 불과한 슈와schwa, 즉 'ə'라는 기호로 상징되며 수없이 많은 단어의 모음으로 등장하는 녀석이다. 바로 animal에서 i의 발음, enough에서 e의 발음, orthodox에서 한가운데 o의 발음, inspirational에서 두 번째, 네 번째와 다섯 번째, 여섯 번째 모음의 발음인 동시에 영어의 대부분 다음절 단어에 있는 모음 가운데 하나 이상의 발음이다.

영어가 이렇게 단조로운 음소 하나에 전적으로 의존하고 있다는 사실은 적잖이 기이한 느낌을 준다. 영어로 말하자면 세계 어떤 언어보다도 훨씬 많은 음성 조합을 갖고 있기 때문이다. 물론 체코어의 vrch pln mlh안개에 싸인 언덕라든지 게일어의 pwy ydych chi당신은 누구십니까 같은 말을 접하고 보면, 영어의 '빨리 말하기 힘든 말'은 엄청나게 쉬운 편이라는 생각이 들기도 한다. 반면, 다른 언어와 비교해보면 그야말로 안심할 수도 없고 정말 주눅 들게 만드는 소리도 영어에는 있다. 그중 대표적인 것이 the와 think의 발음 [θ]인데, 이것이야말로 전 세계 언어에서 극도로 희귀한 경우다. 이것 말고도 동양인들로서는 발음할 수 없다고 느끼는 [l] 발음이 있다(한때 영국에서 중국인 동료와 일한 적이 있는데, 그는 뭔가가 잘못되면 나지막이 Bruddy hairo라고 중얼거리곤 했다. 나는 그게 광둥어의 고색창연한 욕설이겠거니 했는데, 몇 달 뒤 알고 보니 Bloody hell졸라 씨발이라고 한 것이었다).

영어의 발음에서 확실한 게 하나 있다면, 그건 바로 확실한 게 거의 없다시피 하다는 것이다. 세계의 어떤 언어를 뒤져봐도 영어처럼 철자는 같은데 발음은 전혀 딴판인 경우는 없다. 그중 몇 가지만 살펴보자.

heard [hə:rd] 들었다 — beard [biərd] 턱수염

road [roud] 길 — broad [brɔ:d] 넓은

five [faiv] 다섯 — give [giv] 주다

fillet [filei] 필레; 저민 살코기 — skillet [skilit] 프라이팬

early [ə:rli] 일찍 — dearly [diərli] 끔찍이

beau [bou] 멋쟁이 — beauty [bjú:ti] 아름다움

steak [steik] 스테이크 — streak [stri:k] 줄

ache [eik] 통증 — mustache [mʌstæʃ] 콧수염

low [lou] 낮은 — how [hau] 어떻게

doll [dɑl] 인형 — droll [droul] 우스운

scour [skauə:r] 닦다 — four [fɔ:r] 넷

grieve [gri:v] 슬퍼하다 — sieve [siv] 체; 조리

four [fɔ:r] 넷 — tour [tuə:r] 여행

paid [peid] 냈다 — said [sed] 말했다

break [breik] 깨다 ─ speak [spi:k] 말하다

일부 언어, 예컨대 핀란드어 같은 경우에는 소리와 철자가 완벽하게 일대일로 대응한다. 즉 핀란드어에서 k의 발음은 항상 '크'고, l의 발음은 마음 편하게도 항상 '르'다. 하지만 영어는 발음이 워낙 다양해서 또는 누구 말마따나 무작위적이어서 26가지 철자 가운데 지조 있는 놈은 하나도 없다. 그중에는 race, rack, rich에서 c의 발음처럼 정말 다양한 발음을 허락하는 놈도 있다. 또 실쭉한 나머지 묵음이 되는 놈들도 있다. debt에서 b, bread에서 a, thistle에서 두 번째 t가 그런 경우다. 이런 녀석들이 합해지면 그야말로 훨씬 더 무법적이고 예측 불가능해지는데, 대표적인 것이 ough라는 철자 덩어리로 through[θru:], though[ðou], thought[θɔ:t], tough[tʌf], plough[plau], thorough[θə:rou], hiccough[hikəp], lough[lak] 등 무려 8가지로 발음할 수 있다. 마지막의 lough는 호수를 가리키는 아일랜드어계 영어 단어로 발음은 loch협호와 똑같다. 발음의 가능성이 워낙 다양하다 보니, chough붉은부리까마귀를 자신 있게 발음할 수 있는 영어 사용자는 아마 100명에 1명꼴도 안 될 것이다(이 단어의 정확한 발음은 의성어 chuff와 같다). 영어 단어 중 hegemony패권와 phthisis폐결핵는 발음이 각각 9가지나 된다. 영어 발음의 황당함을 무엇보다도 명확하게 보여주는 것은 아마도, 영어 발음을 연구하는 학문을 가리키는 orthoepy라는 단어의 발음조차 2가지([ɔ:rθóuəpi]와 [ɔ:rθouèpi])라는 사실이 아닐까 싶다.

모든 언어에는 저마다 변덕이 있게 마련이고 이유야 어떻든 간에 공인된 규약이나 한계가 있는데, 정작 그걸 반드시 따를 필요는 없다고 여

긴다. 영어에는 fwost라든지 zpink라든지 abtholve 같은 단어가 없는데, 일반적으로 이런 철자들을 붙여서 어떤 소리를 표현하려고 하지는 않기 때문이다. 하지만 절대 그러지 말아야 하는 이유 같은 것은 없다. 다만 영어 사용자들이 그러지 않을 뿐이다. 중국인들은 이런 자기부정의 문제를 그야말로 극단까지 밀어붙였는데, 특히 수도인 베이징에서 사용되는 언어의 다양성이라는 면에서 그렇다. 중국어는 단음절어라는 사실 자체만으로도 정말 황당하리만치 한계가 많은데, 베이징 방언은 여기서 한 걸음 더 나아가 모든 단어의 말미에 '-n'이나 '-ng'이라는 소리를 덧붙이도록 요구한다.[1] 그 결과로 북방어에는 음성학적 가능성이 워낙 작아져서, 각 소리가 평균 70가지 단어를 나타내야만 했다. 심지어 'yi'라는 단 한 가지 소리가 무려 215개의 단어를 나타낼 수 있다. 중국인은 이런 어려움을 우회하기 위해 어조를 높이거나 내림으로써 조금이나마 소리를 다르게 만들지만, 그래도 여전히 하강조의 'i' 소리 하나가 무려 40개의 서로 전혀 무관한 단어를 나타낼 수 있다. 영어에서도 어조 변화를 조금이나마 사용하고 있다. 'Oh' 또는 'Oh?' 또는 'Oh!' 하고 말할 때가 그런 경우다. 하지만 본질적으로 영어는 놀라우리만치 다양한 범위의 소리를 이용한다.

세계 대부분의 언어에 비해 영어가 훨씬 많은 소리를 보유하고 있다는 사실에 대해서는 거의 의견이 일치하지만, 그 소리가 정확히 몇 개인

---

1. 이 대목에서 베이징 방언(북경어)에 관한 저자의 설명은 다음 2가지 사실을 혼동해서 생긴 오류로 보인다. 첫째, 북경어의 종성은 '은(n)'과 '웅(ng)' 발음 2가지뿐이다. 둘째, 북경어에는 말미에 '얼(儿)' 발음을 덧붙이는 특징이 있다. 하지만 본문의 설명처럼 북경어에서 모든 단어에 '은'이나 '웅' 발음을 덧붙이는 것까지는 아니다.—옮긴이

지에 대해서까지 의견이 일치하지는 않는다. 영국의 권위자인 시미언 포터는 모두 44개의 서로 다른 소리가 있다고 했다. 즉 모음 12개, (일종의 반모음인) 이중모음 9개, 자음 23개가 있다는 것이다. 아마도 가장 널리 사용되는 듯한 국제음표문자에서는 영어에 52가지 소리가 있다고 구분하는데, 여기서는 자음과 모음의 소리 개수를 똑같이 나눈다. 반면, 《아메리칸 헤리티지 사전》에서는 순수한 영어 소리 55개와 외국어에서 온 소리 6개를 열거한다. 그런데 이탈리아에서 사용하는 소리는 그 절반가량에 불과한 27개고, 하와이에서 사용하는 소리는 겨우 13개다. 따라서 영어의 소리 개수는 44개거나 52개거나 그 사이의 몇 개건 간에 상당히 많은 셈이다. 하지만 이렇게 말해놓고도 귀를 기울여 잘 들어보면, 실제로는 이보다 훨씬 더 많은 소리가 있음을 알 수 있을 것이다.

ng라는 철자 조합의 경우, 보통은 bring[briŋ]과 sing[siŋ]에서처럼 1가지 소리로만 사용될 것처럼 여겨진다. 하지만 사실은 여기에도 2가지 소리가 있다. singer[siŋə:r]에서처럼 약한 'g' 소리와 finger[fiŋgər]에서처럼 강한 'g' 소리다. zing[ziŋ]이나 bong[bɔ:ŋ]의 경우처럼 그 소리를 얼마나 길게 발음하느냐에 따라서 이런 서술적이거나 의성적인 단어에 반향을 약간 더 부여할 수도 있다. 반면, something[sʌmθiŋ]이나 rang[ræŋ]같이 흔히 쓰는 단어에서는 오히려 그렇게 하지 않는다. 영어 사용자의 또 다른 무의식적 구분으로는 those[ðouz]의 강한 'th'와 thought[θɔ:t]의 약한 'th'가 있다. 어떤 사전에는 이런 구분이 미처 나와 있지 않은 반면, 명사 mouth[mauθ]와 동사 mouth[mauð]의 차이라든지 명사 thigh[θai]와 부사 thy[ðai] 간의 차이에 관해서는 모두 구분해놓은 경우도 있다. 이보다 좀 더 미묘한 것도 있다. 예컨대 어떤 단어가 'k' 소리로 시작하는 경우에는 kitchen 이나 conquer에서처럼 그 소리 바로 뒤에 숨소리를 약간 넣는데, skill 이나 skid에서처럼 철자 s 다음에 'k' 소리가 나오면 그런 숨소리를 넣지 않는다. 또 I have some homework to do숙제할 게 있어라고 일상적으로 말할 때는 have를 'hav'라고 발음한다. 하지만 I have to go now 나 지금 꼭 가야 해라고 할 때처럼 그 단어를 특별히 강조하는 경우에는 똑같은 단어를 'haff'라고 발음한다.

이렇게 말할 때마다 갖가지 미세한 조정을 하지만, 대부분은 그런 사실을 인식하지 못한다. 하지만 이것은 영어의 음성학적 복잡성을 보여주는 사례에서 겨우 시작일 뿐이다. 벨 전화 연구소의 존 R. 피어스 박사가 인간의 말을 분석한 결과, 철자 t 하나에서만 무려 90가지 소리가 감지됐다고 한다.

영어 사용자는 상당수의, 어쩌면 대부분의 단어를 아주 다양한 방식으로 발음하는데, 그 방식은 자신이 사용하는 철자하고도 상당히 다를뿐더러 자신이 사용한다고 '생각하는' 발음하고도 상당히 다르다고 봐야 한다. 예를 들면 later를 철자 그대로가 아니라 'lader'로 발음하고, ladies를 철자 그대로가 아니라 'laties'라고 또는 급하게 말할 때는 'lays'로까지 발음한다. 이와 마찬가지로 handbag도 철자 그대로가 아니라 'hambag'으로 발음한다. 또 butter라고 발음한다고 생각하지만, 실제로는 'budder'나 'buddah'뿐만 아니라 'bu'r'라고까지 발음한다. 그 외에도 wash라고 적지만 'worsh'라고 발음하며, granted라고 발음한다고 생각하지만 실제로는 'grannid'라고 말한다. 누구도 looked 라고 말하지 않으며 'look'이라고 말할 뿐이다. 이와 같은 방식으로 I'll just get her의 발음은 졸지에 'aldges gedder'가 된다. 그럼으로써 실제와는 전혀 상관없는 발음들이 단어에 스며들도록 지속적으로 허용하고 있다. 우리는 'm'과 't' 소리 또는 'm'과 's' 소리 사이에 'p' 소리를 넣어서 warmth를 'warmpth'로, something을 'somepthing'으로 발음한다. 이건 우리도 어쩔 수 없는 노릇이다. 이와 유사하게, 'n'과 's' 소리 사이에 't' 소리를 집어넣기 때문에 mints와 mince 또는 prints와 prince를 거의 구별할 수 없다. 때로는 이런 침입자가 아예 철자로 굳어지기까지 한다. 어원이 gleam어스름 빛나다과 똑같은 glimpse일별는 원래 'p' 소리가 들어가지 않은 glimsen이었는데, 세월이 흐르면서 한가운데에 굳이 'p' 소리를 끼워 넣으려고 하는 우리의 충동이야말로 도저히 격퇴할 수 없다는 사실이 증명된 경우다. thunder천둥에는 원래 'd' 소리가 없었고, 그 어원인 독일어 donner천둥에는 지금도 여전히 'd' 소리가 없다. stand에는 원래 없었던 'n' 소리를 집어넣은 반면, 그 과거형인 stood에는 'n' 소리를 집어넣지 않았다. message에 'n' 소리가 없듯이 messenger에는 원래 'n' 소리가 없었고, pageant에는 원래 't' 소리가 없었고, sound에는 원래 'd' 소리가 없었다.

영어에서는 아주 익숙한 것의 발음을 분명치 않게 굴리는 성향이 있는데, 특히 지명을 그렇게 말한다. Australians은 자기들이 'Stralia'에서 왔다고 말하고, Torontoans은 자기들이 'Tronna'에서 왔다고 말한다. 토박이들은 Iowa를 'Iwa', Ohio를 'Hia'로 부른다. Milwaukee 토박이는 자기가 'Mwawkee'에서 왔다고 말한다. Louisville은 'Loovul', Newark는 'Nerk', Indianapolis는 'Naplus'가 된다. Philadelphia에 사는 사람은 자기가 'Fuhluffia'에 산다고 말한다. 발음을 굴리는 정도는 해당 단어의 익숙함과 사용 빈도에 따라 다르다. 런던의 Marylebone Road가 이런 과정을 잘 보여준다. 외국인 방문객들은 흔히 이곳을 'Marleybone'이라고 잘못 읽는다. 그 동네 토박이들은 'Mary-luh-bone'이라고 이 지명의 음가를 모두 발음하는 성향이 있었지만, 런던 사람들은 이 지명을 'Mairbun'이라고 굴려 발음하는 쪽을 선호했고, 이 지역에 살거나 근처에서 일하는 사람들은 그야말로 굴릴 대로 굴린 나머지 'Mbn'에까지 이르렀다.

공식적으로는 어떤 단어의 앞머리가 떨어져 나가는 것을 '어두 모음 소실aphesis', 끄트머리가 떨어져 나가는 것을 '어말음 소실apocope', 가운데가 떨어져 나가는 것을 '어중음 소실syncope'이라고 한다. 이런 과정의 극단적인 예로 항해 용어인 forecastle앞 갑판을 fo'c'sle로 쓰는 것을 들 수 있는데, 이렇게 단어를 압축하려는 성향은 언어 자체만큼이나 오래됐다. Daisy데이지는 원래 day's eye낮의 눈였고, good-bye는 원래 God-be-with-you하느님이 당신과 함께하시기를였으며, hello는 (아마) 원래 whole-be-thou당신이 건강하시기를였고, shepherd목자는 원래 sheep herd양치기였으며, lord군주; 귀족는 원래 loafward빵을 지키는 사람였고, every는 원래 everich항상 제각기였고, (미국에서는 뚜렷한 이유도 없이 외면당하는 단어인) fortnight2주일간는 fourteen-night열네 밤였다.

특히 영국인은 마치 칼을 휘두르는 듯 음절을 툭툭 베어내는 데 재능을 보여 immediately를 'meejutly'로, necessary를 'nessree'로, library를 'libree'로 발음했다. 이런 과정은 오늘날 사어가 되어버린 halfpennyworth반 페니어치의 → 극히 적은에 일종의 영광스러운 최후를 안겼다. 1980년대에 반 페니 동전halfpenny이 없어지면서, 영어에서는

halfpennyworth를 'haypth'로 압축했다는 대단한 만족감도 없어지고 말았다. 따라서 그들로서는 자기네 지명을 최대한 압축하는 데 만족해야만 했다. Barnoldswick를 'Barlick'로, Wymondham을 'Windum'으로, Cholmondeston을 'Chumson'으로 말이다(이에 관한 더 자세한 이야기는 제13장을 보라).

이에 비해 미국인들은 자신들의 발음법이 훨씬 더 정확하다고 생각한다. 물론 necessary, immediate, dignatory, lavatory, 그리고 (이와 상당히 유사한) laboratory 같은 단어들은 각 음절을 완전히 발음하는 것이 그들의 특징이다. 반면, fragile, mobile, hostile 같은 단어들의 i를 미국인들은 사실상 묵음으로 간주하는 반면, 영국인들은 [ai]로 정확히 발음한다(하지만 정작 infantile과 mercantile 같은 단어는 미국인들도 영국인들과 똑같이 발음한다). 하지만 솔직히 말해서 양쪽 모두 문장을 불분명하게 굴리기 좋아하는 것은 마찬가지다. 물론 그런 성향조차 완전히 똑같지는 않다. 영국인은 how do you do처음 뵙겠습니다 대신 howjado안녕세요라고 말하는 반면, 미국인은 have you taken sustenance recently?지금 식사하셨습니까? 대신 jeetjet뭐 먹었어?를 쓰고 in that case, let us retire to a convivial place for a spot of refreshment그러면 잠깐 어디 좋은 데 가서 기분 전환이나 하고 오지 대신 leeskweet뭐 먹으러 가자를 쓴다.

이렇게 단어를 압축하고 난도질하려는 성향이 공식적으로 처음 언급된 것은 1949년 〈뉴요커〉에 실린 존 데이븐포트의 기고문인데, 그는 이런 현상에 슬러비언Slurvian(발음을 굴려 불분명하게 들리는 말)이라는 재미있는 이름을 붙였다. 미국식 영어에서 슬러비언이 정점에 이른 곳은 아마도 볼티모어일 것이다. 이곳 시민들은 오랜 전통을 자랑하는 아주 특별한 재능의 소유자로서 대부분의 단어에서 가장 중요한 모음·자음·음절까지도 씹어버리고, 그 단어들을 (최대한 좋은 말로 표현하더라도) 일종의 언어적 퇴비 더미로 바꿔놓기 때문이다. 볼티모어에서는 (철자는 Baltimore이지만 정작 이곳 사람들은 'Balamer'로 발음한다) eagle을 'iggle', tiger는 'tagger', water는 'wooder', power mower는 'paramour', store는 'stewer', clothes는 'clays', orange juice는 'arnjoos', bureau는 'beero'라고 부르고, 이곳을 연고지로 하는 야구팀 Orioles는 'Orals'라고 한다. 외지인이 이런 단어들을 해석하는 데 도움이 되도록 어휘집까지 편찬됐는데, 이것 말고도 볼티모어에서 나온 수백 가지 단어가 오늘날 영어로 편입되어 있다. 볼티모어 사람들이야말로 이 특별한 기술에서는 진정한 달인이 아닐 수 없겠지만, 사실 이 기술 자체는 정도의 차이는 있을망정 대부분 사람이 일상생활에서 송송 사용하는 것이다.

　이 모두는, 무척이나 느슨하고 부정확하게 말하더라도 놀라울 정도로 미묘하고 정말 숨이 찰 정도의 속도로 우리 자신을 표현할 수 있다는, 어딘가 좀 역설적인 관찰 결과를 에둘러 보여준다. 일반적인 대화에서 우리는 분당 300음절의 속도로 말한다. 그러기 위해 후두, 전문적인 용어로는 인후 상부 성도를 통해 공기를 내보내야만 하며, 입술을 여러 번 오므리고, 마치 갓 잡은 싱싱한 물고기가 펄떡이듯이 입안에서 혀를 위아래로 움직이며, 지나가는 숨소리마다 미묘하게 세분된 파열음·마찰음·후음 그리고 다른 소소한 대기 교란 상태로 만들어야 한다. 이것은 더도 덜도 아닌 지속적인 소리의 흐림으로 나타난다. 즉 사람들은 '이런 식으로 또박또박 말하는 것'이 아니라, 오히려 '이런식으로연달아서말하는것'이다. 음절, 단어, 문장은 마치 비 맞은 수채화처럼 그야말로 줄줄이 함께 흐른다. 누군가가 우리에게 하는 말을 이해하기 위해서는 그런 소음들을 단어들로, 그 단어들을 문장들로 구분하고 이에 응답해 일련의 혼합된 소리를 내놓을 수 있어야 한다. 우리가 하는 말이 적절하고 재미있으면, 듣는 사람은 일련의 제어 불가능하고 어조가 높은 소음을 내놓음으로써 자신의 기쁨을 드러낼 것이고, 보통은 발작이나 심장마비 증상에 수반되게 마련인 가쁜 숨을 들이마실 것이다. 이는 결국 우리가 대화를 나눈다는 뜻이다. 그러니 가만히 생각해보면 이야기를 하는 것이야말로 참으로 기묘한 일이 아닐 수 없다.

그리고 우리는 이런 과정을 별다른 어려움 없이 달성한다. 즉 누군가가 말한 소리를 어느 정도 즉각적으로 흡수하고 해석한다. 예컨대 내가 누군가에게 "어떤 것으로 하시겠어요? 콩이요, 당근이요?"라고 말한다면, 그 말을 듣는 사람은 눈 깜짝할 사이인 평균 0.2초 동안 이 질문을 해석하고, 이 2가지 채소의 상대적인 장점을 생각해본 다음 답을 내놓을 것이다. 이런 과정을 우리는 하루에 수백 번씩은 반복하는데, 그것도 대개는 질문하는 사람이 말을 다 마치기도 전에 대답을 내놓을 수 있을 만큼 빠른 속도로 그렇게 한다. 청자聽者로서 우리는 강세를 아주 미묘한 정도까지 구별할 수 있다. 사람들은 대부분 적당히 주의를 기울일 수만 있다면 that's tough그것참 힘들군와 that stuff저 물건, I love you나는 너를 사랑해와 isle of view경치 좋은 섬, grey day흐린 날와 Grade A A학점처럼 발음이 아주 비슷한 표현들을 구별할 수 있다. 하지만 때로는 정확한 발음을 파악하기가 어려운데, 특히 상대방을 직접 대면하지 않는 경우가 그렇다(의사소통에서는 상대방의 입술 또는 최소한 표정을 읽어내는 것이 의외로 중요하다). 신문사에서 일하는 사람이라면 십중팔구 발음을 잘못 알아듣는 바람에 생긴 갖가지 실수담을 한 보따리씩은 갖고 있을 것이다. 나는 예전에 영국 남부에 있는 어느 석간신문사에서 일하던 중에 한 통신사에서 보낸 기사를 받고 어리둥절했었는데, 그로부터 몇 분 뒤에 날아온 정정문을 보고야 무슨 내용인지를 이해할 수 있었다. "앞서 보낸 기사 중 Crewe Station크루역은 crustacean갑각류의 오기임." 이와 유사한 방식으로, 조종사들은 오래전부터 five와 nine을 구별하는 데 어려움을 겪어서, 결국 누군가가 이보다 좀 더 뚜렷하게 구별되는 fiver와 niner를 고안했다. 독일인들은 zwei둘와 drei셋를 구별하는 와중에 이와 유사한 문제를 겪은 나머지, 이런 오해를 해결하기 위해 영어의 two에서 힌트를 얻어 zwo둘라는 단어를 도입했다.

기끔 이런 결점이 대두하지만, 듣기는 우리가 무척이나 잘하는 일 가운데 하나다. 반면, 말하기는 상당히 비효율적인 과정이다. 우리는 단어를 충분히 빨리 내뱉지 못하거나 앞뒤 말을 뒤섞어 두음 전환을 하거나 statistics통계나 proprietorial소유의처럼 음성학적으로 어려운 단어에 걸려 버벅거릴 때마다 어떤 감정이 드는지 무척이나 잘 알고 있다. 사실상 우리는 결코 듣는 것만큼 빨리 말할 수는 없다.

그 때문에 발음을 굴리려는 경향이 생기는 것이다. 시간이 흐를수록 우리 발음은 덜 정확해지고, 철자를 묵음으로 만들고, 소리를 결합시키고, 강세가 줄어드는 경향이 분명히 있다. 특히 -ed라는 접미사에서 그런 일이 발생한다. 초서 시대에만 해도 사람들은 helped를 'helpt'가 아니라 'hel-pud'로, 즉 두 음절을 또박또박 발음했다. 그런데 셰익스피어 시대에는 시인들이 원하는 운율에 맞춰 철자까지 다르게 쓸 수 있었다. 즉 전통적인 발음을 나타내기 위해서는 helped라는 철자를 쓰고, 현대적인 발음을 나타내려면 help'd라는 철자를 쓰는 식으로 말이다.

이런 발음 변화는 언어의 일반적인 특징이다. 때로는 수 세기라는 긴 세월에 걸쳐 변하지만, 때로는 그야말로 엄청나게 빨리 변한다. 모든 언어에서 때때로 그런 현상이 벌어지는데, 그 이유가 무엇인지는 누구도 모른다. 독일어에서 그런 현상은 앵글인과 색슨인이 영국으로 떠나간 지 오래지 않아서 벌어졌으며, 이는 결국 고지 독일어와 저지 독일어의 분화로 귀결됐다(고지 독일어는 흔히 오해되듯이 독일 지도에서 위쪽인 북쪽에서 쓰는 언어가 아니라 오히려 지도에서 아래쪽인 바이에른 지방에서 쓰는 언어인데, 이것은 그 지역이 훨씬 가파르기 때문이다). 독일어의 변천 과정에서 고지(남부)의 사용자들은 t가 들어가던 자리에 s를, p가 들어가던 자리에 f를 넣었다. 이런 변화는 물론 너무 뒤늦은 것이라서 영어에 변화를 주지는 못했지만, water와 wasser 그리고 open과 offen의 차이 등 현대 영어와 독일어 단어 가운데 상당수의 차이는 이것으로 설명할 수 있다. 이런 변화가 영어나 게르만계 언어에만 있는 것은 아니다. 라틴어 역시 오랫동안 일련의 변화를 겪었다. 예를 하나 들자면, 4세기에 숫자 100을 뜻하는 라틴어 centum은 여러 가지로 발음되기 시작했다. 이런 사실은 오늘날 ('sent'로 발음되는) 프랑스어 cent와 ('thiento'로 발음되는) 에스파냐어 ciento와 ('chento'로 발음되는) 이탈리아어 cento에 여전히 남아 있다. 이런 방식으로 로맨스어들이 자라난 것이다.

영국에서는 '대모음 변화'라는 평범하지만 오해의 여지가 있는 이름의 현상이 그보다 좀 더 늦게, 그러니까 대략 초서 시대 즈음에 벌어졌다. 이 변화에 관한 교과서적인 논의만 보면, 마치 특정한 시대까지는 사람들이 모음을 단 한 가지 방식으로만 발음하다가 어느 날 갑자기 무슨 변덕 때문인지 그걸 전혀 다른 방식으로 발음하게 됐다는 듯한 인상을 준다. 하지만 물론 그렇게 간단하지 않다. 발음 변화 가운데 상당수는 앨프리드 대왕 시대보다 수 세기 전부터 시작된 변화를 반영하며, 그중 일부는 심지어 오늘날까지도 완료되지 않았다(예를 들어 shove와 move의 모음 o가 지금은 각각 [ʌ]와 [u:]로 발음되지만, 훗날엔 똑같은 방식으로 발음되리라는 추정은 꽤 일리가 있어 보인다). 따라서 이것이야말로 영어가 일찍이 겪어보지 못한 아주 갑작스럽고도 극적인 변화 가운데 일부를 구성하는 것은 사실이지만, 우리가 지금 말하고 있는 변화 기간이 아무리 빨라도 두어 세대 정도였다는 사실을 잊어서는 안 된다. 초서가 사망한 1400년 무렵까지도 사람들은 단어의 끝에 붙은 e를 발음했다. 그로부터 100년 뒤에 이 빌음은 묵음이 됐을 뿐만 아니라, 학자들조차 이것이 '한때는' 발음됐다는 사실을 까맣게 잊어버렸다. 요약하자면, 역사적으로는 놀라우리만치 갑작스럽던 변화들도 당시 그걸 직접 겪은 사람들에게는 미처 인지되지도 못한 채 지나갔다는 것이다.

이런 모음 변화가 왜 일어났는지는 아무도 모른다. 찰턴 레어드가 간결하게 설명한 대로, "어떤 이유에선지 영국인들은 자기네 입에서 긴장모음tense vowels을 앞쪽으로 내밀기 시작했다. 곧이어 그들은 그 상태에서 멈추었다. 그리고 지금까지 줄곧 그 상태에 멈춘 채로 남아 있다. 왜 그런 변화가 생겼는지, 왜 멈추었는지는 아무도 알 수 없다." 무슨 이유에서였건 간에 비교적 짧은 기간에 영어에서 장모음은 (또는 레어드의 말마따나 '긴장모음'은) 근본적이고도 일면 체계적인 방식으로 음가가 변해, 그 각각이 입에서 앞쪽과 위쪽으로 옮겨지게 됐다. 변화하는 각 모음이 그다음의 모음을 앞으로 미는 데는 일종의 연쇄 반응이 있다. spot의 [a] 발음은 spat의 [æ] 발음처럼 변하고, spat의 [æ] 발음은 speet의 [i] 발음처럼 변하고, speet의 [i] 발음은 spate의 [ei] 발음처럼 변하는 식이었다. 또 law의 [ɔ] 발음은 close의 [ou] 발음처럼 변하고, 거기서 더 나아가 food의 [u] 발음처럼 변했다. 초서 시대에 [lif]로 발음했던 단어 lyf는 셰익스피어 시대에 철자가 life로 바뀌며 발음도 [leif]로 바뀌었고, 현대에 와서 다시 [laif]로 바뀌었다. 그렇다고 모든 모음 소리가 영향을 받은 것은 아니다. bed에서 철자 e의 발음과 hill에서 철자 i의 발음은 변하지 않아서, 우리는 이런 단어들을 지금으로부터 1200년 전 가경자 비드가 발음하던 것과 똑같은 방식으로 발음한다.

다른 변화들도 있다. 가장 주목할 만한 것은 고대 영어에 있던 x 소리의 상실이다. 전문 용어로는 무성 구개 마찰음이고 쉽게 말해 스코틀랜드어 loch호수와 독일어 ach감탄사 '아아'의 발음에서처럼 흠흠 하고 목을 가다듬을 때 나오는 소리인데, 영어에서 이런 소리가 사라졌다는 것은 결국 다른 뭔가가 그 공백을 메우기 위해 도입됐다는 의미다. 그리하여 고대 영어의 burh장소는 burgh, borough, brough, bury로 바뀌었으며, 오늘날 Edinburgh, Gainsborough, Middlesbrough, Canterbury 같은 지명에 그 흔적이 남아 있다.

이런 변화 이전까지만 해도 house는 (스코틀랜드에서 지금까지 발음하는 것과 같이) 'hoose'라고 발음했으며, mode는 'mood'라고 발음했고, home에서 철자 o의 발음은 gloom에서 철자 oo의 발음과 똑같았다. 그래서 〈Domesday Book둠즈데이북〉[2]도 철자와 발음이 다른 한편, 때로는 아예 발음대로 'Doomsday Book'이라고 쓰기도 하는 것이다. 하지만 언어의 다른 변화와 마찬가지로 모음의 변화도 마구잡이인 데가 있는데, 이것은 종종 지역적 변형이 어떤 패턴을 깨트리기 때문이다. 이를 잘 보여주는 예가 바로 철자 oo의 발음이다. 초서 시대에 런던에서는 o가 이중으로 나열되는 경우 현대의 food와 같은 운으로 발음됐다. 하지만 일단 그런 패턴이 깨지고 나자 온갖 종류의 변형이 생겨났다. blood[blʌd], stood[stud], good[gud], flood[flʌd] 등 불규칙성이 생긴 것이다. 이런 단어들은 대부분 다른 장소에서 다른 사람들을 통해 다른 방식으로 발음되다가 점차 오늘날과 같은 형태로 정착됐다. 하지만 그중 일부, 즉 roof[ru:f]와 poof[pu:f] 같은 것은 결코 완전하게 정착되지 않았다. 그래서 어떤 사람은 이를 goof[gu:f]와 같은 운으로, 또 어떤 사람은 foot[fut]과 같은 운으로 발음한다. 이와 유사한 변천을 겪은 철자로는 shove[ʃʌv], move[mu:v], hove[houv]처럼 여러 가지로 발음되는 -ove가 있다.

오늘날을 살아가는 사람들 중에서 초서와 캑스턴의 시대에 영어가 어떻게 발음됐는지를 실제로 들어본 사람은 없는 것이 분명한데, 우리가 어떻게 이런 사실을 아는 것일까? 정답은, 대개 우리도 딱 이거라고 장담하지는 못한다는 것이다. 대부분은 오로지 추측에 근거할 뿐이다. 하지만 학자들은 당시 유명한 시의 운율을 살펴보고, 단어를 철자로 작성하는 방식이라든지 개인적인 글쓰기에서 드러난 단서들을 바탕으로, 과거의 영어가 어떻게 발음됐을지에 대해 상당히 신빙성 있는 견해를 갖고 있다. 이런 점에서 우리는 철자법을 잘 모르던 당시 사람들에게 큰

---

2. 1086년에 영국의 정복왕 윌리엄이 징세를 위해 작성한 토지대장.― 옮긴이

빚을 진 셈이다. 17~19세기의 수많은 편지에 등장하는 잘못된 철자들 덕분에 우리는 당시 boiled가 'byled'로, join이 'gine'으로, merchant 가 'marchant'로 발음됐음을 알 수 있게 됐다. 이와 마찬가지로 엘리자 베스 여왕이 잘못 쓴 철자들 덕분에, 당시 최소한 궁정에서는 work가 'wark'로, person이 'parson'으로, heard가 'hard'로, defer가 'defar' 로 발음됐다는 것을 알 수 있다.[3] 똑같은 시기에, 짧은 모음은 종종 서로 바꿔 쓸 수 있어서 not을 nat으로 적거나 when을 whan으로 적었다. 이런 변화의 유물에 해당하는 녀석들로는 strap과 strop, taffy와 toffy, God와 gad가 있다.

운韻은 정말 많은 것을 이야기해준다. 우리는 셰익스피어가 사용한 운을 토대로 knees, grease, grass, grace 등이 (다소간이나마) 같은 운 이라는 사실과 clean이 lane과 같은 운이라는 사실을 알고 있다(이 경 우 현대와 같은 발음이 사용된 것은 분명하지만, 결코 절대적 표준으로 여겨진 것은 아 니었다). 또한 셰익스피어가 사용한 동음이의어 말장난을 토대로 food 와 ford 그리고 reason과 raising이 서로 비슷한 발음이었다고 추측할 수 있다. 그런가 하면 셰익스피어 시대까지만 해도 knight와 knave에 서 k는 여전히 발음된 반면, sea와 see는 오히려 약간씩 다르게 발음됐 다. 즉 sea는 대략 see와 say의 중간 정도 소리로 발음됐다. 이렇게 ee 와 ea의 차이를 보여주는 단어 쌍으로는 peek와 peak, seek와 speak 등이 있다. 이 모두가 우리에게 특별한 관심의 대상이 된다. 바로 이 시 기에 아메리카가 식민지가 됐으며, 그에 따라 바로 이 시기의 발음에서

---

3. Barnett, *The Treasure of Our Tongue*, p. 175.

미국식 영어가 자라났기 때문이다. 이런 이유로, 한쪽에서는 셰익스피어의 발음이 영국식이라기보다는 오히려 미국식에 가까웠을 것이라는 주장까지 나왔다. 어쩌면 정말 그럴 수도 있다. 하지만 셰익스피어나 그 시대 사람들의 발음에 가장 가까울 법한 현대어를 찾는다면 차라리 아일랜드어가 아닐까 싶다. 물론 이런 추측에 의심을 품게 하는 예외도 얼마든지 발견되지만 말이다.

엘리자베스 시대 사람들은 현대의 영어 사용자들과는 달리 철자 er이 들어간 단어를 ar이 들어간 단어와 똑같이 발음했다. 예컨대 serve와 carve 그리고 convert와 depart의 운이 서로 맞았던 것이다. 영국에서는 지금까지도 Derby, Berkeley, Berkshire 같은 지명에 이런 발음 가운데 일부가 남아 있다. 물론 여기에도 예외와 불일치는 있다. Berkamsted나 Hertfordshire 같은 지명이 그 예인데, 이 가운데 전자는 'birk-'로 발음되는 반면, 후자는 'hart-'로 발음된다. 이는 또한 극소수이긴 하지만 derby, clerk, 그리고 아주 완화된 철자법인 heart 등 영국에서 일상적으로 사용되는 단어에도 남아 있다. 그러나 jerk, kerb, nerve, serve, herd, heard와 다른 대부분의 경우에는 해당하지 않는다. 미국에서는 이런 경우가 일관되게 사라지는 바람에 지금은 heart에만 남아 있다.

이런 변화는 흔히 생각하는 것보다 훨씬 최근에 벌어졌다. 19세기가 시작되고 한참 뒤까지도 노아 웹스터는 mercy를 'marcy'로, merchant를 'marchant'로 발음하는 사람들을 비판하느라 바빴다. 물론 그 이후에도 요세미티 샘⁴이 자주 사용하는 말인 varmint가 있긴 하지만 말이다. 이 단어는 사실 vermin해충: 악당의 변형에 불과하다. 영국과 미국 모두에서 이 문제는 종종 철자법을 바꿈으로써 해결됐다. 코네티컷주 Hertford는 아예 Hartford로 이름을 바꾸었고, 영국의 Barclay와 Carr는 사실 Berkeley와 Kerr의 용인할 만한 변형이었던 것이다. 'er'과 'ar' 발음 간의 이런 문제가 오늘날 우리에게 이중어를 만들어준 경우는 최소한 3가지가 있다. 바로 person과 parson, university와 varsity, perilous와 parlous 등이다.

전적으로 우연의 일치지만, 오늘날 영어에만 특유한 것처럼 보이는 'er' 발음이 있는 herd, birth, hurt, worse 같은 단어들이 셰익스피어 시대는 물론이고 어쩌면 그 전에만 해도 약간 다른 발음을 지녔을 가능성 역시 (단언하기는 힘들어도) 상당히 큰 편이다. 이런 발음 변화는 상당히 최근까지도 계속됐다. 18세기의 마지막 사반세기에 들어서 알렉산더 포프가 obey와 tea, ear와 repair, give와 believe, join과 devine 등 현대인의 귀에는 전혀 어울리지 않게 들리는 단어들을 같은 운으로 쓴 것이 그 증거다. 1800년에 사망한 시인 윌리엄 쿠퍼는 way를 sea와 같은 운으로 사용했다. 비슷한 시기에 July는 대개 'Julie'로 발음됐다. gold는 19세기가 시작되고 한참 뒤에도 (성姓으로 사용됐기 때문에) 여전히 'gould'로 발음됐으며 merchant는 웹스터가 사망한 뒤에도 종종 'marchant'로 발음됐다.

가끔은 발음 변화가 오히려 더 미묘하고 수수께끼처럼 느껴진다. 명사 겸 동사로 기능할 수 있는 defect, reject, disguise 같은 단어들 가

---

4. 미국 워너브러더스의 만화 캐릭터 가운데 하나인 붉은 수염 총잡이로, 종종 벅스 버니를 뒤쫓는 악역을 맡는다.─옮긴이

운데 상당수의 강세 변화를 살펴보자. 셰익스피어 시대 즈음까지만 해도 이런 단어들은 두 번째 음절에 강세가 있었다. 하지만 그때 이후 outlaw · rebel · record 등 3가지 예외가 나타났는데, 이런 단어는 명사로 사용될 경우 강세가 첫 번째 음절로 옮겨간다(즉 우리는 'rebél against a rébel반역자에게 저항한다'라든지 'rejéct a réject불합격품을 거절한다'라고 말한다). 어느 권위자에 따르면, 시간이 흐르면서 이런 유형의 단어 수는 100년마다 두 배로 늘어났다. 1700년대에는 35개였던 것이 1800년대에는 70개가 되고, 1900년대에 들어서는 150개가 된 것이다. object물체; 반대하다, subject복종; 복종시키다, convict죄수; 유죄선고를 받다, addict중독자; 중독되다 등이 그 예다.[5] 하지만 이런 400년 동안의 경향에 전혀 영향을 받지 않은 채 남아 있는 단어도 1000개가량 있다. 그중에는 disdain경멸; 경멸하다, display표시; 표시하다, mistake실수; 실수하다, hollow성인; 신성하게 하다, bother골칫거리; 괴롭히다, practice연습; 연습하다 등이 포함된다. 도대체 이유가 뭘까? 누구도 감히 뭐라고 말할 수 없다.

확실한 것은 영어의 철자법이 영어 단어들의 역사에 관해 뭔가를 말해준다는 점이다. 영어의 발음 가운데 일부도 마찬가지로 뭔가를 말해주는데, 특히 프랑스어에서 유래한 단어가 그렇다. 17세기 이전에 프랑스에서 차용한 단어들은 예외 없이 영어화된 반면, 그보다 뒤에 들어온 단어들은 보통 프랑스어다운 기미가 있다. 따라서 ch-로 시작되는 단어들 중 오래된 것들은 change · charge · chimney처럼 뚜렷한 [tʃ] 소리를 발달시킨 반면, 나중의 것들은 champagne, chevron, chivalry,

---

5. Jean Aitchison, *Words in the Mind: An Introduction to the Mental Lexicon*, p. 96.

chaperone에서처럼 더 약한 [ʃ] 소리를 갖게 됐다. chef는 영어에 두 번이나 차용된 경우인데, 처음에는 강한 [tʃ] 소리를 지닌 chief로, 나중에는 약한 [ʃ] 소리를 지닌 chef로 차용됐다.

이와 유사한 경향을 볼 수 있는 것이 바로 -age로 끝나는 단어다. 이 것의 더 오래된 형태는 bandage, cabbage, language처럼 [idʒ] 소리로 완전히 영어화된 반면, 새로 도입된 것은 badinage, camouflage처럼 게일어 [a:ʒ]의 느낌을 여전히 갖고 있다. 이때 더 오래전에 차용된 단어들은 mutton·button·baron처럼 첫 번째 음절에 강세를 두는 반면, balloon이나 cartoon 등 새로운 단어들은 그렇지 않은 경향이 뚜렷이 나타난다. 추측건대 프랑스와의 근접성 때문에 또는 프랑스적인 것에 대한 오랜 경멸 때문에 영국인은 프랑스어의 발음을 숨겨 garage를 'garridge', fillet를 'fill-ut'로 발음하는 한편 café·buffet·ballet·pâté 등의 강세를 첫음절에 뚜렷하게 주는 경향을 보이는 것이 아닐까 싶다 (일부 영국인은 buffet와 ballet를 각각 'buffy'와 'bally'로 발음하는 데까지 나아갔다).

영어에서 철자와 발음은 마치 나란히 놓인 철로를 달리는 두 대의 열 차와 같아서, 때로는 어느 한쪽이 다른 한쪽을 앞서 나가고, 그러다가 다른 한쪽에 따라잡히기도 한다. 16세기와 17세기에 hath가 has로 변하고 doth가 does로 변한, 동사의 느린 변화 과정이 그렇다. 원래 -th로 끝나는 동사는 철자대로 발음됐다. 하지만 대략 1600년에서 1650년에 걸치는 한두 세대 동안 이런 동사는 발음이 오늘날의 철자와 비슷해졌다. 심지어 철자는 바뀌지 않고 그대로인데도 그랬다. 따라서 올리버 크롬웰은 hath나 chooseth라는 단어를 봤을 때 그 철자와 상관없이 십중팔구 'has'나 'chooses'로 발음했을 것이다. 철자가 발음을 따라잡은

것은 나중의 일이다.[6]

하지만 때로는 이런 과정이 정반대의 방식으로, 그러니까 발음이 철자를 따라가는 방식으로 진행되기도 한다. 나중에 다시 살펴보겠지만 descrive/describe와 perfet/perfect 같은 철자의 변화는 발음의 변화에서 비롯됐는데, 다른 단어들도 이와 유사하게 영향을 받았다. atone속죄하다은 한때 이 단어의 기원인 'at one'으로 발음되고, atonement속죄는 'at onement'로 발음됐다. 오늘날 상당수 사람은 단지 그게 거기 있다는 이유만으로 often의 t를 발음한다(그래도 soften, fasten, hasten의 경우에는 아무도 그럴 생각을 안 하는 것 같다). 하지만 waistcoat, victuals, forehead의 정확한 발음이 'wess-kit', 'vittles', 'forrid'라는 (아울러 단지 잘못 쓴 철자가 굳어진 경우에 불과하지만 comptroller의 정확한 발음이 'controller'라는) 사실을 알게 된다면 영어 사용 국가에 사는 사람들 가운데 상당수가 깜짝 놀라지 않을까 싶다.

이렇게 철자에서 비롯된 발음의 변화 가운데 극히 일부는 비교적 최근에야 생겼다. 버치필드에 따르면, 미국 독립혁명 때만 해도 husband는 'husban'으로, soldier는 'sojur'로, pavement는 'payment'로 발음했다.[7] 19세기가 시작되고 한참 지난 뒤까지도 zebra는 'zebber'로, chemist는 'kimmist'로, Negro는 철자와 상관없이 'negger'로 불렸다(마지막 경우, 바로 거기서 nigger라는 모욕적인 투의 단어가 비롯됐다). 버치필드는 19세기 이전까지만 해도 sword에서 w는 오늘날 sword에서 w처럼

6. Jespersen, *The Growth and Structure of the English Language*, p. 213.
7. Burchfield, *The English Language*, p. 41.

묵음이었으며 Edward와 upward도 'Ed'ard'와 'up'ard'로 발음됐다고 지적한다.

이 가운데 상당수는 앞에서 살펴본 내용, 곧 시간이 흐를수록 사람들이 발음을 분명치 않게 굴리게 마련이라는 이야기와 정면으로 배치되는 것처럼 보인다. 물론 일반적으로는 발음을 점차 굴리는 것이 사실이지만, 항상 예외가 있게 마련이다. 잊지 말아야 할 것은, 언어란 과학이 아니라 오히려 유행이며 용법과 철자와 발음의 문제는 마치 옷단의 공그른 선처럼 이리저리 탈선하는 성향이 있다는 점이다. 사람들이 어떤 말을 하는 것은 그것이 더 쉽고 더 이치에 맞기 때문이기도 하지만, 때로는 다른 사람들이 모두 그렇게 말하기 때문이기도 하다. 예컨대 bounteous는 노아 웹스터 시절에만 해도 'bountchus'로 발음됐고 이것이야말로 진화적인 발음 굴리기의 명백한 사례인데, 무슨 이유에선지 순수주의자들조차 이를 예외로 간주한 나머지 'bountchus'라는 발음이 머지않아 무지의 상징이 됐다. 이와 같은 이유로 현대 영어에서는 ate를 'et'로 발음하는 것이 더 세련된 것으로 여겨진다.

하지만 순전히 변덕스러운 유행의 결과로 생겨나는 발음의 변화에서 가장 주목할 만한 사례는 18세기 들어 영국 남부의 상류층 사이에 갑자기 생겨난 경향일 것이다. 즉 그들이 dance · bath · castle 같은 단어의 a를 [æ] 대신 [a]로 발음하자, 얼핏 듣기에는 dahnce · bahth · cahstle가 마치 정확한 철자라도 되는 것 같았다. 세상사가 원래 그렇듯 발음도 언젠가는 과거로 회귀할 가능성이 아주 없다고는 말할 수 없으리라. 하지만 어떤 이유에선지 그 발음들이 (최소한 지금까지는) 고착됐고, 그 덕에 영국인과 미국인 사이 말고도 영국인과 영국인 사이의 사회적·문화적·정음적 차이를 강조하는 데 도움을 줬다. 이런 변화는 워낙 중대하고도 광범했기 때문에, 단순히 발음의 문제라기보다는 방언의 문제가 됐다. 그래서 우리는 여기서 또 다음 장의 주제로 넘어가는 것이다.

7

영어의 변종

VARIETIES OF ENGLISH

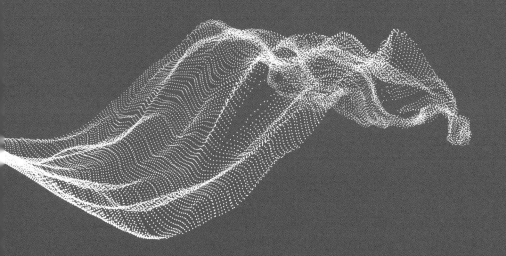

어떤 사람이 긴 원통형 샌드위치를 hero, submarine, hoagy, torpedo, garibaldi, poor boy나 또 다른 5∼6가지의 이름 가운데 어떤 것으로 부르느냐에 따라 그가 어디 출신인지에 관해 약간의 단서를 얻을 수 있다. 또 어떤 사람이 어떤 치즈를 cottage cheese, Dutch cheese, pot cheese, smearcase, clabber cheese, curd cheese 가운데 어떤 것으로 부르느냐에 따라 단서를 조금 더 얻을 수 있다.

어떤 사람이 긴 원통형 샌드위치를 hero, submarine, hoagy, torpedo, garibaldi, poor boy나 또 다른 5~6가지의 이름 가운데 어떤 것으로 부르느냐에 따라 그가 어디 출신인지에 관해 약간의 단서를 얻을 수 있다. 또 어떤 사람이 어떤 치즈를 cottage cheese, Dutch cheese, pot cheese, smearcase, clabber cheese, curd cheese 가운데 어떤 것으로 부르느냐에 따라 단서를 조금 더 얻을 수 있다. 예컨대 어떤 사람이 놀이터에서 흔히 볼 수 있는, 지레 받침 위에 긴 널이 놓여 있어서 양쪽에 올라타게 만든 놀이기구를 dandle흔들이이라고 부른다면, 그는 십중팔구 로드아일랜드에서 왔을 것이다. 어떤 사람이 청량음료를 tonic강장제이라고 부르면, 그는 보스턴에서 왔을 것이다. 어떤 사람이 자연에서 흔히 볼 수 있는 어떤 물체를 stone돌이라는 단어 대신 rock바위이라는 단어로 지칭한다면, 그는 자신이 뉴잉글랜드 사람임을 드러내는 셈이다. 어떤 사람이 play catch캐치볼 놀이를 하다라는 표현 대신 have a catch캐치볼 하다라는 표현을 쓰거나 stand in line줄을 서다이라는 표현 대신 stand on line줄에 서다이라는 표현을 쓴다면, 그 사람은 뉴욕 사람이다. 어떤 사람이 뭔가를 pop/soda탄산음료, bucket/pail양동이, baby carriage/baby buggy유모차, scat/gesundheit건배, beach/

shore바닷가 가운데 어떤 것으로 부르느냐에 따라 우리는 그가 어디서 왔는지에 관해 약간의 단서를 얻는다. 이런 어휘와 발음의 변형을 언어학자들은 개인 언어idiolect라고 부르는데, 이것은 한 언어 집단을 다른 언어 집단과 구분 지어주는 언어적 변덕과 규약을 뜻한다.

억양에서 흔히 나타나는 역설이 있다. 영국처럼 공통 유산이 있는 사람들이 수천 년 동안이나 좁은 지역에서 함께 산 곳에서는 지금까지 아주 다양한 억양이 있는 반면, 무지막지하게 다양한 배경을 지닌 사람들이 비교적 짧은 기간에 광대한 지역에서 함께 살아온 미국 같은 곳에서는 겨우 몇 가지 목소리로만 이야기하고 있다는 것이다. 시미언 포터의 말마따나 불과 160킬로미터 거리인 "잉글랜드 북부의 트렌트와 트위드 간 발음 차이가 북아프리카 전체의 발음 차이보다 더 현저하다고 해도 결코 과장이 아닐 것"이다.[1] 그렇다면 상황이 오히려 이와 정반대가 되어야 마땅했을까? 영국에서는 오래 지속된 사람들 간의 근접성이 억양 차이를 줄이는 작용을 했어야 마땅하고, 미국에서는 상대적인 고립이 지역 특유의 다양한 억양을 조장했어야 마땅했을까? 그래도 뉴욕주와 오리건주처럼 멀리 떨어진 곳에 사는 사람들은 지금까지도 거의 똑같은 목소리로 말한다. 어떤 집계에 따르면, 미국 인구 가운데 3분의 2가량(미국 영토의 80퍼센트가량을 차지하는 사람들)이 똑같은 억양으로 말한다고 한다. 이것이야말로 상당히 놀라운 동질성이다.

일부 권위자는 한때 미국 말도 아주 다양했다고 주장한다. 그 증거로 《허클베리 핀의 모험》에서 마크 트웨인이 미국 중서부라는 똑같은 지

---

1. Simeon Potter, *Our Language*, p. 168

역 출신인 여러 등장인물의 말을 묘사하기 위해 무려 7가지 방언을 사용했다는 점을 지적한다. 하지만 오늘날에는 그럴 필요도 없고, 그럴 수도 없다는 것이 분명하다. 한편으로는 현재 미국에만 해도 수천 가지나 되는 지역 특유의 억양이 실제로 존재하지만, 언어학자들이 그런 점을 뚜렷하게 인식하지는 않는다.

방언 연구는 비교적 최근에야 이루어졌다. 미국방언학회는 1889년에 설립됐고, 비록 논제로서는 이후로도 줄곧 권위자들 사이에서 논의됐지만, 이에 대한 체계적인 연구는 20세기에 들어서고 한참이 지나서야 비로소 시작됐다. 최초의 가장 중요한 연구 가운데 상당 부분은 미시간대학교의 한스 커라트 교수가 수행했으며, 그는 이 분야의 선구적 저서인 《미국 동부의 언어 지형도》를 1949년에 펴냈다. 커라트는 동부 연안을 따라서 발견되는 말투의 미세한 차이를 (즉 어휘와 발음과 기타 등등을) 주의 깊게 연구하고 이 나라의 4가지 주요 언어 집단(북부, 중부, 남부, 뉴잉글랜드)을 구분하는 등어선等語線이라는 것을 그었다. 그 뒤에 나온 다른 연구자들의 저서는 이 선을 서쪽으로 텍사스와 대평원 주들까지 연장했다. 그때 이후 권위자들은 대개 이 4개의 넓은 구분을 받아들였다.

커라트의 등어선을 면밀히 따라가 보면 아이오와주 북부 같은 곳에서는 한 발을 북부 방언 지역에, 다른 발을 중부 방언 지역에 놓고 설 수도 있다. 하지만 그 선의 이편에 사는 사람들이 쓰는 미국식 영어가 저편에 사는 사람들의 말과 천양지차일 것이라고 기대했다면 아마 크게 실망할 것이다. 실제로는 결코 그렇게 간단하지가 않다. 등어선은 지리언어학자들이 편리하도록 만든 개념일 뿐이다. 한 언어 지역이 끝나고 또 다른 언어 지역이 시작되는 지점 따위는 없다. 방금 말한 아이오와주의 그 지점에서 등어선을 1~2킬로미터 심지어 160킬로미터쯤 북쪽으로 옮겨놓아도 정확도가 더 떨어지지는 않을 것이다. 그 선을 기준으로 북부 지역 사람들과 중부 지역 사람들이 쓰는 말의 특성이 구분되는 '경향이 있다'는 것이지만, 그 정도는 어디까지나 받아들이는 사람에 따라 달라지게 마련이다. 단일한 지역에서도 말의 패턴은 흐릿해지고, 흐릿해지다 못해 미세한 변형들이 무한히 이어질 정도까지 나아갈 수 있다. 일리노이주 졸리엣에 사는 어떤 사람은 텍사스주 텍사카나에 사는 사람과 상당히 다르게 말하지만, 두 사람 모두 중부 언어 지역에 살고 있다고 친다. 이런 문제를 피하기 위해 오늘날 중부 언어 지역은 또다시 북중부와 남중부로 나뉘지만, 이것 역시 여전히 일반화된 구분이다.

따라서 가장 단순화한 의미에서만 미국 말을 뚜렷한 언어 지역들로 나눌 수 있다. 그래도 이런 언어 지역들은 서로 구별되는 어떤 특성들을 실제로 지니고 있다. 북부 사람들은 케이크에 뿌리는 하얀 토핑을 frosting서리이라고 한다. 남부 사람들은 이를 icing얼음이라고 한다. greasy기름투성이의를 북부 사람들은 'greesy'라고 발음하고, 나머지 지역 사람들은 'greezy'라고 발음한다. 미국 동부에서는 식료품을 bag봉지에 넣지만, 남부에서는 poke부대에 넣고, 그 밖의 곳에서는 sack자루에 넣는다. 왜 그러는지는 몰라도, 미국 북서부 오리건주의 어느 작은 지역에서는 남부처럼 poke라는 말을 쓰지만 말이다. 북부 사람들은 duty, Tuesday, newspaper에서처럼 'ew' 소리를 'oo' 소리로 발음하기를 좋아해서 duty를 'dewty'가 아닌 'dooty'라고 발음한다. 북부와 중북부의 억양은 발음을 생략하는 패턴이 더 뚜렷하게 나타난다. 이런 점은 This your house?이거 너희 집?나 You Coming?너 와?처럼 문장의 서두에 있는 단어들을 생략해버리는 발음 경향에서 드러난다. 이와 똑같은 지역에서 온 사람들은 cot[kɑt]와 caught[kɔːt]에 들어 있는 원순모음 소리를 잘 구분해 발음하지 못한다. 그리고 일반적으로 남부에서는 (반발심 때문인지 무능력 때문인지는 몰라도) fall과 foal, oil과 all, poet 와 pour it, morning과 moaning, peony와 penny, fire와 far, sawer 와 sour, courier와 Korea, ahs와 eyes, are와 hour 같은 단어들을 뚜렷이 구별해 발음하지 못한다.

때로는 말에서 드러나는 이런 선호 때문에 어떤 사람이 하는 말을 듣자마자 어느 지역 출신인지를 알아챌 수도 있다. 예컨대 vegetables를 사우스캐롤라이나 사람들은 'vegetubbles'라고 발음하지만, 노스캐롤라이나 사람들은 'vegetibbles'라고 발음하기 때문이다. 또 노스캐롤라이나 사람들은 She's still in *the* bed라든지 Let's do this one at *the* time이라고 the를 굳이 넣어 말하는 것이 특징이다. 필라델피아 사람들은 attitude를 'attytude'로 발음하고, 필라델피아에는 downtown시내이 없고 center city도심만 있으며, 구역은 blocks블록가 아니라 squares 스퀘어로 구분된다. 버지니아주 동부의 어느 좁은 지역에 사는 사람들은 about과 house를 마치 캐나다 사람들처럼, (대략) 'aboot'과 'hoose'처럼 발음한다. 이런 언어적 고립 지역은 아주 뚜렷할 뿐만 아니라, 그 수도 놀라우리만치 많다. 유타주 남부 세인트조지 인근에는 사람들이 (왜 그런 이름이 붙었는지는 아무도 모르지만) 딕시Dixie라는 특정 방언을 사용하는데, 그 주요 특성은 'ar'과 'or' 소리를 바꿔 쓰는 것이다. 따라서 세인트조지에서 온 사람은 자신의 car자동차를 carport차고에 parks주차하다하는 것이 아니라, 자신의 'cor'를 'corpart'에 'porks'한다. 밤하늘에 빛나는 물체는 stars가 아니라 'stores'이며,《오즈의 마법사》의 주인공 소녀 이름은 Dorothy가 아니라 'Darthy'인 것이다. 누군가가 문을 열어놓고 안 닫으면, 딕시 사용자는 "Were you born in a barn?너는 외양간에서 태어났냐?"라고 하지 않고, "Were you barn in a born?"이라고 한다.

이런 지역적 특이성을 모두 고려하면, 어떤 사람의 이력을 정확하게 추적할 수도 있다. 충분히 정교한 컴퓨터를 이용하기만 한다면, 전 세계의 영어 사용자 가운데 누구라도 다음 10가지 단어를 발음하는 방식에 따라 그의 출신지를 상당히 정확하게, 때로는 몇 킬로미터의 오차 범위로 알아맞힐 수 있을 것이다. 그 10가지 단어란 cot, caught, cart, bomb, balm, oil, house, horse, good, water다. 방언학자인 W. 넬슨 프랜시스는 이 가운데 bomb, balm, cot, caught 등 네 단어를 미국인의 대략적인 지역 판단 기준으로 사용할 수 있다고 말했다. 어느 미국 항공사가 누군가로부터 전화 협박을 받았을 때, 언어학의 권위자인 펜실베이니아대학교의 윌리엄 레이보브는 전화를 건 장본인이 보스턴 반경 120킬로미터 이내에 살고 있는 사람이라는 사실을 식별할 수 있었다. 그의 증언은 뉴욕시가 이 범죄 용의자를 기소하는 데 일조했다.[2]

주요 방언의 경계가 미국의 동쪽에서 서쪽으로 이어지면서 나라를 언어의 레이어 케이크처럼 층층이 갈라놓아도, 말하기의 중요한 차이들은 이와 대조적으로 서로 다른 방향으로 생겨난다. 동부 연안 사람들은 foreign과 horrible 같은 단어를 'fahrun'과 'harruble'로 발음하는 경

---

2. William Labov, *American Talk*, p. 2.

향이 있는 데 비해, 거기에서 더 서쪽에 사는 사람들은 언어 지역상 북부건 남부건 간에 'forun'(또는 'forn')과 'horruble'이라고 말하는 경향이 있다. 동부 연안에 사는 사람들 중 일부는 미국 내 다른 지역에서는 사실상 동음이의어인 horse와 hoarse, morning과 mourning, for와 four 같은 단어들을 뚜렷이 구분할 수 있다.[3]

커라트는 자신이 만든 언어 지역 구분이 결코 충분하지 않다는 것을 알고 있었다. 훗날 그는 애초의 네 지역을 열여덟 지역으로 세분했는데, 한 가지 기억해야 할 점은 그가 미국의 동부 주들만을 대상으로 삼았고, 남쪽으로는 겨우 사우스캐롤라이나까지 가는 데 그쳤다는 점이다. 따라서 이 구분을 미국의 나머지 지역에 적용하려고 한다면 (그런 지역적 차이는 서쪽으로 갈수록 점차 줄어든다는 것을 고려해도) 아마도 50~60개의 하위 지역을 발견할 수 있을 것이다. 하지만 정말 철저한 연구가 수행되기만 한다면 미국 내에서 말하기 지역을 수백 개, 심지어 수천 개로 구분할 수도 있으리라.

우리는 이제 겨우 이 문제를 진지하게 바라보기 시작했을 뿐이다. 아마도 미국 방언 연구 중에서도 가장 큰 규모로 남을 것은 《미국 지역 영어 사전》(일명 DARE)일 텐데, 이 책의 제작은 비교적 최근인 1963년에야 프레더릭 캐시디의 지휘하에 시작됐다. 두툼한 질문지로 무장한 현장 연구자 100명이 신중하게 선정된 지역 공동체 1000곳으로 파견되어 피조사자 2777명을 인터뷰했다. 각 질문지에는 모두 41항목에 걸친 1847문항이 있었으며, 이는 일반 가정에서 쓰는 주방 도구의 이름에서

---

3. Thomas Pyles, *Words and Ways of American English*, p. 270.

부터 애정 표현과 방귀 뀌기를 가리키는 속어에 이르기까지 사실상 모든 것에 대한 그 지역 특유의 이름들을 낱낱이 찾아내기 위한 것이었다. 연구자들은 그야말로 경이적이라고 할 만한 250만 가지 단어를 수집했다. 이들은 미국 전역에 걸쳐서 단어와 발음의 변형을 10만 가지 이상 발견했는데 그중에는 잠자리의 이름 79개, 참나무의 이름 130개, 침대 밑 먼짓덩어리의 이름 176개가 포함되어 있었다(참고로 우리 집에서는 마지막 것을 그냥 '침대 밑 먼짓덩어리'라고 한다). 이 사업의 어마어마한 규모를 잘 나타내주는 사실이 있다. 이 책의 간행이 제안된 때로부터 무려 100년 가까이 흐른 1985년에야 (A부터 C까지 담은) 제1권이 출간됐는데, 그 책 한 권만 해도 1056쪽이나 된다는 점이다. 참고로, 이 사전은 총 다섯 권으로 완간될 예정이다.[4]

이 사전의 출간을 위해 그렇게 긴 세월이 투입된 것을 생각해보면 무례하기 짝이 없는 말이지만, 그 책조차도 진정으로 포괄적인 연구까지는 못 되리라는 결론이 불가피하다. 아이오와주에 해당하는 조사 내용만 봐도, 피조사자 가운데 주도인 디모인에 살던 사람은 1명도 없었으며 흑인 역시 1명도 없었기 때문이다. 그런데 정작 디모인에서 자라난 사람들의 말투와 어휘는 같은 주의 시골 지역에서 자라난 사람들의 경우와 상당히 다르고, 이런 차이는 흑인들 사이에서 더 현저하게 나타난다. 하지만 더 근면 성실한 접근 방식이라고 해서 반드시 더 정확한 조사를 보장하는 것은 아니다. 1931년부터 학자들이 이보다 더 완전한

---

4. 제1권(A~C)은 1985년, 제2권(D~H)은 1991년, 제3권(I~O)은 1996년, 제4권(P~Sk)은 2002년에 출간됐고, 마지막 권인 제5권(Sl~Z)은 2012년에 출간됐다. ─옮긴이

《미국과 캐나다의 언어지도》를 만들기 위한 데이터를 수집했는데, 아직도 완간되지 못했다.[5] 1939년에는 제1권인 《뉴잉글랜드의 언어지도》가 간행됐고, 그때 이후 이 작업은 서쪽으로 꾸준히 진행되고 있다. 하지만 문제는 서쪽 끝에 있는 주들에 관한 책이 간행될 무렵에는 무려 반세기 이상이 지난 뒤라서, 맨 처음에 나온 책들은 시대에 뒤떨어질 수밖에 없다는 것이다.

어째서 영어는 이렇게 많은 지역적 변형을 갖고 있을까? 왜 보스턴에 사는 사람들은 white coffee우유를 탄 커피를 regular coffee보통 커피라고 부르고, 다른 지역에서는 black coffee아무것도 안 탄 커피를 regular coffee라고 부르는 것일까? 왜 텍사스 사람들은 iron을 'arn'이라고 발음하는 것일까? 왜 뉴욕에서는 dog를 'doo-awg'로, off를 'oo-awf'로, cab를 'kee-ab'으로, third를 'thoid'로, oyster를 'erster'로 말하는 사람이 그렇게 많은 것일까? 이를 설명하려는 이론은 결코 부족하지 않은데, 그중 일부는 설익은 이론이라고 깎아내리는 것조차 오히려 칭찬 같을 정도로 황당무계하다. 평소에는 영어의 기발한 측면들에 대해 빈틈없고 믿을 만한 관찰자인 찰턴 레어드만 해도 저서인 《언어의 기적》에 이렇게 썼을 정도다. "뉴욕시에서 die를 'doy'로, buy를 'boy'로, third를 'thoid'로 바꿔 발음하는 것은 요크셔Yorkshire의 발음 방식을 시사하는데, 이것은 그 올드 요크Old York가 뉴욕New York에 끼친 강력한 영향

---

5. 언어지도 간행은 뉴잉글랜드(LANE), 대서양 중남부(LAMSAS), 멕시코만(LAGS)까지 진행되다가 1980년대에 결국 중단됐지만, 이후 인터넷상에서 기존 자료와 새 자료를 간행하려는 시도가 지속되고 있다. — 옮긴이

력의 반영이라 할 수 있다." 하지만 이것은 그야말로 허튼소리다. 요크셔 사람들은 결코 그렇게 말하지 않고, 과거 어느 때도 그렇게 말한 적이 없었기 때문이다.

《미국 말》에서 로버트 헨드릭슨은 뉴욕의 억양이 어쩌면 게일어에서 유래했는지도 모른다는 흥미로운 이론을 언급했다(그 이론은 호프스트라 대학교의 어느 교수가 제창했다). 이 억양의 특징은 thirty-third를 'thoidy-thoid'로, murder를 'moider'로 발음하는 것에서처럼 이중모음 oi이며, 헨드릭슨은 이런 oi가 아일랜드어 taoiseach수상首相의 경우처럼 게일어 단어들 중 상당수에서 나타난다고 지적한 것이다. 하지만 이 이론도 더 연구할 필요가 있다는 것을 시사하는 단서가 한두 가지 있다. 첫째, 게일어에서 oi라는 철자는 'oy'로 발음되지 않는다. 즉 taoiseach의 발음은 'tea-sack'이다. 둘째, 아일랜드에는 murder가 'moider'가 되는 경우처럼 'ir' 소리를 'oi' 소리로 변환하는 전통도 없었다. 셋째, 뉴욕에 온 아일랜드인 이민자 대다수는 어쨌거나 게일어를 전혀 못 했다.

하지만 역사나 지리 같은 다른 원인들도 작용했다. 미국 내륙의 식민지들에 비해 동부 연안의 식민지 정착민들은 영국과 좀 더 가까운 관계를 유지하고 있었다. 왜 동부 연안의 영어가 영국식 영어와 상당히 비슷한지를 이 사실이 부분적으로나마 설명해준다. 예컨대 stew와 Tuesday 같은 단어에 'yew' 발음을 넣는 경향, 개구음이자 원순모음인 a와 o 발음을 더 많이 하는 경향, car나 horse에서 'r' 소리를 억누르는 경향 등이 그렇다. 그런가 하면 어휘에서도 유사성이 드러난다. queer는 지금도 남부에서 '이상한' 또는 '야릇한' 것을 가리키는 데 사용되는 말이다. 그런가 하면 이 지역에서는 She's so common그 여자는 너무 품위 없어처럼 common일상의이란 단어에 미국의 다른 지역 어느 곳에서도 없는 경멸적인 느낌이 남아 있다. 또 북부 언어 지역에서는 ladybugs무당벌레라고 하는 것을, 남부 언어 지역에서는 ladybirds라고 한다. 일부 지역에서는 sidewalks보도라고 하는 것을 또 다른 지역에서는 영국에서와 마찬가지로 pavement라고 한다. 이 모두가 보스턴, 서배너, 찰스턴 같은 미국 동부 연안 도시들과 영국이 좀 더 가까이 연계된 결과다.

유행도 영향을 끼쳤다. 18세기에 들어 영국에서 bath나 path 같은 단어의 철자 a를 [æ] 대신 [a]로 발음하는 것이 유행하자, 미국 동부 연안에서도 이런 습관을 모방했다. 하지만 미국 내륙 지방에서는 그렇지 않았으니, 그곳 사람들은 유행이라는 것을 따르는 다른 사회가 자신들을 어떻게 생각할지에 대해서는 그다지 민감하지 않았다. 반면, 19세기 중반 보스턴에서는 이런 유행을 적극 수용한 나머지, H. L. 멩컨의 지적처럼 apple, hammer, practical, Saturday 같은 의외의 단어에서도 사람들이 철자 a를 [æ] 대신 [a]로 발음했다고 한다.

이 모든 요인과 연결되어 있는 동시에 아마도 가장 중요, 그러나 가장 덜 이해된 원인이 있다. 바로 사회적 유대다. 이에 관해서는 아마도 미국의 가장 주도적인 방언학자라 할 수 있는 펜실베이니아대학교의 윌리엄 레이보브가 연구를 통해 밝혀냈다. 레이보브는 뉴욕시의 억양을 연구한 결과, 그것이 일반적인 예상보다 훨씬 복잡하고도 다양하다는 것을 알아냈다. 그는 특히 more, store, car 같은 단어들의 'r' 발음을 연구했다. 비교적 최근인 1930년대에만 해도 토박이 뉴요커들은 이런 단어들의 철자 r을 결코 발음하지 않았는데, 세월이 흐르면서 발음되는 경우가 (물론 여전히 가끔이긴 했지만) 점차 늘어났다. 특정한 상황에서 사람들이 'r' 발음을 하느냐 안 하느냐는 대개 무작위적인 것으로 여겨졌다. 하지만 레이보브는 이런 현상에 있는 패턴을 발견했다. 한마디로, 사람들은 그런 'r' 발음을 사회적 지위를 나타내는 방법으로, 비유하자면 마치 개똥벌레가 불을 깜박이는 것처럼 사용한다는 것이었다. 어떤 사람의 사회적 지위가 높을수록 'r' 소리를 더 자주 발음한다는, 다시 말해 불을 더 자주 깜박인다는 의미다. 중상위층에 속하는 화자가 'r' 발음을 하는 빈도수를 살펴보니 무의식적 발언일 때는 20퍼센트, 의식적 발언일 때는 30퍼센트, 단어 목록을 주면서 읽어보라고 한 경우처럼 고도로 의식적인 발언일 때는 60퍼센트나 됐다. 하층에 속하는 화자의 경우 처음 2가지 경우에는 각각 10퍼센트, 마지막 경우에는 30퍼센트가량이었다. 게다가 레이보브는 'r' 발음을 사용하거나 사용하지 않는 방식이 사회적 상황에 따라서도 달라진다는 것을 발견했다. 백화점의 판매원은 하류 계급의 고객과 이야기를 나눌 때보다 중류 계급의 고객과 이야기할 경우에 'r' 발음을 더 자주 사용하는 경향이 있었다.

더 흥미로운 사실은 레이보브가 특정한 민족에만 고유한 모음이 있다는 것을 발견했다는 점이다. 이탈리아인 2세대 가운데서는 bag을 'beagg', bad를 'be-add'처럼 발음하는 경향이 현저했고, 하류 계급의 유대인 화자들 사이에서는 dog를 'doo-awg'로, coffee를 'cooawfee'로 발음하듯 특정한 'o' 소리를 길게 늘여 발음하는 경향이 있었다(그 밖에도 사례는 수없이 많다). 일각에서는 이것이 일종의 과잉 교정이라고 추정한다. 화자들은 자기 부모의 외국어 억양으로부터 멀어지기 위해 무의식적으로 노력하게 마련이라는 것이다. 이디시어 화자들의 경우, 어딘가 친숙하지 않은 영어 모음 발음 때문에 애를 먹는 경향이 있다. 즉 부모 세대가 cup of coffee커피 한 잔를 'cop of coffee'로 바꿔 발음하는 경향을 보이기에 자녀들은 그와 달리 이런 모음들을 과도하게 발음해서 일종의 벌충을 하려고 했다고 추측할 수 있다. 그 결과 이런 발음이 나온 것이다.

따라서 door를 'doo-er'(또는 'doo-ah')로, off를 'oo-off'로, cab을 'kee-ab'으로, murder를 'moider'로 발음하는 것이 뉴욕식 억양의 특징인 반면, 진짜 뉴욕 토박이들은 사실 이런 억양을 별로 안 쓴다.

뉴욕 이외의 지역에서 지역적 억양은 사람들을 하나로 엮어주는 데 중요한 역할을, 때로는 의외의 방식으로 한다. 마서스비냐드섬에서는 house와 loud를 [həus]와 [ləud]로 발음하는 것이 일종의 전통처럼 되어 있다. 그런데 관광객이 늘어나면서 표준적이고 더 날카로운 미국식 house 발음이 이 섬에도 도입되자, 한때는 옛날 발음이 완전히 몰려날 위기에 처했다. 하지만 피터 트루질이 《사회언어학》에서 인용한 연구 내용에 따르면, 이제는 오히려 옛날 발음이 증가하는 추세에 있으며 한때 그 섬을 떠났다가 결국 귀향한 토박이들 사이에서 특히 그렇다는 것이다.[6] 이들은 옛날 억양을 사용함으로써 자신들이 이 섬에 온 뜨내기들과는 다르다는 것을 강조하는 셈이다.

방언은 때때로 지역적 판단 기준으로 사용될 수도 있다. 북아일랜드 사람들은 누굴 만나면 자연스레 상대방이 가톨릭교도인지 개신교도인지에 주의를 기울이는데, 상대방이 노스다운이나 벨파스트 동부의 억양을 지녔으면 일단 개신교도로, 사우스아마나 벨파스트 서부의 억양

---

6. Trudgill, Sociolinguistics: *An Introduction to Language and Society*, p. 23.

을 지녔으면 일단 가톨릭교도로 간주한다. 하지만 이런 억양의 차이는 종종 아주 미묘하기 때문에 항상 믿을 만한 것은 아니다. 벨파스트 서부 사람은 that을 'thet'으로 발음할 가능성이 큰 반면, 벨파스트 동부 사람은 hand를 'hahn'으로 발음할 가능성이 크다. 사실 양쪽의 차이 가운데 유일하게 일관된다고 할 만한 것은, 알파벳의 여덟 번째 글자 h를 개신교도는 'aitch'라고 읽고, 가톨릭교도는 'haitch'라고 읽는 것 정도다. 하지만 이런 억양의 차이가 "IRA아일랜드공화국군와 UDR영국군 북아일랜드지부 모두에서 피랍자의 운명을 결정하는 기준으로 사용됐다"는 《영어 이야기》의 주장은 신빙성이 없어 보인다. 그 철자를 어떻게 읽느냐에 따라 목숨이 왔다 갔다 하는 마당에 피랍자가 순진하게 평소처럼 읽으리라고는 솔직히 상상하기가 어렵기 때문이다.

방언은 단순히 지역과 지방의 문제만은 아니다. 직업적 방언, 민족적 방언, 계층적 방언이라는 것도 있기 때문이다. 모든 변수를 고려한다면, 집집마다 방언이 있다고 말해도 무리는 아닐 것이다. 심지어 각각의 집에서도 방마다 방언이 있을 수 있으니, 언어에서 방언의 숫자는 그 화자의 숫자만큼 있다고 할 수 있다. 마리오 페이가 지적한 대로, 어떤 언어에서도 화자 두 사람이 똑같은 발음을 정확히 똑같은 방식으로 하는 법은 없는 것이다. 바로 그런 이유로 우리는 어떤 사람을 그의 목소리로 알아볼 수 있다. 한마디로 우리 각자는 나름대로 방언을 하나씩 지니고 있는 셈이다.

한 나라의 억양은 그야말로 놀라운 속도로 발달할 수 있다. 오스트레일리아에서는 식민지가 된 지 겨우 한 세대 만에 뚜렷하게 다른 억양이 나타나기 시작했다. 1965년에 아퍼벡 로더Afferbeck Lauder라는 사람은 《렛 스토크 스트라인Let Stalk Strine》이라는 책을 펴냈는데,[7] 자기네 나라의 억양에 대한 위트 넘치는 예찬이었다. 거기서 다룬 단어 중에는 scona=it's gonna, ~일 것이다라는 것이 있는데, 이는 기상학 용어로 scona rine=it's gonna rain, 비가 내릴 것이다 식으로 사용된다. dimension=don't mention it, 천만에요은 thank you에 대한 일반적인 대답으로 규정된다. 그리고 air fridge=average, 평균적인는 '보통의' 또는 '중간의'의 동의어다. 로더와 다른 사람들이 기록한 또 다른 Strinims오스트레일리아식 어휘는 How much is it?이건 얼마입니까?에 해당하는 Emma chisit, 아침 식사로 먹는 emma necks=ham and eggs, 햄과 달걀, I waited fairairs and airs=I waited for hours and hours, 나는 몇 시간을 기다렸어라는 말에서 비롯되어 '한참'을 의미하는 fairairs=for hours, 몇 시간을 등이 있다. 오스트레일리아와 미국 간의 놀라운 유사성이 있다면, 영국과 비교했을 때 전반적인 말의 통일성이다. 즉 나라 전체를 통틀어 아이스크림 담는 통을 뉴사우스웨일스주에서는 a bucket이라고 하지만 빅토리아주에서는 a pixie라고 하는 것처럼 용어의 차이가 한두 가지 있긴 하지만, 결코 그 이상은 아니다. 말의 차이는 나라의 크기라든지 거기 퍼져 있는 인구와는 거의 관계가 없는 것 같다. 그보다는 오히려 문화적 정체성의 문제인 것 같다.[8]

1788년, 보타니만에 도착한 오스트레일리아 대륙의 첫 번째 백인

---

7. 저자 이름은 물론 가명이다. '알파벳 순서(Alphabetical Order)'와 '오스트레일리아식 영어를 말해봅시다(Let's Talk Australian)'를 오스트레일리아식 억양으로 발음한 것이 각각 저자와 책의 이름이 됐다. — 옮긴이

거주민들은 그때까지 한 번도 못 본 식물군과 동물군과 지리적 특징이 가득한 세계를 발견했다. "역사상 새로운 이름들이 그토록 많이 필요한 적은 한 번도 없었다고 해도 지나치지 않을 것이다." 오토 예스페르센의 말이다. 오스트레일리아인들이 고안한 새로운 단어들 중에는 소금기 있는 웅덩이를 가리키는 billabong, 일종의 나팔을 가리키는 didgeridoo, 배를 타고 갈 수는 있지만 위험한 바위가 많은 강의 한 구역을 가리키는 bombora를 비롯해서 boomerang, koala, outback, kangaroo 등이 있었다. 물론 새 단어 중 상당수는 애버리진aborigines(오스트레일리아 원주민)으로부터 차용한 것이다. 이 새로운 토박이들은 머지않아 다채로운 속어를 만드는 재능도 보여주었다. '음식'을 가리키는 tucker, '몰래 술 마시는 것'을 가리키는 slygrogging교활한 음주, '탁월하다'라는 뜻의 bonzer, '머저리'라는 뜻의 nong, '짜증 난다'라는 뜻의 having the shits똥을 갖다, 그리고 좀 더 최근의 것으로는 '토한다'라는 뜻의 technicolour yawn총천연색 하품 등이 있다. 그런가 하면 일상적인 단어들을 줄여서 사용하는 경우도 있다. postman 대신 'postie', football 대신 'footy', afternoon 대신 'arvo', kangaroo 대신 'roo', compensation 대신 'compoa'를 쓴 것이다. 그런가 하면

---

8. 하지만 미국과 달리 오스트레일리아는 사회적 억양에서 3가지 층이 있다. 하나는 교양적인 억양으로, 전체 인구 가운데 10퍼센트가량이 사용하며 영국식 영어와 아주 비슷하게 들린다. 또 하나는 개구음 억양으로, 전자와 유사한 수의 사람들, 특히 폴 호건(Paul Hogan, 오스트레일리아 오지의 악어 사냥꾼이 미국 뉴욕에 나타나 벌이는 소동을 그린 영화 〈크로커다일 던디〉에서 특유의 오스트레일리아 오지 사투리를 구사해서 세계적인 인기를 얻은 배우―옮긴이)이 사용한다. 그리고 일반적인 억양은 앞서 말한 2가지의 중간쯤에 해당하는데, 상당수의 사람이 사용한다.

scarce as rocking-horse manure장난감 목마의 갈기만큼이나 드문, about as welcome as a turd in a swimming pool수영장 속의 똥만큼 반가운 → 하나도 안 반가운, don't come the raw prawn생새우인 척하지 마라 → 날 속일 생각 하지 마라, rattle your dags옷 가장자리를 움직여라 → 얼른 움직여라 등 오스트레일리아만의 독특한 표현도 있다.

오스트레일리아가 역사적으로는 영국과 연계되어 있지만, 언어적으로는 영국의 영향 못지않게 미국의 영향도 많이 받았다. 오스트레일리아에서는 사람들이 biscuits가 아니라 cookies를 먹고, 정치가들은 영국에서처럼 선거에 stand for나서다 하지 않고 선거를 run for뛰다 하며, 사람들은 똑같은 차를 estate cars라고 하지 않고 station wagon이라고 부르며, 은행에 가서는 cashier출납원가 아니라 teller출납원에게 돈을 건네고, 옷을 입을 때는 trousers바지의 turn-ups바짓단를 접는 것이 아니라 pants바지의 cuffs바짓단를 접고, post우편가 아니라 mail우편을 보내고, 작은 상처에는 plaster반창고가 아니라 Band-Aid반창고 상표명를 붙인다. 오스트레일리아는 labour 대신 labor를 쓰는 것처럼 미국식 철자를 따르는 경우가 많다. 가장 현저한 사실은 오스트레일리아의 통화 단위가 pound가 아닌 dollar라는 점이다.[9]

캐나다도 이런 문화적 혼성을 상당수 보여주지만, 미국에는 거의 알

9. 인터넷에 올라온 독자들의 글을 통해 많이 지적된 내용이다. 주로 오스트레일리아 독자들이 지적한 내용인데, 자신들은 cookies보다는 biscuits라는 단어를 주로 사용하며, labour 대신 labor를 쓰는 경우는 오스트레일리아 노동당(Australian Labor Party, ALP)의 명칭 정도로 지극히 예외적이라는 것이다. 하지만 나머지 사례에 대해서는 아무 이의 제기가 없으니 사실이라고 봐도 될 것 같다. ─ 옮긴이

려지지 않은 영국식 영어 단어들을 보존하고 있다. 예컨대 tab주둥이, scones핫케이크, porridge포리지 죽, zed제드 등이 있고 특히 맨 마지막 단어는 알파벳 맨 마지막 철자의 이름이기도 하다. 이 가운데 정치 선거구를 가리키는 riding이라는 단어는 오늘날 영국에서도 거의 알려지지 않은 것이다. 캐나다식 영어는 대략 1만 개가 있다고 알려져 있다. skookum강하다과 reeve시장市長 같은 단어들인데, 물론 이 가운데 대부분은 좁은 지역에서만 사용되기 때문에 캐나다인들이라고 해서 이런 단어들을 다 아는 것은 아니다.

전 세계의 영어 사용국 가운데 영국만큼 방언이 무지막지하게 풍부한 곳도 없을 것이다. 로버트 클레이본은 영국에 "최소한 13개"의 아주 뚜렷한 방언이 있다고 한다. 마리오 페이는 영국 방언의 수를 42종, 그러니까 스코틀랜드에 9종, 아일랜드에 3종, 잉글랜드와 웨일스에 30종으로 잡았다. 하지만 아마도 이것은 과소평가된 수치일 것이다. 만약 어떤 사람과 장소를 결부시키는 말하기 방식을 '방언'이라고 규정한다면, 영국에는 그야말로 언덕과 계곡의 수만큼이나 많은 방언이 있다고 해도 과장이 아닐 것이다. 잉글랜드의 최북단에 있는 6개 카운티에만 해도 house라는 단어 하나에 무려 17가지 발음이 있다는 기록이 있기 때문이다.

버나드 쇼의 희곡 〈피그말리온〉에서 히긴스 교수는 런던에 있는 사람들 중 누구를 만나든 그의 거주지를 오차 범위 약 3킬로미터 이내에서 맞힐 수 있으며 "때로는 두 블록 정도의 오차 범위 이내에서" 그럴 수 있다고 자랑하지만, 어떤 사람들은 이보다도 훨씬 더 세분할 수 있다고 주장한다. 나는 요크셔에 있는 길이 8킬로미터가량의 골짜기에 살고 있는데, 이 지역 사람들은 어떤 사람의 말투만 들어도 그가 골짜기 위쪽에 사는지 아래쪽에 사는지를 알 수 있다고 주장한다. 물론 여기에는 약간의 과장도 섞여 있겠지만, 요크셔 사람들은 말투만 들어도 브래드퍼드 시민과 리즈 시민을 구분할 수 있다. 이 두 도시는 사실 거의 붙어 있는데도 말이다. 영국 방언의 어떤 특징은 놀라우리만치 지역화됐다. 《영국인을 믿으라》에서 존 놀러는 언젠가 'r' 소리를 특이하게 발음하는 남자를 알게 되어 그가 언어 장애가 있나 보다 하고 생각했는데, 나중에 그 남자의 고향 마을인 노섬벌랜드의 외딴 지역을 방문해보니 그 지역 사람들 '모두'가 'r' 소리를 특이하게 발음하더라고 썼다.

다른 나라들과 달리 영국에서 방언은 오히려 계급과 사회적 지위의 문제이며 조지 버나드 쇼는 이 사실을 잘 이해했기 때문에 이렇게 썼다. "어떤 영국 사람이 입을 열었다 하면 다른 영국 사람이 그를 경멸해 마지않게 마련이다." 사회 질서의 맨 꼭대기에는 '프래플리Fraffly'라는 방언이 있다. 이 이름은 그야말로 지칠 줄 모르는 아퍼벡 로더의 작품으로 Weh sue fraffly gled yokered calm, 즉 We're so frightfully glad you could come당신이 오실 수 있다니 대단히 기쁩니다라는 말에서 frightfully대단히라는 단어를 귀족스럽게 발음하는 것을 풍자한 것이다. 이런 식의 말하기에서 뚜렷한 특징은 입술을 전혀 움직이지 않고 말하는 능력이다(찰스 왕세자야말로 이런 능력의 지존이라 할 만하다). '프래플리'나 '방언Dialect'과 대비되는 의미로 '상언上言Hyperlect'이라고도 불리는 표현의 또 다른 예로 Ain gine to thice naow=I'm going to the house now, 지금 집에 가는 중입니다, Good gad, is thet the tame?=Good God, is that the time?, 이런, 시간이 그렇게 됐나?, How fay caned a few=How very kind of you, 정말 친절하시네요 같은 것들이 있다.

또 다른 극단적인 경우는 코크니Cockney, 즉 런던 노동계급의 말투로 쇼의 희곡 〈피그말리온〉의 처음 몇 쪽에 걸쳐서 아주 성실하게 기록되어 있다. 예를 하나 들자면 "Ow, eez ya-ooa san, is e? Wal, fewd dan y' da-ooty bawmz a mather should, eed now bettern to spawl a pore gel's flahrzn than ran awy athaht pyin."이 있다. 이것을 일반영어로 옮겨보면 이렇다. "Oh, he's your son, is he? Well, if you'd done your duty by him as a mother should, he'd know better than to spoil a poor girl's flowers, then run away without paying.아, 이 사람이 당신 아들이군요, 그렇죠? 자, 만약 당신이 어머니라면 마땅히 그래야 하는 식으로 아들에게 당신의 의무를 다했다고 치면, 이 사람은 불쌍한 처녀의 꽃을 망쳐놓고 변상도 하지 않은 채 도망치기만 해서는 안 되는 것 아닌가요."쇼는 이런 말투를 몇 쪽에 걸쳐 구사하다 말고 다음과 같이 양해를 구하더니, 그때부터는 꽃 파는 처녀의 말을 일반적인 영어 철자법에 따라 구사하기 시작한다. "여기서 잠깐, 죄송하지만, 음성 기호조차 동원하지 않고 이 아가씨의 방언을 서술하려는 이 절망적인 작업은 이제 포기해야 할 것 같다. 런던 이외의 지역 사람들은 전혀 알아들을 수가 없을 테니까."

미국과 마찬가지로 영국에서도 방언에 대한 체계적인 연구는 최근에 일어난 현상이기 때문에, 누군가가 그걸 처음 기록하기 전에 있었던 풍부하고도 다양한 언어의 형태들이 과연 얼마나 많이 사멸됐는지는 누구도 알 수 없는 일이 되고 말았다. 방언을 기록해야 한다고 생각한 최초의 인물 중 약간 의외의 인물이 한 사람 있는데, 훗날 호빗이 등장하는 판타지 소설 시리즈를 발표해 유명해진 J. R. R. 톨킨이다. 리즈대학교의 영문학 교수이던 시절에 그는 영국의 방언 단어들이 다 없어지기 전에 포괄적이고도 체계적인 방식으로 기록하자고 제안했다. 톨킨은 그 일이 착수되기도 전에 옥스퍼드대학교로 이직했지만, 또 다른 열성가인 해럴드 오턴이 그 힘겨운 일을 맡아서 실행했다. 현장 연구가들이 주로 시골인 313개 지역으로 파견되어 각지의 나이 많고 문맹인 토박이들, 즉 외지 여행이나 문화에 크게 오염되지 않은 사람들을 인터뷰해서 거의 모든 일상 언어를 기록하기 위해 노력했다. 이 작업은 1948년부터 1961년까지 이어졌고, 그 결과로 나온 것이 《영국 언어지도》다.

이 연구는 여러 가지 놀라운 변칙을 보여주었다. 킨트베리, 박스포드, 콜드애시 같은 버크셔의 마을들은 기껏해야 서로 8킬로미터 정도밖에 떨어져 있지 않았는데도 의복 중 겉옷을 greatcoat, topcoat, overcoat 등 전혀 다른 이름으로 부르고 있었다. 북부 전체에서는 topcoat가 가장 일반적으로 쓰였지만, 슈롭셔에서는 overcoat를 입는 사람들로 이루어진 작고 거의 눈에 안 띄는 섬에 해당하는 지역이 하나 있었다. 한편 옥스퍼드셔에는 음료수를 drink마시다하지 않고, sup홀짝이다하는 사람들로 이루어진 마름모꼴의 언어적 섬이 있었다. 왜 하필 이 영국 남부의 카운티에서도 불과 몇 제곱킬로미터에 해당하는 지역에서만 뭔가를 마시는 행위만큼은 영국 북부의 단어를 써서 표현하는지, 그런데 왜 다른 북부식 표현은 전혀 안 쓰는지, 이것은 논리적으로 답변할 수 없는 수수께끼가 분명하다. 그보다 좀 덜 수수께끼 같은 것이 있다면, 똑같은 숫자를 가리키는 twenty-one스물하나과 one-and-twenty하나하고 스물가 국토를 따라 위로 올라가면서 마치 줄무늬처럼 번갈아 가며 나타난다는 점이다. 런던 사람들은 twenty-one이라고 하는 반면, 거기서 65킬로미터쯤 북쪽으로 가면 그곳 사람들은 one-and-twenty라고 한다. 바로 거기서 또다시 65킬로미터쯤 떨어진 북쪽에 사는 사람들은 twenty-one이라고 한다. 그런 식으로 스코틀랜드에 도달하기까지 대략 65킬로미터 단위로 2가지 표현이 번갈아 가면서 나타난다. 이야기는 여기서 좀 더 복잡해진다. 링컨셔의 보스턴에서는 어떤 사람의 나이를 가리킬 때 twenty-one year old스물한 살라고 하고 어떤 물건의 개수를 가리킬 때 one-and-twenty marbles하나하고 스무 구슬라고 하는 반면, 거기서 약 32킬로미터 떨어진 라우스에서는 정반대로 말하기 때문이다.

때로는 상대적으로 모호한 영국의 방언 단어들이 해외로 건너가서 의외로 번성하기도 했다. 훔쳐본다는 뜻으로 미국에서 흔히 사용되는 peek는 원래 영국 방언의 한 단어로, 이스트 앵글리아의 세 군데 고립 지역에만 있었다. 나머지 지역에서는 그냥 peep이나 squint라는 단어를 사용했다. 그런데 바로 그 세 군데 고립 지역에서 최초의 미국 이민자들이 상당수 나왔던 것이다. 마찬가지로 미국에서 흔히 사용되는 말 가운데 실이 둘둘 감기는 원통을 가리키는 spool이라는 단어가 있는데, 이것은 본래 영국 중부의 좁은 지역 두 곳에서 쓰는 토착어에 불과했다. 나머지 지역에서는 그냥 reel이나 bobbin이라는 단어를 사용했다. 흔히 쓰는 긍정어 yeah도 아주 최근까지만 해도 켄트, 서리와 런던 남부에 한정된 색다른 토착어였다. 나머지 지역에서는 그냥 yes, aye, ar를 사용했다. 대영제국의 다른 어디에서나 이와 똑같은 일이 자주 벌어졌다. 오스트레일리아식 영어 중에서도 가장 널리 알려진 fair dinkum공

명정대한: 진짜로, cobber친구; 동료, no worries걱정 없는 역시 영국의 방
언 표현에 기원을 두고 있는 듯하다.

특정 방언들의 고립과 고색창연함이 어느 정도인지를 잘 보여주는
일화가 하나 있다. 20세기가 시작하고 한참이 지난 뒤까지도 요크셔의
크레이븐 지역에서는 양치기들이 켈트어 숫자로 양을 세곤 했다는 점
이다. 그 숫자의 유래는 로마인이 영국을 점령했을 때보다도 훨씬 더 전
으로 거슬러 올라간다. 오늘날까지도 그곳 사람들이 쓰는 표현 중에는
중세 이래 거의 변하지 않은 것들이 있다. 표준 영어로 Where are you
going?에 해당하는 표현을 요크셔에서는 Weeah ta bahn?이라고 하
는데, 이것은 본래 Where art thou bound?라는 표현의 직접적인 축
약이다. 여기서 bound의 축약형인 bahn이라는 단어에 d가 없다는 사
실은 이 표현이 얼마나 오래된 것인지를 암시한다. 사우스요크셔의 반
슬리 인근에서는 사람들이 지금도 셰익스피어 시대처럼 thee그대를니
thou그대니 하는 표현을 사용한다. 물론 thou는 수 세기가 흐르면서
tha'로 약간 모양이 변하기는 했지만 말이다.

이런 단어들의 용법은 문법적으로나 사회적으로나 복잡다단하고 말
로만 전하는 규칙을 따른다. 이 지역에서 tha'는 친밀한 사이에서 사용
되는 호칭으로, 프랑스어의 tu에 해당하는 말이다. 그리고 thee는 목
적격으로 사용된다. 따라서 반슬리에 사는 소년이라면 떼를 쓰는 자기
동생에게 아마 이렇게 말하지 않을까. Tha' shurrup or Ah'll thump
thee. 표준 영어로 옮기자면 You shut up or I'll punch you조용히 안
하면 맞을 줄 알아가 된다. 나중에는 tha'와 thee로부터 thissen과 missen
이라는 또 다른 단어가 파생됐는데, 이는 각각 yourself와 myself에 상

응하는 말이다. 이런 형태의 말들이 늘 사용되지만, 그와 동시에 특정한 상황에서만 사용된다. 부모를 포함해 어른들이 아이들에게 사용할 수는 있지만, 반대로 아이들이 어른들에게 사용할 수는 없다. 또 10대 중에서 같은 성별끼리는 사용할 수 있어도 다른 성별에게는 사용할 수 없다.

　문법적 복잡성과 표준적인 어휘로부터의 일탈 때문에 방언은 때때로 전혀 다른 언어가 될 수도 있다. 실제로 특정한 변종들은 '진짜' 완전히 별개의 언어로 자처하는 경우도 있다. 이런 범주에 가장 잘 들어맞는 것이 스코틀랜드어로, 본래 스코틀랜드의 저지대에서 사용되던 영어의 변종이다(다만 '애초부터' 영어와는 전혀 별개의 언어였던 스코틀랜드 게일어와 혼동하지는 말아야 한다). 스코틀랜드어의 지지자들은 자기네 언어가 별개라는 증거로 이 언어에 자체적인 사전인 《간략 스코틀랜드어 사전》이 있다는 점, 로버트 번스의 시를 비롯한 자체적인 문학이 있다는 점, '머뭇거리다'를 뜻하는 swithering, '흔들다'를 뜻하는 shuggle, '시간 낭비하다'를 뜻하는 niffle-naffle, 기쁨의 외침을 뜻하는 gontrum niddles처럼 다른 대부분의 영어 사용자가 그야말로 좌절감을 느낄 만한 단어들이 수두룩하다는 점 등을 내세운다. 랠런어라고도 하는 스코틀랜드어가 영어에 근거하는 것은 분명하지만, 영어 사용자 대부분은 이 언어를 전혀 이해할 수 없는 것이 사실이다. 〈하기스에게〉[10]라는 번스의 시 가운데 몇 줄은 이 언어의 어마어마한 불가해성을 잘 보여준다.

　Fair fa' your honest sonsie face, 너의 정직하고 통통한 얼굴을 보게 되어

---

10. 하기스(haggis)는 양고기를 주원료로 한 소시지의 일종이다.—옮긴이

반갑구나,

Great chieftain o' the puddin'-race! 소시지 종족 중에서도 위대한 수령
이여!

Aboon them a' ye tak your place, 그 모든 곳 위에 너는 자리 잡는구나,

Painch, trip, or thaim: 위장에, 내장에, 창자에도.

Weel are ye wordy o' a grace 너를 향해 감사의 기도를 드릴 만하구나,

As lang's my arm. 내게 팔이 있는 한 언제까지나.

미국에서는 케이전어Cajun를 별개의 언어로 간주해야 한다는 주장
이 간혹 나온다. 지금도 루이지애나의 일부 지역에서 25만 명가량이
케이전어를 사용하고 있다. 물론 누구의 집계를 따르느냐에 따라 훨
씬 더 많을 수도 있다. 케이전이라는 이름은 원래 '어케이디언Acadian'
이라는 단어가 와전된 것인데, 이는 프랑스어를 사용하는 어케이디아
Acadia의 거주민을 가리키는 형용사였다. 어케이디아는 본래 노바스코
샤주를 가리키지만, 퀘벡주와 미국 메인주의 일부까지 포함한다. 어케
이디언은 1604년에 그곳에 정착했는데, 1750년대에 영국인들에게 쫓
겨났다. 이들은 루이지애나 남부의 외딴 강어귀로 이주했으며, 계속 프
랑스어를 쓰긴 했지만 언어적 모국과는 단절되어서 나름의 어휘를 최
대한 발전시킬 수밖에 없었다. 그 결과, 케이전어는 모어보다 훨씬 다채
롭고 표현력이 풍부해졌다. 영어의 hummingbird벌새를 가리키는 케
이전어의 sucfleur는 직역하면 'flower-sucker꽃을 빨아먹는 새'로, 프랑
스어의 oiseaumouche에 비하면 분명히 진일보한 것이라고 할 수 있
다. 또 다른 사례로는 possum주머니쥐을 가리키는 rat du bois, 즉 'rat

of the woods숲의 쥐'와 물고기의 일종인 sac à lait, 즉 'sack of milk우유 자루' 등이 있다. 케이전어 사용자들은 자신들이 하는 말을 Bougalie나 Yats라고 하는데, 후자는 Where y'at=Where you are at?, 어디 있었어?의 약자다. 이들의 말에도 일반적인 프랑스어 단어와 표현이 양념처럼 곁들여져 있다. merci감사, adieu작별, c'est vrai?진짜야?, qu'est-ce que c'est?그게 뭔데? 등이 그렇다. 발음은 뚜렷하게 게일어의 느낌을 담고 있어서, 장음 a의 발음인 'ei' 소리를 'eh' 소리로 바꿔 bake와 lake를 'behk'와 'lehk'로 발음한다. 그리고 원래의 언어에서 변형된 언어들이 대부분 그러하듯이 비표준적인 문법 형태를 사용하는 경향이 있다. bestest=best나 don't nobody know=nobody knows 같은 표현이 그런 경우다.

종종 걸라어Gullah에 대해서도 이와 비슷한 주장이 제기되는데, 이 언어는 오늘날 조지아주의 시아일랜즈와 사우스캐롤라이나에서 대략 25만 명이 사용한다. 서아프리카어와 영어가 혼합된 아주 풍부하면서도 감동적인 언어다. 걸라어의 이름은 아마도 서아프리카의 골라Gola 부족에서 나왔을 텐데, 이 언어를 쓰는 사람들은 이유도 모르는 채로 자신들의 언어를 종종 '기치Geechee'라고 부른다. 노예로 붙잡혀 온 사람들은 돌이킬 수 없을 정도로 망가진 삶을 살았다는 점에서 비극을 겪었을 뿐만 아니라, 전 세계에서 언어가 가장 다양한 지역이라고 할 수 있는 아프리카 출신이라서 노예들 사이에서도 종종 의사소통이 불가능했다는 또 다른 불운 때문에 한층 더 고생했다.

당신이 어느 날 갑자기 가족과 생이별하고 헝가리인과 러시아인과 스웨덴인과 폴란드인과 함께 족쇄를 차고 지구를 반 바퀴 돌아 낯선 땅에 도착한 뒤, 죽도록 일만 하고 최소한의 개인적 자유와 존엄조차도 빼앗겼다고 상상해보라. 그러면 걸라어 같은 크리올 언어가 어떤 환경에서 만들어질 수 있는지 대강 짐작될 것이다. 걸라어 자체는 28개의 서로 다른 아프리카 언어가 혼합된 것이다. 따라서 얼핏 보기에는 초보적이고 전혀 세련되지 않은 것도 놀라운 일은 아니다. 로버트 헨드릭슨이 무척 재미있는 저서인 《미국 말》에서 지적한 대로 "걸라어의 통사론적 구조나 기본적인 문법은 (……) 놀라우리만치 경제적이어서, 새로 배우는 사람들이 이 언어에 빠르고도 쉽게 접근할 수 있었다." 하지만 간단할망정 미묘함이 아주 없지는 않다. 즉 걸라어 역시 다른 언어들처럼 충분히 시를 쓸 수도 있고 아름답다는 것이다.

걸라어에 대한 최초의 진지한 연구를 수행한 인물은 '리머스 아저씨'에 관한 이야기들로 유명한 조엘 챈들러 해리스다. 1848년에 조지아주 이턴턴에서 태어난 해리스는 극도로 수줍음을 타고 말까지 더듬던 신문사 직원으로, 사생아로 태어났다는 사실에 어려서부터 크나큰 부끄러움을 느끼고 있었다. 그는 남북전쟁 직후에 옛날 노예들의 우화와 언어에 매료되어서, 자신이 열심히 기록한 이야기들을 〈애틀랜타 컨스티튜션〉에 처음 기고했고, 훗날 단행본으로 출간해 살아생전뿐만 아니라 죽은 뒤에도 독자들의 큰 사랑을 받았다. 그 이야기들은 흑인 리머스 아저씨가 백인 농장주의 어린 아들에게 들려주는 방식으로 쓰였다. 그중에서도 유명한 책은 《리머스 아저씨와 보낸 밤들》(1881), 《타르로 만든 아이》(1904), 《리머스 아저씨와 토끼 양반》(1906) 등이다. 이 모두가 미국 흑인들이 말하던 사투리를 차용하고 있다.

해리스는 대디 잭이라는 등장인물을 중심으로 하는 걸라어 이야기도 여러 편 썼다. 상당히 다른 방언이었지만, 해리스는 이것이 더 간단하고 직설적이라고 생각한 모양이다. 실제로 예나 지금이나 이 방언에는 성별이나 복수가 전혀 없다. dem=them, 그들이라는 단어는 하나의 물건이든 수백 개의 물건이든 다 가리킬 수 있다. '물 튀기다'를 뜻하는 churrah, '기름기'를 뜻하는 dafa, '듣다'를 뜻하는 yeddy나 yerry 등 서아프리카에서 유래한 일부 어휘를 제외하면, 지금 이 방언의 대부분 어휘가 겉모습은 전적으로 영어로 되어 있지만 그중 상당수는 주류 영어에 원래 없던 것들이다. '새벽'을 가리키는 dayclean날 깨끗한이라든지 '정직한 이야기꾼'을 가리키는 trut mout=truth mouth, 진실 입' 등이 그렇다. 다른 단어들은 이 방언에 미처 입문하지 않은 사람들로서는 도무지 알아들을 수 없는 방식으로 축약되어 발음된다. 예컨대 걸라어의 nead는 underneath아래에, lun은 learn배우다, tusty는 thirsty목마른, turrer는 the other다른 것, gwan은 going가는이다.

의심할 여지 없이, 영어에서 가장 멀리 떨어져 있는 변종은 아프리카와 남아메리카의 대략 중간 지점인 대서양 한가운데에 있는 트리스탄 다 쿠나Tristan da Cunha라는 작은 군도에서 찾아볼 수 있다. 트리스탄은 전 세계에서 가장 고립된 거주지로 가장 가까운 육지에서 약 2400킬로미터나 떨어져 있으며, 그 지역의 언어는 이런 사실을 반영하고 있다. 그곳 주민들은 이 군도에 처음 들어와 살기 시작한 포르투갈인의 거무스름한 외모를 고스란히 간직하고 있지만, 약 300명인 섬 주민들의 성은 대부분 영어식이고 언어도 영어다. 물론 외부 세계로부터 오랫동안 고립되어 있다는 사실 때문에 상당히 묘한 차이가 드러나기는 하지만 말이다. 그들의 말은 귀여울 정도로 비문법적이다. 이곳 사람들은 How are you?어떻게 지내십니까?라고 묻지 않고 How you is?라고 묻는다. 이곳 언어에도 전적으로 이곳만의 단어가 있다. Penguin펭귄은 pennemin이고, Stream개울은 watrem이다. 하지만 가장 놀라운 것은 철자법이 종종 느슨하다는 것이다. 이곳 주민들 중 상당수는 이름이 Donald이지만, 써보라고 하면 모두들 Dondall로 적는다. 분명히 여러 세대 전에 그곳에서 이 이름을 처음 사용한 사람이 철자를 잘못 썼기 때문에 그렇게 굳어진 것이리라.

8

철자법

SPELLING

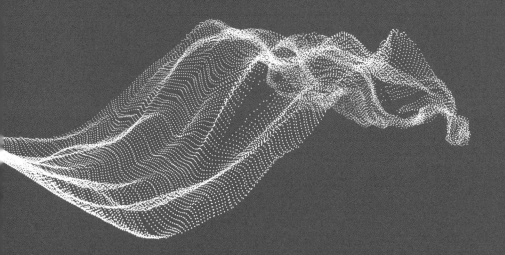

영어의 철자법은 영어 단어가 생긴 이래 줄곧 문제를 야기했다. 앵글로색슨인은 6세기에 문맹을 벗어나면서 로마인에게 알파벳을 차용하긴 했지만, 자신들이 사용하는 3가지 소리에 해당하는 로마인의 철자가 없다는 사실을 깨달았다. 그래서 이들은 고대의 룬 문자에서 3가지 기호를 차용했다.

BILL BRYSON

SPELLING

유럽 본토에서는 독창적인 알파벳이 생겨난 적이 없다. 영어에서 사용하는 알파벳은 상형문자에서 기원한 것이다. A는 셈어의 알레프aleph에서 유래했는데, '황소'를 뜻하며 본래 황소의 머리를 대강 묘사한 것이었다. B는 셈어의 베트bēth에서 유래했으며, '집'이라는 뜻이었다. 하지만 동아시아의 경우와 달리 근동 사람들이 이루어낸 비약은 오늘날 우리에게 이루 말할 수 없이 중요하다. 그 비약이란 바로 상형문자로 사물을 지칭할 뿐만 아니라 소리도 지칭한 것이다. 따라서 이집트에서 re라는 단어를 나타내는 기호는 어원인 '태양'을 나타낼 뿐만 아니라, 그와 마찬가지로 're'로 발음되는 철자를 모두 나타내게 됐다.

  놀라우리만치 단순화된 이런 체계의 아름다움을 제대로 음미하려면 동아시아의 언어에서, 예컨대 중국어나 일본어에서 유난히 괴로움을 겪는 문제들을 한번 살펴보면 된다. 말을 글로 쓰는 방법은 2가지다. 하나는 영어처럼 알파벳을 쓰는 것이고, 다른 하나는 중국어처럼 상형·표의문자 체계를 쓰는 것이다. 중국 글자는 극도로 복잡한데 기본 단위는 부수다. 흙을 가리키는 부수는 '토土'고, 작은 것을 가리키는 부수는 '소小'다. 중국어의 모든 단어는 이 2가지를 포함한 총 214개의 부수로부터 형성됐다. 어근들은 그 자체만으로도 사용되고, 서로 결합해서 다른 단어들을 만들기도 한다. '눈目'과 '물水'을 합하면 '눈물淚'이 된다. '입口'과 '새鳥'를 합해서 '노래鳴'를 만든다. '여자女' 둘이 모이면 '다툼奻'이 되고, 셋이 모이면 '험담姦'이 된다.

모든 단어는 저마다 기호가 필요하기 때문에, 중국어의 글쓰기는 어마어마하게 복잡하다. 한자는 무려 5만 자가 있으며, 그중 상용되는 것만 해도 4000자나 된다. 중국어 타자기는 어마어마하게 크고, 아주 숙련된 타자수조차 분당 열 단어를 찍기가 힘들다. 아무리 복잡한 중국어 타자기라도 상용한자 가운데서도 극히 일부만을 쓸 수 있다. 일반적인 서양식 타자기의 자판 하나에 중국어 표의문자를 하나씩 배당한다면 자판의 크기가 가로 5미터, 세로 1.5미터쯤 될 것이다. 탁구대 2개를 나란히 붙여놓은 것과 비슷한 넓이다.

중국어 사전을 찾는 것도 악몽과 다름없다. 알파벳이 없다면 어떻게 단어를 적절하게 배열할 수 있을까? 대부분의 사전에서 중국어는 각 부수에 따라 214개의 덩어리로 나뉘어 있다. 그래도 어떤 단어를 찾으려면 자신이 원하는 단어가 나올 때까지 각 구역을 샅샅이 뒤지는 수밖에 없다.

알파벳이 없어서 생기는 결과는 그야말로 어마어마하다. 십자말풀이를 비롯해서, 스크래블Scrabble 같은 게임도 없고, 회문palindrome이나 철자 바꾸기anagrams도 할 수 없으며, 모스 부호를 만드는 것도 불가능하다. 전신의 시대를 맞아서 맨 마지막의 문제를 우회하기 위해 중국인들은 단어마다 숫자를 하나씩 부여하는 체계를 고안했다. 예컨대 '사람'은 0086이다. 이런 절차도 성가시기는 마찬가지지만, 중국어를 전혀 모르는 미국인이나 프랑스인이라도 설명서를 참고하면 중국에서 온 전신을 쉽게 해독할 수 있다는 상대적인 장점은 있을 것이다. 오늘날까지도 중국은 물론이고 일본을 포함해 표의문자로 글을 기록하는 나라들에는 영어의 알파벳 순서처럼 문서를 정리하는 논리적 체계가 없다. 그 대신 문서 관리 체계가 한 사람의 머릿속에 들어 있는 경우가 일반적이다. 그래서 비서가 갑자기 죽기라도 하면, 사무실 전체가 엉망진창이 되어버릴 수밖에 없다.

하지만 중국어의 글쓰기는 다른 어떤 언어보다도 뛰어난 대단한 이점이 있다. 즉 어디서나 읽을 수 있다는 것이다. 중국어는 사실 하나의 언어라기보다는 오히려 느슨하게 연관된 방언 집단이라고 해야 정확할 것이다. 푸젠 사람은 상하이 사람의 말을 이해하지 못하는데, 이것은 런던 사람이 바르샤바나 스톡홀름에 가서 그 동네 사람들의 말을 이해하지 못하는 것과 마찬가지다. 한 가지 방언이 아주 넓은 지역에 걸쳐 사용되기도 한다. 하지만 중국의 또 다른 지역, 특히 남부에서는 그야말로 3~5킬로미터마다 다른 방언을 쓸 정도다. 푸젠 사람이 광둥 사람과 이야기를 주고받지는 못하는 반면, 글자는 어디에서나 똑같기 때문에 신문만큼은 얼마든지 읽을 수 있다. 표의문자의 발음은 지역마다 제각각이지만, 적어도 그 의미는 어디나 똑같기 때문이다. 비유하자면, 영어권에서 one·two·three라고 읽고 프랑스에서는 un·duex·trois라고 읽어도 결국 그 의미는 1·2·3인 것과 마찬가지다.

중국 문자의 또 다른 이점은 사람들이 무려 2500년 전의 작품을 마치 어제 날짜 신문처럼 쉽게 읽을 수 있다는 점이다. 비록 말은 전혀 못 알아들을 정도로 변했어도 말이다. 만약 공자가 오늘 부활한다고 치면, 그가 하는 말을 이해하는 사람은 학자들뿐일 것이다. 하지만 만약 그가 어떤 글을 적으면 일반인도 마치 신문처럼 쉽게 읽을 수 있을 것이다.

이보다 좀 더 복잡한 것은 일본어다. 일본어는 무려 3가지 체계의 혼합이기 때문이다. 우선 간지漢字, 즉 한자 7000개로 구성된 표의문자 체계가 있고, 간지와 함께 사용하는 표음문자 체계인 가나가 두 종류 있는데 각각 48자로 되어 있다. 이 중 하나인 '히라가나平仮名'는 일본 고유의 단어를 표현하는 데 사용하고, '가타카나片仮名'는 고대의 간지 발명자들이 미처 예견하지 못한 (던킨도너츠나 에그 맥머핀 같은) 단어나 이름 등을 표현하는 데 사용한다. 그런데 간지 가운데 상당수는 의미와 발음이 여러 가지라서, 글자 위에 정확한 발음을 히라가나로 작게 적어주곤 한다. 이런 장치를 '후리가나振仮名'라고 부른다.

이 모두가 어마어마하게 복잡하기 때문에 1980년대까지만 해도 일본인 가운데 상당수는 개인용 컴퓨터를 사용하기 위해 반드시 영어나 다른 서양 언어를 배워야 했다. 오늘날 일본인들은 자판으로 입력한 가타카나 음절들을 컴퓨터 화면상에서 간지 문자로 변환하는 방법을 채택해, 표의문자 사용에 따르는 문제를 우회하고 있다. 영어 사용자가 twenty per cent라는 단어를 쓰기 위해 20과 per와 cent라는 세 단어를 누르고 나면, 화면에 '20%'라는 기호가 뜨는 것과 마찬가지다. 이 정도면 나름대로 발전한 셈이지만, 일본인들은 여전히 2가지 문제로 상당한 고통을 겪고 있다. 첫째, 그 나라에는 자판 글쓰기의 전통이 없기 때문에 이들 중 상당수에게는 타자야말로 황당무계할 정도로 낯선 방법이었다. 둘째, (대부분의 서양 언어보다도 무려 100배나 많은) 무려 7000가지 기호를 동원해 일본어를 쓸 수 있게 하는 것만도 만만찮은 일이기 때문에 일본의 컴퓨터는 성능이 서양의 컴퓨터보다 훨씬 더 뛰어나야만 했다.

서양 문자를 컴퓨터 화면에 구현하는 데에는 35개의 도트면 충분한데, 일본 문자를 명료하게 구분하려면 무려 576개의 도트가 필요했기 때문이다. 이렇게 명백하게 비효율적인 철자법을 갖고도 일본이 그렇게 기술 강대국이 됐다는 사실이야말로 일본인의 결의와 재간이 어느 정도인지를 보여주는 셈이다.

그에 비하면 서양의 글쓰기 방식은 놀라우리만치 단순하고 질서 정연한 것처럼 보인다. 하지만 소리를 사고로 변환하는 데는 완벽과 상당히 거리가 먼 체계다. 영어는 특히 마구잡이라고 할 수 있다. 영어에는 40여 가지 소리가 있지만, 그 철자는 200가지가 넘기 때문이다. 예컨대 [ʃ] 소리는 (shoe, sugar, passion, ambitious, ocean, champagne 등) 무려 14가지로 쓸 수 있다. 그리고 [ou] 소리는 (go, beau, stow, sew, doe, though, escargot 등) 12가지 이상으로 쓸 수 있고, [ei]도 (hey, stay, make, maid, freight, great 등) 12가지 이상으로 쓸 수 있다. 고유명사까지 포함할 경우 영국에서 철자법이 가장 다양한 소리는 [ɛə(r)]인데 heir와 ere 같은 일반적인 단어부터 ever의 약자인 e're, 강 이름인 Aire, 도시 이름인 Ayr 등 무려 38가지나 된다.

영어에서 철자법은 워낙 믿을 수가 없고 당혹스러운 것이 많기 때문에 권위자들조차 실수하기 일쑤다. 《웹스터 뉴 월드 사전》은 millennium을 정의하면서 millenium으로 잘못 썼고,《아메리칸 헤리티지 사전》의 초판본은 요리명인 vichyssoise를 vichysoisse로 썼다. 일찍이 윌리엄 새파이어가 "세계에서 가장 영향력 있는 사전 편찬자"라고 단언한 인물인 로버트 버치필드조차 저서인 《영어》에서 문법적 규범주의자들에 관해 언급하면서 그들이 "혁신을 위험한 또는 적어도 저앙 가능한resistable"것으로 간주한다고 비판했다.[1] 여기서는 '저항 가능한resistible'이라고 해야 맞다. 마리오 페이는《언어 이야기》114쪽에서 flectional굴절의이라고 제대로 썼다가, 겨우 네 쪽 뒤에서 flexional이라고 잘못 쓴다.《우리말의 보배》에서 링컨 바넷은 올바른 철자법의 쇠퇴를 이렇게 한탄한다. "뉴저지 페어레이딕킨슨대학교의 영어 시험 결과, 신입생freshmen class 가운데 4분의 1가량이 '교수professor'라는 단어를 제대로 못 적는 것으로 나타났다." 문득 궁금해진다. 그 가운데 '신입생freshman class'을 제대로 적을 수 있는 사람은 과연 얼마나 될까?

간단한 시험을 해보자. 다음 단어들 가운데 틀린mispelled 철자가 몇 개나 되는지 한번 알아맞혀 보시라.

supercede

conceed

procede

idiosyncrcacy

concensus

accomodate

impressario

irresistable

rhythm

opthalmologist

---

1. Burchfield, *The English Language*, p. 91.

diptheria

anamoly

afficianado

caesarian

grafitti

사실은 전부 다 틀렸다. 그리고 앞preceeding 문단에서 '틀린mispelled' 은 '틀린misspelled'을 틀리게 쓴 것이다. 그리고 바로 앞 문장의 '앞 preceeding'도 '앞preceding'이라고 써야 맞다. 장난쳐서 미안하다. 여기 까지만 하자. 그래도 앞의 예를 봤으니 영어라는 것이 철자를 정확하게 쓰기가 얼마나 어려운 언어인지는 충분히 실감했으리라.

어떤 사람들은 영어의 철자법이 방금 내가 말한 것만큼 어렵지는 않 다고 생각할지 모른다. 적어도 그 덕분에 일종의 장점도 있다고 말이다. 시미언 포터는 영어의 철자법이 다른 단점들을 충분히 상쇄할 수 있는 현저한 특징을 3가지나 갖는다고 믿는다. 먼저 자음은 발음이 상당히 규칙적이고, ä·ö·ü나 ç나 ^ 등 언어를 복잡하게 만드는 구별 표시가 전혀 없으며, 차용한 말들의 철자를 그대로 보존하고 있기 때문에 다른 여러 나라 사람들이 '소리 나는 대로만 적었다면 인식하지 못했을 수많 은 단어를 그야말로 즉시 알아볼 수 있다'는 것이다.

하지만 우리로서는 이 가운데 첫 번째 의견에 대해서 감히 딴죽을 걸 수 있다. 포터는 bloc, race, church 등에서 c의 발음이라든지 house, houses, mission에서 s의 발음이라든지 think, tinker, mention에서 t의 발음이라든지 host, hour, thread, cough에서 h의 발음이라든지

garage와 gauge에서 g의 발음을 비롯한 대부분의 음절을 전혀 고려하지 않은 채 영어 자음 발음의 규칙성을 예찬한 셈이다.

공정하게 이야기하자면, 영어에 구별 표시가 없다는 것은 실제로 이득이 된다. 물론 언어마다 천차만별이기는 하지만, 어떤 언어에서는 구별 표시가 중요한 구실을 하는 동시에 종종 혼란을 주기 때문이다. 헝가리어에서는 tőke가 '수도首都'를 뜻하지만, töke는 '고환·불알'을 뜻한다. 또 '나무줄기'를 뜻하는 szár에서 강세 표시를 떼면 szar, 즉 우리가 망치질을 하다가 실수로 엄지손가락을 때렸을 때 외마디 비명과 함께 질러대는 욕설에 흔히 들어가는 '똥'이 된다. 《영어》에서 데이비드 크리스털은 영어에 불규칙적인 철자가 겨우 400개뿐이라고(정말로?) 고찰하면서 영어 철자법의 84퍼센트는 purse·curse·nurse나 patch·catch·latch 같은 일반적인 패턴을 따르는 반면, 영어 단어 가운데 3퍼센트만 전혀 예상치 못한 방식의 철자법이 있다고 더 설득력 있게 지적한다.

물론 철자법이 골치 아픈 단어는 겨우 3퍼센트일지 몰라도 그중에는 굳이 표현하자면 상당히 만만찮은 놈들이 포함되어 있다. 영어의 철자법을 옹호하는 어떤 논증도 대번에 무력화하는 단어의 대표적인 예로는 colonel을 들 수 있다. 이 단어에는 철자에 r이 들어가지 않지만 발음은 꼭 들어 있는 것처럼 하기 때문이다. 그런가 하면 ache, bury, pretty 같은 단어들은 철자와 전혀 무관하게 발음되며 four와 fourth는 분명히 철자에 u를 포함하고 있는데도 그렇지 않은 것처럼 발음된다. four, fourth, fourteen, twentyfour 등 실제로 four가 들어가는 모든 단어는 철자에 u를 포함하고 있는데도 막상 forty에 도달하면 갑자기 u

가 사라져버린다. 왜일까?

　인생이란 것이 대부분 그렇지만, 이 모두에도 여러 가지 이유가 있다. 때로는 단순한 부주의가 이렇게 흥미로운 철자법을 낳는다. abdomen복부에는 e가 들어가지만, abdominal복부의에는 들어가지 않는 까닭이라든지 hearken경청하다에는 e가 들어가지만 hark경청하다에는 들어가지 않는 경우가 그렇다. colonel은 아마도 철자법의 변덕을 보여주는 고전적인 사례일 것이다. 이 단어는 옛날 프랑스어 coronelle에서 왔는데, 프랑스인들도 사실은 영어 colonnade열주列柱의 어원인 이탈리아어 colonello에서 차용했다. 이 단어가 처음 영어에 들어온 16세기 중반에만 해도 철자에 r이 들어갔지만, 이탈리아어의 철자법과 발음이 이에 도전하기 시작했다. 한 세기 또는 그보다 오랫동안 2가지 철자와 발음이 흔히 사용되다가 결국 도무지 설명할 수 없는 불합리한 이유로 지금처럼 이탈리아어식 철자에 프랑스어식 발음을 갖게 된 것이다.

　forty에서 사라진 u의 문제는 이보다 훨씬 더 골칫거리다. 초서는 이 단어에 u를 넣어서 썼고, 17세기 말까지 대부분 사람이 그렇게 했으며, 그때 이후 반세기 정도는 일부 사람들이 여전히 그렇게 했다. 하지만 그다음부터는 공통 법령이 내려지기라도 한 듯, u가 슬그머니 사라져버렸다. 당시 누구도 이에 관해 언급하지 않은 것 같다. 번스타인은 이것이 발음상 약간의 변화를 반영했을 것이라고 추측한다. 사실 오늘날까지도 많은 사람이 four와 forty를 기음으로, 즉 모음 앞에 'h' 소리를 넣어 발음하는 식으로 조금씩 다르게 발음한다. 그렇다면 왜 전자의 단어에서는 발음이 변했는데, 후자의 단어에서는 발음이 변하지 않았는가 하는 의문이 제기된다.[2] 어떤 경우이건 간에, 그렇게 사소한 발음 변화를 반영하기 위해 단어의 철자법이 바뀌었다는 것 자체가 상당히 흔치 않은 일이기 때문이다.

우리는 종종 영어의 옛 철자법을 보존하기 위해서라면 논리조차 기꺼이 희생시키고 만다. ache를 예로 들어보겠다. 이 철자는 오늘날 발음과 상당히 불일치하는 것으로 여겨지는데, 실제로도 그렇다. 셰익스피어 시대까지만 해도 ache는 명사일 때 'aitch'라고 발음됐다. 동사일 경우에는 'ake'라고 발음됐지만, 당시에는 비교적 합리적으로 철자도 ake라고 적었다. 'ch' 소리와 'k' 소리를 이렇게 오락가락하는 경향은 한때 아주 일반적이었다. speech/speak말/말하다, stench/stink냄새/냄새나다, stitch/stick찌름/찌르다 같은 경우도 이것으로 설명할 수 있다. 하지만 ache는 논리의 적용을 거부하는 어떤 이유로 동사의 발음과 명사의 철자를 차용하게 됐다.

영어의 철자법은 영어 단어가 생긴 이래 줄곧 문제를 야기했다. 앵글로색슨인은 6세기에 문맹을 벗어나면서 로마인에게 알파벳을 차용하긴 했지만, 자신들이 사용하는 3가지 소리에 해당하는 로마인의 철자가 없다는 사실을 깨달았다. 그래서 이들은 고대의 룬 문자에서 3가지 기호를 차용했다. 바로 p, þ, ð다. 첫 번째 것은 윈wynn이라고 하며 오늘날의 'w' 소리를 나타냈다. 두 번째와 세 번째 것은 각각 손thorn과 에드eth라고 불렀으며 둘 다 오늘날의 'θ'와 'ð' 소리를 나타냈다. 특히 세 번째 것은 아이슬란드에서 지금도 쓰고 있다. 영국에 건너온 최초의 노르만인 필경사들은 자신들에게 완전히 외국어나 다름없는 언어로 일해야

---

2. Theodore M. Bernstein, *Dos, Don'ts and Maybes of English Usage*, p. 87.

만 했다.

　이런 사실은 〈둠즈데이북〉에 나타난 철자들 가운데 상당수를 통해 명백히 드러난다. 요크셔의 어느 작은 교구에서만도 Hanlith는 Hagenlith로, Malham은 Malgham으로, Calton은 Colton으로 기록됐다. 이 모든 철자법이야말로 그 지역에서는 그 전까지만 해도 전혀 사용되지 않던 것이다. 이런 실수 가운데 상당수는 부주의와 생소함에서 비롯됐겠지만, 나머지는 노르만인이 평소에 좋아하는 철자법이 무엇인지를 보여준다고 할 수 있다. 노르만인들은 자신들에게 훨씬 더 편안하게 여겨지는 철자법의 변화를 서슴없이 도입했다. 철자 cw를 qu로 대체한 것이 그 예다. 만약 정복왕 윌리엄이 헤이스팅스에서 그냥 돌아왔다면, 오늘날 우리는 '여왕'의 철자를 queen이 아니라 cwene이라고 썼을 것이다. 이때 z와 g가 도입됐고, 고대 영어의 þ와 ð는 축출됐다. 노르만인은 ch와 sh 같은 소리들을 규칙화하는 데 일조했는데, 원래 앵글로색슨어에서 이 소리들은 다양하게 표기될 수 있었다. 노르만인은 come이나 one 같은 단어에서처럼 u를 o로 대체했고, house와 mouse에서처럼 ou를 도입했다. 이런 변화는 노르만 필경사들의 일을 훨씬 더 질서 정연하고 논리적인 것으로 만들어주었지만, 훗날 영어를 모국어로 사용할 사람들을 위해 반드시 필요한 것까지는 아니었다.

　다른 곳에서도 살펴본 것처럼, 무려 3세기 동안 영어에 대한 중앙의 권위가 부재했다는 것은 곧 방언이 번성하고 증가했음을 뜻한다. 마침내 프랑스어가 밀려난 자리에 영어 단어들이 몰려 들어와 공식적이고 문학적인 용도로 대신 사용되면서부터 간혹 철자는 이 지역에서 차용하고 발음은 저 지역에서 차용하는 현상이 벌어졌다. 그래서 오늘날 busy와 bury라는 단어에 영국 서부의 철자를 사용하면서 전자는 'bizzy'라고 런던식으로 발음하는 데 비해, 후자는 'berry'라고 켄트식으로 발음하는 것이다. 이와 유사하게 one이라는 단어를 'wun'이라고 발음하고 once라는 단어를 'wunce'라고 발음하는 것은, 이 단어들이 영국 이스트 미들랜드의 철자에 남부의 발음이 합해진 경우이기 때문이다. 한때는 이 두 단어 모두 철자대로, 즉 'oon'과 'oons'로 발음됐다.

노르만인의 간섭이 없었어도, 영어의 철자법이 어딘가 좀 별스러웠으리라고 추정할 만한 이유는 충분하다. 아주 오랫동안 사람들이 철자법의 일관성이라는 문제에는 상당히 무관심했던 것 같기 때문이다. 물론 예외도 있다. 일찍이 13세기 초에 옴이라는 이름의 수도승이 영어 철자법을 위해 논리적이고 음성적인 체계를 제창했다(익히 예상할 수 있는 것처럼 그의 제안은 깡그리 무시당했다. 하지만 그 덕분에 오늘날의 학자들은 당시의 발음에 대해 현존하는 어떤 문서보다도 더 많은 것을 그의 기록에서 배울 수 있었다). 그렇다고 해도 영어의 역사 가운데 꽤 오랫동안 대다수 사람은 철자의 정확함에 거의 무관심했다고 할 수 있다. 심지어 똑같은 문장에서도 한 단어를 2가지로 사용하는 정도에까지 이르렀다. 제임스 1세의 신하 가운데 한 사람이 자기 군주를 묘사한 글에서는 겨우 여덟 단어 사이에 clothes가 2가지 철자로 등장한다. "전하께서는 보통 키에 맨몸으로 계실 때보다는 옷clothes을 입으셨을 때 더 살쪄 보이셨지만, 제법 뚱뚱하셨기 때문에 전하의 옷cloathes은 항상 크고 넉넉하게 만들었으며……."

이보다 더욱 주목할 만한 것은 로버트 코드리가 쓴《어려운 단어 알파벳순 일람》이라는 책인데, 1604년에 나왔으며 종종 최초의 영어 사전으로 불리는 이 책의 속표지에는 같은 단어가 words와 wordes로 다

르게 적혀 있다.[3]

우리는 그 시기 내내 이름이며 단어의 철자가 여러 가지 방식으로 사용된 것을 알 수 있다. where라는 단어는 wher, whair, wair, wheare, were, whear 등으로 기록됐다. 사람들은 심지어 자기 이름의 철자조차 아무렇게나 적었다. 셰익스피어의 이름은 철자법이 다른 것이 무려 80개 이상 발견됐는데, Shagspeare나 Shakspere는 물론이고 Shakestaffe까지 있었다. 오늘날 전하는 셰익스피어의 친필 서명 6개 중에서도 철자가 똑같은 경우는 하나도 없다. 심지어 그의 유언장에서는 다른 철자로 두 번 적히기도 했는데, 한쪽에서는 Shakspere라고 적고 다른 한쪽에서는 Shakspeare라고 적었다. 흥미로운 사실은 오늘날 표준으로 통용되는 Shakespeare라는 철자를 그 자신은 한 번도 쓰지 않았다는 점이다.

이에 관해 많은 논의가 있었지만, 솔직히 잠시만 생각해보자. 어떤 사람 이름의 정확한 철자를 오로지 그 사람의 서명에 근거해서 파악한다는 것은 엘리자베스 시대 극작가의 경우나 현대의 치열 교정 전문 의사의 경우나 신빙성이 떨어질 수밖에 없다. 상당수 사람이 자기 서명을 휘갈겨 쓰는 것은 물론이고, 셰익스피어야말로 휘갈겨 쓰기의 대가임이 분명하기 때문이다. 하여간 그가 그 철자를 사용했건 안 했건 상관없이, Shakespeare는 오늘날 그와 관련해 현존하는 법률 문서 대부분에 등장하는 이름이며 그의 소네트집 속표지에는 물론이고, 그의 희곡집 4절판 24종 가운데 22종의 속표지에도 등장한다.

---

3. David Crystal, *Who Cares about English Usage?*, p. 204.

하지만 과거에는 사람들의 이름이 놀라우리만치 다양한 방식으로 기록됐다는 사실을 반박할 수는 없는 노릇이다. 심지어 어떤 이름은 본인이 선호하는 이름과는 거의 닮지 않은 경우도 있었다. Christopher Marlowe의 동시대인 가운데 일부는 그를 Marley라고 적기도 했다. 엘리자베스 시대의 가장 저명한 출판인마저 자기가 펴낸 책에 자기 이름을 John Day나 Daye나 Daie라고 적었다.《단어》에서 찰턴 레어드는 당시 어떤 남자의 이름이 Waddington, Wadigton, Wuldingdoune, Windidune, Waddingdon 등으로 다양하게 기록됐다고 인용했다.

과거의 철자법에서 기묘한 사실은 글쓰기가 힘겨운 일이긴 해도 단어를 축약하거나 철자를 간소화하려고 하는 경향은 거의 없다시피 했다는 것이다. 모든 증거를 취합해서 볼 때 오히려 그와 정반대의 경우가 사실이다. 크롬웰은 습관적으로 it를 itt로, not를 nott로, be를 bee로, at를 atte로 적었으며 이렇게 성가신 철자법은 현대 바로 직전까지의 여러 필사본에서 발견할 수 있다. 뭔가 더 긴급한 상황이라면 모를까, 단순히 팔이 저려지는 정도만으로는 누구도 더 간결한 철자법을 사용하려는 충동을 느끼지 못한 모양이다.

1400년 이전까지만 해도, 영국에서는 편지나 필사본에 나온 철자만 갖고도 그 작성 장소를 비교적 정확하게 구별할 수 있었다. 1500년에 이르자, 그런 일은 전혀 불가능하게 됐다. 바로 인쇄기가 발명됐기 때문이다. 이 사건은 영어 철자법에 반드시 필요했던 일치의 수단을 가져다주었다. 그러면서 동시에 영어 사용자들이 전 세계에서 가장 당혹스러울 정도로 불일치하는 철자법 체계라고 해도 무방한 것을 계승하도록 해주었다.

어린 학생들도 모두 알다시피, 인쇄술을 발명한 인물은 요한 구텐베르크다. 하지만 구텐베르크는 실제로 받아 마땅한 것보다도 더 많은 명성을 역사로부터 받아 누리는 셈이다. 금속활자의 발명자가 실제로는 로런스 얀스존 코스테르Laurens Janszoon Koster 또는 코스테르Coster라는 네덜란드인이고, 우리가 무척이나 조금밖에 알지 못하는 구텐베르크는 다만 스승의 판목을 갖고 독일 마인츠로 도망친 코스테르의 도제 가운데 한 사람을 만나서 그 기술을 배웠을 뿐이라고 믿을 만한 이유가 충분히 있기 때문이다.⁴ 솔직히 인생의 처음 40년 동안을 이름 없는 석수 겸 거울 세공인으로 지내던 사람이 어느 날 갑자기 나무판과 포도주 압착기를 가지고 세계를 완전히 뒤바꿀 기술을 발명한다는 것 자체가 어딘가 좀 기이하지 않은가. 그래도 분명한 사실은 이 기술이 놀라운 속도로 퍼져나갔다는 것이다. 구텐베르크의 첫 《성서》가 출간된 1455년부터 1500년까지 유럽에서는 무려 3만 5000권 이상의 책이 출판됐다. 그중 어느 것도 구텐베르크에게는 큰 이익을 안겨주지 못해, 그는 결국 빚을 갚기 위해 자신의 인쇄기를 요한 푸스트라는 사람에게 매각하고 어려운 생활 끝에 1468년에 사망했다.

그런데 당시 벨기에 북부에 살던 어느 해외 거주 영국인이 그 기술에 관심을 갖게 됐다. 바로 윌리엄 캑스턴이다. 그는 부유하고도 박식한 영국의 사업가로, 당시 유럽에서 가장 큰 무역도시였던 브루게를 근거지

---

4. 저자는 구텐베르크가 아니라 코스테르가 서양 금속활자 인쇄술을 발명했다고 했는데, 17세기에 처음 제기된 이런 주장은 20세기 중반에 들어 '전설', 즉 객관적인 근거가 없는 주장으로 판명됐다. 따라서 지금은 서양 금속활자 인쇄술의 발명자를 구텐베르크로 보는 것이 일반적이다. ─ 옮긴이

로 삼았다. 15세기 말 독일에서 발전한 인쇄술에 흥미가 동한 그는 이 기술이 제법 돈벌이가 되리라는 점을 감지했다. 캑스턴은 자신이 사는 도시에 직접 인쇄소를 차리고, 1475년에 《트로이 역사 이야기》라는 책을 간행했다. 조금 역설적이게도, 영어로 된 가장 오래된 인쇄물이 영국이 아니라 플랑드르에서 간행된 것이다.

캑스턴은 영국으로 돌아와 런던의 웨스트민스터 사원 교구에 인쇄소를 차렸다(덧붙여 설명하자면, 오늘날까지도 인쇄 조합이 조합 지부를 chapel예배당이라고 부르고, chapel의 대표를 father신부라고 부르는 것은 바로 이 때문이다). 그러고는 역사, 철학, 초서와 맬러리의 저술 등 온갖 종류의 책을 쏟아내기 시작했으며 그 덕에 엄청난 부자가 됐다. 이처럼 쉽고도 빠르게 돈을 벌 수 있다는 점 때문에 다른 사람들도 앞다투어 인쇄소를 차렸다.

보와 케이블에 따르면, 1640년에 영국에서는 무려 2만 종이 넘는 책이 간행됐다. 다시 강조하지만, 2만 '권'이 아니라 2만 '종'이다. 인쇄술의 대두와 함께 규칙적인 철자법을 향한 어마어마한 추진력이 갑자기 생겨났다. 지역에 따른 어휘의 차이는 한동안 그대로 남아 있었지만 (그리고 오늘날까지도 상당한 정도까지 남아 있지만) 런던의 철자법은 점점 더 고정되어 갔다. 하지만 오늘날의 요크셔 사람이나 스코틀랜드의 하일랜드인도 뭔가를 읽을 때는 런던 영어를 반드시 사용해야 하는 것처럼, 16세기에는 온갖 종류의 인쇄물에서 그 수도의 영어가 점점 더 지배적이 됐다. 여러 불규칙성이 한동안 끈질기게 남아 있었고, 캑스턴만 해도 앞에서 언급한 유명한 이야기에서처럼 런던 사람이 인근의 켄트에 가서 달걀을 사려고 했지만 의사소통이 안 되더라는 사실을 알고 있었다. 하지만 당시에는 표준화로 향하는 것이 명백한 대세였으며, 1650년에 이르러 이 목표가 효과적으로 달성됐다.

우리로서는 불운이지만, 영국의 철자법이 고정된 시기는 하필이면 어떤 언어에서나 주기적으로 나타나 동요를 일으키는 대대적인 음성적 혼란이 한창 진행 중인 시기이기도 했다. 그 결과로 오늘날 우리가 사용하는 영어는 대부분, 지금으로부터 400년 전에 살던 사람들의 발음을 고스란히 반영한 철자법을 갖게 됐다. 초서의 시대만 해도 knee나 know 같은 단어에서 k가 여전히 발음되고 있었다. knight만 해도 당시에는 대략 'kuh-nee-guh-tuh'와 비슷하게 발음됐다. gnaw와 gnat 같은 단어에서도 g가 발음됐고, folk와 would와 alms 같은 단어에서도 l이 발음됐다. 한마디로 오늘날 대부분의 단어에서 묵음은 예전에 발음되던 철자의 그림자에 불과하다. 만약 캑스턴이 한 세대쯤 뒤에 나타났다면 영어는 오늘날 aisle, bread, eight, enough 같은 비논리적인 철자들을 덜 갖게 되지 않았을까.

하지만 여기서 끝나지 않았다. 17세기에 영국인이 고전어를 애호하게 되자, 선량하지만 무지한 참견쟁이들이 라틴어의 모범을 따라 영어 단어들의 철자법에 장난을 치기 시작한 것이다. 그래서 그 전까지만 해도 dette와 doute였던 철자에 b가 들어가 debt와 doubt가 됐다. 이것은 그 어원인 라틴어 debitum과 dubitare에 경의를 표하기 위한 철자 변화였다. 이와 같은 방법으로 receipt에도 p가 들어갔다. island에 s가 들어가고, scissors에 c가 들어가고, anchor에 h가 들어간 것도 마찬가지 이유에서였다. tight와 delight는 night와 right를 염두에 두고 일치시킨 경우지만, 어원학적인 근거는 전혀 없다. rime이 rhyme이 된 것도 마찬가지다. 그런가 하면 철자법이 더 불규칙하게 변한 사례도 있다. descrive나 descryve가 describe로, perfet나 parfet가 perfect로, verdit가 verdict로, aventure의 첫음절에 d가 들어가 adventure가 된 경우가 모두 그렇다. 이렇게 끼어든 글자가 모두 처음에는 debt의 b처럼 묵음이었지만, 나중에는 모두 발음하게 됐다.

영어 철자법이 무작위적인 듯 보이는 마지막 이유는 다른 문화에서 단어를 자유롭게 차용하는 경향뿐만 아니라, 그 철자를 보존하려는 경향도 있기 때문이다. 다른 언어들과 달리, 영어는 대부분 빌린 외국어를 원래 모습대로 내버려 두는 데 만족한다. 예컨대 음식을 놓는 긴 카운터를 지칭하는 단어가 필요할 경우 이를 뜻하는 단어인 buffet를 차용하고 'buffay'라고 발음하지만, 똑같은 단어 buffet가 뭔가를 '때린다'라는 의미를 갖고 'buffit'으로 발음된다는 사실은 아예 무시해버리는 것이다. 이와 같은 방식으로 brusque무뚝뚝한, garage차고, chutzpah뻔뻔함처럼 일반적인 영어의 패턴을 깡그리 무시하는 단어들에 대해서도 골머리를 앓지 않는다. 하지만 상당수의 다른 언어 사용자들이었다면 이런 청각적인 불일치를 도저히 참지 못했을 것이다.

시간이 흐르면서 영어 사용자들 가운데 상당수도 점차 같은 생각을 하게 됐다. 18세기 말에 사람들은 더 질서 정연하고 신뢰할 만한 철자법을 요구하기 시작했다. 만약 철자법이 개혁되지 않으면 "우리 단어들은 점차 소리를 표현하지 못하게 되고 오로지 사물만 나타내, 결국 중국 문자처럼 될 것"이라고 지적한 벤저민 프랭클린의 말은 당시의 여러 사람의 생각을 대변한 것이었다.[5] 1768년에 그는《새로운 알파벳과 철자

---

5. Philip Howard, *The State of the Language*, p. 149.

법 개혁양식을 위한 계획》을 출판했지만, 그 계획대로라면 6개의 알파벳을 더 만들어야만 했기 때문에 사실상 간소화라고 말할 수는 없었다.

사람들은 이 일에 열심히 뛰어들었다. 노아 웹스터는 간소화된 철자법을 추진했을 뿐만 아니라, 이를 법적 의무 사항으로 만들기 위해 의회에 로비까지 벌였다. 자칫하면 미국을 철자 하나 잘못 쓴 죄로 처벌까지 받을 수 있는 역사상 유일무이한 나라로 만들 뻔했던 셈이다. 간소화된 철자법을 적극 지지한 또 다른 열성가로는 마크 트웨인이 있다. 사실 그는 영어 단어의 불규칙성보다는 그걸 쓰는 데 드는 노동량 때문에 더욱 불편을 느낀 경우다. 그는 속기술을 발명하기도 한 아이작 피트먼이 고안한 '속기식 알파벳phonographic alphabet'에 매료됐다(그런데 정작 피트먼은 자신이 개발한 속기술에 속기식 표음 필기술Stenographic Soundhand이라는 이름을 붙임으로써 발명가들이야말로 자기 발명품에 이름을 붙이는 데 무능하게 마련이라는 것을 다시 한번 증명했다).[6]

"laugh라는 단어를 쓰려면 펜이 모두 열네 번이나 움직여야 한다." 트웨인은《간소화된 알파벳》이라는 저서에서 이렇게 지적했다. "또 laff라는 단어를 쓰기 위해서도 펜이 똑같은 수만큼 움직여야 한다. 결국 필자로서는 노동이 전혀 절약되지 않는 것이다." 하지만 똑같은 단어를 속기식 알파벳으로 쓰면, 펜을 겨우 세 번만 움직여도 된다고 트웨인은 주장했다. 물론 숙련되지 않은 사람 눈에 피트먼의 속기식 알파벳은 마

---

6. 이보다 더한, 그리고 아마도 결정적인 증거는 1874년에 영국인 월트 클롭턴 윙필드 소령이 야외에서 하는 운동경기를 고안하고 거기에 스페어릭스타이크(spharixtike)라는 이름을 붙인 것이다. 이 운동경기는 그 고안자의 친구이며 훗날 영국 총리가 된 아서 밸푸어가 잔디밭 테니스(lawn tennis)라는 이름을 제안하면서 유행하게 됐다.

치 아랍어와 사이드와인더 뱀이 지나간 S자 흔적을 합해놓은 모양일 뿐
이어서 도무지 무슨 뜻인지 알아보지 못할 것이다.

하지만 그렇다고 해서 이런 운동이 곧 시들해졌다는 뜻은 아니다. 오
히려 그 세기 말쯤에 이르자 다윈, 테니슨, 아서 코넌 도일, 《옥스퍼드 영
어 사전》의 초대 편찬자인) 제임스 A. H. 머리, 그리고 당연히 트웨인까지
포함해 대서양 양편의 저명인사들이 모두 철자법의 개혁을 지지할 정
도가 됐다. 나로선 철자법 개혁에 관심이 있는 저명인사가 많았다는 점
을 더 놀랍게 여겨야 할지, 그런데도 이들이 그 개혁의 실현에 거의 영
향력을 미치지 못했다는 점을 더 놀랍게 여겨야 할지 모를 지경이다.

철자법개혁협회가 곳곳에서 생겨나기 시작했다. 1876년에는 새
로 구성된 미국 언어학협회가 liv=live, tho=though, thru=through,
wisht=wished, catalog=catalogue, definit=definite, gard=guard, giv=give,
hav=have, infinit=infinite, ar=are 등 11가지 새로운 철자의 '긴급' 채택
을 호소했는데, 도대체 어쩌다가 유독 이 11개에 도달했는지는 물론이
고 만약 이것이 채택되지 않을 경우에는 과연 어떤 대격변이 일어난다
고 생각했기에 그토록 호들갑을 떨었는지는 알려지지 않았다. 같은 해
에 십중팔구 미국의 건국 100주년에서 영감을 받은 듯 철자법개혁협회
가 설립됐고, 그로부터 3년 뒤에 영국에서도 비슷한 단체가 생겨났다.

1906년에 자선사업가 앤드루 카네기가 25만 달러라는 어마어마한
금액을 희사해 간소화철자법위원회의 설립에 일조했다. 이 위원회의 초
기 활동 가운데 하나는 ax/axe, judgement/judgment 등 철자가 흔히
2가지 방식으로 사용되는 단어 300개의 목록을 작성해 둘 중 더 간소한
쪽을 승인하는 것이었다. 이에 따라 그리고 국립교육위원회 등 영향력 있

는 단체들의 지원 덕분에 catalog=catalogue · demagog=demagogue · program=programme 같은 미국식 철자법이 받아들여졌고, H. L. 멩컨에 따르면 더 나중에는 tho=though도 완전히 자리 잡는 데 성공했다.[7] 시어도어 루스벨트는 이렇게 더 쉬운 철자법에 감명을 받은 나머지 모든 연방 문서에 이 철자법을 차용하라고 정부 인쇄창에 지시했다. 그래서 한동안은 간소화된 철자법이 본궤도에 오른 것처럼 보였다.

하지만 흔히 그렇듯이 간소화철자법위원회는 처음의 성공에 기고만장해진 나머지 더 야심만만한, 어떤 사람들의 눈에는 더 어리석은 변화를 도모했다. tuf=tough, def=deaf, troble=trouble, yu=you, filosofy=philosophy에서 볼 수 있듯 수십 개의 단어가 눈이 휘둥그레질 만큼 달라진 것이었다. 그러자 곧 만만찮은 저항에 부딪혔다. 간소화된 철자법의 인기가 갑자기 시들해졌는데, 한편으로는 제1차 세계대전의 촉발 때문이었고 다른 한편으로는 가장 부유한 후원자였던 앤드루 카네기의 사망 때문이었다. 후원자들이 모두 등을 돌리면서 간소화철자법위원회는 줄곧 쇠락의 길을 걷다가 잊혔고, 끝내 없어져 버렸다.

하지만 그 운동은 간헐적으로나마 지속됐다. 가장 유명한 지지자인 조지 버나드 쇼는 이렇게 짓궂은 글을 쓰기도 했다. "어떤 똑똑한 아이가 debt라는 단어의 철자를 배우고 나서도 제 딴에는 아주 합리적으로 이를 d-e-t라고 썼을 경우, 가운데 b를 빼먹었다는 이유로 회초리를 맞을 수밖에 없다. 율리우스 카이사르가 일찍이 그 단어에 b를 넣어 썼다

---

7. H. L. Mencken, *The American Language: An Inquiry into the Development of English in the United States*, p. 491.

는 이유 때문이다." 쇼는 집필할 때 자신이 고안한 속기를 사용했으며 희곡을 출판할 때도 can't, won't, haven't를 각각 cant, wont, havnt 로 바꿔 쓰는 식으로 간소화된 표현을 어느 정도는 꼭 넣어야 한다고 고집했다. 그는 1950년에 사망하면서 철자법 개혁을 위해 유산 가운데 일부를 남겨놓았다. 실제로는 그중 상당액이 상속세로 날아가 버리고 그 모든 일이 깡그리 잊힐 뻔했지만, 그의 희곡 〈피그말리온〉이 뮤지컬 〈마이 페어 레이디〉로 개작되어 대대적인 인기를 끌면서 갑자기 인세가 쏟아져 들어오기 시작했다. 하지만 이런 활동조차도 오늘날 영어의 철 자법에 지속적인 변화를 만들어내지는 못했다.

구식 철자법에 대한 최후의 저항 중에는 〈시카고 트리뷴〉의 편집 장 겸 발행인이던 로버트 R. 매코믹 대령이라는 인물의 활동도 있 다. 그는 무려 두 세대에 걸쳐서 nite=night, frate=freight, iland=island, cigaret=cigarette 등 300여 개의 다른 철자를 사용하자고 주장했다. 물 론 이 모두를 한꺼번에 내놓은 것은 아니다. 그가 사망하자마자 그중에 서도 비교적 설득력 없는 철자는 조용히 사라져버렸다. 특이하게도 매 코믹은 tho=though와 thru=through 같은 가장 흔한 축약형 2가지를 사용 하자고 주장하지는 않았다. 이 2가지가 그의 마음에 들지 않아서 그런 것뿐인데, 무릇 신문사 사주 정도 되면 그런 개인적 취향까지도 충분히 설득력 있는 이유로 삼을 수 있는 법이다.

이 철자법 개혁은 거의 두 세기 동안이나 몇몇 뛰어난 인물의 마음을 사로잡았지만, 정작 이런 노력 덕분에 생긴 변화는 거의 없다시피 했으 며, 간혹 있어도 대개는 오래가지 못했다. 주목할 만한 예외 하나는 (다 음 장에서 더 자세히 알아볼) 노아 웹스터였지만, 그가 만든 변화도 그가 꿈꾼 것처럼 광범하게 영향을 미치진 못했다.

이에 비해 비교적 덜 주목받는 사실은 무려 수 세기 동안 조용히 이루어져온 또 다른 철자법 개혁이다. 규모는 작았지만 아주 눈에 띄지 않는 정도는 아니었으며, 외부의 작용이 전혀 없는 상태에서 이루어진 것이었다. 영어의 발전에서 대부분 국면에 특징이 되다시피 한 놀라우리만치 무작위적인 방식으로, 그냥 그런 일이 벌어진 것이다. deposite, fossile, secretariate 등 많은 단어가 문자 그대로 무의미한 마지막 e를 내던져버린 것이 그 예라고 할 수 있다. musick와 physick도 불필요한 k를 포기했다. 이런 경향은 최소한 미국에서는 오늘날까지도 계속되고 있다. catalog, dialog, omelet 같은 간소화된 철자들이 catalogue, dialogue, omelette 같은 옛날 철자들을 천천히 몰아내는 현상이 바로 그런 경우다. 200년 전까지만 해도 (ax/axe, gray/grey, inquire/enquire 그리고 북아메리카 외곽의 경우 jail/gaol처럼) 철자법이 2가지 이상인 단어들이 수십 가지였지만, 지금은 그 목록이 기껏해야 한 줌 정도로 줄어들었다. 하지만 여기서도 영어 사용 국가마다 여기저기서 하나의 형태, 또는 다른 형태를 선호하면서 규칙성을 향해 움직이는 경향이 나타나고 있다.

그래도 외관상으로는 철자법 개혁을 지지하는 강력한 주장이 여전히 나오고 있다. wring비틀다과 ring고리, meet만나다와 meat고기와 mete경계의 차이가 무엇인지, 또는 hinder방해하다에는 e를 넣어 쓰는데 왜 hindrance방해에는 그렇게 안 하는지, proceed진행하다에는 e가 이중으로 들어가는데 왜 procedure진행에는 한 번만 들어가는지, 그리고 enough와 biscuit과 pneumonia는 왜 굳이 그처럼 발음과 다르게 써야 하는지를 여덟 살짜리나 10대 청소년 앞에서 설명하기 위해 골머리를 앓은 경험이 있는 사람이라면, 누구든 철자법 개혁의 대의를 지지할 테니 말이다.

하지만 철자법 개혁에 대한 호소는 몇 가지 힘겨운 문제를 간과할 수밖에 없다. 하나는 구식 철자법이 벌써 잘 정착됐다는 점이다. 어찌나 잘 정착됐는지 우리 중 대부분은 bread, thought, once 같은 단어들이 두말할 나위도 없이 비음성학적이라는 사실을 미처 눈치채지 못할 정도다. 영어의 철자법을 간소화하고 규칙화하려는 시도는 거의 항상 어딘가 낫썰고 불가피하게 독딴저긴 부뉘기를 풍기며 당여니 대부부느이 독짜드를 걸려 너머지게 한다.[8] 우리 철자법의 친숙함에 관해서라면 할 말이 정말 많다. 물론 그 모두가 항상 이치에 닿는 것은 아니라도 말이다. 간소화된 철자법 체계가 일관성이라는 견지에서는 이득일지 몰라도, 명확성이라는 견지에서는 도리어 손실을 빚는 셈이다. 예컨대 eight가 일곱 다음에 나오는 숫자를 적는 방식으로는 특이하기 짝이 없을지 몰라도, 최소한 eat의 과거 시제인 ate와 구별하는 데에는 도움이 되기 때문이다.

이와 유사하게 영어에서 'seed'라는 음절은 seed, secede, proceed, supersede 같은 단어에서처럼 다양한 철자로 적을 수 있다. 하지만 만약 일관성을 목표로 그중 seed라는 단 하나의 철자법만을 고집한다면, reseed다시 씨를 뿌리다와 recede물러나다를 구별할 수 없을 것이다. 마찬

8. "낯설고 불가피하게 독단적인 분위기를 풍기며 당연히 대부분의 독자들을 걸려 넘어지게 한다"라는 구절을 저자가 일부러 소리 나는 대로 적었다.— 옮긴이

가지로 fissure균열는 fisher어부가 될 것이고, sew꿰매다와 sow씨 뿌리다 도 so그래서가 될 것이다. 그러면 seas바다와 seize붙잡다, flees달아나다와 fleas벼룩, aloud큰 소리로와 allowed허락하다, chance기회와 chants노래 하다, air공기와 heir상속자, wrest비틀다와 rest쉬다, flu감기와 flue연기 구멍 와 flew날다, weather날씨와 whether~인지 어떤지와 wether거세한 숫양 를 비롯해 수없이 많은 단어를 구별할 수 없을 것이다. 결국 혼란과 모 호함만이 reign군림하다할 것이다(그리고 이 단어도 아마 rain비이나 rein고삐하 고는 구별이 안 될 것이다).

그리고 여러 가지 발음 중에서 어떤 것이 제일 나은지를 과연 누가 결정할 수 있단 말인가. 철자법을 바꾼 경우 우리는 either를 eether라 고 써야 할까, 아니면 eyther라고 써야 할까? 앞에서 살펴봤듯이, 우리 의 예상과 달리 발음과 철자의 관계는 그다지 돈독하지가 않다. 미국 식 영어의 구어투에서는 수백만 명이, 아니 아마도 대다수가 metal을 'medal', handbag을 'hambag', frontal을 'frunnal', totally를 'tolly', foreign을 'forn', nuclear를 'nookular'로 발음한다. 그렇다면 철자법 도 이런 발음들을 마땅히 반영해야 할까? 사실 시야를 세계로 넓힌다면, 영어 철자법 가운데 상당수는 다양한 종류의 발음에 부응하는 셈이다. 따라서 엄격한 음성학적 표현을 고집하려고 치면, 미국 대부분 지역에서 girl은 'gurl'로 (그리고 뉴욕에서는 'goil'로), 런던과 시드니에서는 'gel'로, 아일랜드에서는 'gull'로, 남아프리카에서는 'gill'로, 스코틀랜드에서는 'gairull'로 표기해야 마땅할 것이다. 그렇게 된다면 국가 간, 심지어 한 국가 안에서도 문자를 이용한 의사소통이 사실상 불가능해질 것이다. 다 음 장에서 살펴보겠지만, 이것은 벌써부터 작지 않은 문제가 되고 있다.

9

좋은 영어와 나쁜 영어

GOOD ENGLISH AND BAD ENGLISH

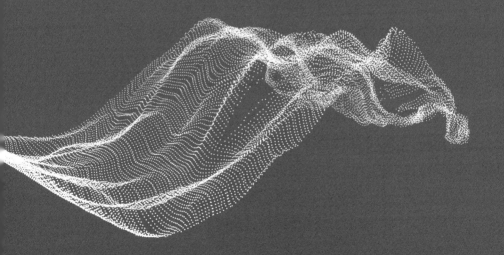

영어의 의심할 나위 없는 미덕 가운데 하나는, 유동적이며 민주적인 언어로서 어떤 위원회의 명령보다는 일반적인 용례의 압력에 반응해서 의미가 이동하고 변한다는 것이었기 때문이다. 이것은 지난 수 세기 동안 지속된 자연스러운 과정이다. 그런 과정에 간섭하는 것이야말로 완고하고 쓸모없는 일일 것이다.

GOOD ENGLISH AND BAD ENGLISH

품사 하나하나를 한번 생각해보자. 라틴어에서 동사는 최대 120가지 굴절이 있다. 영어에서는 아무리 많아야 (see, sees, saw, seeing, seen처럼) 5개고, 대개는 그보다 적어서 (hit, hits, hitting처럼) 달랑 3개뿐이다. 갖가지 동사형을 다 쓰지는 않고 몇 가지 동사형만 쓰지만, 그것들을 갖가지 방식으로 차용한다. 자동차를 앞으로 가게 하는 행위를 표현하는 데 (drive, drives, drove, driving, driven처럼) 겨우 5가지 굴절만 필요하지만, 이 5가지만 가지고도 아주 복잡하고 미묘한 시제 변화를 표현할 수 있다. I drive to work every day나는 매일 출근하면서 차를 운전한다, I have been driving since I was sixteen나는 열여섯 살 때부터 차를 운전했어, I will have driven 20,000 miles by the end of this year올해 말이면 2만 마일을 운전하는 셈이야 등이다.

이런 체계는 사용하기에는 편리한 반면, 정작 무엇이 무엇인지 분류하기는 어렵다. 어떤 교과서를 들여다봐도 동사 drive의 현재형은 drive라고 나온다. 초등학생들도 다 아는 사실이다. 하지만 만약 I used to drive to work but now I don't나는 예전에 출근하면서 차를 운전했는데, 지금은 안 해라고 말한다면, 명백히 현재 시제인 drive를 과거 시제의 뜻으로 사용한 것이다. 이와 마찬가지로 I will drive you to work tomorrow내가 내일 차를 운전해서 너를 출근시켜 줄게라고 말할 때는 현재 시제를 미래 시제로 사용한다. 그리고 I would drive if I could afford to내가 여유만 있다면 운전을 할 텐데라고 말하는 경우에는 이 단어를 조건문의 의미로 사용한다. 사실 drive의 현재 시제를 사용할 수 없는 유일한 문장 형태가 있다면, 바로 현재 시제뿐일 것이다. 지금 당장 진행 중인 어떤 행동을 가리켜야 할 때는 반드시 분사형인 driving을 사용해야 하기 때문이다. 보통은 I drive the car now라고 하지 않고, 오히려 I'm driving the car now나는 지금 자동차를 운전하고 있다라고 한다. 솔직히 말하면 이런 문법상의 분류는 대부분 무의미하다.

대개는 워낙 자연스럽게 여기고 생각조차 하지 않지만, 영어에서 가장 기본적인 개념들 가운데 일부는 정의하기가 끔찍하리만치 어렵다. 예컨대 문장이란 무엇인가? 대부분의 사전은 '완전한 생각을 구성하는 단어들의 집단이며 최소한 (기본적으로 명사인) 주어 하나와 (기본적으로 동사인) 술어 하나를 포함하는 것'이라고 정의한다. 하지만 이런 예를 생각해보자. 만약 내가 친구의 자동차를 운전하다가 사고를 냈을 경우 친구, 즉 그 자동차의 임자가 'What!뭐!' 또는 'Where?어디서?' 또는 'How?어쩌다가?'라고 말한다면, 그는 이미 완전한 생각을 표현한 것이며 따라서 한 문장을 말한 셈이다. 과연 여기에 주어나 술어가 있는가? 명사와 동사는 어디 있으며, 한 문장 안에서 보통 발견되리라고 기대되는 전치사와 접속사와 관사와 그 밖의 구성 요소들은 또 어디로 갔는가?

이런 문제를 우회하기 위해, 문법학자들은 그런 문장들이 마치 거기 없는 단어들을 포함하는 것처럼 가장한다. What!은 사실상 What are you telling me! You crashed my car?뭐라는 거야! 네가 내 차로 사고를 냈다고?라는 의미고, Where?는 Where did you crash it?어디서 네가 사고를 냈는데?의 축약형이고, How?는 How on earth did you manage to do that, you old devil you?어쩌다가 그렇게 한 거야, 이 망할 자식아?라든지 그와 유사한 뜻으로 해석된다. 이런 과정을 '생략'이라고 하는데, 아주 재치가 넘치는 방법이다. 내 은행 계좌번호도 이렇게 생략할 수 있다면 얼마나 좋을까. 하지만 여기서 불가피한 사실은, 그런 문장들을 문법적 법칙에 순응시키는 일은 오로지 문법적 규칙들을 어길 때만 가능하다는 점이다. 그리고 내가 어렸을 때만 해도 그런 일은 부정행위라고 불렸다.

한마디로, 영어라는 언어에서 품사는 사실 추상적 개념일 뿐이다. 어떤 명사가 명사고, 어떤 동사가 동사인 까닭은 대체로 문법학자들이 그렇다고 말하기 때문이다. I am suffering terribly나는 끔찍스럽게 괴롭다라는 문장에서 suffering은 동사지만, My suffering is terrible내 괴로움은 끔찍스럽다에서 suffering은 명사다. 하지만 이 두 문장에서 모두 완전히 똑같은 관념을 표현하는 똑같은 단어다. quickly와 sleepily는 부사지만, sickly와 deadly는 형용사다. breaking은 현재 시제 분사지만, (He was breaking the window when I saw him내가 그를 봤을 때, 그는 창문을 깨고 있었다 같은 문장에서처럼) 같은 단어가 종종 과거 시제의 의미로도 사용된다. 반면, broken은 과거 시제 분사면서도 (I think I've just broken my toe내 생각에 방금 발가락이 부러진 것 같아처럼) 종종 현재 시제의 의미로 차용되고, (If he wins the next race, he'll have broken the school record만약 그가 다음 경주에서도 이긴다면, 그는 학교 기록을 모두 깨트리는 셈이다처럼) 미래 시제로까지 사용된다.

이 모든 불규칙을 처리하기 위해 품사의 정의를 폭넓게 내리다 보면 나중에는 의미 자체가 없어지고 만다. 명사는 보통 사람, 장소, 사물, 행동, 성질을 나타내는 단어라고 한다. 이렇게 되면 대부분 분야를 포괄할 것만 같지만, 행동을 나타내는 단어들은 대부분 동사고 성질을 나타내는 단어들은 (brave, foolish, good의 경우처럼) 대부분 형용사다.

영어가 이렇게 복잡하기에 권위자들조차 발을 헛디디기 일쑤다. 하나같이 전문가들이 쓴 다음 문장들이 그 동료 전문가들이 보기에는 아주 잘못된 용례를 하나씩 포함하고 있다.

"Prestige is one of the few words that has had an experience opposite to that described in 'Worsened Words'.위신이란 '악화된 단어'로 서술되는 것들과는 정반대의 경험을 갖는, 몇 안 되는 단어 가운데 하나다."[1]

☞ 여기서는 'one of the few words that have had'가 되어야 맞다.

"Each of the variants indicated in boldface type count as an entry.굵은 글씨체로 표시된 각각의 이형異形은 한 항목으로 계산한다."[2]

☞ 여기서는 'Each······ counts'가 되어야 맞다.

"It is of interest to speculate about the amount of dislocation to the spelling system that would occur if English dictionaries were either proscribed or (as when Malory or Sir Philip Sidney were writing) did not exist.만약 영어 사전이 배척되거나 (맬러리나 필립 시드니 경이 글을 쓰던 당시처럼)

---

1. H. W. Fowler, *A Dictionary of Modern English Usage*, second edition.
2. *The Harper Dictionary of Contemporary Usage*

아예 있지도 않았다고 한다면, 과연 철자법 체계에 어느 정도의 혼란이 일어났을지 상상해보는 것은 흥미로운 일이다."[3]

☞ 'was writing'이 되어야 맞다.

"A range of sentences forming statements, commands, questions and exclamations cause us to draw on a more sophisticated battery of orderings and arrangements.진술문, 명령문, 의문문, 감탄문을 형성하는 일련의 문장들은 우리가 다수의 세련된 배열과 정렬에 이 끌리도록 만든다."[4]

☞ (3인칭을 써서) 'causes'가 되어야 한다.

"The prevalence of incorrect instances of the use of the apostrophe ······ together with the abandonment of it by many business firms ······ suggest that the time is close at hand when this moderately useful device should be abandoned.아포스트로피의 사용에 부정확한 사례가 만연하고 (······) 아울러 여러 기업에서 아예 그것을 포기한다 는 것은 (······) 이 수수하면서도 유용한 장치가 포기되어야만 마땅한 때가 머지않았음 을 시사한다."[5]

☞ 여기서 'together with'는 접속사가 아니라 전치사로 기능하기 때

---

3. Robert Burchfield, *The English Language*.
4. 앞의 책.
5. 앞의 책.

문에, 동사를 지배하지는 않는다. 따라서 동사는 'suggests'가 되어야 맞다.

"If a lot of the available dialect data is obsolete or almost so, a lot more of it is far too sparse to support any sort of reliable conclusion.이용할 수 있는 방언 데이터 가운데 상당수가 폐물이 됐거나 거의 폐물이 된 경우, 그 가운데 상당수는 너무나도 빈약한 나머지 어떤 종류의 신뢰할 만한 결론도 뒷받침하지 못하게 된다."[6]

☞ 'data' 자체가 복수다.

"His system of citing examples of the best authorities, of indicating etymology, and pronunciation, are still followed by lexicographers.최고 권위자들의 사례를 인용하는, 어원과 발음을 나타내는 그의 체계를 지금도 사전 편찬자들이 따르고 있다."[7]

☞ 'His system ~ are'이라니?

"When his fellowship expired he was offered a rectorship at Boxworth (……) on condition that he married the deceased rector's daughter.그의 특별 연구원직이 만료됐을 때, 그는 박스워스에 있는 교구 목사직을 제의받는데 (……) 다만 고인이 된 전직 교구 목사의 딸과 결혼했어야

6. Robert Claiborne, *Our Marvelous Nature Tongue*.
7. Philip Howard, *The State of Language*.

한다는 것이 조건이었다."[8]

☞ 가정법을 잘못 사용했다. 'on condition that he marry'가 되어야
한다.

영어 문법은 워낙 복잡하고 혼란스러운데, 그 이유는 간단하다. 규칙
과 용어가 영어와는 공통적인 부분이 극히 드물다고 할 수 있는 라틴어
를 모범으로 삼았기 때문이다. 예를 하나 들자면, 라틴어에서는 부정사
를 분리할 수 없다. 따라서 초창기의 권위자들은 영어에서도 부정사의
분리가 불가능하다고 결정해버렸다. 하지만 절대로 안 된다는 타당한
이유는 없으며, 이것은 마치 로마인들이 인스턴트커피와 항공기를 이용
한 적이 한 번도 없으니까 우리도 이용해서는 안 된다고 하는 것과 다
름없다. 영어 문법을 라틴어의 규칙에 순응시키려는 것은 사람들에게
야구 경기를 풋볼의 규칙에 따라 해보라고 요구하는 것과 마찬가지다.
한마디로 터무니없다. 하지만 이렇게 정신 나간 개념이 일단 정착되고
나자, 문법학자들은 그 불일치를 조정하기 위해서 더 복잡하고 순환적
인 논증을 고안해야 하는 처지가 됐다. 버치필드가 《영어》에서 지적한
것처럼, F. Th. 비저라는 권위자는 무려 200쪽에 걸쳐서 현재분사의 한
가지 측면만 논의했다. 이것이야말로 놀라운 동시에 정신 나간 짓이 아
닐 수 없다.

초기의 권위자들은 라틴어 문법을 모범으로 삼았을 뿐만 아니라, 영
어 문법책을 라틴어로 쓰는 황당무계한 짓까지 서슴지 않았다. 토머스

---

8. Robert McCrum, et al., *The Story of English*.

스미스의《영어를 올바르게 개선해 쓰는 것에 관한 대화》(1568), 알렉산더 질의《영어 문법》(1619), (물론 저자 본인은 라틴어 문법이 영어에는 맞지 않는다는 사실을 인정했지만) 존 월리스의《영어 문법》(1653) 등이 그런 경우다. 이렇게 고전 언어의 모범을 '반드시' 따라야 한다는 생각은 오랫동안 전적으로 당연하게 여겨졌다.

한 문장을 영어로 어떻게 표현하는 게 최선일지를 결정하려면 일단 라틴어로 번역해보면 된다고 자랑한 드라이든의 말은 당시의 세태를 잘 대변한다. 1660년에 드라이든은 영어에는 "쓸 만한 사전이나 문법조차 없다. 그래서 우리 언어는 적잖이 야만스럽다"라고 불평했다. 그는 영어의 용례를 규격화하는 학술원이 있어야 마땅하다고 생각했고, 그 뒤 두 세기 동안 다른 많은 사람이 그의 견해를 따라 말했다.

1664년에 '경험 철학의 진흥을 위한 왕립학회'에서는 '영어를 향상하기 위한' 위원회를 하나 조직했지만, 지속적인 성과는 전혀 내지 못한 것 같다. 그로부터 33년 뒤《계획에 관한 시론》에서 대니얼 디포가 언어를 감독하는 학술원의 설립을 요구했다. 1712년에는 조너선 스위프트도《영어의 교정, 향상, 확인을 위한 제안》을 펴내면서 이 대열에 동참했다.

심지어 미국 독립전쟁의 와중인 1780년에 존 애덤스가 국회의장에게 보낸 편지에서 (표절했다고까지 말하기는 곤란하겠지만, 이보다 68년 전에 나온 스위프트의 소책자 제목과 상당히 유사한) "영어의 정제, 교정, 향상 및 확인"을 목적으로 하는 학술원 설립을 건의했다는 사실은 이 문제에 대한 사람들의 감정이 어느 정도였는지를 보여주는 지표가 아닐까 싶다. 1806년에 미국 의회가 국립학술원 설립에 대한 법안을 고려했으며 1820년에 미국 언어 및 순문학 학술원이 결성되어 존 퀸시 애덤스가 회장이 됐지만, 이 언어의 사용자들에게 어떤 영구적인 이득은 전혀 없었다. 이런 제안과 모임은 이 밖에도 여럿 있었다.

이 모든 것의 모범은 리슐리외 추기경이 1635년에 설립한 아카데미 프랑세즈다. 이 학술원은 설립 초기 야심만만한 변화의 촉진자였다. 1762년에는 수년 동안의 작업 끝에 당시 흔히 사용되던 단어의 4분의 1가량인 5000개 단어의 발음을 규격화한 사전을 출간했다. 이 사전은 estre와 fenestre 같은 단어에서 s를 빼서 각각 être있다와 fenêtre창문로 만들었고, roy와 loy를 각각 roi왕권와 loi법률로 만들었다. 하지만 최근 수십 년간 이 학술원은 이란의 종교 지도자인 아야톨라를 연상시키는 듯한 보수주의 경향을 보였다. 1988년 12월, 프랑스의 학교 교사 가운데 90퍼센트 이상이 지금으로부터 200년 전에 이 학술원이 도입한 철자법 개혁과 유사한 것을 도입하는 데 찬성했지만, 정작 학술원의 존경할 만한 구성원 40명은 프랑스어의 철자법처럼 성스러운 것을 함부로 고치려는 태도에 대해, 〈선데이 타임스〉의 표현처럼 "중풍 맞은 사람처럼 노발대발"했다. 세상일이 이런 식이다. 교사들은 원했지만 학술원 회원들은 원하지 않은 변화 중에는 être나 fenêtre 등의 단어에 붙은 곡절 악센트를 제거하자는 것도 있었고, bureaux사무실, chevaux말, chateaux성 등의 복수에서 -x를 제거하고 -s로 대체하자는 것도 있었다.

이런 행동은 국립학술원의 거의 불가피한 결점 가운데 하나를 뚜렷이 보여준다. 비록 처음에는 진보적이고 선견지명이 있는 기관이었더라도 시간이 지나면 십중팔구 변화에 억압적인 영향을 끼치게 되는 법이다. 그러니 영어 사용권 국가에서 그런 기관을 옹립하지 않았다는 사실

이야말로 아주 다행스러운 일일지도 모른다. 아주 영향력 있는 영어 사용자 중에는 학술원을 옹호한 사람뿐만 아니라 학술원을 반대한 사람도 적지 않았기 때문이다. 새뮤얼 존슨은 그 기관이 결국 변화를 저지하리라고 전망했으며, 토머스 제퍼슨 역시 그 기관이 결코 바람직하지 않다고 생각했다. 제퍼슨은 언어 및 순문학 학술원의 초대 명예회장 위촉 제안을 거절하면서, 만약 그런 기관이 앵글로색슨 시대에 만들어졌다면 영어는 오늘날의 세계를 서술할 역량을 아예 갖지 못했을 것이라고 단언했다.

영국의 과학자 겸 문법학자 겸 신학자인 조지프 프리스틀리는 아마도 학술원의 설립에 반대하는 가장 설득력 있는 발언을 한 인물일 것이다. 1761년에 프리스틀리는 그런 조치가 "자유로운 나라의 천재들에게는 부적합하다"라고 주장했다. "우리는 말이란 것이 언젠가 때가 무르익으면 그 자신의 탁월성에 따라 스스로 최상의 형태로 정착하리라는 확신을 가져야 한다. 그 모든 논쟁 속에서도 종종 성급하고도 분별없는 이런저런 회의를 여는 것보다는, 느리지만 확실한 시간의 결정을 기다리는 편이 우리로선 더 나을 것이다."[9]

영어는 그 언어를 망쳐버릴 수 있는 권위자가 없었다는 사실 덕분에 외부인에게 오히려 칭찬을 받았다. 일찍이 1905년에 오토 예스페르센은 영어에 엄격성이 결여된 것과 무격식성의 즐거운 분위기까지 칭찬했다. 프랑스어를 루이 14세의 딱딱하고 격식을 차린 정원에 비유하면서, 그에 비하면 영어는 "어떤 뚜렷한 계획도 없는 것처럼 만들어졌으

---

9. Baugh and Cable, *A History of the English Language*, p. 269.

며, 그 안에서 우리는 엄격한 규제를 강요할 완고한 파수꾼을 두려워할 필요 없이 어디나 마음껏 걸어 다닐 수 있다"라고 했다.[10]

인도할 만한 공식 학술원이 없기 때문에 영어 사용권 국가 중 영국에서는 H. W.와 F. G. 파울러 형제나 어니스트 고워스 경, 미국에서는 시어도어 번스타인과 윌리엄 새파이어를 비롯한 자칭 전문가들에게 오래전부터 의존해왔다. 이들은 책을 쓰고, 강연을 하고, 그 밖에 갖가지 방법을 동원해 각자 인지한 언어의 쇠퇴를 staunch멎게 하다가 아니라 stanch멎게 하다하려고 (변변찮은) 노력을 기울였다. 이들은 uninterested 이해관계가 없는와 disinterested사욕이 없는, imply함축하다와 infer추론하다, flaunt과시하다와 flout비웃다, fortunate운 좋은와 fortuitous우연한, forgo~없이 때우다와 forego앞서가다, discomfort불쾌와 discomfit좌절 간의 (그리고 stanch와 staunch도 잊지 말아야겠지만) 유용한 구분에 주목해야 한다고 지적했다. 또한 fulsome지나친이 제대로 쓰자면 칭찬이 아니라 모욕하는 말이고, peruse숙독하다가 '꿰뚫어 보다'가 아니라 '꿰뚫어 읽다'라는 뜻이며, data와 media는 단수가 아니라 복수라는 것을 지적했다. 하지만 이들은 그 땅의 최고위 공무원들에게도 무시당하고 말았다.

1970년대 말에 지미 카터 대통령은 자신의 언어학적 병기고에 문제가 있다는 것을 누설하고 말았다. "이란 정부는, 아무런 비난도 받지 않고서, 세계 공동체가 표명한 의지와 법규를 과시할flaunt 수 없다는 사실을 반드시 깨달아야 할 것이다." 아마도 flaunt과시하다가 아니라 flout비웃다라고 말하려던 것이었으리라. 조지 부시는 1988년에 대통령으로

---

10. Jespersen, *The Growth and Structure of the English Language*, p. 16.

선출된 직후 어느 TV 기자에게 자신은 지금 벌어진 일의 '어마어마함 enormity'을 도무지 믿을 수 없다고 말했다. 만약 enormity의 일차적인 뜻이 '무법'이나 '악행'이라는 것을 알았다면, 대통령 당선자 부시는 십중팔구 그보다는 좀 더 적절한 말을 고르지 않았을까.

이런 변화 과정이 자기 생애에 벌어지는 것을 지켜보는 사람이라면, 십중팔구 변화에 반대하는 절망과 경악의 함성을 내뱉게 마련이다. 하지만 그런 변화는 지속적이며 불가피한 것이기도 하다. 이에 대해 알려면 최근 수십 년 동안 언어의 권위자들이 펴낸 저술에서 그들을 분노하게 만든 용례가 과연 무엇이었는지를 살펴보는 것이 최선이 아닐까 싶다. 1931년에 H. W. 파울러는 racial인종의이라는 단어에 대해 혀를 끌끌 차면서, "흉측한 단어이며, 그 이상함은 -al이라는 접미사가 분명히 라틴어가 아닌 단어의 끄트머리에는 결코 어울리지 않는다는 우리의 본능적인 느낌 때문"이라고 했다(이와 비슷한 이유에서 그는 television텔레비전 과 speedometer속도계도 싫어했다).

다른 권위자들도 저마다 다양한 방법을 동원해 때로는 아주 격렬하게 enthuse열광하다, commentate해설하다, emote허풍떨다, prestigious 유명한, 동사일 때의 contact접촉하다와 동사일 때의 chair착석하다를 비롯해 수십 가지 단어를 공격했다. 하지만 그런 공격은 어디까지나 의견에 불과했고, 이 세상에서 사람들의 의견이란 것이 흔히 그렇듯 이들의 의견도 대개는 무시되고 말았다.

이렇게 영어를 위해 공식적으로 임명된 수호자가 전혀 없다면, 지금 우리가 어린 시절부터 익히 알고 있는 그 모든 규칙은 과연 누가 만들었을까? 문장을 전치사로 끝내서는 안 되며, 접속사로 시작해서도 안

되고, 2가지 대상에는 반드시 each other를 써야만 하고, 2가지 이상의 대상에는 one another를 써야 하고, hopefully바라건대; 아마는 반드시 Hopefully it will not rain tomorrow아마 내일은 비가 오지 않을 거야같이 확실한 의미에서만 써야 한다는 것은 과연 누가 정했을까? 정답은 십중 팔구 누구도 그렇게 정한 적이 없다는 것이다. 이런 '규칙들'의 배경을 살펴보기만 해도 그 근거는 거의 없다시피 한 경우가 허다하다.

이 가운데 문장을 전치사로 끝내서는 안 된다는, 기묘하게도 끈질기게 남아 있는 개념을 한번 생각해보자. 이런 구속은 물론이고 마찬가지로 의구심이 드는 다른 구속들의 원천은 로버트 로우스라는 18세기 성직자 겸 아마추어 문법학자로, 1762년에 출간된 그의 책《영어 문법 간략 개론》은 그의 고향인 영국과 해외에서 무지막지하게 긴 생명을 누리며 괴로우리만치 영향력을 발휘했다. 오늘날 현학자들이 가장 애지중지하는 개념 가운데 상당수가 바로 로우스로부터 나왔다는 것을 추적할 수 있다. different to나 different than이 아니라 반드시 different from이라고 해야 한다든지, 이중부정이 긍정을 만든다든지, 그냥 the heavier더 무거운 것가 아니라 the heaviest of the two objects2가지 중에 제일 무거운 것라고 해야 한다든지, shall과 will의 구분이라든지, between은 오로지 두 대상에만 적용될 수 있고 among은 둘 이상의 대상에만 적용된다는 분명히 무의미한 믿음까지 말이다(맨 마지막 추론대로라면, 런던과 베를린과 마드리드 '사이에between' 파리가 있다고 말하는 것은 불가능하고 차라리 다른 세 도시 '가운데among' 파리가 있다고 말해야 할 텐데, 이렇게 되면 전자와 후자는 전혀 다른 의미가 된다).

로우스의 갖가지 신념 중에서도 가장 주목할 만한, 그리고 기묘하게도 여전히 지속되는 것은 아마도 문장이 전치사로 끝나서는 안 된다는 확신이 아닐까. 하지만 그 자신도 이에 관해서 훈계조로 주장하지는 않는다. 그는 문장을 전치사로 마무리하는 것은 관용적이며, 말하기는 물론이고 비공식적인 글쓰기에서도 흔하다는 사실을 알고 있었다. 그는 다만 '엄숙하고 고상한' 글쓰기에서는 전치사가 반드시 그 관계사 앞에 있어야 하는 것은 아니지만 그렇게 하면 문장이 훨씬 우아하다는 자신의 생각을 제안했을 뿐이다. 하지만 불과 100년 사이에 이것이 약간 미심쩍은 조언에서 불변의 법칙으로 탈바꿈하고 말았다. 무엇이든 문자 그대로 받아들이는 풍조 속에서 19세기의 학자들은 '전치사preposition'를 '앞에 놓이는 말pre-position'로, 즉 뭔가의 (그 '뭔가'가 뭐든지 간에) 앞에 와야 하는 것으로 받아들인 것이다.

하지만 당시는 한마디로 휘황찬란한 어리석음의 시대였기 때문에 문법학자와 학자마다 그야말로 새로운 부조리를 고안하기 위해 악다구니를 써가면서 (one another와 each other가 모두 해당할) 서로를 능가하기 위해 광분했다. 이 시대에 셰익스피어의 laughable우스운이 laugh-at-able로, reliable의지가 되는이 relionable로 바뀌어야 마땅하다는 제안이 진지하게 나왔다. 얼핏 보기에는 이의를 제기할 수 없을 듯한 lengthy긴, standpoint입장, international국제적인, colonial식민지의, brash성마른 같은 단어들조차 어원학적 결함을 비롯한 여러 이유로 비난받았다. 아편 중독자였던 토머스 드 퀸시는 아편을 피우다가 짬을 내 what on earth도대체라는 표현을 공격했다.

어떤 사람들은 lunatic미친 대신에 mooned(직역하면 '달에 홀린')를, prophet예언자 대신에 foresayer(직역하면 '미리 말하는 사람')를 썼는데, 그 새로운 단어들이 앵글로색슨어라서 어쨌든 좀 더 순수하리라는 것이 그 근거였다. 그들은 petra에 oleum을 더한 petroleum석유처럼 그리스어와 라틴어의 어근을 합해 새로운 단어를 만드는 무식쟁이들을 가차 없이 비판했다. 하지만 그런 와중에 그들이 자기 자신을 가리키기 위해 고안한 grammarians문법학자라는 단어도 그때까지 수 세기 동안 영어에서 아무 탈 없이 살아남은 다른 여러 단어와 마찬가지로 그리스어와 라틴어의 어근을 합해서 만든 변종이라는 사실은 직시하지 못했다. 그들은 handbook편람까지 공격했는데, 명목상으로는 그것이 19세기에 처음 모습을 드러낸 추악한 독일계 합성어라는 것이 이유였지만, 실제로 그것은 한동안 잊혀서 쓰이지 않았을 뿐이지 고대 영어의 버젓한 단어 가운데 하나였다.

영어의 묘미 가운데 하나는 세계 각국의 단어들 가운데서 이런저런 조각을 가져다가 융합해 새로운 구문을 만들 수 있다는 점이다. trusteeship수탁자의 직무은 스칸디나비아어(노르드어)의 어간인 trust에 프랑스어의 접사 ee와 고대 영어의 어근인 ship을 합한 것이다. 우리는 이런 재간 때문에라도 스스로 자랑스러워해야 마땅하건만, 지금은 권위자들이 모든 새로운 구문에 대해서 흉측하다느니 야만스럽다느니 공격을 일삼고 있다.

오늘날 영국에서는 different than이라는 구문이 개탄해 마지않을 미국식 영어라고 공격하는 권위자들을 쉽게 찾아볼 수 있는데, 이들은 How different things appear in Washington than in London워싱턴에서 벌어지는 일들은 런던에서와 얼마나 다른가이라는 문장이 비문법적이며 How different things appear in Washington from how they appear in London런던에서 벌어지는 일들에 비해 워싱턴에서는 얼마나 다른 일이 벌어지는가으로 고쳐야 마땅하다고 주장한다. 하지만 different than은 수 세기 동안이나 영국에서도 흔히 사용됐으며 디포, 애디슨, 스틸, 디킨스, 콜리지, 새커리 같은 저명한 작가들도 사용한 표현이다. 영국과 미국 양쪽 모두에서 또 다른 전문가들은 hopefully의 사용 자체를 비웃는다.《뉴욕타임스 문체 및 용례 편람》은 한마디로 이를 금지한다. 이 책의 저자들은 Hopefully the sun will come out soon아마 금방 해가 나올 거야이라고 말하면 안 된다면서, 그 대신 It is to be hoped that the sun will come out soon해가 금방 나올 것으로 기대된다이라는 꼴사나운 수동 겸 완곡 구문을 쓰는 것으로 타협해야 한다고 배우고 자란 모양이다. 이유가 뭐냐고? 권위자들이 hopefully를 문장 처음에 놓는 것은 법조동사의 자리를 잘못 잡은 것이라고, 즉 문장의 다른 어떤 말도 수식하지 않기 때문이라는 것이다. 하지만 그들은 이와 마찬가지로 간격을 떨어트려서 쓰는 admittedly, mercifully, happily, curiously 등 다른 수십 가지 단어에 대해서는 아무런 이의도 제기하지 않는다. hopefully가 허락되지 않는 진짜 이유는, 글쎄, 한때 〈뉴욕타임스〉의 고위 간부 가운데 한 사람이 그런 말을 쓰지 않았기 때문인지도 모른다. 그의 선생님이 일찍이 그 말을 못 쓰게 했기 때문에, '그의' 아버지가 그 말이 흉측하고 품위 없다고 생각했기 때문에, '그' 역시 어릴 때 학식이 풍부한 어느 아저씨한테 그래서는 안 된다고 배우고 자랐기 때문에 등 기껏해야 그따위 이유로 말이다.

좋은 영어와 나쁜 영어를 판단하는 기준의 상당 부분이 편견과 상황의 문제에 불과하다. 18세기까지만 해도 어떤 사람을 you라고 할 때

you was라고 하는 것이 정확한 표현이었다. 지금은 물론 이상하게 들리지만, 그 논리는 나무랄 데가 없다. was는 단수형 동사이고 were는 복수형 동사다. 그렇다면 you가 분명히 단수의 의미로 사용될 때 도대체 왜 복수형 동사를 써야 하는 것일까? 놀라지 마시라. 정답은 바로 로버트 로우스가 그렇게 하기를 고집했기 때문이다. I'm hurrying, are I not?은 대책 없이 비문법적이지만, I'm hurrying, aren't I?나 서두르고 있잖아, 안 그래?는 똑같은 단어의 단축형일 뿐인데도 관용적으로 용인되는 완벽한 영어다. Many people were there거기는 사람들이 많다 같은 문장을 봐도 many는 거의 복수지만, 그 뒤에 a가 따라오면 달라진다. Many a man was there거기는 사람이 많다가 그런 경우다. 왜 그래야 하는지에 관해서는 어떤 선천적인 이유라고 할 만한 것이 없다. 문법으로 옹호할 수도 없다. 그냥 그런 것이다.

영어에서 편견의 범위를 보여주는 사례 중 최고봉은 바로 분리부정사의 문제다. 어떤 사람들은 이것을 정말 우스꽝스러울 정도로 강력히 옹호한다. 영국의 보수당 정치인 조크 브루스 가다인은 1980년대 초에 재무부 장관으로 일하면서, 분리부정사를 포함한 내부 문건이 있으면 읽지도 않고 돌려보낸 것으로 유명했다(한마디 덧붙이자면, 분리부정사란 to quickly look얼른 쳐다보다처럼 to와 동사 사이에 부사가 있는 것을 말한다). 내 생각에 부정사를 분리하지 않는 이유로는 다음 2가지가 그나마 그럴싸하지 않나 싶다.

첫째, 영어의 규칙은 지금으로부터 1000년 전에 사멸한 다른 언어의 법칙에 순응해야 마땅하다고 생각하기 때문이다. 둘째, 지난 200년 동안 어떤 저명한 권위자도 지지하지 않은 무의미한 애호에 계속 매달리고 싶고, 심지어 모호하고 우아하지 않고 명백히 뒤틀린 문장을 만들어내는 대가를 치르는 한이 있어도 그러고 싶기 때문이다.

그러나 분리부정사를 정죄하는 권위자를 찾아보기는 극도로 어렵다. 시어도어 번스타인, H. W. 파울러, 어니스트 고워스, 에릭 파트리지, 루돌프 플레슈, 윌슨 폴레트, 로이 H. 카퍼러드, 그리고 여기 다 적어놓기 짜증스러울 정도로 수없이 많은 사람이 부정사를 분리하지 말아야 할 논리적 이유가 없다는 사실에는 모두 동의한다. 오토 예스페르센은 엄밀하게 말하자면 부정사를 분리하는 것이 사실상 불가능하기 때문에 이 문제는 왈가왈부할 필요조차 없다고까지 주장한다. 그의 말은 이렇다. "to라는 것은 (……) 부정사의 본질적인 부분이라고 할 수 없다. 이는 마치 정관사가 주격의 본질적인 부분이라고 할 수 없는 것과 마찬가지이며, 누구도 the good man을 분리 주격이라고 부를 생각조차 하지 않는 것과 마찬가지다."[11]

영어 사용권 국가에는 학술원조차 없기 때문에 사전이 이 언어의 보호자로서 깃발을 휘날릴 수 있으리라고 기대하지만, 최근 수년 동안 사전들은 오히려 그런 역할을 점점 더 기피해왔다. 사전 제작자들을 둘러싸고 지속되는 논란은 과연 그들이 '규범적'이어야 하는가, 아니면 '기술적'이어야 하는가에 있다. 즉 언어가 어떻게 사용되어야 마땅한지를 규정해야 하는가, 아니면 언어가 어떻게 사용되는지를 기술할 뿐 어떤 입장을 취하지는 않아야 하는가라는 문제다. 기술론 측 사례 중 가장 악명 높은 것은 (보통《웹스터 무삭제판》이라고 하는) 1961년에 출간된《웹스터

---

11. 앞의 책, 222쪽.

제3판 뉴 인터내셔널 사전》이 아닐까 싶은데, 그 편집자인 필립 고브는 용례의 구분이라는 것이 지극히 엘리트주의적이고 인위적이라고 믿어 의심치 않았다. 그 결과로 imply함축하다를 infer추론하다와 동의어로 놓고, flout비웃다를 flaunt과시하다의 의미로 사용하는 등의 용례가 아무런 언급도 없이 들어가고 말았다.

이 사전은 엄청난 반감을 불러일으켰는데, 특히 미국 상표협회의 구성원들 사이에서 심했다. 엄연히 상표로 등록된 단어들조차 이 사전에서는 대문자로 시작되지 않았기 때문이다. 하지만 가장 큰 분노를 불러일으킨 부분은 비표준어인 ain't를 "미국 대부분의 지역에서 수많은 교양 있는 화자가 구어로 사용한다"라고 주장한 대목이었다. 이 새로운 사전을 극도로 혐오한 〈뉴욕타임스〉가 자사에서는 이 신판 말고 1934년 판을 계속 사용하겠다고 공표하자, 언어의 권위자인 버건 에번스가 "1934년에 출간된 사전의 영어 용례를 1962년에 지침으로 삼겠다고 단언하는 사람이야말로 무지하고도 허세 넘치는 허튼소리를 지껄이는 셈"이라고 맞서면서, 당장 사전 사용 지침을 공표한 바로 그날 자 〈뉴욕타임스〉만 해도《제2판 인터내셔널 사전》에서 잘못이라고 명시한 단어가 무려 19개나 있다고 지적했다.

그때부터 다른 사전들도 그 문제를 놓고 편이 갈렸다. 1969년에 처음 출간된《아메리칸 헤리티지 사전》은 용례 가운데 논란이 되는 부분들을 판정하기 위해 저명한 인사들로 구성된 용례 심사위원회를 결성했으며, 때로는 이 문제를 본문에서 제법 길게 논의하기도 했다. 하지만 다른 사전들은 훨씬 더 어정쩡한, 보기에 따라서 신중하거나 줏대 없는 태도를 취했다. 1987년에 나온《랜덤하우스 영어 사전》은 대부분의 단어에 대해 더 느슨한 의미까지 받아들였으며, 그런 새로운 용례에 대해 '상당수의 사람'이 눈살을 찌푸린다는 것을 알면서도 그렇게 했다. 전문가의 견해라는 것이 있다는 것을 알면서도, 그런 견해를 계속 애써 외면하는 것이야말로 이상할 정도로 소심한 접근 태도다. 그 사전에서 받아들인 느슨한 의미 중에는 disinterested사욕이 없는가 uninterested관계가 없는를 뜻하고, infer추론하다가 imply함축하다를 뜻한다는 것도 포함되어 있었다. 이 사전은 kudos명성의 잘못된 단수형인 kudo까지 받아들였다. 이에 대해 〈타임〉의 서평자는 그러면 앞으로는 pathos비애감가 '한 번' 생겨나면 patho라고 해야 하느냐고 반문했다.

이것은 아주 미묘한 논제다. 영어의 의심할 나위 없는 미덕 가운데 하나는, 유동적이며 민주적인 언어로서 어떤 위원회의 명령보다는 일반적인 용례의 압력에 반응해서 의미가 이동하고 변한다는 것이었기 때문이다. 이것은 지난 수 세기 동안 지속된 자연스러운 과정이다. 그런 과정에 간섭하는 것이야말로 완고하고 쓸모없는 일일 것이다. 변화의 길에 아무리 많은 권위자가 몸을 내던져도 용례의 무게는 새로운 의미를 기꺼이 통용시키고 말 것이기 때문이다.

하지만 이와 동시에, 변화에 대한 거부도 옹호할 만한 이유가 있다고 본다. 최소한 무모한 변화에 대해서는 말이다. 제아무리 자유자재한 기술론자라고 해도, 용례에는 '몇 가지' 규약이 반드시 필요하다는 사실만큼은 인정할 것이다. 우리는 cat를 c-a-t라고는 써도 e-l-e-p-h-a-n-t라고는 쓰지 않는다는 사실에 반드시 동의해야 하며, 그 단어가 '야옹' 하고 울고 사람 무릎 위에 얌전히 올라앉는 다리 넷 달린 작고 털 난 짐승은 가리켜도 엄니가 자라고 덩치가 크기 때문에 집에서 키우기는 지극히 어려운 짐승을 가리키지는 않는다는 사실에 반드시 동의해야 한다. 이와 마찬가지로 만약 우리가 imply와 infer, forego와 forgo, fortuitous와 fortunate, uninterested와 disinterested 등의 구분을 준수하기로 동의하기만 한다면, 명료함을 높이는 데 더 도움이 될 것이다. 존 샤르디가 고찰한 것처럼 저항이 결국 쓸데없는 짓으로 증명될 수도 있지만, 적어도 그 변화를 검증함으로써 가치를 증명하도록 만들기는 할 것이기 때문이다.

용례에 관한 이야기를 마치면서, 존경받을 만한 프랑스의 문법학자 도미니크 부우르의 유언을 살펴봐야 할 것 같다. 임종의 자리에서 그는 주위에 모여든 지인들을 돌아보며 다음과 같이 속삭임으로써 문법학자의 임무는 마지막까지도 결코 완수될 수 없다는 것을 보여주었다. "나는 이제 곧I am about to 또는 나는 앞으로I am going to 죽을 것 같네. 둘 중 어떤 표현을 쓰든 말일세."

10
혼돈에서 질서로
ORDER OUT OF CHAOS

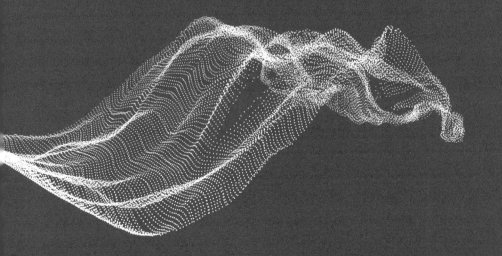

———

"살아 있는 언어에 관한 사전이란 결코 완벽할 수 없는 것이, 출간을 서두르는 중에도 어떤 단어들은 싹을 틔우고 어떤 단어는 시들어버리기 때문이다."

BILL BRYSON

ORDER OUT OF CHAOS

영어라는 언어는 도대체 얼마나 큰 것일까? 이것은 결코 대답하기 쉬운 질문이 아니다. 새뮤얼 존슨의 사전에는 4만 3000개의 단어가 들어 있다. 1987년에 나온 무삭제판《랜덤하우스 사전》에는 31만 5000개의 단어가 들어 있다. 1961년에 나온《웹스터 제3판 뉴 인터내셔널 사전》에는 45만 개의 단어가 들어 있다. 그리고 1989년에 나온《옥스퍼드 영어 사전》의 개정판에는 61만 5000개의 항목이 들어 있다.

하지만 사실 이것은 전체 규모를 짐작하는 데 겨우 시작에 불과하다. 영어에서 단어의 의미란 당연히 각 사전의 단어 항목 수보다 더 많을 것이기 때문이다. 우리 집 부엌 바닥을 쪼르르 달려가는 mouse와 우리 집 컴퓨터에 달려 있는 mouse는 전혀 다른 두 실체다. 그렇다면 이것은 결국 2가지 단어로 세야 하지 않을까? 그럼 mousy, mouselike, mice처럼 mouse와 연관된 형태들은 어찌할 것인가? 그것들도 별개의 단어로 세야 하지 않을까? 게다가 진짜로 mouse인 것과 단순히 mousy한 것 사이에는 분명히 큰 차이가 있지 않은가?

더욱이 갖가지 식물군과 동물군, 의학적 상태, 화학물질,[1] 물리학 법칙과 일반 사전에는 들어 있지도 않은 과학적이고 기술적인 용어들이 있다. 곤충만 따져봐도 학명이 붙은 종이 무려 140만 개나 있다. 이 모두를 전부 합하면 영어 단어의 수는……, 한마디로 누구도 알 수 없을 것이다. 적어도 300만 개는 넘을 것이다.

그렇다면 이렇게 많은 단어 가운데 우리가 아는 것은 얼마나 될까? 이것도 대답하기 쉬운 질문이 결코 아니다. 상당수 학자는 수많은 저술가가 사용한 단어의 개수를 세는 것조차 곤란을 겪고 (십중팔구는 자기 밑에 있는 대학원생들에게 그런 곤란을 떠넘기고) 있을 것이다. 굳이 번거로움을 무릅쓰면서까지 단어의 숫자를 세어보는 것은 그렇게 해서 인간의 어휘에 대해 뭔가를 알 수 있으리라고 생각하기 때문이다. 페이와 매크럼은 셰익스피어가 3만 개의 어휘를 구사했다고 주장했다. 하지만 페이는 다른 견해들을 고려할 때 그 수를 최소 1만 6000개로 잡아야 한다고 지적한다. 링컨 바넷은 그 수를 2만~2만 5000개로 잡는다. 그런데 시플리, 보와 케이블, 하워드 등 다른 권위자들은 대부분 그 수를 1만 7677개라고 상당히 구체적으로 단언한다. 레어드에 따르면 《킹 제임스 성서》에는 어휘 8000개가 수록되어 있지만, 시플리는 그 수를 7000개라고 주장하고, 바넷은 1만 442개라고 단언한다. 그러나 과연 누구의 말이 맞는지 누가 알겠는가?

그런데 가장 빈틈없는 계산이라도 명백한 문제가 하나 있다. 한 저술가가 사용한 단어의 총수가 그가 구사하는 어휘의 진정한 규모를 말해주지는 못한다는 점이다. 나는 frangible무른 · spiffing멋진 · cutesypoo

---

1. 그중 하나는 영어에서 가장 긴 단어로 불리는 것인데, methianylglutaminyl-로 시작해서 1913개의 글자가 이어진 끝에 -alynalalanylthreonilarginylserase로 끝난다. 나로서는 솔직히 이 단어가 무슨 쓸모가 있는지 잘 모르겠지만, 완전히 무시할 수도 없는 노릇이다.

너무 깜찍한 같은 단어의 뜻을 알지만, 이걸 사용할 기회가 한 번도 없었다. 셰익스피어같이 언어적으로 다재다능한 인물이라면 그냥 쓰고 싶지 않거나 쓸 필요가 없어서 쓰지 않은 단어가 수천 개는 있었을 것이다. 그의 희곡을 아무리 들여다봐도 Bible성서 · Trinity삼위일체 · Holy Ghost성령 같은 비교적 흔한 단어가 나오지 않는데, 그가 이런 단어들을 몰라서 안 썼을 리는 없을 것이다.

일반인이 아는 어휘의 규모를 추산하는 것은 이보다 훨씬 더 이론의 여지가 많은 문제다. 20세기 초에 활동한 독일의 저명한 언어학자 막스 뮐러는 일반적인 농장 노동자의 일상적인 어휘가 기껏해야 300개를 넘지 못한다고 생각했다. 페이는 과수원의 일용직 노동자들에 관한 영국의 한 연구를 인용하면서, 그 연구에서는 이들의 어휘 수를 기껏해야 500개로 잡았지만, 이들이 실제로 아는 어휘는 3만 개에 가까울 것으로 생각했다. 미국의 저명한 사전 편찬자 스튜어트 버그 플렉스너는 일반적으로 박식한 편인 사람이 아는 어휘는 2만 개 정도이며, 그중 1500~2000개가량을 일상적인 대화에서 사용한다고 주장했다. 매크럼은 교양 있는 사람이 아는 어휘를 약 1만 5000개로 추산했다.

한 사람이 얼마나 많은 단어를 알고 있는지를 파악하는 데는 어려움이 따른다. 그중 하나만 생각해보자. 내가 누구한테 incongruent불일치하는의 뜻을 아느냐고 물었을 때, 그 사람이 'congruent가 아닌 것'이라고 대답하면 정답이다. 그것이야말로 대부분의 사전에 나와 있는 첫 번째 정의이기 때문이다. 하지만 이런 식의 답변은 그 단어의 뜻을 조금도 알려주지 못한다. 사전의 페이지마다 (inflationist통화팽창론자, forbiddance금지, moosewood북미의 단풍나무, pulsative맥동하는 등) 난생처음 보는 단어들이 들어 있게 마련이지만, 우리는 거기 들어 있는 기본적인 단어들에 근거해 의미를 대강 짐작할 수 있을 뿐이다.

이와 동시에 일상적으로 사용하고 분명히 알면서도, 그런 사실을 증명하기가 무척이나 어려운 단어도 여러 가지다. the나 what이나 am이나 very 같은 단어를 뭐라고 정의할 수 있을까? 어느 외계인한테 is가 무엇인지를 설명해줄 수 있는 간단한 방법이 무엇일지 한번 상상해보라. 그리고 다양한 뜻을 가진 단어들은 또 어떻게 할 것인가? step이라는 단어를 보자. 《아메리칸 헤리티지 사전》에는 이 단어의 일반적인 뜻 12가지를 열거해놓았는데, '한 발을 다른 발보다 앞으로 내미는 행위'에서부터 '계단의 일부'를 가리키는 것까지 다양하다. 우리는 그런 뜻 모두를 잘 알고 있지만, 만약 누군가가 연필과 백지를 주면서 그 뜻 모두를 적어보라고 하면 어떨까? 십중팔구는 적지 못할 것이다. 쉽게 말해, 무엇을 기억하는지를 기억하는 것조차 우리에게는 정말 힘겨운 일이다. 달리 표현하면, 우리의 기억력은 그야말로 변덕스러운 물건이다.

기억력의 권위자인 영국의 앨런 배들리 박사는 사람들에게 몇몇 국가의 수도 이름을 대라고 한 어느 연구 결과를 인용한다. 우루과이나 불가리아의 수도가 어디냐는 질문에는 대부분 사람이 난색을 표했지만, 막상 맨 처음 철자를 알려주면 갑자기 그 나머지를 모조리 기억해내 성공률이 치솟더라는 것이다. 또 다른 연구에서는 우선 사람들에게 무작위로 단어들이 적힌 긴 목록을 잠깐 보여준 다음, 거기서 기억나는 단어들을 최대한 적어보라고 했다. 몇 시간 뒤, 이번에는 그 목록을 다시 보여주지 않고, 그 사람들에게 기억나는 단어들을 최대한 많이 적어보라고 했다. 사람들이 적는 단어의 숫자는 매번 앞서와 거의 똑같았지만,

막상 실제로 떠올려서 적는 단어의 종류는 매번 50퍼센트 이상씩 차이가 났다. 달리 말하면, 우리의 두개골 한쪽에는 언제라도 꺼내 쓸 수 있는 것보다 많은 말의 정보가 담겨 있는 것이다. 따라서 우리가 말의 재료를 얼마나 많이 갖고 있는지를 정확히 추산하는 것은 시작부터 어려운 일이다.

이런 이유로 교육심리학자들이 이런 연구를 아예 외면해버리는 경향이 있어서, 이에 관한 현존하는 정보조차 대개는 수십 년 전의 것이다. 유명한 연구 가운데 하나는 1940년에 수행된 것이다. 미국인 연구자 R. H. 시쇼어와 L. D. 에커슨이 (펑크와 와그널스가 함께 쓴) 《표준 탁상용 사전》의 왼쪽 페이지에서만 무작위로 단어를 선정해 대학생 가운데 선발된 표본 집단에 그 단어를 정의하거나 문장에 넣어 사용해보라고 요청했다. 그 결과와 사전에 나온 항목의 수를 놓고 추정한 결과, 이들은 평범한 학생이 대략 15만 개나 되는 어휘를 알고 있다는 결론을 내렸다. 그 전까지 추정되던 것보다 많은 숫자다. K. C. 딜러가 1978년에 수행한 이와 유사한 연구가 에이치슨의 《정신 속의 말》에 인용되어 있는데, 여기서는 어휘 수준을 그보다도 많은 25만 개가량으로 잡았다. 반면, 예스페르센의 책에 인용된 E. S. 홀든이라는 교수는 지금으로부터 한 세기 전에 직접 《웹스터 사전》에 나오는 단어들을 하나하나 확인해본 결과, 자기가 아는 단어가 3만 3456개라는 결론에 도달했다. 하지만 대학 교수의 어휘가 일반 학생의 어휘보다도 최소 네 배에서 최대 여섯 배나 더 적을 가능성은 그야말로 희박하다. 결론적으로, 이런 연구들은 사실상 우리 어휘의 크기에 관한 측정 실험이란 것이 얼마나 어려운지를 알려주는 것 같다.

분명한 사실은 우리가 일상생활에서 사용하는 단어의 수가 우리가 아는 단어의 수보다 훨씬 적다는 것이다. 1923년에 G. H. 맥나이트라는 사전 편찬자는 단어들이 어떻게 사용되는지에 대한 포괄적인 연구를 수행한 결과, 일상적으로 사용하는 말 가운데 절반가량은 겨우 43종의 단어가 차지하고, 영어로 쓰는 대부분 문장 가운데 4분의 1가량은 단지 9종의 단어가 차지한다는 사실을 알아냈다. 그 9종의 단어란 바로 and, be, have, it, of, the, to, will, you였다.

간결함을 미덕으로 삼다 보니, 사전적 정의는 종종 영어의 뉘앙스를 전달하는 데 실패한다. 형용사 rank냄새나는와 rancid상한는 대략 같은 것을 의미하지만, 에이치슨이 지적한 것처럼, 우리는 rank butter냄새나는 버터를 먹는다거나 rancid socks상한 양말를 신는다고 말하지는 않는다. 사전에서는 tall키가 큰과 high높은가 똑같은 것을 의미한다고 말한다. 하지만 어째서 건물에는 두 단어를 모두 사용할 수 있고, 사람에게는 오로지 tall이라고만 할 수 있는지는 설명해주지 못한다. 사전적 정의만을 고스란히 좇다 보면, 우리 집을 방문한 외국인 손님이 나한테 댁의 자녀는 abnormal덜떨어진/보통과 다른한 아이라고 하고, 댁의 부인이 만든 요리는 아주 odorous냄새가 고약하다/향기롭다하다고 하고, 지난번 영업 회의에서 댁의 연설은 laughable비웃을 만했다/재미있었다했다고 하고, 자기는 단지 warmest가장 불쾌한/가장 열렬한한 칭찬을 하려는 것뿐이라고 말해도 실례라고 할 수 없다.

사실 단어의 진정한 뜻이란 간단한 사전적 정의를 통해 우리가 추측할 수 있는 것보다도 훨씬 복잡하게 마련이다. 1985년에 버밍엄대학교의 영문학과에서는 실제로 사용되는 영어 단어들에 대한 컴퓨터 분석을 시도해 몇 가지 놀라운 결과에 도달했다. 사전에 나타난 단어의 첫 번째 뜻은 종종 실제로 사용되는 의미와는 동떨어진 경우가 많았다. keep은 보통 '간직하다'라는 뜻으로 정의되지만, 실제로 이 단어는 keep cool냉정을 유지하다이나 keep smiling미소를 유지하다처럼 '계속하다'라는 의미로 쓰이는 경우가 더 많다. see는 사람의 눈을 이용한다는 의미로 사용되는 경우는 드물고, 오히려 I see what you mean무슨 말인지 알겠어의 경우처럼 뭔가를 '안다'는 뜻을 표현하기 위해 사용되는 경우가 훨씬 더 많다. give는 더욱 흥미로운 경우다. 연구자들의 말로는 give it a look바라보다이나 give a report보고하다 같은 사례에서처럼 "그야말로 불필요한 삽입어구"로 더 자주 사용된다.[2]

한마디로 사전은 상당히 많은 정의를 담고 있지만, 그 모든 정의에 포함된 의미들의 진정한 수는 항상 그보다 훨씬 더 많다. 사전 편찬자인 J. 에이턴의 말마따나 "세계에서 가장 방대한 예문들의 자료은행조차도 우리가 무의식적으로 머릿속에 담고 돌아다니는 컬렉션 앞에서는 그야말로 왜소해질 수밖에 없다."

영어는 항상 변화하며 그 속도는 그야말로 머리가 아찔할 정도다. 20세기 초만 해도 새로운 단어가 매년 1000개가량 추가됐다. 하지만 20세기 말 〈뉴욕타임스〉의 보도에 따르면, 이제는 그 증가세가 더 커져서 새 단어가 매년 1만 5000개에서 2만 개에 달한다.[3] 1987년에 랜덤하우스 출판사는 무게가 5킬로그램이 넘는 대작 무삭제판 영어 사전의 신판을

---

2. *Sunday Times*, 31 March 1985.
3. *New York Times*, 3 April 1989.

내놓았는데, 거기에는 21년 전에 나온 판에는 들어 있지 않던 단어 5만 개와 예전에 없던 단어에 대한 새로운 정의 7만 5000개가 포함되어 있었다. 31만 5000개나 되는 항목 중에서 21만 개가 개정되어야 했다. 불과 20년 사이에 경이적이라고 할 정도로 변한 셈이다. 새로운 항목들 중에는 preppy명문 사립학교 학생, quark소립자, flexitime근무 시간 자유 선택제, chairperson의장, sunblocker자외선 차단제 등이 포함됐으며 tofu 두부, piña colada피냐콜라다 chapati차파티, sushi초밥, crêpes크레이프 등 1966년에만 해도 그리 알려지지 않았던 음식 이름도 800개나 포함됐다. 무삭제판 사전은 어딘가 완고하고 불변적인 분위기를 풍기기 때문에 언어가 거기 영원히 가둬진 것처럼 보이는 한편, 출간 당일부터 불가피하게 시대에 뒤떨어진 것이 되기도 한다. 새뮤얼 존슨도 이런 사실을 깨닫고 이렇게 썼다. "살아 있는 언어에 관한 사전이란 결코 완벽할 수 없는 것이, 출간을 서두르는 중에도 어떤 단어들은 싹을 틔우고 어떤 단어는 시들어버리기 때문이다." 하지만 누구도 그런 이유로 사전을 만들려는 시도를 포기하진 않으며, 그건 존슨 자신도 마찬가지였다.

영어 사용권에는 상당히 뛰어난 사전들이 있는데, 어휘 수집 사업을 공식적으로 시도한 적이 없다는 것을 고려할 때 이는 적잖이 기묘한 사실이 아닐 수 없다. 17세기에 리슐리외 추기경이 아카데미 프랑세즈를 설립했을 때, 사전 만들기는 정말 중대한 일이었다. 영어 사용권에서는 초기의 사전들이 거의 항상 단 한 사람의 작품이었지, 유럽 대륙에서 모범처럼 되어 있는 답답하기 짝이 없는 학자들의 위원회가 만들어낸 작품은 아니었다. 영어라는 언어의 잡종적이고 독립적이고 유별난 천성에 걸맞게도, 사전은 종종 영어와 비슷한 성격의 사람들이 만들었다. 편찬자들을 통틀어 가장 위대한 인물인 새뮤얼 존슨이야말로 누구보다도 더 그랬다.

1709년에 태어나 1784년에 사망한 존슨은 흔히 생각하는 천재의 모습과는 제법 거리가 있었다. 한쪽 눈은 멀었고, 뚱뚱하고, 교육도 제대로 받지 못했으며, 예의범절은 상스럽다고 말할 수준이었고, 매우 가난한 시골 출신 무명 작가였다. 하지만 우여곡절 끝에 런던의 출판업자 로버트 도즐리로부터 영어 사전을 편찬해달라는 의뢰를 받았다.

물론 존슨의 사전은 최초의 영어 사전이라고 할 수 없다. 1604년에 나온 코드리의《어려운 단어 알파벳순 일람》과 1755년에 나온 존슨의 작품 사이에도 인기 높은 사전이 열두어 개 있었는데, 물론 그중 상당수는 극도로 피상적이거나 극도로 얇았다(코드리의《어려운 단어 알파벳순 일람》은 겨우 단어 3000개를 수록한 100쪽짜리였다). 상당수는 학술성도 부족했다. 코드리 사전은 최초의 사전이라는 영예를 얻었지만 상당히 엉성한 물건이었다. aberration탈선의 정의를 두 번이나 수록하는가 하면, 알파벳순으로 정확하게 열거하지 못한 단어들도 있었다.

이른바 포괄성 비슷한 것을 목표로 한 최초의 사전은 1721년에 나온 너새니얼 베일리의《보편 어원 사전》이었는데, 이 사전은 존슨의 고전적인 사전보다 34년 앞서 나왔으며 실제로도 더 많은 단어를 정의해놓았다. 그렇다면 존슨의 사전은 도대체 무엇 때문에 그토록 유명해졌을까? 이에 관해 한마디로 대답하기는 의외로 힘들다. 존슨의 사전은 부족한 구석이 한두 가지가 아니다. 우선 그는 똑같은 발음을 다르게 표기한 수많은 철자법의 불일치를 그냥 내버려 두었다. deceit와 receipt, deign과 disdain, hark와 hearken, convey와 inveigh, moveable

과 immovable 등이 그런 경우다. 그는 downhill에서 l을 하나 빼고 downhil로 적었지만, 반대말인 uphill은 2개로 적었다. install은 2개로 적었지만, reinstal은 1개로 적었다. fancy는 f로 적었지만, phantom은 ph로 적었다. 전반적으로 그는 이런 불일치를 인식하고 있었지만, 상당 수의 경우 불규칙한 철자법이 벌써 너무 확고해졌기 때문에 차마 바꿀 수 없다고 생각했다. 물론 그는 철자법을 좀 더 이치에 맞게 만들려고 시도했다. flower꽃와 flour밀가루 사이, metal금속과 mettle기질 사이의 차이를 규범화하려고 한 것이다. 하지만 본질적으로 그는 당시에 확립된 영어 철자법을 기록하는 것이 자신의 임무라고 봤다. 이것은 그로부터 10여 년쯤 뒤에 아카데미 프랑세즈 사전 개정자들이 취한 태도와는 뚜렷한 차이를 보인다. 이들은 프랑스 철자법 가운데 거의 4분의 1을 개정했다.

존슨의 박식에는 허점도 없지 않았다. 그는 music, critic, prosaic처럼 자신이 생각하기에 색슨어의 철자법이 분명한 것들을 각별히 선호해서 그 끄트머리에 k를 덧붙였는데, 이런 단어들이 사실은 모조리 라틴어에서 유래했다는 것을 전혀 몰랐다. 그는 자기 견해를 서술할 때도 자유분방했다. patron후원자을 "오만을 후원한 대가로 아부를 받는 사람"이라고 정의하고, oats귀리를 "잉글랜드에서는 말이 먹고 스코틀랜드에서는 사람이 먹는 곡물"이라고 정의한 것이다. 보와 케이블에 따르면 존슨의 어원론은 "종종 우스꽝스러운" 것이었으며, 교정 작업도 부주의했다. 그는 garret다락방를 "집의 가장 높은 층에 있는 방"이라고 정의하는가 하면, cockloft지붕 밑 다락방를 "garret 위에 있는 방"이라고 정의했다. 그런가 하면 leeward와 windward의 정의를 똑같이 내렸는

데, 사실 이 둘은 정반대를 가리킨다.[4]

심지어 당시의 과장된 산문체를 고려하더라도 정말 놀라우리만치 읽기 답답한 문장을 구사하는 경향이 있었다. "The proverbial oracles of our parsimonious ancestors have informed us, that the fatal waste of our fortune is by small expenses, by the profusion of sums too little singly to alarm our caution, and which we never suffer ourselves to consider together.우리의 검소한 조상님들의 유명한 예언이 우리에게 알려주는바, 우리 재산의 치명적 낭비는 적은 비용에 의함이며, 우리의 주의를 요하기에는 지나치게 약소한 하나씩인, 우리가 그 모두를 숙고하느라 번거로움을 결코 무릅쓰지 않는 금액의 낭비에 의함이다.)" 'Too little singly지나치게 약소한 하나씩인'이라니? 장담컨대 앞의 문장은 우리만큼이나 그의 동시대인들에게도 어리둥절하게 들렸을 것이다. 그래도 이 문장은 상대적으로 간결하다는 미덕이 있다. 존슨은 종종 250단어 이상 이어지는 기나긴 문장을 구사했고, 그런 문장은 늦게까지 죽치고 앉아서 술을 너무 많이 퍼마신 사람의 횡설수설처럼 읽기가 상당히 괴롭다.

이 모든 문제에도 1755년 6월에 나온 존슨의 《영어 사전》은 그야말로 걸작이며 영문학사의 획기적인 사건이다. 물론 완전무결하지는 않았지만, 그 정의는 탁월하리만치 간결했으며 대단히 박식했다. 근처에 도서관 하나 없는 상황에서 (출판사로부터 해마다 약 200파운드씩 총 1575파운드를 받았는데, 그것으로 조수들의 봉급까지 지불해야 했을 만큼) 보잘것없는 재정

---

4. leeward는 '바람이 불어 가는 쪽'이고, windward는 '바람이 불어오는 쪽'이라는 뜻이다.─옮긴이

지원만으로 존슨은 플리트 스트리트의 다락방에서 4만 3000개의 단어를 정의하고, 모든 영역의 저술에서 가져온 11만 4000개의 예문을 곁들였다. 그러니 그가 일부 오류를 범하고 가끔은 신랄한 정의를 내리는 데 몰두했다는 것이 이상할 것은 없다.

아카데미 프랑세즈의 회원 40명이 40년이 걸려도 해낼 수 없었던 일을 존슨은 겨우 9년 사이에 혼자 힘으로 해냈다. 그는 영어의 위엄을 포착한 데다가 뒤늦게나마 또 다른 위엄을 부여했다. 이 사전은 기념비적인 업적이며, 그는 충분히 명성을 누릴 만하다. 하지만 이 사전의 야심만만한 압승을 능가하는 작업물이 오래지 않아 나왔다. 그 주인공은 대서양 건너편 코네티컷에 살던 옹졸한 성격의 교사 겸 변호사 노아 웹스터다.

세간의 평가에 따르면 그는 엄격하고 방정하고 유머 감각 없고 신앙심 깊고 절제하는 성격이었다. 한마디로 남들에게 호감을 살 만한 인물은 아니었으며, 그 자신과 마찬가지로 엄격하고 신앙심 깊고 절제하는 사람들로부터도 호감을 살 만한 인물이 못 됐다. 하트퍼드 출신 시골 교사 겸 그다지 성공하지 못한 변호사였던 그는 키가 작고 안색이 창백하고 독선적이며 허풍이 셌다(그는 자기가 벤저민 프랭클린보다 잘났다고 생각했는데, 자기는 예일대학교 출신이고 프랭클린은 독학을 했기 때문이라는 것이다). 존슨이 다른 위대한 인물들과 어울려 술을 마시고 이야기를 나누며 여가를 보낸 것과 달리 웹스터는 매력이라고는 없는 외톨박이로 자기를 제외한 대부분 사람을 비판했고, 토머스 딜워스라는 영국인의 《아비셀파》라는 철자법 책을 비롯해 다른 사람들이 쓴 책의 내용을 훔치기까지 했다. H. L. 멩컨이 시치미 뚝 떼고 구사한 멋진 표현에 따르자면, 웹스터는 "그 책의 장점을 충분히 인정했기 때문에 그 책을 베껴 먹었으며 문장 전체를 그대로 갖다 쓰기까지 했다."

노아 웹스터는 demoralize타락시키다·appreciation감상·accompaniment반주·ascertainable확인 가능한·expenditure지출 같은 단어를 직접 고안했다고 주장했지만, 사실 이런 단어들은 벌써 수 세기 전부터 있었다. 자기가 전혀 갖지 못한 학식을 자랑하려는 성향도 있어서 라틴어, 그리스어, 모든 로맨스어, 앵글로색슨어, 페르시아어, 히브리어, 아랍어, 시리아어와 열두어 가지 다른 언어를 더해 무려 23가지 언어에 통달했다고 주장했다. 하지만 토머스 파일스가 단도직입적으로 말했듯이 웹스터는 "대학 신입생 수준의 독일어조차 모른다는 사실"을 드러냈으며 다른 언어에 대한 그의 지식도 보잘것없는 정도였다. 찰턴 레어드에 따르면, 앵글로색슨어에 대한 웹스터의 지식은 그 언어의 전문가로 자처한 적이 없던 토머스 제퍼슨보다도 오히려 한참 아래였다. 파일스는 웹스터의 《영어론》이 "가장 건전한 언어학적 상식과 터무니없는 난센스의 놀라운 뒤범벅"이라고 평가했다. 웹스터에 관해서 좋은 말을 한 사람을 찾기는 정말 힘들다.

웹스터의 첫 책인 《영어의 문법적 규칙》은 각각 문법·독본·철자 교본으로 구성된 세 권짜리 책으로 1783년부터 1785년까지 간행됐다. 그가 대중의 관심을 끈 것은 《미국 철자 교본》을 펴낸 1788년 이후다. (훗날 《기초 철자 교본》으로 불린) 이 책은 판을 거듭하면서 어찌나 많이 팔렸던지 역사학자조차 그 초판본이 언제 나왔는지를 추적하기가 힘들 정도다. 다만 분명히 말할 수 있는 것은 1788년부터 1829년 사이에 이 책의 판본은 최소한 300가지가 나왔으며, 19세기 말에 이르러서는 무려

6000만 부가 팔려나갔다는 점이다. 어떤 자료에서는 판매 부수를 무려 1억 부까지 잡기도 한다. 어느 쪽이건 간에 이 정도면《성서》를 제외하고는 아마 미국 역사상 최고의 베스트셀러일 것이다. 웹스터가 미국의 철자법을 바꾼 주인공으로 종종 언급되지만, 사람들이 미처 깨닫지 못하는 것은 그 문제에 관한 웹스터 자신의 견해가 얼마나 천차만별로 변화무쌍했는가 하는 점이다. 한편으로는 soop=soup · bred=bread · wimmen=women · groop=group · definit=definite · fether=feather · fugitiv=fugitive · tuf=tough · thum=thumb · hed=head · bilt=built · tung=tongue같이 급진적이고 광범한 변화를 선호했지만, 때로는 보수적 철자법의 화신인 양 행동해서 colour와 humour 같은 단어에서 u를 빼버리는 상당히 유용한 미국식 경향을 공격하는 데까지 나아갔다. 대중이 그의 이름을 듣는 순간 딱 떠올리는 대표작인 방대한 분량의 1828년 판《미국 영어 사전》의 서문에서도 미국식과 영국식 철자법의 "동일성을 영속시키는 것이 바람직하다"라고 할 정도였다.

웹스터의 충실한 독자들은 그가《간략 영어 사전》(1806)과 그 이후의 다른 변형에서 주장한 철자법 가운데 상당수를 그냥 무시해버리고 말았다. 마치 틱장애나 말더듬증이 있는 사람을 무시하듯이 독자들은 그런 내용을 무시했으며, 계속해서 groop 대신 group, croud 대신 crowd, medicin 대신 medicine, fantom 대신 phantom을 쓰고 다른 수백 가지 철자를 사용했다. 웹스터가 변화를 확립하는 데 성공한 사례는 비교적 쉬운 것들이었으며 충분히 진행 중인 것들이었다. theatre와 centre를 비롯한 여러 단어에서 영국식 표기인 re를 er로 바꾸는 미국의 성향이 그 예다. 하지만 이에 대해서도 웹스터는 결코 일관성이 없었다. 그가 만든 사전들에는 (acre와 glamour 등) 불규칙한 철자법들이 남아 있었는데, 그중 일부는 오늘날까지도 영어에 그대로 남아 있으며 frolick=frolic과 wimmen=women 같은 것은 독자가 스스로 교정했다. 그의 생각 가운데 다른 것들도 과연 이득이 됐을지는 의문이다. 예컨대 traveller와 jeweller에서 l을 하나씩 빼서 traveler와 jeweler로 만들자는 그의 주장이 축약이라는 면에서는 유용하지만, 그것 때문에 오늘날 미국인 중 상당수가 excelling/exceling이나 fulfilled/fullfilled/fulfiled 가운데 어느 것이 맞는지 헷갈려 하니 말이다.[5]

웹스터는 영국식 철자인 aluminium 대신 미국식 철자인 aluminum을 만들기도 했다. 그의 선택이 간결함이라는 면에서 그다지 탁월함이 없었던 한편, 일관성이라는 측면에서는 분명히 부족함이 있었다. 왜냐하면 aluminium알루미늄은 potassium칼륨, radium라듐 등 최소한 다른 화학 원소들이 수립한 패턴을 따랐기 때문이다. 하지만 미국식 철자법과 영국식 철자법 간에 뚜렷이 드러나는 차이 중 상당 부분은 그의 말년이나 사후에 일반적인 것이 됐으며, 아마 그가 없었어도 결국 그렇게 됐을 것이다.

발음으로 넘어가 보자면, 웹스터야말로 schedule의 발음을 영국식 [ʃédju:l] 대신 미국식 [skédʒu(ː)l]로 만들고 lieutenant의 발음을 당시만 해도 미국에서 유행했고 영국에서는 지금도 여전히 유지되는 [lefténənt] 대신 지금과 같은 표준 발음 [lu:ténənt]로 만든 주인공이다. 하지만 간혹 이상한 철자법을 강요한 것과 마찬가지로 종종

---

5. 물론 둘 다 맨 처음 철자가 맞다. ─ 옮긴이

불규칙적인 발음을 주장했다. deaf는 'deef', nature는 'nater', heard 는 'heerd', beauty는 'booty', volume은 'voloom'으로 발음하는 것을 비롯해 무척 많은 (그리고 감히 덧붙이건대 '너무나도 우스꽝스러운') 발음들이 지금까지도 남아 있다. 그는 Greenwich와 Thames를 철자대로 읽자고 주장했으며 quality와 quantity의 a에는 hat의 [æ] 소리를 부여한 반면, advance와 clasp와 grant의 a에는 잉글랜드 남부에서 하듯 [a] 소리를 부여했다. 이에 못지않게 웹스터가 it is me, we was, them horses같이 명백히 비문법적인 용례들을 받아들였다는 사실에도 주목해야 한다. 그러니 누군가가 그의 주장에 조금이라도 관심을 기울이는 것이 도리어 신기하다고 해야 할 판이다. 당연히 사람들은 그렇게 하지 않았다.

그런데도 그의 사전은 당시에 가장 완벽한 것으로서 존슨의 사전에 수록된 것보다 많은 7만 단어를 수록했으며, 그 정의는 명징성과 간결성에서 모범이 됐다. 이것이야말로 놀랄 만한 업적이다.

웹스터의 모든 업적에는 열렬한 애국주의, 그리고 미국식 영어가 최소한 영국식 영어만큼이나 우수하다는 생각이 깃들어 있다. 그는 지칠 줄 모르고 일했으며, 허세를 부리는 책과 소책자를 끝도 없이 만들어냈고, 자신의 철자 교본과 사전을 지속적으로 개정했다. 그런 와중에 국회의원들에게 간절한 편지를 써 보냈고, 정치에 잠깐 손을 댔으며, 대통령들을 향해 상대방이 바라지도 않은 조언을 보냈고, 교회 성가대를 지휘하고, 수많은 청중 앞에서 강연을 하고, 애머스트 칼리지의 설립을 도왔으며, 부적절한 부분을 삭제한 《성서》 판본을 내놓았다. 그 《성서》에서는 오난이 자신의 정액을 땅에 쏟았다는 표현 대신 그저 frustrates his purpose목적이 좌절됐다라고만 나오며, 남자의 고환 대신 peculiar members특별한 부분들가 등장하고, 여자의 자궁(이나 생식 과정에 기여하는 다른 어떤 것)은 아예 등장하지도 않는다.

웹스터는 존슨처럼 뛰어난 사전 편찬자였을망정 뛰어난 사업가는 아니었다. 그는 인세를 받는 대신 책의 판권을 팔아버렸고, 그 탓에 자신의 끝없는 노동에 상응하는 부는 결코 얻지 못했다. 1843년에 웹스터가 사망한 뒤 매사추세츠주 스프링필드 출신의 사업가인 찰스와 조지 메리엄 형제가 웹스터 사전의 판권을 사들였다. 그러고는 그중 한 사람의 사위인 촌스 A. 구드리치라는 유쾌한 이름을 지닌 사람에게 새로운 판본을 만들게 하는 한편, 비교적 우스꽝스러운 철자법이며 지나치게 무리한 어원론 가운데 상당수는 빼버리게 했다. 최초의 메리엄 웹스터 사전은 1847년에 출간됐고, 큰 성공을 거두었다. 그로부터 머지않아 미국에서는 집집마다 한 권씩 있게 될 정도였다. 노아 웹스터라는 이름을 들으면 제일 먼저 연상되는 바로 그 책이 사실은 그의 저서가 아니고, 심지어 그가 가장 소중히 여긴 교훈들 가운데 상당수를 고수하지도 않는다는 점이야말로 적잖이 역설이 아닐 수 없다.

1884년 2월 초 영국에서는《역사적 원칙에 따른 새 영어 사전》이라는 얇은 책이 출간됐는데, 가격이 12실링 6펜스로 상당히 비싼 편이었으며 A부터 ant까지 영어의 모든 단어를 (물론 외설적인 단어는 예외로 하고) 수록했다. 이것이 바로 지금까지 성취된 것 중에서 가장 완벽하고 야심찬 언어학 관련 사업이었으며, 훗날《옥스퍼드 영어 사전》이라는 새 이름을 얻게 된 총 열두 권에 이르는 책의 제1권이었다. 그 책을 펴낸 의도는 1150년 이래 그때까지 영어에서 사용되는 모든 단어를 기록하는 한편, 변천하는 의미와 철자법과 용례가 각각 처음 기록된 때까지 거슬러 올라가며 추적하는 것이었다. 그리고 각 항목에는 그것이 존재했던 세기마다 최소한 하나 이상의 인용문을 담고, 의미가 조금이라도 변할 때마다 최소한 하나 이상의 인용문을 담을 예정이었다. 이를 성취하려면 지난 일곱 세기 반에 걸친 영문학사의 대부분 중요한 작품을 읽어야만, 심지어 샅샅이 뒤져야만 했다.

이 과업을 이끌어나가기 위해 선임된 제임스 어거스터스 헨리 머리는 스코틀랜드 출신으로 은행원 겸 교사 겸 독학 언어학자였다. 그토록 어마어마한 과업을 수행하기 위해 발탁된 인물로서는 상당히 의외이며 왠지 어울리지 않아 보였다. 영국 괴짜들의 전통을 본받아 새하얀 수염을 길렀으며 새까맣고 치렁치렁한 가운에 사각모 차림으로 사진 찍기를 좋아했다. 그에게는 자녀가 11명 있었는데, 알파벳을 익힌 바로 그 순간부터 한 아이도 빠짐없이 아버지를 돕기 시작해서, 영어가 무려 일곱 세기 넘도록 뱉어낸 갖가지 경련과 거품을 기록한 수백만 장의 쪽지를 추려내고 알파벳순으로 정리하는 끝없는 일에 얽혔다.

이 프로젝트의 야심이 그토록 어마어마했기에, 사람들은 과연 그가 이 일이 도대체 어떤 것인지나 알고 시작했는지 궁금해했다. 사실 그는 전혀 몰랐던 것 같다. 아무리 길어야 대략 열두어 해쯤 뒤에는 6400쪽에 달하는 대여섯 권의 책을 완성할 수 있다고 예상했으리라. 하지만 실제로 이 프로젝트는 무려 40년 넘게 걸려서야 깨알 같은 글자로 인쇄된 총 1만 5000쪽짜리 책으로 간신히 마무리됐다.

자원자 수백 명이 조사를 도왔고, 세계 각국에서 인용문을 찾아 보내왔다. 자원자 중 상당수는 머리와 마찬가지로 아마추어 언어학자이자

괴짜였다. 가장 두드러진 공헌자 가운데 하나는 제임스 플래트라는 인물로, 하층민의 단어를 전담했다. 그는 무려 100여 가지 언어를 말할 줄 알고 당시의 누구보다도 비교언어학 분야에 관해 많이 알았지만, 정작 책은 한 권도 개인적으로 소유하지 않았다고 전한다. 그는 런던 중심가에서 아버지의 일을 도왔으며, 점심시간마다 대영박물관 열람실에서 책을 딱 한 권씩 대출해서 집에 가져가 읽은 다음, 이튿날에는 그 책을 반납하고 다른 책을 대출했다. 주말이면 그는 와핑과 화이트채플의 아편굴과 조선소로 찾아가 하층민의 말에 관해서라면 원어민에 해당하는 사람들을 찾아서 이런저런 단어의 의미에 관해 자세하게 물었다. 그는 수천 가지 단어의 역사를 알아내 머리에게 제공했다.

그보다도 더 현저한 공헌자는 매우 박식한 영국 거주 미국인 W. C. 마이너 박사로, 개인 장서를 이용해 수만 개에 달하는 단어의 어원을 찾아주었다. 머리는 그를 사전 공헌자들의 모임에 초청했다. 그러나 불행히도 마이너 박사는 당시 정신 질환이 있는 범죄자들이 수용되는 브로드무어 병원에 입원 중이었으며, 건강이 충분히 회복되지 못한 까닭에 병원을 나올 수 없었다. 이 소식을 접한 머리는 깜짝 놀랐다. 알고 보니 미국 남북전쟁 때 일사병으로 고생한 마이너 박사는 일종의 피해망상광이 되어서, 어떤 아일랜드인이 자신을 추적하고 있다고 믿었다. 그는 한동안 정신병원에 입원했다가 완치 판정을 받고 1871년에 영국 여행을 떠났다. 하지만 어느 날 밤 런던 시내를 걷다가 갑자기 광증이 재발해서, 죄가 있다면 웬 미국인 미치광이 바로 뒤에서 걸어가고 있었다는 것뿐인 어느 무고한 행인을 총으로 쏴 죽였다. 누가 봐도 마이너 박사의 광기는 그의 학식과 전혀 어울리지 않았다. 그래도 그는 브로드무어 병원에 갖춰진 개인 장서를 이용해 한 해 동안 무려 1만 2000건이나 도움을 주어 사전 편찬에 공헌했다.

머리는 편찬 책임자로 임명된 1879년부터 78세로 사망한 1915년까지 무려 36년 동안이나 쉬지 않고 사전 일을 해나갔다(그는 1908년에 기사 작위를 받았다). 사망 당시에 그는 U 항목을 작업하고 있었지만, 그의 조수들은 이후 13년 동안 더 일한 끝에 1928년 Wise부터 Wyzen까지를 담은 한 권을 마지막으로 사전을 완간하는 데 성공했다(권수로 맨 마지막인 제12권 XYZ 항목은 그보다 앞서 나와 있었다). 그로부터 5년 뒤 전질을 수정하고 약간 업데이트한 판본이 재간행됐고, 이때 새로 붙은 이름이 바로 오늘날까지 통용되는 《옥스퍼드 영어 사전》이다. 완간된 사전은 41만 4825개 항목과 (편찬 과정에 수집된 600만 개 중에서 골라낸) 인용문 182만 7306개를 담고 있었으며, 1만 5487쪽에 걸쳐서 4400만 단어로 서술됐다. 이것이야말로 역사상 가장 위대한 학술적 성과물일 것이다.

《옥스퍼드 영어 사전》은 웹스터가 그보다 수 세기 전에 처음 제기한 역설을 확증해주었다. 즉 비록 겉보기에는 독자들이 최상의 경의를 품고 사전을 대하는 것 같지만, 그 가운데 자신들의 입맛에 맞지 않는 것이 있으면 결국 무시해버린다는 점이다. 예컨대 《옥스퍼드 영어 사전》은 characterize나 itemize를 비롯한 단어들에 –ize라는 철자를 항상 고수했지만, 오늘날 이 원칙을 준수하는 곳은 영국에서도 극소수 지역과 〈타임스〉 지면뿐이다(심지어 그 지면에서도 항상 준수되는 것은 아니다). 대다수 영국인은 여전히 그런 단어 대부분에 –ise라는 어미를 사용해 advertise·merchandise·surprise 같은 단어들과의 일치성, 즉 미국인들로선 결코 성취할 수 없는 일치성을 만끽한다. 하지만 《옥스퍼드 영어 사전》의 사소한 변덕 가운데서도 가장 주목할 만한 것은 유독 Shakespeare라는 이름을 Shakespere로 고집한다는 점이다. 이 사전은 왜 후자가 유일하게 정확한 철자법인지를 상당히 길게 설명하고 난 다음에야, 가장 흔한 철자법인 전자를 마지못한 듯 이렇게 인정한다. "is perh. Shakespeare어쩌면 '셰익스피어'일 수도 있다"(이에 대해서 우리는 'It cert. is분명히 그게 맞다'라고 대답할 수 있으리라).

1989년 봄에 이 사전의 제2판이 출간되면서 약간 변경된 것이 있는데, 머리가 직접 고안한 복잡한 체계 대신 국제 음성 기호를 쓴 것도 그중 하나다. 구성은 초판 총 열두 권에 1972년부터 1989년 사이에 간행된 총 네 권의 방대한 보유편까지 덧붙여 재편집했다. 그래서 권수는 총 스무 권으로 늘어났으며, 내용도 전보다 세 배는 더 늘어나 61만 5000가지 항목에 인용문 241만 2000개를 포함했다. 그 서술에만 6000만 단어가 동원됐으며, 그것을 입력하는 데 자판을 무려 3억 5000만 번이나 눌러야 했을 정도다(맨 마지막 숫자는 대략 전 세계 영어 원어민의 수와 맞먹는다). 다른 어떤 언어도 범위 면에서 이와 유사한 경지에 멀찌감치나마 접근한 적이 없다. 이 사전의 존재 덕분에 우리는 세계 어떤 언어보다도 영어의 역사에 대해 더 많은 것을 알게 됐다.

11
구세계와 신세계
OLD WORLD, NEW WORLD

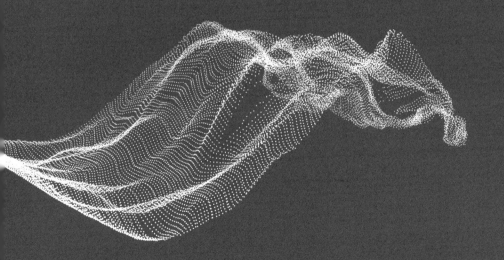

———

새로운 이민자들은 신세계를 묘사할 새로운 단어들을 만들어야만 했고, 내륙으로 이주하면서 부터 그런 필요는 자연스레 더 늘어났다. 이 길들지 않은 대륙에 살거나 이곳을 탐험한 사람들 로부터 단어를 빌려 그런 필요를 부분적으로나마 해결할 수 있었다.

최초의 아메리칸 필그림들은 우연히도 영어의 역사에서 가장 흥미진진한 시기의 한복판에 살고 있었다. 바로 1만 2000가지 단어가 영어에 추가되고 인간이 추구하던 대부분 영역에서 혁명적인 활동이 벌어지던 시기다. 언어의 구조에서 상당한 변화가 생긴 시기이기도 했다. 1620년에 플리머스에서 출항한 필그림 104명은 hath 대신 has, runneth 대신 runs라고 발음함으로써 동사에서 −s의 형태를 사용한 첫 세대가 됐다. 그즈음 thee와 thou라는 대명사 형태는 이미 사멸한 뒤였다. 만약 필그림들이 25년가량만 더 일찍 왔어도, 아메리카는 (예컨대 gotten 같은 고어투를 보존하듯이) 예전 형태들을 오늘날까지 고스란히 보존했을 것이다.

새로운 이민자들은 신세계를 묘사할 새로운 단어들을 만들어야만 했고, 내륙으로 이주하면서부터 그런 필요는 자연스레 더 늘어났다. 이 길들지 않은 대륙에 살거나 이곳을 탐험한 사람들로부터 단어를 빌려 그런 필요를 부분적으로나마 해결할 수 있었다. 네덜란드인들로부터는 landscape, cookie, caboose 같은 단어를 빌렸다. 어쩌면 Yankee라는 단어도 영어식으로 표현하자면 John Cheese 정도에 해당하는 네덜란드어 Jan Kees가 와전되면서 생긴 것인지 모른다. John Bull이 영국인을 통칭하듯이 Jan Kees는 아메리카에서 네덜란드인을 통칭하는 이름으로 사용됐다고 추정되지만, 역사적 증거는 희박하다. 새로운 이민자들은 종종 인디언의 말을 차용하기도 했는데, 그러다 보니 불편을 감수해야만 하는 경우도 있었다. 인디언 언어, 특히 대륙의 동부에 사는 부족들의 언어는 터무니없다 싶을 정도로 응집적이었기 때문이다. 메리 헬렌 도언이 미국 영어의 발생에 관한 저서 《우리의 말》에서 지적한 것처럼, 《성서》를 이로쿼이어Iroquoian로 옮긴 최초의 번역자는 our question우리의 질문이라는 구절 하나를 표현하기 위해 kummogkodonattootummooetiteaonganunnonash라는 단어를 고안해야 했다. 매사추세츠주에 있는 어느 호수 이름이 인디언어로 Chargoggagomanchaugagochaubunagungamaug였는데, 번역하면 "너는 그쪽에서 고기 잡아, 우리는 이쪽에서 고기 잡고, 아무도 가운데서는 고기 못 잡아"가 된다. 당연한 이야기지만, 이런 단어들은 보통 축약되고 수정되게 마련이었다. 영어의 hickory히코리 나무는 원래 인디언어의 pawcohiccora를 여기저기 깎아서 만들었다. raugroughcun은 raccoon미국 너구리이 됐고, isquonterquashes는 squash호박가 됐다. hoochinoo는 본래 집에서 만든 술로 유명한 인디언 부족의 이름이었는데, 이것이 훗날 hooch밀주가 됐다. 인디언의 철자법이 얼마나 당혹스럽기 짝이 없는 것이었는지는 Chippewa와 Ojibway가 사실은 한 부족을 가리키는 이름이며, 다만 서로 다른 시기에 서로 다른 사람들이 기록했을 뿐이라는 점에서 잘 드러난다. 때로는 단어들이 여러 변모를 거친 뒤에야 영어 사용자들의 입에 안착하기도 했다. Manhattan맨해튼에 해당하는 지역의 이름 표기는 Manhates, Manhathanes, Manhatones, Manhatesen, Manhattae를 비롯해서 5~6가지가 더 있었다. 도언에 따르면 심지어

Iowa 같은 간단한 단어조차 무려 64가지 철자로 기록됐다. 이렇게 영어로 기록하는 데서 차이를 보이긴 했지만, 미국의 주명 가운데 절반 이상이 인디언어를 그대로 빌린 것이며 강이나 호수나 마을 이름은 셀 수도 없을 정도다. 하지만 미국인들이 일상적으로 사용하는 물건 이름 중에는 인디언어에서 빌려 온 단어가 canoe, raccoon, hammock, tobacco 등 기껏해야 30~40가지뿐이다.

이와는 대조적으로, 영국 출신의 새로운 이민자들은 자신들보다 먼저 와 있던 에스파냐인 정착민들로부터 500개 이상의 단어를 차용했다. 하지만 rodeo로데오, bronco야생마, buffalo들소, avocado아보카도, mustang야생마, burro당나귀, fiesta축제, coyote코요테, mesquite메스키트, canyon협곡, buckaroo카우보이 등 그중 상당수는 에스파냐인이 인디언의 말에서 차용한 것들이다. 여기서 buckaroo는 에스파냐어의 vaquero를 그대로 차용한 것이므로, 원래는 두 번째 음절에 강세를 넣어 발음했다. 차용된 단어 중 상당수는 '에스파냐어'가 아니라 오히려 '멕시코어'라고 해야 더 정확할 것이다. stampede놀라서 도망치다, hoosegow교도소, cafeteria카페테리아 같은 단어들은 에스파냐어에 없기 때문이다. hoosegow교도소와 jug감옥는 모두 멕시코식 에스파냐어, 즉 철자와는 무관하게 'hoosegow'라고 발음하는 juzgado재판소에서 차용된 것이다.

때로는 발음이 철자를 따라잡기까지 시간이 걸렸다. rancher농장주는 에스파냐어의 rancho목장에서 빌린 말인데, 원래 멕시코식으로 발음됐기 때문에 오히려 'ranker'와 상당히 가깝게 들렸다. 식민지의 초기 정착민들은 프랑스어도 자유롭게 빌려 와 인디언 부족이며, 지역이며, 강이며, 그 밖에 여러 지형지물의 이름으로 삼았다. 가끔은 (Sioux수나 Mackinac매키노[1]처럼) 원래 발음을 그대로 유지하기도 했고, 때로는 (Illinois 일리노이나 Detroit디트로이트나 Des Plaines데스플레인스나 Beloit벨로이트처럼) 영어식 으로 읽었다. 이들은 프랑스어에서 다른 단어들도 취했지만, gaufre를 gopher뒤쥐로, chaudière를 chowder차우더로 바꿔놓은 것처럼 종종 누가 봐도 미국 영어처럼 보이게 모습을 바꿔놓았다. 신세계가 프랑스 어에서 빌려온 단어의 또 다른 사례로는 prairie대평원와 dime10센트 동 전도 있다.

단어들은 종종 가장 불가능해 보이고 한참 에두르는 경로를 통해 도 달하기도 한다. 미국의 통화를 가리키는 dollar달러는 Joachimsthaler 요아힘스탈러가 와전되어 생긴 말인데, 본래 16세기에 독일 요아힘스탈 에 있는 은광의 이름이었다. 이 단어가 영어에서 사용된 최초의 기록은 1553년에 나왔으며, 당시에는 철자를 daler로 적었다. 그 뒤 두 세기 동 안 이 단어는 영어에서 유럽 대륙의 여러 통화를 가리키는 말로 사용됐 다. 이 단어가 미국에서 사용된 최초의 기록은 1782년에 토머스 제퍼슨 이《미국의 화폐 단위에 관한 소론》에서 '달러'를 국가 통화의 이름으로 제안한 것이었는데, 그의 논지는 "에스파냐의 달러는 익히 알려진 화폐 이므로 모두에게 가장 친숙하리라"는 것이었다. 이 단어가 최초로 등장 한 기록은 아마도 이것이겠지만, 제퍼슨의 말마따나 이 단어가 사람들 에게 익히 알려져 있었다면, 이는 결국 그 단어가 벌써 널리 사용되고

---

1. 인디언어를 음차한 프랑스어에서 유래한 지명이기 때문에, 지금도 철자는 Mackinac로 쓰고 발음은 'Mackinaw'로 한다. ─ 옮긴이

있었다는 뜻이다. 어쨌거나 제퍼슨은 자신의 뜻을 이뤘다. 1785년에 이르러 달러가 미국의 통화 이름으로 채용된 것이다. 물론 최초의 달러 지폐가 인쇄된 것은 그로부터 좀 지난 1794년이었지만 말이다. 그 정도까지는 우리도 알고 있지만, 정작 우리가 모르는 사실은 도대체 달러 기호 $가 어디에서 왔느냐 하는 점이다. 마리오 페이에 따르면, "가장 그럴싸한 설명은 그것이 에스파냐에서 유래한 통화 단위인 페소pesos의 첫 글자와 마지막 글자를 서로 겹쳐 쓴 것을 상징한다"라는 것이다. 상당히 매력적인 이야기이긴 하지만, 한 가지 뚜렷한 약점은 아무리 들여다봐도 p와 s를 합친 기호와 달러 기호 사이에는 비슷해 보이는 구석이 없다는 점이다.

아마도 그보다 훨씬 더 이해할 수 없는 일은 America라는 이름이 애초에 어떻게 생겨났느냐 하는 점이리라. 그 이름은 Americus Vespucius, 즉 아메리고 베스푸치Amerigo Vespucci의 라틴어식 이름에서 가져왔다. 1454년부터 1512년까지 살았으며 사실상 무명에 가깝던 이탈리아의 항해가 베스푸치는 신세계를 향해 네 번이나 항해를 시도했지만 정작 북아메리카는 가본 적이 없었다. 다만 당대의 어느 지도 제작자가 그 대륙을 베스푸치가 발견한 것으로 착각한 나머지, 말 그대로 그의 이름을 지도에 붙여준 것이다. 마르틴 발데스뮐러라는 그 지도 제작자는 자신의 실수를 깨닫자마자 그 이름을 떼어냈지만, 그때는 이미 이름이 굳어져 버린 다음이었다. 베스푸치 자신은 그 대륙을 '문두스 노부스Mundus Novus', 즉 '신세계'라고 부르는 것을 더 선호했다.

수백 가지 단어를 빌려 오는 것에 덧붙여서 (훨씬 좋은 이름을 가진!) 신세계인들Mundus Novian은 수백 가지 단어를 직접 고안했다.

그 패턴은 bullfrog(황소+개구리=황소개구리), eggplant(달걀+식물=가지), grasshopper(풀+뛰는 벌레=메뚜기), rattlesnake(딸랑이+뱀=방울뱀), mockingbird(흉내 내는+새=흉내지빠귀), catfish(고양이+물고기=메기)처럼 기존 영어 단어 2개를 가져다가 새로운 방식으로 조합하는 것이었다. 하지만 때로는 구세계에서 온 단어들을 차용해서 신세계에 있는, 어딘가 다르면서도 유사한 대상을 가리키기도 했다. beech너도밤나무, walnut호두나무, laurel월계수, partridge(영국에서는 '자고', 미국에서는 '메추라기'), robin(영국에서는 '울새', 미국에서는 '개똥지빠귀'), oriole(영국에서는 '꾀꼬리', 미국에서는 '찌르레기'), hemlock(영국에서는 '독당근', 미국에서는 '솔송나무')가 그런 경우이며 pond(영국에서는 '인공 호수', 미국에서는 '자연 호수')는 양쪽 대륙에서 전혀 다른 대상을 가리키게 됐다.

서부로 향한 정착민들은 그 새로우면서도 광대한 대륙의 특징들을 묘사할 새로운 표현들, 예컨대 mesa꼭대기가 평평한 산·butte평원의 언덕·bluff절벽 같은 것을 찾아야 했을 뿐만 아니라 자신들의 독특하고 씩씩하고 야성적이고 무모하기 짝이 없는 삶의 태도를 상징하는 특대형 단어들도 찾아야만 했다. 좋게 말해 화려하기 짝이 없던 이런 표현 중 놀라우리만치 많은 수가 오늘날까지 살아남았다. hornswoggle속이다, cattywampus뒤틀린; 비스듬한, rambunctious제멋대로인, absquatulate 도망치다 같은 단어나 to move like greased lightning기름 친 번개처럼 움직이다→순식간에, to kick the bucket양동이를 걷어차다→죽다, to be in cahoots with공모하다, to root hog or die돼지라도 훔치든가 죽든가→자력으로 살아가다 같은 표현이 그 예다. 하지만 monstracious방법이 없는, teetotaciously철저하게, helliferocious소름 끼치는, conbobberation소란; 동요, obflisticate곤혹스러운 등을 비롯해 이에 못지않게 풍부한 다른 단어들은 벌써 소멸해버렸다.

신세계에서 나온 새 단어들 중 의심할 여지 없이 미국식 영어의 정수를 보여주는 것은 바로 O. K.다. 아마도 전 세계의 대화에 미국이 끼친 가장 큰 공헌이라고 할 O. K.는 문법적으로 가장 자유자재한 단어로서 형용사("Lunch was O. K.점심 괜찮던데"), 동사("Can you O. K. this for me?이것 좀 허락해주실 수 있나요?"), 명사("I need your O. K. on this이에 대해 당신의 동의가 필요합니다."), 감탄사("O. K., I hear you알았어, 무슨 말인지"), 부사("We did O. K.우리야 물론 괜찮았지") 등으로 사용할 수 있다. 또한 가벼운 동의("Shall we go?출발할까?" "O. K.그래")는 물론이고, 대단한 열광("O. K.!좋았어"), 미온적인 긍정("The party was O. K.파티가 나쁘지 않았어"), 다소 무의미한 공간 채우기("O. K., can I have your attention please?좋습니다. 그럼 이제 저한테 좀 주목해주시겠어요?") 등에 이르기까지 여러 가지 미묘한 의미 차이를 담을 수 있다. 흥미로운 사실은 영어 단어 중에서 가장 성공적이고도 널리 퍼진, 그리고 세르보크로아티아어에서 타갈로그어에 이르기까지 전 세계 모든 언어에서 긍정의 뜻으로 차용된 이 단어가 (O. K.나 OK나 okay라고도 쓰듯) 딱히 정확히 합의된 철자법이 없으며, 그 기원 역시 모호해서 맨 처음 등장했을 때부터 열띤 논란의 대상이었다는 점이다. 그 기원에 관한 수많은 이론은 대략 다음 셋 중 어느 하나에 속한다고 볼 수 있다.

첫째, 누군가의 또는 무언가의 머리글자를 따온 것이다. 소크족 인디언의 추장 'Old Keokuk올드 키오쿠크'라든지, 'Obadiah Kelly오버다이아 켈리'라는 선적 대리인이라든지, 마틴 밴 뷰런 대통령의 별명인 'Old Kinderhook올드 킨더후크'[2]라든지, 19세기에 인기를 끈 'Orrins-

Kendall오린스 켄덜' 크래커에서 따온 것일 수 있다. 이런 이론들에 따르면 그런 머리글자를 문서나 상자 등에 찍거나 쓰는 과정에서 점차 품질이나 신빙성의 동의어가 됐다는 것이다.

둘째, 핀란드어의 'oikea오이케아'라든지, 럼주 수출로 유명한 항구 도시의 이름인 아이티어의 'Aux Cayes오 카이'라든지, 촉토족 인디언어의 'okeh오케' 등 외국어 또는 영어의 방언이나 지명에서 차용된 것일 수 있다. 우드로 윌슨 대통령은 이 중에서도 촉토족 인디언어에서 나왔다는 이론을 좋아한 나머지 '오케이'를 항상 '오케okeh'라고 적었다.

셋째, 이것은 사실 ('All Correct 모두 맞다'의 오기인) 'Oll Korrect'의 축약형으로, 원래 반半문맹이던 미국 제7대 대통령 앤드루 잭슨이 사용한 철자법에서 유래했다고 한다.

얼핏 보기에는 제일 설득력이 없어 보이는 세 번째 이론이 사실은 제일 정확할 가능성이 크다. 물론 앤드루 잭슨에 관한 이야기는 제외하고, 그 대신 첫 번째 이론의 일부를 덧붙여야 하지만 말이다. 오랜 세월에 걸쳐 O. K.의 기원을 추적한 컬럼비아대학교의 앨런 워커 리드는 이런 유행이 1838년에 보스턴과 뉴욕의 젊은 지식인들이 의도적으로 문맹을 흉내 내 약어를 쓰기 시작하면서 처음 생겨났다고 한다. 이들은 oll wright=all right를 O. W.로, oll korrect=all correct를 O. K.로, know yuse=no use를 K. Y. 등으로 쓰는 것이 재미있다고 생각한 모양이다. O. K.가 처음 등장한 인쇄 매체는 1839년 3월 23일 자 〈보스턴 모닝 포스트〉다. 단지 그것뿐이었다면 이 표현은 분명히 일찌감치 소멸됐겠지만,

---

2. 마틴 밴 뷰런의 고향이 뉴욕주 킨더후크였다. ─ 옮긴이

고향인 뉴욕주 북부에서는 '올드 킨더후크'라는 별명으로 알려진 마틴 밴 뷰런이 1840년에 대통령 재선에 나서면서 그의 유세를 돕기 위해 결성된 조직에 'Democratic O. K. Club민주당 O. K. 클럽'이라는 이름이 붙었다. 이때부터 O. K.라는 말은 유세 내내 사방에서 들렸고, 무서운 속도로 전국에 퍼져나가며 단어로서 지위를 확립했다. 어쩌면 밴 뷰런에게는 O. K.의 유행이야말로 약간 위안이 됐을지도 모르겠다. 선거에서 'Tippecanoe and Tyler Too티피카누에 타일러까지'[3]라는 만만찮게 기발한 구호를 들고나온 윌리엄 헨리 해리슨에게 패배했기 때문이다.

비록 신세계의 거주자들이 이 대륙에 첫발을 내딛던 바로 그날부터 새로운 단어들을 사용하려고 무리할 정도로 노력한 것은 분명하지만, 과연 이들이 언제부터 그런 단어들을 뚜렷하게 미국식으로 발음하기 시작했는지는 전혀 분명하지 않다. 다시 말해, 미국식 억양이 언제 맨 처음 생겨났는지, 왜 하필이면 그렇게 발전했는지는 누구도 단언할 수 없다. 미국 최초의 역사가라고 할 수 있는 데이비드 램지 박사는 1791년에《미국 혁명사》에서 미국인의 말에 각별한 순수성이 있다고 적었는데, 그에 따르면 이런 현상은 영국 전역에서 온 사람들이 미국에 함께 모여 살게 되면서 "각자 여러 지방 관용어의 독특성을 버리는 대신, 모두에게 근본적이고도 일반적인 것만을 보존했기 때문"에 생긴 것이었다.

---

3. '대통령 후보인 티피카누의 영웅과 부통령 후보인 타일러까지 한 번에 뽑자'는 뜻이다. 당시 휘그당의 대통령 후보 윌리엄 헨리 해리슨은 인디애나 준주지사 시절에 티피카누 전투에서 쇼니족 인디언을 격퇴해 전쟁 영웅이 됐다. 하지만 해리슨이 대통령 취임 30일 만에 갑자기 사망해, 존 타일러가 미국 역사상 최초로 부통령으로서 대통령직을 계승했다. — 옮긴이

하지만 당시 사람들의 발음이 오늘날의 미국인들과 똑같이 들렸다는 뜻은 아니다. 로버트 버치필드에 따르면, 조지 워싱턴의 말투는 사실 노스 경[4]과 마찬가지로 영국인 말투였을 것이다. 또 한편으로 노스 경은 오늘날 영국인 장관들의 말투에 비하면 훨씬 더 미국인다운 말투를 썼을 것이다. 노스는 necessary라는 단어의 철자를 소리대로 모두 발음했을 것이다. 그는 path와 bath라는 단어도 미국식으로 발음했을 것이며, cart와 horse 같은 단어에 들어 있는 'r' 소리를 모조리 발음했을 것이다. 또한 훗날 영국에서는 소멸됐으나 신세계에서는 여전히 보존된 단어들을 사용했을 것이다.

이는 독립전쟁 때 전장에 나간 병사들도 마찬가지여서, 버치필드에 따르면 이들은 "사소한 특이성을 제외하면" 똑같이 말했다.[5] 양측 병사들이 모두 join과 poison을 각각 'jine'과 'pison'이라고 발음했다. 이들이 말하는 speak와 tea는 오늘날 우리 귀에는 'spake'와 'tay'로 들릴 것이며 certain과 merchant는 'sartin'과 'marchant'로 들릴 것이다.

독립전쟁 말기에 영국을 향한 적대감이 얼마나 컸던지, 미국이 영어 말고 다른 언어를 차용하는 문제를 진지하게 고려했다는 이야기가 예전부터 있었다. 이는 지금도 종종 들을 수 있는 이야기고, 랜돌프 퀴크 같은 저명한 권위자까지 같은 이야기를 전한다.[6] 하지만 근거가 없는 이

---

4. 미국 독립전쟁 때 영국의 총리였던 프레더릭 노스 경이다. ― 옮긴이
5. Burchfield, *The English Language*, p. 36.
6. "미국이 영국에서 분리되던 때 영국어 말고 다른 언어를 써서 언어적으로도 독립을 주장해야 한다는 제안이 나왔다."―*The Use of English*, p. 3.

야기인 듯하다. 물론 어떤 사람이 실제로 그런 제안을 했을 가능성은 있다. 하지만 그 이후의 일은 우리로서도 뭐라고 단언할 수가 없다. 다만 확실히 말할 수 있는 것은, 설령 그런 제안이 실제로 나왔다고 해도 폭넓은 공개 토론으로까지 확대된 것 같지는 않다는 점이다. 전쟁 중이던 당시 상황을 고려할 때 그런 일이 벌어지는 것 자체가 도리어 이상했으리라. 또한 헌법 제정자들이 미국의 공용어에 크게 의문을 품지는 않았기 때문에, 미국 헌법에서도 그에 관해서는 단 한 마디도 언급하지 않았다. 따라서 언어의 변경에 대한 제안이 있었다고 한들 그다지 진지하게 고려되지 않은 것이 거의 확실하다.

분명한 사실은, 토머스 제퍼슨과 노아 웹스터를 비롯한 많은 사람이 미국식 영어가 시간이 흐르면서 별개의 언어로 진화하리라고 기대했다는 점이다. 벤저민 프랭클린은 자신의 고향인 펜실베이니아에서 독일어가 사용되는 것을 못마땅하게 생각했으며 장차 미국이 수많은 언어 공동체로 분열될 것을 우려했다. 하지만 어느 쪽의 기대나 우려도 실현되지는 않았다. 어째서 그랬는지는 한 번쯤 살펴볼 만하다.

1840년경까지만 해도 아메리카 이민자는 매년 2만 명 정도밖에 안 됐고, 그들의 출신지도 대부분 두 지역뿐이었다. 하나는 영국제도, 또 하나는 노예들의 출신지인 아프리카였다. 1607년부터 1840년까지 전체 이민자 수는 100만 명에 불과했다. 그러다가 1845년에 아일랜드에서 기근이 일어나고 그 밖의 지역에서도 정치적 격변이 일어나, 미국에 이민자의 홍수가 밀어닥쳤다. 19세기 후반만 해도 무려 3000만 명이 미국으로 쏟아져 들어왔으며, 20세기 초에는 추세가 더욱 빨라졌다. 그 절정에 해당하는 1901년부터 1905년까지 4년 동안에만 미국은 이탈리아인 100만 명, 오스트리아-헝가리인 100만 명, 러시아인 50만 명, 그 밖에 수십 군데에서 온 수만 명을 받아들였다.

20세기 초 미국 뉴욕에서는 독일어 사용자 수가 오스트리아 빈과 독일 베를린 다음으로 세계에서 가장 많았다. 게다가 아일랜드인은 더블린보다, 러시아인은 키예프보다, 이탈리아인은 밀라노나 나폴리보다도 뉴욕에 더 많이 있을 정도였다. 1890년에 미국에는 독일어 신문 800종이 있었으며, 제1차 세계대전이 발발했을 때만 해도 볼티모어에는 독일어로만 수업하는 초등학교가 네 군데나 있었다.

이런 사람들은 종종 소수민족 집단을 이루어 정착했다. 존 러셀 바틀릿은 당시 뉴욕주 오네이다 카운티를 지나가다 보면 처음부터 끝까지 웨일스어밖에 들리지 않았다고 적었다. 이런 소수민족 집단 중에서도 가장 유명하고 가장 오래 존속하는 것이 바로 아미시일 텐데, 이들은 주로 펜실베이니아주 남부의 랭커스터 카운티와 그 주변 지역에 정착했으며 (아마도 독일어Deutsch가 네덜란드어Dutch로 와전된 까닭인 듯) 펜실베이니아 네덜란드어Pennsylvania Dutch라는 잘못된 이름이 붙은 방언을 사용한다. 현재 미국에는 펜실베이니아 네덜란드어를 제1 언어로 쓰는 사람들이 30만 명쯤 있고, 이 방언으로 의사소통이 가능한 사람은 아마도 그 두 배쯤 될 것이다. 이 방언을 쓰는 사람이 이렇게 많은 이유 가운데 하나는 아미시가 대개 유별난 고립주의를 유지하기 때문인데, 그중 상당수는 지금까지도 자동차·트랙터·전기를 비롯해 현대 문명의 이기를 경원시한다. 펜실베이니아 네덜란드어는 일종의 제도화된 변칙 영어로, 독일어의 통사론과 관용어에 영어 단어를 적용한 것이다. 아마도 그들의 표현 가운데 제일 잘 알려진 것은 영어의 put out the light불을 끄다와 같은 의미로 사용되는 outen the light일 것이다. 펜실베이니아 네 덜란드어와 영어를 좀 더 비교해보면 다음과 같다.

Nice Day, say not? / Nice Day, isn it? 날씨 좋군요, 그렇죠?

What's the matter of him? / What's the matter with him? 그 사람 에게 무슨 일 있나요?

It's going to give rain. / It's going to rain. 비가 올 것 같다.

Come in and eat yourself. / Come and have something to eat. 오셔서 뭐라도 좀 드시죠.

It wonders me where it could be. / I wonder where it could be. 거기가 어디일까 궁금하다.

펜실베이니아 네덜란드어 화자들은 반#독일어식 억양을 구사하는 성향도 있다. 예컨대 George를 'chorge', bridges를 'britches', told를 'tolt'라고 발음하는 식이다. 주목할 만한 점은 미국에 정착한 지 무려 두 세기가 지난 지금까지도 그 언어 사용자들 중 상당수가 'v'와 'th' 소리를 내는 데 애를 먹어서 visit를 'wisit', this를 'ziss'로 발음한다는 것이다. 하지만 2가지를 염두에 두어야 한다. 첫째, 펜실베이니아 네덜란드어는 그 화자들이 현대 생활로부터 극단적으로 고립된 상태에서 성장한 변칙적인 경우다. 둘째, 이것은 어디까지나 '영어'의 방언이다. 이 2가지는 분명하다.

19세기 내내, 그리고 20세기 들어서도 종종 미국의 상당 지역에서 이렇게 고립된 언어 공동체를 쉽게 찾아볼 수 있었다. 미네소타주·노스다코타주·사우스다코타주에 노르웨이어, 네브래스카주에 스웨덴어, 위스콘신주와 인디애나주에 독일어, 기타 여러 지역에 여러 언어 공동체가 있었다. 이렇게 언어학적 고립 지역들이 있다 보니 미국의 언어가 변질되어 유럽에서처럼 다양한 지역 언어들이 생길 것이라는, 또는 우세한 이민자 집단으로부터 크게 영향을 받아서 상이한 영어 방언들이 생기기도 할 것이라는 추측이 나온 것은 지극히 자연스러운 일이었다. 그러나 이런 일은 전혀 생기지 않았다. 사실은 오히려 정반대의 경우가 생겨났다. 언어가 점점 더 크게 갈라지기는커녕, 광대한 미국 본토 전역에서 살아가는 사람들은 대체로 똑같은 말을 계속 사용했다. 어째서 그랬을까?

여기에는 3가지 주된 이유가 있다. 첫째, 대륙 전역으로 사람들이 계속해서 이동하면서 영구적인 지역색이 형성되는 것을 막았다. 사회학자들이 '사회적 이동성social mobility'이라는 말을 고안하기 전부터, 미국인들은 그것을 만끽하고 있었던 셈이다. 둘째, 배경이 다양한 사람들의 혼합도 동질성에 유리하게 작용했다. 셋째, 무엇보다 사회적 압력과 공통의 국가적 정체성을 향한 열망이 사람들을 단일한 말하기 방법에 정착시켰다.

융화되지 않은 사람들은 외부인처럼 느껴질 위험을 감수해야만 했다. 그런 사람들에게는 각자 배경에 먹칠을 하는 이름이 주어졌다. wop이탈리아 놈은 이탈리아어의 guappo점잔 빼는 사람에서, kraut독일 놈는 아마도 독일인들이 좋아하는 sauerkraut양배추 절임에서, yid유대 놈는 유대인들이 Yiddish이디시어를 사용한다는 사실에서, dago남유럽 놈는 에스파냐어의 가장 흔한 인명 가운데 하나인 Diego에서, kike유대 놈는 유대인의 이름에 -ki나 -ky라는 접미사가 유난히 많다는 사실에서, bohunk동유럽 놈는 Bohemian-Hungarian보헤미아-헝가리인에서 유래했으며 micks아일랜드 놈와 paddies아일랜드 놈는 아일랜드인 사이에 제일 흔한 Mick과 Paddy 같은 이름을 가리켰다. 방언에 관한 장에서 살펴본 것처럼 이민자의 자녀는 일반적으로 새로운 문화에 완전히 동화됐다. 자녀가 부모의 언어를 전혀 모르는 경우까지 있었다.

루이지애나주의 케이전어나 동부 연안 시아일랜즈의 걸라어처럼 때로는 물리적 고립 때문에 사람들이 변화에 더 저항하게 되는 경우도 있었다. 엘리자베스 시대 영국의 말이 어떤지를 듣고 싶은 사람은 애팔래치아산맥이나 오자크 산지[7]에 가면 된다는, 즉 거기 가면 아직도 셰익스피어 시대 영어를 사용하는 고립된 공동체가 있다는 이야기가 있다. 실제로도 오늘날 흔히 시골뜨기의 말이라고 생각하는 단어나 표현 가운데 afeared=afraid, tetchy, consarn it=damn it, yourn=yours, hisn=his, et=ate, sassy=saucy, jined=joined를 비롯한 상당수는 엘리자베스 시대 런던의 말을 반영하고 있다.

하지만 보스턴이든 찰스턴이든 미국의 다른 대부분 지역에서 현재 쓰는 말에 대해서도 사실 이와 똑같이 주장할 수 있을 것이다. 미국 사람은 누구나 get의 과거분사 gotten처럼, 또는 '가을'을 뜻하는 fall처럼, 또는 bath와 path의 [æ] 발음처럼 셰익스피어에게는 친숙했지만 오늘날 영국에서는 사멸된 갖가지 영어 표현과 발음을 사용하고 있기 때문이다. 산지의 경우 상대적인 고립 때문에 훨씬 더 풍부한 고어체 표현과

---

7. 미국 미주리, 아칸소, 오클라호마주에 걸쳐 있는 산지다.― 옮긴이

발음을 가질 수도 있지만, 그렇다고 해서 그곳의 말이 엘리자베스 시대 영어의 거의 똑같은 복제품이라고 주장하는 것은 지나치다. 무엇보다도 그런 산지 대부분에 사람이 살기 시작한 것은 엘리자베스 여왕의 사후 한 세기 이상 지난 뒤의 일이기 때문이다. H. L. 멩컨은 이런 믿음의 기원을 추적한 끝에 A. J. 엘리스라는 초창기의 권위자를 찾아내고, 다음과 같은 결론을 내리며 비수를 꽂았다. "엘리스는 미국 내 영국인의 정착사에 관해서는 전혀 아는 게 없었기에, 아예 있지도 않았던 문화적 고립이 그들에게 벌어졌다고 주장했다." 하지만 이런 믿음과 유사 주장은 지금까지도 여러 책에서 반복되고 있다.

물론 오늘날의 미국에 자칫하면 영어에서 완전히 사라져버렸을 단어 수십 개가 여전히 보존되어 있는 것은 분명하다. 가장 대표적인 것은 아마도 gotten일 텐데, 대부분의 영국인이 생각하기에 이것이야말로 미국식 말투 중에서도 가장 색다르게 보이는 것이다. 이 단어는 오늘날 영국에서는 거의 쓰이지 않기 때문에, 영국인들에게 got와 gotten이 어떻게 다른지 설명해주어야 할 정도다. 영국인들은 여전히 forgot와 forgotten을 구별해 사용하고, gotten도 영국에서 ill-gotten gains 부정하게 얻은 이득를 비롯한 한두 가지 문구 속에 살아남아 있는데도 말이다. 이와 마찬가지로 sick도 영국에서 상당한 의미 변화를 겪었지만, 그런 변화가 미국에까지는 미처 도달하지 못했다.[8] 셰익스피어는 〈헨리 5세〉에서 이 단어를 오늘날 미국식 영어와 똑같은 의미로 사용했다(He

---

8. 영국에서는 현재《성서》인용문 같은 데만 남아 있고, 구어로는 '느글거리는·메스꺼운' 같은 뜻으로만 사용된다.—옮긴이

is very sick, and would to bed주인님은 무척 편찮으세요, 눕고 싶은 모양이에요).⁹ 그래도 본래의 넓은 의미는 오늘날까지도 sick bay함상진료실, sick note병이 났을 때의 결석계, in sickness and in health아플 때나 건강할 때나, to be off sick아파서 쉬다, sickbed병상, homesick향수병의, lovesick상사병의 등 영국의 다양한 표현 속에 살아남아 있다. 이와 반대로 미국인들이 오로지 injured부상당한를 사용할 만한 곳에 영국인들은 종종 ill건강이 나쁨을 사용하는데, 예컨대 신문에서는 열차 충돌 사고의 희생자가 seriously ill in hospital크게 다쳐서 병원에 있다이라고 하는 식이다.

엘리자베스 시대의 영국에서는 흔히 사용됐지만 오늘날의 영국에서는 소멸된 단어와 표현으로는 (autumn가을과 동의어인) fall, (angry화난와 동의어인) mad, ('전진하다'를 뜻하는 동사) progress, ('큰 접시'를 뜻하는) platter, ('일'이나 '작업'인데, 오늘날 영국에서는 법적 표현으로만 살아남아 있는) assignment, ('카드 한 벌'을 뜻하는데, 오늘날 영국에서는 deck 대신 pack을 쓰는) deck of cards, (slim chance희박한 가능성에서처럼 '작다'를 뜻하는) slim, ('인색하다'가 아니라 '불쾌하다'를 뜻하는) mean, ('쓰레기'를 뜻하며 셰익스피어도 바로 그런 뜻으로 사용한) trash, (pig돼지와 동의어인) hog 등이 대표적이다. 이 밖에도 mayhem신체 상해, magnetic자석의, chore허드렛일, skillet프라이팬, ragamuffin부랑아, homespun소박한, I guess내 생각에라는 표현이 있다. 이런 단어들 가운데 상당수는 이미 영국에서도 다시 사용되기 시작했기 때문에, 대부분의 영국인은 이런 단어가 한때나마 사용되지 않았다

---

9. 셰익스피어, 김재남 옮김, 〈헨리 5세〉 2막 1장, 《(삼정) 셰익스피어전집》, 을지서적, 1995, 1465쪽.─옮긴이

는 사실을 알게 되면 아마 깜짝 놀랄 것이다.

maybe가 《옥스퍼드 영어 사전》의 초판본에는 '고어투 및 방언투'라고 서술되어 있다. quit의 '끝내다'라는 의미는 앞의 경우와 유사하게 영국에서 소멸됐다. 책을 leaf through대충 넘겨 보다한다는 표현이 영국에서 처음 기록된 것은 1613년이었지만, 그때 이후로는 사용되지 않다가 미국에서 영국으로 재도입됐다. 그리고 frame-up음모은 1901년의 《옥스퍼드 영어 사전》에서조차도 시대에 뒤진 것으로 여겨졌는데, 머지않아 수천 편의 할리우드산 갱 영화를 통해 본고장에 다시 도입되리라고는 누구도 예상하지 못했을 것이다.

미국은 본고장인 영국에 그때까지 없던 갖가지 단어와 표현을 도입하기도 했는데, 그중 대부분은 오늘날 일상생활에 자연스럽게 자리 잡았다. 그런 단어와 표현의 일부를 소개하면 commuter통근자, bedrock기반, snag그루터기; 암초, striptease스트립쇼, cold spell기습 한파, gimmick눈속임, baby-sitter베이비시터, lengthy길이가 긴, sag처지다, soggy물에 잠긴, teenager10대, telephone전화, typewriter타자기, radio라디오, to cut noice효과가 없다, to butt in간섭하다, to sidetrack회피하다, hangover숙취, to make good성공하다, fudge퍼지 사탕, publicity명성, joyride차 끌고 돌아다니기, bucket shop불법 중매소, blizzard눈보라, stunt스턴트, law-abiding준법의, department store백화점, notify통지하다, advocate옹호하다, currency통화通貨, to park주차하다, to rattle허둥대다; 동요하다, hindsight가늠자, beeline직선, raincoat비옷, scrawny야윈, take a backseat뒷자리에 앉다; 나서지 않다, cloudburst호우, graveyard묘지, know-how비결, to register(호텔에서) 숙박부를 기록하다, to shut down

폐쇄하다, to fill the bill요구를 충족시키다, to hold down지키다, to hold up강도질하다, to bank on믿다, to stay put그대로 있다, to be stung속다, stiff upper lip입을 꾹 다물다; 당황하지 않다 등이 있다. 흔히 '에둘러' 말한다고 할 때 등장하는 roundabout로터리; 에움길도 원래 미국에서 처음 나왔다. 이에 해당하는 영국 말은 traffic circles인데, 더 정확히 말하면 이것은 미국 출신으로 영국에서 살면서 1920년대에 BBC 구어영어자문위원회의 일원으로 일한 로건 피어솔 스미스가 만들어낸 말이다. 그가 일한 이 덩치 큰 심사위원단은 BBC를 위해 발음과 용례뿐만 아니라 어휘에 관한 문제까지 판정하는 일을 담당했다. 스미스가 거기 합류하기 전까지만 해도 영국에서는 로터리를 흔히 gyratory circuses라고 불렀다.[10]

물론 이런 흐름이 항상 일방적이었던 것은 아니다. 영국은 미국에 맨 처음 부여한 수천 가지 단어 말고도 식민지 진출을 통해 전 세계에 새로운 단어를 유행시켰다. 그 예로는 smog스모그, weekend주말, gadget도구, miniskirt짧은 치마, radar레이더, brain drain두뇌 유출, gay동성애자가 있다. 그래도 두 세기가 넘는 지난 시간 동안 영어에 새로 도입된 무수히 많은 단어가 서쪽에서 동쪽으로 갔다는 것을 부인할 수는 없다. 그런데도 미국은 고맙다는 소리를 거의 듣지 못했다.

식민지 경험의 거의 초창기부터 영국에서는 단어 하나 또는 문투 하

---

10. 스미스가 고안한 다른 멋진 신조어 중에는 '신호등'을 뜻하는 traffic lights(교통 신호 불빛) 대신 쓴 stop-and-goes(멈추시오 가시오), '영감·묘안'을 뜻하는 brainwave를 대체하자고 제안한 mindfall이 있는데, 아쉽게도 이것들은 유행을 타지 못했다.

나조차 미국에서 나온 듯한 느낌이 약간만 엿보여도 열등한 것처럼 여기는 것이 일반적이었다. 새뮤얼 테일러 콜리지는 "talented재능이 있는라는 비열하고 야만적인 단어"를 비판하면서 "이런 식의 속어들 가운데 상당수가 아메리카에서 온 것"이라고 고찰했다. 미국에서 왔다는 사실 하나만으로도 그런 단어들을 혐오할 이유가 충분했던 것이다. 그런데 사실 (미국 출신인 나로선 무척이나 기쁘게도) talented라는 말은 원래 영국에서 만들어져 1422년에 처음으로 사용됐다. 당시 풍조 가운데 일부는 새뮤얼 존슨의 고찰에 잘 드러나, 1769년에 그는 미국인을 가리켜 "죄수들의 후손들이며, 우리가 그들에게 교수형 처분을 내리지 않은 것을 감사해 마지않아야 한다"라고 썼다.[11] 토머스 제퍼슨의 《버지니아주에 관한 소론》(1787)에 대한 서평을 쓴 사람은 영국인의 성격에 대해 하고 싶은 말은 무엇이든지 하되, 다만 "오, 용서하소서. 당신께 탄원하나이다, 우리의 모국어시여!"라는 말은 절대 하지 말라고 일갈했다. 또 어떤 사람은 제퍼슨이 belittle축소하다; 얕잡다이라는 단어를 쓴 것을 눈치채고는 이렇게 말했다. "버지니아에서는 우아한 말이고 완벽하게 이해할 수 있는 말인지 모르겠지만, 우리로서는 그 의미를 추측만 할 수 있을 뿐이다. 부끄러운 줄 아시오, 제퍼슨 씨!"[12] 제퍼슨이 Anglophobia영국 혐오증라는 말을 고안한 장본인인 것도 놀랄 일은 아니다.

이렇게 냉소를 보낸 사람들로 말하자면 불필요하게 남에게 모욕을 주었을 뿐만 아니라 어원학적으로도 뭘 잘 모르고 있었던 셈이다. 이들

---

11. Pyles, *Words and Ways of American English*, p. 106.
12. 앞의 책, 17쪽.

이 적의를 드러낸 대상은 하나같이 영국에서 기원한 단어들이기 때문이다. 존슨조차 glee기쁨·jeopardy위험·smoulder연기가 나다 같은 단어를 험담했는데, 이런 단어들이 수 세기 동안이나 영국에 원래 있었다는 사실을 미처 몰랐던 것이다. 존 퀸시 애덤스가 고안한 to antagonize적대시하다라는 표현은 격렬한 공격을 받았다. progress전진를 동사로 사용하는 것도 공격을 받았는데, 사실은 베이컨과 셰익스피어도 이 단어를 같은 의미로 사용한 적이 있다. scientist과학자도 "저열한 미국식 말투"니 "대서양 건너편의 속어에서 비롯된 천박한 싸구려 물건"이라는 공격을 받았다.

심지어 미국인 중에서도 이런 영국인의 공격에 적잖이 변명 조로 동조하고 나서는 이가 없지 않았다. 그중에서도 가장 의외의 인물은 벤저민 프랭클린이다. 스코틀랜드의 철학자 데이비드 흄에게 미국식 말투에 대해 책망을 듣자, 프랭클린은 맥없이 이렇게 대답했다. "그 소책자에 나온 약간 유별난 단어들과 관련한 선생의 친절한 충고에 감사드립니다. 저로선 무척이나 도움이 되겠습니다. pejorate악화하다와 colonize식민지화하다는 (……) 좋지 않은 것으로 간주해 쓰지 않도록 하겠습니다. 설득을 위한 글과 일반인에게 알리기 위해 쓰는 글은 최대한 명료하게 써야 하기 때문입니다. 어떤 표현이든지 조금이라도 모호한 부분이 있다면, 그건 잘못입니다. unshakable부동의의 경우 명료하기는 하지만, 이것 역시 저열한 것으로 간주해 쓰지 않도록 하겠습니다. 충분히 표현력이 뛰어난 오래된 단어들을 갖고 있는 상황에서 새로운 단어들을 도입하는 것은 전반적으로 잘못이라고 고백할 수밖에 없겠습니다. (……) 바라건대 저도 당신과 마찬가지로 영국제도의 가장 우수한 영어가 이곳 아메리카에서도 우리의 기준이 되기를 바라며 분명히 그렇게 될 것이라고 믿습니다." 그러나 그는 eventuate결국 ~이 되다, demoralize사기를 꺾다, constitutionality합헌성 등 새로운 단어들을 도입했다.

식민지 지식인의 이런 노예근성은 일부 사람들에게 오랫동안 남아 있었다. 〈뉴욕 이브닝 포스트〉의 편집장이었으며 19세기 미국의 주도적인 언론인 가운데 한 사람인 윌리엄 컬런 브라이언트는 lengthy긴와 presidential대통령의같이 유용한 단어를 자사 신문에 싣지 못하게 했는데, 그 이유는 단지 그런 단어들이 한 세기 전에 미국식 말투로 비난을 받았다는 것이다. 제퍼슨은 "그 사람(새뮤얼 존슨)이 허가해주지 않은 단어에 대해서는 모조리 비난과 고함을" 질러대는 영국인들의 성향을 개탄하며 더 영웅적으로 항변했다.

이런 상황은 시간이 흘러도 별로 나아지지 않았다. 오늘날까지도 영국의 권위자들은 maximize최대화하다 · minimize최소화하다 · input투입같은 단어들을 공격하는데, 이들은 맨 처음의 두 단어를 지금으로부터 한 세기 전에 영국인인 제러미 벤담이 고안했다는 사실이며, 특히 맨 끝의 단어는 지금으로부터 600여 년 전에 위클리프의 《성서》 번역본에 등장한다는 사실을 미처 몰랐던 것이다. lend빌려주다 대신에 loan대여; 대여하다을 동사로 사용하는 것도 미국식 말투라며 종종 비난받는데, 사실 이런 표현은 지금으로부터 8세기 전에 영국에서 처음 사용됐다. 〈타임스〉의 내부 어문 규정집은 직원들에게 "normalcy정상 상태는 그런 말을 만들어낸 미국인들한테나 쓰라고 해라. *진짜 영어는* normality정상 상태*니까*"라고 오만하게 지시하고 있다(인용문에서 이탤릭 부분은 강조를 위해 내가 표시한 것이다). 하지만 실제로 normalcy는 영국에서 고안된 말이다.

보와 케이블의 말마따나 "미국식 말투에 대한 영국인들의 태도는 여전히 노골적으로 적대적"이다. 실제로 이런 외국인 혐오증은 독선의 새로운 경지에 도달하기도 한다. 1930년에 영국 보수당 하원의원들은 영국에 수입되는 미국 영화에 대해 쿼터제를 실시하자고 제안했다. "말과 억양이 그야말로 혐오스러워서 그런 영화들이 우리 언어에 악영향을 끼칠 것이 분명하기 때문"이라는 것이었다.[13] 그때보다 최근인 1978년에는 영국 상원에서 논의 도중에 한 의원이 이렇게 말했다. "이 지구상에 저 미국식 영어보다도 더 소름 끼치는 언어가 있다면, 그게 도대체 뭔지 알고 싶소이다." (물론 영국 상원이 힘이라고는 거의 없으며 그 구성원들은 선거로 선출되지도 않는다는 것을 염두에 두어야 한다. 지금으로부터 300년 전에 어느 군주와 오렌지 팔던 처녀 간에 벌어진 밀통의 결과로 오늘날 어느 영국인이 국정의 말석과 고귀한 지위를 향유할 수 있다는 것이야말로, 영국 정치의 놀라운 점이 아닐 수 없다.)

적극적으로 적대감을 표시하지 않을 때조차 영국인들은 종종 미국식 단어의 차용에 대해 차마 터무니없다고까지 말하기는 곤란해도 뭔가 좀 초연한 태도를 취하는 것이 사실이다. 언어학 관련 문제에서 보통은 상식의 모범이 될 만한 파울러 형제조차도 저서인《왕의 영어》에서는 미국식 영어에 대해서 상당히 기묘하면서도 분명히 생색을 내는 견해를 제시했다. 즉 딱히 잘못된 것까지는 없지만 미국식 영어는 엄연히 외국어이므로 외국어로 대해야 마땅하다는 것이다. "영국과 미국의 언어와 문학은 모두 좋은 것이다. 하지만 서로 뒤섞이는 것보다는 따로 있는 편이 더 낫다." 이들은 저속한 미국식 말투 가운데 placate달래다,

---

13. Norman Moss, *What's the Difference?*, p. 12.

transpire증발하다, antagonize적대시하다 등 3가지를 특히 경고했다.

만약 미국의 공헌이 없었다면 오늘날의 영어는 아마도 국제적 중요도에서 포르투갈어 정도에 불과하리라는 고려는 차치하고라도, 다른 누구도 아닌 영국인들이 이런 태도를 보인다는 것은 적잖이 어울리지 않아 보인다. 역설적이게도 영국인은 미국식 영어 용법을 점점 더 경멸하는 한편으로, 그런 용법을 점점 더 많이 차용하고 있기 때문이다. 심지어 그들은 영국식 영어에서는 아무런 의미도 없는 구절까지도 무턱대고 차용하고 있다. 이제는 영국 사람들도 on a shoestring구두끈만 가지고 → 약간의 밑천만 가지고이라는 표현을 쓰는데, 사실 그들에게는 shoelace구두끈라는 다른 단어가 있다. 이와 마찬가지로 그들은 64,000-dollar question6만 4000달러짜리 문제 → 아주 중요한 문제, looking like a million bucks100만 달러처럼 보이다 → 매력적으로 보이다, having a megabucks salary100만 달러 월급을 받다 → 아주 비싼 것을 고르다, (영국에서는 gasoline을 뜻하는 gas 대신 petrol이라는 단어를 쓰면서도) stepping on the gas가스를 밟다 → 속력을 내다 → 서두르다 같은 표현을 쓴다. 심지어 taking a raincheck레인체크를 받기로 하다 → 나중에 다시 초대하겠다는 약속을 받아들이다라는 표현까지 쓰지만, 솔직히 영국인 가운데 raincheck우천으로 야구 경기가 연기됐을 때 주는 다음 경기 공짜 표가 뭔지 아는 사람은 100명 중 1명도 안 될 것이다.

게다가 영국인들은 자신들의 문법과 관용어를 미국식 모델에 맞춰 수정하기까지 했다. 어니스트 고워스는 《현대 영어 용례 사전》의 개정판에서, 미국식 영어의 영향력하에서 영국식 영어도 aim at doing~하려 목표하다을 aim to do로, haven't got갖지 못하다을 don't have로 바꾸기 시작했으며, the first time in years몇 년 만에 처음으로 같은 표현에서도 for 대신 in을 쓰게 됐고, This doesn't begin to make sense이건 이치에 닿으려는 기미가 없는데에서처럼 사상 최초로 begin to~하기 시작하다를 부정어와 함께 쓰기 시작했다고 언급했다. 이런 변화들의 예는 한두 가지가 아니다. 지난 10여 년 사이에 truck이란 말이 lorry트럭; 화차라는 말을 밀어냈다. airplane이라는 말이 aeroplane비행기이라는 말을 대체하는 경우도 점점 늘었다. billion 역시 이젠 10억이라는 미국식 의미가 영국식 의미인 1조보다 더 많이 사용된다.

　미국식 철자법도 영국인들이 생각하는 것보다 그들에게 더 큰 영향을 미쳤다. gaol 대신 jail감옥, burthen 대신 burden짐, clew 대신 clue단서, waggon 대신 wagon수레, to-day와 to-morrow 대신 today오늘와 tomorrow내일, masque 대신 mask가면, reflexion 대신 reflection반사이 사용되고, forever와 onto가 두 단어의 조합이 아니라 한 단어로 인식되는 것도 미국의 영향으로 점차 받아들여지는 추세다. 또 program 같은 단어가 영국에서는 여전히 programme으로 사용되지만, 적어도 컴퓨터에 관한 맥락에서는 program이 대세다. 이와 유사한 경우로는, 우리의 가정용 컴퓨터에 삽입하는 저장 장치도 (영국에서 흔히 사용하는 철자법인) disc 대신 disk가 대세인 것을 들 수 있다.

　humour나 honour나 colour 같은 경우에 영국에서는 아직도 u를 넣어 사용하지만, terrour나 horrour나 governour 같은 경우 미국의 책과 잡지가 그 철자를 퇴출하는 데 일조했다. 혼란스럽게도 영국인들이 때에 따라 그 철자를 유지하거나 포기해, 오늘날 영국에서는 honour명예와 honourable명예로운 말고 honorary명예의와 honorarium명예직의 보수도 있으며, colour색깔와 colouring채색 말고 coloration채색도 있고, humour익살 말고 humorist익살꾼도 있고, labour노동와 labourer 노동자 말고 laborious고생하는도 있다. 여기에는 아무 논리도 없으며, 왜 어떤 단어에서는 u를 빼고 어떤 단어에서는 빼지 않는지에 대한 아무런 설명도 없다. 한동안은 honour와 humour에서 u를 빼는 것이 유행이 었고 콜리지도 그 유행을 좇았는데, 그것이 아주 널리 퍼지지는 않았다.

지금은 영화와 TV 덕분에 영국식 영어와 미국식 영어의 차이가 부지 불식간에 많이 완화됐지만, 불과 반세기 전만 해도 두 영어의 간극은 훨씬 더 컸다. 1922년에 미국 작가 싱클레어 루이스의 소설《배비트》가 영국에서 출간됐을 때는 아예 용어 해설이 첨부됐다. 오늘날 영국에서 일상적으로 사용되는 단어 중에서도 유성영화의 도래 이후에야 비로소 알려진 것들이 많다. grapevine포도 덩굴, ('스포츠 좋아하는 사람'이라는 뜻의) fan팬, gimmick눈속임, phoney가짜의 등이 그런 경우다. 1955년까지만 해도 〈스펙테이터〉의 기고자 중 한 사람은 turn of the century세기의 전환; 세기의 초엽라는 말을 잘못 이해한 나머지, 이것을 세기의 전반에서 후반으로 '전환'이 일어나는 '세기의 중엽'이라고 이해했다. 1939년에 《영미 통역》의 서문에서는 "어느 미국인이 런던을 방문한 동안에 갑자기 병이 날 경우, 도무지 말이 통하지 않기 때문에 그만 거리에서 죽을 수도 있다"라고 주장했다.[14] 솔직히 어떤 미국인이 "도와주세요. 저 거리에서 죽게 생겼어요!"라고 말하는 것조차 영국인이 이해하지 못한 시대가 정말로 있었겠는가? 물론 지나친 과장일 수 있지만 적어도 제2차

---

14. Potter, *Our Language*, p. 169.

세계대전 직전까지는 영어의 2가지 큰 줄기 사이에 차이가 현저했던 것은 사실이다.

혼동의 여지는 지금도 여전히 남아 있는데, 이런 사실을 잘 보여주는 일화가 있다. 어느 미국인 여성이 런던으로 이사하자마자 누가 찾아와서 현관문을 여니 덩치 좋은 남자 셋이 인사를 건네며 자기들이 여기 담당 dustmen환경미화원이라고 말하는 것이었다. 그러자 그 여자는 얼굴을 붉히며 이렇게 말했다. "어, dusting집 안 청소은 저 혼자서도 할 수 있는데요."[15]

미국인이 영국 관용어구의 복잡함을 숙지하려면 몇 년이 걸리는데, 이는 영국인이 미국 관용어구를 숙지하는 경우에도 마찬가지다. 영국에서 homely가정적인; 검소한는 상당한 칭찬이지만, 미국에서는 '못생겼다'는 뜻이다. 영국에서 upstairs는 '1층'을 가리키지만, 미국에서는 '2층'을 가리킨다. 영국에서 to table a motion은 '뭔가를 논의에 부친다'는 뜻이지만, 미국에서는 '뭔가를 미루어둔다'는 뜻이다. presently는 미국에서 '지금'이라는 뜻이지만, 영국에서는 '잠시 후에'라는 뜻이다. 그래서 가끔은 상당히 당혹스러운 일이 벌어지기도 하는데, 그중 유명한 예는 I'll knock you up in the morning내일 아침에 내가 노크해서 널 깨워줄게이라는 영국식 표현이 미국에서는 "내일 아침에 내가 널 임신시켜줄게"라는 뜻으로 이해된 것이다. 이것은 knock up이 미국에서 '여자를 임신시키다'를 뜻하는 속어로 쓰이기 때문이다. keep your

---

15. 미국에서는 dustman 대신에 garbageman을 '환경미화원'이라는 의미로 사용한다. ─ 옮긴이

pecker up기운을 잃지 마라[16]은 영국에서 그야말로 무해한 표현이다(흥미로운 사실은, 그래도 pecker라는 단어에 미국 속어와 똑같은 의미가 있다는 점이다). 하지만 to be stuffed가득 박아 넣었다 → 배불리 먹었다 → (속어) 음경을 삽입했다라는 표현은 그야말로 실례가 아닐 수 없어서, 어떤 사람이 만찬 도중에 I couldn't eat another thing, I'm stuffed더는 못 먹겠네요, 배가 불러서요라고 말한다면, 갑자기 식탁에 민망한 침묵이 감돌게 될 것이다(지금 내가 든 예에서 실제 경험의 냄새가 풍기지 않는가). 당신이 무심코 누군가의 fanny엉덩이에 관해 이야기할 때도 상황은 아마 비슷하리라. 영국에서는 이 단어가 여성의 음부를 뜻하기 때문이다.

이런 의미의 차이에는 당혹스러운 순환성이 있다. 영국의 tramp부랑자는 미국의 bum부랑자이고, 영국의 bum궁둥이은 미국의 fanny이고, 영국의 fanny는…… 음, 그러니까 앞에서 이야기한 대로다. 영국인도 미국인도 아닌 외국인이 보기에는 간혹 우리가 의도적으로 정반대 뜻으로 사용하는 게 아닌가 싶을 것이다. 영국에서는 Royal Mail영국 체신공사에서 post우편물를 배달하지만, 미국에서는 US Postal Service미국 우편공사에서 mail우편물을 배달한다. 이런 모호함은 단순히 관광객뿐만 아니라 과학자에게까지 영향을 줄 수 있다. 앞에서 살펴봤듯이 영국의 billion1조은 미국의 billion10억에 항복하고 말았지만, 아직 다른 숫자 이름에 대해서는 그런 합의가 도출되지 못했기 때문이다. 미국에서 decillion은 1에 0을 33개 붙인 숫자다. 하지만 영국에서는 1에 0을 60개

---

16. 미국 속어로 pecker는 '남성의 음경'을 뜻하기 때문에, 앞의 문장은 결국 '음경을 계속 세우고 있어라'로도 해석된다. — 옮긴이

나 붙인 숫자다. 두말할 나위 없이 이 둘은 분명히 다르다.

일상 대화에서 이런 식으로 나라에 따라 전혀 다르게 사용되는 단어가 대략 4000개나 된다. 정말 많은 편이다. lift/elevator엘리베이터, dustbin/garbage can쓰레기통, biscuit/cookie과자 등 그중 일부는 대서양의 양편 모두에 잘 알려져 있지만 나머지 수백 가지 단어는 여전히 운 나쁜 관광객을 어리둥절하게 만들 가능성이 크다. 만약 당신이 영국 독자라면 아래에 열거한 단어 목록에서 왼쪽 열의 단어를 모조리 가린 다음 오른쪽에 있는 단어 가운데 몇 개나 뜻을 알고 있는지 세어보시라. 절반 이상을 알고 있다면, 당신은 미국을 무척 잘 알거나 〈다이너스티〉 같은 인기 미국 드라마를 상당히 많이 봤을 것이다. 당신이 만약 미국 독자라면 그 반대로 해보시라. 역시나 절반 이상을 알고 있다면, 당신은 영국을 아주 잘 알거나 영국 범죄 드라마를 상당히 많이 봤을 것이다.

영국식 영어	미국식 영어	
cot	baby's crib	어린이용 침대
cotton (바느질에서)	thread	실
courgette	zucchini	서양 호박
to skive	to loaf	빈둥거리다
candy floss	cotton candy	솜사탕
full stop (구두법에서)	period	마침표
inverted commas	quotation marks	따옴표
berk	idiot, boor	얼간이
joiner	skilled carpenter	가구 제작자·소목

knackered	worn out	기진맥진한
number plate	license plate	자동차 번호판
Old Bill	policeman	경찰관
scraper	run away	도망자
to chivvy	to hurry along	서두르다
subway	pedestrian underpass	지하도
pantechnicon	furniture removal truck	가구 운반차
flyover	vehicle overpass	고가도로
leading article	newspaper editorial	신문 사설
fruit machine	one-armed bandit	슬롯머신
smalls	ladies' underwear	여성용 속옷
coach	long-distance bus	장거리 운행 고속버스
spiv	petty thief	좀도둑
to grizzle	to whine	징징거리다
to hump	to carry a heavy load	짐을 어깨에 메다

12

세계 언어가 된 영어

ENGLISH AS A WORLD LANGUAGE

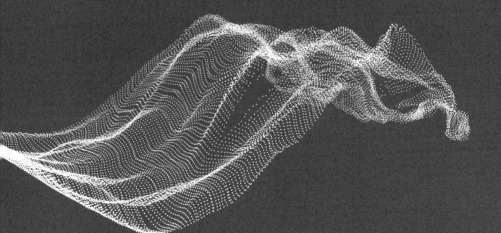

전 세계에서 영어를 사용하는 사람들은, 대부분 제 나라 말밖에 모르는 주제에 외국어를 배우려는 노력은 눈곱만치도 하지 않는 미국인이나 영국인을 돕기 위해서가 아니라, 세계무대에서 활동하는데 영어가 필요하기 때문에 배우는 것뿐이다.

BILL BRYSON

ENGLISH AS A WORLD LANGUAGE

홍콩에 가면 Plastic Bacon Factory플라스틱 베이컨 제조 공장라는 곳이 있다. 〈옵서버〉에 따르면, 나폴리에는 Snoopy's Dribbling[1](놀라지 마시라. dribbling은 축구에서 공을 다루는 기술을 가리키는 단어로 유럽에서 널리 쓰인다) 이라는 스포츠용품점이 있고, 브뤼셀에는 Big Nuts[2]라는 남성복점이 있고, 나도 브뤼셀에 갔을 때 SWEAT-690 FRANCS땀-690프랑라는 희한한 간판을 발견했다(알고 보니 스웨트셔츠sweatshirt[3]를 말하는 것이었다). 일본에서는 Homo Milk[4]나 상당히 인기 있는 청량음료인 Poccari Sweat[5]를 마시고, Hand-Maid-Queer-Aid[6]라는 초콜릿을 먹고, Arm Free Grand Slam Munsingwear[7]를 살 수도 있다.

---

1. '스누피의 드리블링'을 의도했겠지만, 직역하면 '스누피의 침 흘림'이다.— 옮긴이
2. '대단한 멋쟁이'를 의도했겠지만, 직역하면 '커다란 불알'이다.— 옮긴이
3. 직역하면 '땀 셔츠'지만, 흔히 '땀복'이라고 부르는 운동복과 달리 스웨터에 가까운 옷이다.— 옮긴이
4. '균질 우유'를 의도했겠지만, 직역하면 '사람의 젖'이나 '동성애자의 젖'이다.— 옮긴이
5. '땀을 식혀주는 음료'를 의도했겠지만, 직역하면 '포카리 땀'이 된다.— 옮긴이
6. '손으로 만든 독특한 제품' 정도를 의도했겠지만, 직역하면 '손 하녀 기묘한 도움'이다.— 옮긴이
7. '민소매 제품'을 의도했겠지만, 직역하면 '팔 없는 그랜드슬램 먼싱웨어'로 읽을 수도 있다.— 옮긴이

유고슬라비아의 사라예보는 주민 대다수가 이슬람교도라서 영어 사용 문화와 거리가 멀어 보이지만, 그곳에는 HEAVY METAL IS LAW! 헤비메탈이 짱이다!라든지, HOOLIGAN KINGS OF THE NORTH!북쪽의 훌리건 왕들! 같은 낙서를 찾아볼 수 있다. 같은 도시의 유로파 호텔에는 방문마다 다음과 같은 안내문이 붙어 있다. Guests should announce the abandonment of theirs rooms before 12 o'clock, emptying the room at the latest until 14 o'clock, for the use of the room before 5 at the arrival or after the 16 o'clock at the departure, will be billed as one night more.손님들께서는 12시 이전 그들의 것 객실 포기 공고해야 하고, 늦어도 14시까지는 객실 비우는 중이고, 도착 당시 5시 이전 또는 출발 당시 16시 이후 객실 사용 때문, 하룻밤 더로 계산될 것임.[8] 무슨 말인지 아시겠는가? 유고슬라비아에는 무려 5가지 언어가 있다. stop이라는 단어는 그중 어느 언어에도 없지만, 정작 그 나라 전역의 '정지 표지판'마다 적혀 있다.

　내가 굳이 여기서 이 사례를 든 이유는 이것이야말로 영어가 가장 세계적인 언어라는 사실을 보여준다고 생각하기 때문이다. 외국에서 생산된 물건 가운데 영어 문구를 담고 있는 것들은 무지막지할 정도로 흥미진진한데, 영어 사용자들로서는 도무지 이해가 되지 않는 문구들이 종종 있다. 지금 내 앞에 놓인 일본제 지우개에는 이렇게 적혀 있다. Mr.

---

8. "체크아웃하실 손님께서는 당일 12시 이전까지는 미리 알려주시고, 늦어도 14시까지는 객실을 비워주시기 바랍니다. 오전 5시 이전에 도착하신 손님이나 오후 16시 이후에 떠나신 손님께는 그날 하루 치 숙박료가 추가로 청구됩니다" 정도를 의도했을 것이다.—옮긴이

Friendly Quality Eraser. Mr. Friendly Arrived!! He always stay near you, and steals in your mind to lead you a good situation. 친절한 품질 지우개 씨. 친절한 씨 도착!! 그는 항상 여러분 가까이에 머물며, 여러분 마음속에 몰래 침투해 여러분을 좋은 상황으로 인도한다. 이 지우개의 밑바닥에는 또 다른 문구가 있다. We are ecologically minded. This package will self-destruct in Mother Earth. 우리는 생태학에 관심이 있습니다. 이 꾸러미는 대지의 품에서 자멸할 것입니다.[9] 이 제품은 본래 일본에서 오로지 일본인을 겨냥하고 제작됐지만, 일본어라고는 단 한 자도 적혀 있지 않다. 일본에서 생산된 코카콜라 캔에는 I FEEL COKE & SOUND SPECIAL 난 코크를 느껴요, 그리고 특이한 소리가 나요[10]이라고 적혀 있다. 〈이코노미스트〉의 특파원은 도쿄 한복판에서 이렇게 적힌 티셔츠를 목격하기도 했다. O. D. ON BOURGEOISIE MILK BOY MILK 부르주아 우유 소년 우유 위의 O. D. 어떤 쇼핑백에는 춤추는 코끼리들의 그림 밑에 이런 문구가 적혀 있다. ELEPHANT FAMILY ARE HAPPY WITH US. THEIR HUMMING MAKES US FEEL HAPPY. 코끼리 가족은 우리에게 만족합니다. 그들의 콧노래는 우리를 행복하도록 느끼도록 만듭니다.[11]

이런 사례 중에는 보는 이의 마음을 흐뭇하게 해주기는 해도 분명히 지리학적 정확성을 결여한 것도 있다. 푸른 바다에 떠 있는 요트를 보여

---

9. "우리 회사는 환경 문제에도 유념하고 있습니다. 본 제품은 자연 성분을 사용해서 자연 속에서 자체 분해됩니다" 정도를 의도했을 것이다. ─ 옮긴이
10. "난 느껴요, 코크. 뭔가 다르게 들리나요" 정도를 의도했을 것이다. ─ 옮긴이
11. "코끼리 가족은 우리와 함께 있어서 행복해합니다. 그들의 콧노래는 우리를 행복하게 합니다" 정도를 의도했을 것이다. ─ 옮긴이

주는 어느 쇼핑백에는 SWITZERLAND: SEASIDE CITY스위스: 해변의 도시라고 적혀 있다.[12] Cream Soda라는 이름의 회사에서 생산되는 다양한 물품에는 Too fast to live, too young to happy살기에는 너무 빠르고, 행복하기에는 너무 젊다라는 황당한 문구가 적혀 있다. 어느 참견쟁이가 그 회사에 그 문구의 잘못을 지적하고 나서야, 뒤의 문구가 too young to die죽기에는 너무 젊다로 바뀌었다. 하지만 가장 우려되는 일은 옷에 적힌 이런 무의미한 문구가 영어 사용 국가로 침투하고 있다는 것이 아닐까. 얼마 전에 런던의 어느 가게에서 보니 재킷에 굵은 글씨로 이렇게 적혀 있었다. RODEO-100% BOYS FOR ATOMIC ATLAS로데오-원자력 지도를 위한 100% 소년들. 이 재킷은 영국에서 만든 것이었다. 도대체 누가 만들었을까? 도대체 누구를 위해 만들었을까?

그렇다면 오늘날 전 세계에서 영어를 말하는 사람들은 얼마나 될까? 그건 참 말하기 힘들다. 영어를 말하는 원어민이 몇 명인지조차 자신할 수 없기 때문이다. 권위자들은 저마다 영어를 제1 언어로 말하는 사람의 숫자를 대략 3억 명에서 4억 명 사이로 추정하고 있다. 이것이야말로 부정확한 수치이지만, 이런 모호함에는 나름대로 분명한 이유가 있다. 첫째, 이것은 단지 전 세계의 영어 사용 국가 인구를 합친다고 해서 해결될 문제가 아니다. 당장 미국만 해도 영어를 전혀 못 하는 사람이 4000만 명이나 있기 때문이다. 그 숫자로 말하자면 영국에서 영어를 '하는' 사람의 숫자와 거의 비슷하다.

이보다 더 곤란한 문제는 어떤 사람이 진짜로 영어를 말하는지, 아니

---

12. 스위스는 도시가 아니라 국가의 이름이며, 내륙국이라서 바다가 없다. — 옮긴이

면 영어와 '비슷하지만' 사실은 전혀 다른 언어를 말하는지를 판정하는 일이다. 시에라리온의 크리올어, 파푸아뉴기니의 (때로는 토크 피진어Tok Pisin라고 불리는) 네오멜라네시아어 등 영어에 근거한 전 세계의 수많은 크리올 언어가 그런 경우다. 리즈대학교의 로리토 토드 박사에 따르면 크리올어는 전 세계에 61종이 있으며, 사용자가 최대 2억 명이나 된다. 이들까지 친다면 영어 사용자의 숫자는 급증할 수밖에 없다.

둘째, 어떤 사람이 진짜로 영어를 말할 수 있는지, 자기가 그럴 수 있다고 단지 '생각'할 뿐인지를 판정하기는 훨씬 더 어렵다. 지금 내 앞에는 이탈리아의 우르비노라는 도시에서 발행된 소책자가 하나 있는데, 여기에는 대단히 바로크적이고 불가해한 영어 산문이 잘못된 철자와 예상 밖의 하이픈 연결과 뒤엉킨 문법으로 잔뜩 치장된 채 무려 열두 쪽에 걸쳐 수록되어 있다. 그중 한 대목을 소개하자면 이렇다. The integrity and thus the vitality of Urbino is no chance, but a conservation due to the factors constituted in all probability by the approximate framework of the unity of the country, the difficulty od [sic] communications, the very concentric pattern of hill sistems or the remoteness from hi-ghly developed areas, the force of the original design proposed in its construction, with the means at the disposal of the new sciences of the Renaissance, as an ideal city even.우르비노의 완전성, 그리고 따라서 생명력은 우연 아님, 오히려 국가의 통일의 대략적인 기본 구조에 의한 모든 가능성 속에서 구성된 요소에 기인한 보존, 소통으(원문 그대로임) 어려움, 언덕 체계의 매우 집중적인 패턴, 또는 '고-도' 개발된 지역으로부터의 원거리성, 그 건설에서 제안된 원래 디자인의 위력, 그리

고 르네상스의 새로운 과학들의 뜻에 따른 수단들, 더욱 이상적인 도시로서. 이런 식으로 열두 쪽이 계속 이어진다. 이 가운데 부분적으로라도 뜻이 통하는 문장은 거의 없다시피 하다. 짐작건대 이탈리아 사람들에게 영어 할 줄 아는 사람은 손을 들어보라고 한다면, 이 문장을 쓴 사람이 제일 먼저 손을 들 것이 분명하겠지만, 이 사람이 '정말' 영어를 할 줄 아는 사람이라고 말할 수 있는지는 아무리 관대하게 말해도 의문의 여지가 있다.

이런 상황이니, 전 세계 영어 사용자의 숫자를 추산하는 데는 분명히 문제가 있다. 대부분의 집계에서는 영어 원어민의 숫자를 약 3억 3000만 명으로 잡는데, 이에 비해 에스파냐어 원어민은 약 2억 6000만 명, 포르투갈어 원어민은 약 1억 5000만 명, 프랑스어 원어민은 1억 명이 조금 넘는 정도다.[13] 물론 단순히 숫자만 따져서는 의미가 없다. 중국어 가운데 북방어 또는 표준 중국어는 사용자가 약 7억 5000만 명이라서 세계의 어떤 언어보다 최소한 두 배 이상 많지만, 그 언어로는 로마에 가서든 로체스터에 가서든 그다지 유용하지 않을 것이다(그에 비해 영어는 44개국, 프랑스어는 27개국, 에스파냐어는 20개국에서 공용어로 쓰인다).[14] 오늘날 영어는 다른 어떤 언어보다도 더 많은 나라에서 공용어로 사용되며, 지구상에서 가장 넓은 지역에 걸쳐 사용되고 있다. 영어를 공용어로 사용하는 국

---

13. 언어학 연구 기관 SIL의 2019년 통계에 따르면, 언어별 원어민 숫자는 표준 중국어 9억 1000만 명, 에스파냐어 4억 8000만 명, 영어 3억 7000만 명, 힌디어 3억 4000만 명, 벵골어와 포르투갈어가 각각 2억 2000만 명, 러시아어가 1억 5000만 명, 일본어가 1억 2000만 명, 한국어와 프랑스어가 각각 7700만 명이다. ─ 옮긴이
14. 2020년의 한 통계에 따르면 영어 59개국, 프랑스어 34개국, 아랍어 23개국, 에스파냐어 20개국 순이었다. ─ 옮긴이

가의 인구는 오늘날 전 세계 인구의 3분의 1가량에 해당하는 대략 16억 명에 달한다. 그렇다고 해서 그들 모두가 영어를 사용할 줄 아는 것은 아니다(인도의 경우에 영어 사용자는 전체 7억 인구 가운데 4000만~5000만 명을 넘지 않는다).[15] 그래도 영어를 제2 언어로 사용하는 사람들이 전 세계적으로 4억 명은 넘는다.

의심의 여지 없이 영어는 오늘날 전 세계에서 가장 중요한 언어이며, 이를 증명하기 위한 인상적인 통계를 찾아내는 것은 어려운 일이 아니다. 〈이코노미스트〉에 따르면 "모든 과학 논문 가운데 3분의 2는 영어로 간행"된다.《영어 이야기》에 따르면 "유럽에서 비즈니스 협상 가운데 절반 정도는 영어로 이루어진다."《우리말의 보배》에서 링컨 바넷이 한 말에 따르면 "전 세계의 우편물 가운데 70퍼센트 이상은 영어로 작성되고 영어로 주소를 쓴 것"이다. 이런 인상적인 숫자들은 우리를 충분히 압도하고도 남을 만하다.《영어 이야기》에 따르면 미국, 영국, 캐나다의 주요 TV 방송국은 "1억 명이 넘는 정규" 시청자를 확보하고 있다고 한다. 하지만 영국의 인구는 5600만 명이고, 캐나다의 인구는 2500만 명에 불과하므로, 이런 주장은 적잖이 과장된 것처럼 보인다. 그 책에 수록된 또 다른 주장에 관해서도 마찬가지 판단을 내릴 수 있을 것이다. "모두 합쳐서 영어 사용자는 아마도 10억 명을 넘을 것이며, 이는 전 세계 인구의 최소한 4분의 1가량이다."

그러나 영어라는 언어가 우리의 예상만큼 항상 폭넓게 또는 열심히

---

15. 2011년 조사에 따르면 인도의 전체 인구 13억 명 가운데 영어 사용자는 약 1억 3000만 명이었다.─옮긴이

사용되는 것까지는 아니라는 간단한 사실을 기억할 필요도 있다. 〈유에스 뉴스 앤드 월드 리포트〉에 따르면, 전 세계에서 가장 다국어적인 국가라고 할 수 있는 스위스에서도 영어로 간단한 편지를 쓸 수 있는 사람은 전체의 10퍼센트를 넘지 않는다.[16]

분명한 사실은 영어야말로 오늘날 전 세계에서 가장 많이 연구되고 학습되는 언어이며, 그 영향력은 다른 언어의 통사론에까지 영향을 줄 정도로 어마어마하다는 것이다. 스톡홀름대학교 마그누스 룽의 연구에 따르면, 오늘날 스웨덴인 가운데 절반 이상이 영어의 모범을 따라서 단어에 접미사 -s를 붙이는 방식으로 복수를 표현하는데, 원래 스웨덴어에서는 단어에 접미사 -ar · -or · -er을 붙이는 것이 원칙이었다. 영어를 향한 열망은 그야말로 어마어마하다. BBC의 영어 학습 시리즈인 〈따라 해보세요〉가 중국에서 처음 방영됐을 때 시청자가 무려 1억 명에 달하기도 했다(이는 물론 중국 시청자들의 TV 프로그램 선택권이 그리 다양하지 않다는 사실을 반영하는 것일 수도 있다). 이 프로그램의 진행자인 캐시 플라워는 영국에서는 무명이지만 중국에서는 영국 여왕 다음으로 가장 유명한 영국인이다. 오늘날 중국에서 영어를 배우는 사람들의 숫자는 미국에서 영어를 배우는 사람들의 숫자보다 훨씬 더 많다. 〈이코노미스트〉에 따르면 영어 학습은 전 세계적으로 연 매출 70억 달러에 달하는 산업이 됐으며, 이는 영국에서 여섯 번째로 큰 무역 외 수입의 원천이다.

영어 단어들은 전 세계 어디서나 찾아볼 수 있다. 독일인들은 die Teenagers10대와 das Walkout파업라고 하며, 독일 정치인들은 독일

---

16. *U. S. News & World Report*, 18 February 1985.

기자들에게 No comment할 말이 없다라고 말한다. 이탈리아 여성들은 얼굴에 col-cream=cold cream을 바르고, 루마니아인들은 trolleybus를 타고, 에스파냐인들은 날씨가 쌀쌀하다고 느끼면 sueter=sweater를 걸친다. 전 세계의 거의 모두가 telephone이나 telefoon을 사용하며 심지어 중국에서도 te le fung을 사용한다. 그리고 거의 어디서나 hamburger, nightclub, television을 발견할 수 있다. 1986년에 〈이코노미스트〉에서는 전 세계적으로 보편화된 영어 단어의 목록을 작성했다. 거기에 포함된 단어는 airport, passport, hotel, telephone, bar, soda, cigarette, sport, golf, tennis, stop, O. K., weekend, jeans, know-how, sex appeal, no problem 등이다. 〈이코노미스트〉의 표현대로 "이런 단어들 중 상당수가 여행과 소모품과 스포츠와 관련된다는 사실은 이런 수출품의 진정한 원천이 어딘지를 잘 말해준다. 바로 미국"이다.

보통 영어 단어들은 있는 그대로 차용되지만 가끔은 특정 지역의 필요에 따라 응용되며, 가끔은 상당히 놀라운 방식으로 응용된다. 세르보크로아티아어에서는 영어 단어 nylon을 차용하면서 거기다가 뭔가 좀 초라하고도 평판이 나쁘다는 의미를 더해서 이제는 nylon hotel이라고 하면 '갈보집'이라는 뜻이고, nylon beach라고 하면 '나체주의자들이 모이는 장소'를 뜻하게 됐다. 다른 나라들은 대부분 단어를 그대로 내버려 두다가도 어떤 철자를 전혀 새롭게 뒤틀어버리기도 한다. 우크라이나어의 herkot는 영어 사용자에게 낯선 단어로 들리는데, 실제로는 우크라이나인들이 haircut이발을 하기 위해 가는 장소다. 이와 마찬가지로 발음이 아니라 철자만 놓고 봐서는 낯선 ajskrym·muving pikceris · peda는 각각 ice cream을 뜻하는 폴란드어, moving pictures영화를 뜻하는 리투아니아어, payday월급날를 뜻하는 세르보크로아티아어다. 이런 단어의 귀화에서 결정판은 이탈리아어의 schiacchenze로, 영어의 shakes hands악수하다를 발음 그대로 표현한 것이다.[17]

일본인들은 외국어를 가져다가 나름대로 지지고 볶아서 마치 원래 자기네 말인 것처럼 들리게 하는 데 일가견이 있다. 그래서 sumato=smart똑똑하다하고 nyuu ritchi=newly rich최근에 부자가 되다한 일본인은 gurama foto=glamour photo글래머 사진니 haikurasu=high class 하이클래스니 kyapitaru gein=capital gain자본 획득이니 rushawa=rush hour러시아워니 하는 upatodetu=up to date최신의 표현를 사용하는 것이다. 정장 한 벌을 가리키는 sebiro라는 단어는 일본어 같지만 사실은 런던에서도 제일 좋은 양복점들이 모여 있는 거리의 이름인 Savile Row에서 나온 말이다. 때로는 차용된 단어들도 나름대로 발전해간다. productivity란 말은 더 늘어나고 더 딱딱해져 purodakuchibichi가 됐는데, 철자가 더 늘어나긴 했어도 일본인이 발음하기가 편해졌다. 하지만 대부분의 경우 일본인들은 TV와 비디오카메라를 소형화하는 것과 마찬가지로 영어 단어를 축소하는 데 천재적인 재능을 발휘한다. 그래서 modern girl은 moga가 됐고, word processor는 wa-pro가 됐

---

17. 인터넷에 올라온 독자들의 비판 중에는 이것도 근거가 없어 보인다는 지적이 있다. 특정 지역의 방언일 수는 있어도 정식 이탈리아어는 아닐 것이라고 한다. 저자의 착각이 아닐까 싶다.—옮긴이

으며, mass communications은 masu-komi가 됐고, commercial은 생뚱맞게 잘려나가 짧고도 예리한 cm이 됐다. No-pan은 no-panties 의 약자로, 아랫도리를 입지 않은 웨이트리스를 가리키는 표현이며, 영 어의 touch와 game이 합쳐져서 만들어진 tatchi geimu는 성적인 애 무를 에둘러 가리키는 표현이다.

영어 단어를 난도질해서 마치 원래 자기네 단어인 것처럼 만들어 내는 성향이 일본인만의 것은 아니다. 싱가포르에서는 복장 도착자를 shims라고 부르는데, 이것은 she-hims의 축약형이다. 이탈리아인들 은 nightclub에 가지 않고 (종종 nihgt라고도 쓰는) night에 가고, 프랑스에 서는 self-service 식당을 그냥 le self라고 한다. 유럽의 언어들도 영어 의 분사들을 가져다가 전혀 새로운 의미를 부여하는 흥미로운 경향을 보인다. 프랑스인들은 running이나 jogging을 하지 않고 footing을 한 다. 이들은 또 sunbathing일광욕을 하는 것이 아니라 le bronzing갈색으 로 만들기을 한다. tuxedo턱시도나 dinner jacket야회복을 프랑스에서는 un smoking흡연복이라고 하고, 이탈리아에서는 성형수술을 il lifting들 어 올리기이라고 한다. 독일인들은 영어 사용자들이 결코 상상조차 못 한 데까지 나아가는 데 특별한 재주가 있다. 독일에 사는 젊은이는 teens 를 지나면 twens로 접어들고, bestseller까지는 아니지만 잘 팔리는 책 은 ein steadyseller가 되고, 다른 사람보다 더 긴장이 풀린 사람들은 relaxter라고 부른다.

때로는 새로운 단어들이 만들어지기도 한다. 예컨대 일본에서 회사원 은 salaryman이다. 독일에서는 옷차림이 세련된 사람을 dressman이 라고 한다. 프랑스에서는 recordman이 디제이가 아니라 어떤 기록을 세운 운동선수를 가리키고, alloman은 (항상 "Allo, allo?여보세요, 여보세요?" 하고 말하는) 전화 교환원을 가리킨다. 상황을 한층 더 혼란스럽게 만드는 것은 때때로 영어 단어들에 거의 정반대의 의미가 붙기도 한다는 점이다. 영어에서 '지식인'을 뜻하는 egghead가 프랑스어에서는 '바보'라는 뜻이고, 영어에서 '바보'인 jerk가 프랑스어에서는 뛰어난 '댄서'를 가리킨다.

　일본인들은 영어를 가장 열심히 차용하는 사람들이다. 현재 일본어에 포함된 영어 단어 수가 대략 2만 개에 달할 정도다. 일각에서는 농담 삼아 이런 말이 나오기도 한다. 만약 일본인들이 지금 사용하고 있는 영어 단어 하나마다 저작권료를 지불해야 한다면, 오늘날 일본이 무역 흑자로 벌어들인 돈을 전부 뱉어내야 할 것이라고. 1964년에 일본어에 포함되어 사용되던 서양 단어는 대부분 영어로, 그 비율은 10퍼센트 미만에 불과했다. 하지만 지금은 그보다 훨씬 더 늘어났을 것이다. 일본어가 차용한 영어 단어들의 예를 들어보면 다음과 같다.

elevator엘리베이터 → エレベーター에레베타

necktie넥타이 → ネクタイ네쿠타이

butter버터 → バター바타

bacon베이컨 → ベーコン베이콘

salad샐러드 → サラダ사라다

lemon레몬 → レモン레몬

cheese치즈 → チーズ치즈

beefsteak비프스테이크 → ビフテキ비후테키

ham햄 → ハ ム하무

shampoo and set샴푸세트 → シ ャ ン プ ー セ ッ ト샴푸세토

모든 언어가 영어 단어의 침공을 반긴 것은 아니다. 프랑스인들은 이에 대해 누구보다 거세게 저항했다. 프랑수아 미테랑 대통령은 1986년에 약간 과도한 느낌을 주는 선언을 내놓았다. "프랑스는 앵글로색슨어와 전쟁을 치르고 있다." 프랑스에는 일찍이 1911년에 외래어의 모국어 잠식을 규제하는 법률이 제정되어 있었지만, 1970년에 이를 뒷받침하기 위해 용어위원회가 결성됐으며, 그 결과로 1975년에 '프랑스어 순수성의 보존'에 관한 또 다른 법률이 나왔다. 이것은 불법적인 영어 표현 사용에 벌금을 물리는 제도였다. 1984년에는 또 다른 심사위원회가 생겼으니, 그 이름도 당당한 '프랑스어일반위원회'였다. 이런 모든 사실로부터 프랑스인들이 자기네 언어를 아주 진지하게 생각한다는 결론을 충분히 내릴 수 있으리라. 다만 그 결과로 프랑스인들은 'peepleen'이라고 발음하는 pipeline파이프라인, 송유관 대신 반드시 oléoduc송유관라고 써야만 했다. 또한 jet airplane제트 비행기 대신에 반드시 avion à réaction반동력 이용 비행기에 타야만 했다. hamburger햄버거는 steak haché다진 쇠고기가 됐다. chewing gum껌은 pâte à mâcher씹는 반죽가 됐다. 〈르 몽드〉는 그럼 앞으로 sandwich샌드위치는 deux morceaux de pain avec quelque chose au milieu빵 두 쪽 사이에 뭔가가 들어 있는 것라고 해야 하느냐고 비아냥거렸다.

프랑스어에 포함된 영어식 표현은 아무리 많아 봤자 5퍼센트를 넘지 않는다는 것이 일반적인 추산인데, 〈르 몽드〉는 오히려 그보다도 더 낮

은 2퍼센트에 불과하다고 주장한다(또 어떤 이는 〈르 몽드〉에 나오는 영어식 표현을 찾아보니 대략 프랑스어 166개당 1개라고 계산했다. 이 경우는 대략 1퍼센트 미만인 셈이다). 따라서 프랑스인들이 정말 별것도 아닌 일에 공연히 흥분하는 것일 가능성도 충분히 있다. 게다가 영어 단어의 유입이야 전혀 새로운 현상도 아니다. 프랑스어에서 le snob=snob속물, le biftek=beefsteak 비프스테이크, 심지어 le self-made man=self-made man자수성가한 사람 같은 단어의 기원은 최소한 100년 전으로 거슬러 올라가며, ouest=west서쪽는 무려 700년, rosbif=roast beef로스트비프는 무려 350년 전부터 프랑스어에 포함되어 있었다. 오늘날 프랑스어의 진정한 문제는 프랑스어가 나머지 언어들에서 너무 많은 단어를 차용하는 것이 아니라, 나머지 언어들이 프랑스어에서 더는 아무것도 차용하지 않는 것이라고 말하는 사람도 한둘이 아니다. 주간지 〈르 푸앙〉이 지적하듯이, "기술 분야에서 우리 프랑스어의 기여는 chauffeur운전사 이후 영영 끊기고 말았다."

물론 프랑스인들이 속설처럼 항상 철저한 영국 혐오증에 사로잡혀 있었던 것은 아니다. 프랑스어 보호 법안을 만든 미테랑 정부도 애초부터 이제는 너무 굳어져서 몰아내기가 불가능해진 gadget, holdup, weekend, blue jeans, self-service, manager, marketing 같은 단어들에 대한 패배를 시인했다. 1977년부터 1987년까지 언어 관련 법률의 위반 혐의 기소가 40건이었는데, 십중팔구는 영어의 지나친 남용과 결부되어 있었다. 미국계 항공사인 TWA는 오로지 영어로만 적힌 탑승권을 발부했다는 이유로 벌금을 물었다.

프랑스인들이 영어에 이의를 제기했다는 것 때문에 그들을 비난할 수만도 없는 일이다. 프랑스인들로 말하자면 영어의 국제적 중요성도 잘 인식하고 있기 때문이다. 1988년에 프랑스에서 가장 우수한 엔지니어링 전문학교인 에콜 상트랄 드 파리는 재학생 모두에게 영어를 말하고 쓰는 데 능숙해질 것을 졸업 자격 요건으로 규정했는데, 이 규정은 재학생 중에 훗날 국외로 나갈 의향이 전혀 없는 사람에게도 예외 없이 적용됐다.

영어가 특히 외국인에게 압도적으로 작용하는 매력을 원래 지니고 있기 때문에 오늘날 영어가 그토록 널리 사용된다고 생각하는 것은 크나큰 오류다. 전 세계에서 영어를 사용하는 사람들은, 대부분 제 나라 말밖에 모르는 주제에 외국어를 배우려는 노력은 눈곱만치도 하지 않는 미국인이나 영국인을 돕기 위해서가 아니라, 세계무대에서 활동하는 데 영어가 필요하기 때문에 배우는 것뿐이다. 물론 티셔츠나 쇼핑백에 적힌 영어 단어 몇 가지는 그들도 마음에 들어 할 수 있지만, 그렇다고 해서 이들이 저녁 시간에 휴식을 취하면서까지 영어를 벗 삼고 싶어 하지는 않는다는 것이다.

암스테르담이나 안트베르펜이나 오슬로에 가보면 사람들이 영어를 얼마나 잘하는지 깜짝 놀랄 정도지만, 정작 거기 있는 서점에 들어가 보면 영어로 쓰인 책은 한쪽 구석에 조금밖에 없다. 대개 그곳 사람들은 자기네 언어로 된 책만 읽는다. 그리고 대개 자기네 언어로 된 TV 프로그램만 시청한다. 네덜란드와 벨기에 해안 지역에서는 사람들이 영어도 잘하고 영국 TV 방송을 시청하기도 하지만, 영국 것보다야 분명히 한 수 아래인 자국 프로그램의 시청을 여전히 선호한다(십중팔구는 그렇다). 이와 유사하게, 유럽에는 스카이 TV와 슈퍼 채널이라는 2개의 영어 위성방송이 생겨서 초창기에는 서독에서 제법 성공을 거두었다. 하지만 이들과 똑같은 프로그램을 독일어 더빙판으로 내보내는 다른 2개의 위성방송이 생겨난 이후 영어 위성방송의 점유율은 둘을 합쳐 1퍼센트 이하로 떨어졌다. 결국 서독에 사는 영어 사용국 원어민들 숫자와 거의 비슷해진 것이다. 쉽게 말해, 독일 시청자들은 영어를 잘하는 사람이라도 미국 드라마 〈댈러스〉를 영어 원판으로 보기보다는 음질이 좀 떨어져도 독일어 더빙판으로 보기를 선호한다는 뜻이다. 하긴 그렇다고 해서 누가 그들을 비난할 수 있겠는가.

영어는 곳곳에서 식민주의의 상징으로 여겨져서 분노의 대상이 되기도 한다. 인도에서는 전체 인구 중 영어를 말하는 사람이 아무리 많아 봤자 5퍼센트를 넘지 못하는데, 정작 인도 헌법은 영어로 작성된 데다 영어를 공용어로 채택하기까지 했다. 하지만 이것은 영어의 언어학적 장점에 대한 경의에서 비롯된 결정이라기보다는 그 나라에 필요한 편의성 때문이었다. 무려 1652종의 언어와 방언이 산재하는 그 나라에서 공용어로 인정된 것만 해도 15종이지만 그중 어떤 것도 사용자가 전체 인구의 16퍼센트를 넘지 못하기 때문에, 중립적인 외부 언어를 사용하는 것이 실용적이었다. 말레이시아에서도 똑같은 상황이 벌어지고 있다. 이곳의 원어민 언어는 타밀어, 포르투갈어, 타일랜드어, 펀자브어와 무려 12종에 달하는 중국어와 그에 못지않게 다양한 말레이어다. 전통적으로 관청에서는 말레이어를 사용하고, 경제활동에서는 중국어를 사용하며, 전문직과 교육에서는 영어가 사용된다. 하지만 이런 나라들은 거의 예외 없이 영어를 점차 몰아내려고 한다. 인도는 1980년에 영어를 공용어에서 배제하려고 했고, 말레이시아와 나이지리아도 1970년대 이후 그런 시도를 계속했다.

영어가 됐건, 말레이시아어가 됐건, 트리키아프리기아어Thraco-Phrygian가 됐건 간에 일종의 국제어를 차용하려는 시도는 예전부터 있었다. 번역이란 어마어마한 비용과 시간이 필요한 일이기 때문이다. 1987년에 있었던 EC유럽공동체[18]의 내부 조사에 따르면, 자체 문서를 번역하는 데 들어가는 비용이 한 단어당 15달러, 한 쪽당 500달러였다. EC의 직원도 3명 중 1명꼴로 문서와 연설의 번역에 관여하고 있었다. 운영비 가운데 3분의 1가량, 1987년의 경우 7억 달러가 번역가와 통역가의 수당으로 지급됐다. 이후 그리스, 에스파냐, 포르투갈 등 EC에 새로운 회원국이 늘어날 때마다 번역 문제는 급격히 배가된다. 로마 협약에 따라 각 회원국의 언어가 동등하게 대우받아야 하지만, 제아무리 많은 언어가 소통되는 브뤼셀에서도 네덜란드어를 포르투갈어로 또는 덴마크어를 그리스어로 곧바로 번역할 수 있는 언어학자를 찾아내기란 결코 쉬운 일이 아니다.

국제어의 필요성을 옹호하는 더 설득력 있는 이유는 번역의 어려움 때문에 생기는 오해의 빈도와 위험이 결코 적지 않다는 점이다. 1905년에 러시아와 일본이 맺은 조약은 프랑스어와 영어로 쓰였는데, 이때 영어의 control과 프랑스어의 contrôler가 동의어로 사용됐다. 하지만 사실 영어 단어는 '지배하다' 또는 '세력을 유지하다'라는 뜻이 있는 반면, 프랑스어 단어는 단순히 '조사하다'라는 뜻뿐이었다. 그래서 이 조약은 하마터면 깨질 뻔했다. 제2차 세계대전 때 일본의 항복은 예기치 않게 연기될 수도 있었는데, 일본 정부의 공식 통신사인 도메이가 '默殺모쿠

---

18. 1994년 1월 1일부터 유럽연합(EU)으로 공식 명칭을 바꾸었다. —옮긴이

사쓰'라는 단어를 '무시하다'로 번역했기 때문이다. 하지만 원래 일본 정부의 뜻은 '이 문제를 더 신중하게 고려할 시간을 갖기 위해 답변을 보류'한다는 것이었다.[19]

　방금 말한 두 뜻 사이에는 상당히 큰 간극이 있어 보이는데, 일본어에서는 이런 불일치가 벌어지기 쉽다. 일본어 자체가 어찌 보면 밀도가 높고 복잡하면서도, 무척이나 미묘한 의미 차이를 지니기 때문이다. 두 언어가 기능하는 방식이 워낙 다르기 때문에, 정확한 일-영 동시통역은 아예 불가능할지도 모른다는 견해도 있을 정도다. 예를 하나 들어보자면, 일본어에서는 어떤 문장을 단정적으로 끝내는 것을 무례하다고 여기지만 영어에서는 일급 말솜씨를 과시하는 증거로 본다. 영어 사용자들은 무뚝뚝해 보여도 솔직한 태도를 선호하며, 사업이나 정치 분야의 협상에서는 특히 그렇다. 일본인은 직설적인 태도에 대한 문화적 반감이 있어서 '예'나 '아니요'로 대답하라는 요청을 썩 내키지 않아 한다. 어떤 일본인이 "考えさせて下さい생각해보겠습니다" 또는 "善處します선처하겠습니다"라고 말할 경우, 사실 "아니요"라고 말하는 셈이다. 그래서 외국의 사업가들, 그리고 한번은 미국 대통령조차 사실과 달리 어떤 합

---

19. 제2차 세계대전 말기인 1945년 7월 26일에 연합국이 포츠담 선언을 통해 일본에 무조건 항복을 제안하자, 당시 일본 총리인 스즈키 간타로(鈴木貫太郎)는 기자회견에서 이 제안을 '묵살'하겠다는 표현을 썼다. 일설에 따르면 스즈키의 의중은 '시간을 두고 신중히 검토하겠다'는 것이었지만, '묵살'이라는 표현이 도메이 통신사를 통해 '무시하다'로 직역된 뒤 해외로 전송되어 연합국 측에서는 일본이 항복 의사가 없는 것으로 판단해 원폭 투하에 이르렀다는 것이다. 물론 스즈키의 모호한 단어 선택이 혼란을 일으켰지만, 그 단어의 사용이나 번역으로 생긴 오해가 원폭 투하의 직접적인 원인이었다는 일각의 주장은 근거가 약해 보인다.—옮긴이

의나 양해에 도달했다고 착각할 수밖에 없었다.[20]

이런 뉘앙스와 모호성의 문제는 일본인들 자신에게도 영향을 끼칠 수 있다. 존 데이비드 몰리의 《물 거래의 풍경: 일본인의 생활 관찰》에 따르면, 제2차 세계대전 말기에 히로히토 왕이 라디오를 통해 항복을 선언하며 어찌나 모호하고도 불가해한 언사를 구사했던지, 청취자들은 열심히 귀를 기울였는데도 처음에는 무슨 말을 하는지 전혀 못 알아들었다는 것이다. 1988년에는 국회의원인 가즈히사 이노우에가 국회에서 벌이는 토론을 더 이해하기 쉽게 할 방법을 고안하는 위원회를 만들도록 정부를 압박했다. 이는 수사법 뒤에 몸을 숨기는 일본인 특유의 행동이 '비열한 일본인'이라는 평판을 높이는 데 기여했다는 것을 시사한다.[21]

이왕 말이 나온 김에, 영어 사용 국가에서 널리 사용되는 모호한 표현들도 짚고 넘어가 보자. 〈유에스 뉴스 앤드 월드 리포트〉에 따르면, 미국의 모 항공사가 연말 보고서에 727기의 involuntary conversion본의 아닌 용도 전환에 관해 언급했다.[22] 이것은 결국 그 여객기가 추락했다는 뜻이었다. 〈타임스〉에 따르면, 영국의 여러 병원에서 환자의 사망을

---

20. 일어판 번역자의 각주에 따르면, 1972년에 사토 에이사쿠(佐藤榮作) 일본 총리가 리처드 닉슨 미국 대통령과 오키나와 반환 문제를 논의하다가 "선처하겠다(善處します)"라고 했다. 닉슨 측에서는 이를 '최선을 다하겠다'로 받아들이고 이 문제가 일단락된 줄 알았지만, 사실 이 말은 '나한테서 아무것도 기대하지 말라'라고 번역해야 하는 뜻이었다.—옮긴이

21. *The New York Times*, 27 May 1988.

22. *U. S. News & World Report*, 18 February 1985.

a negative patient-care outcome환자 간호의 부정적인 결과이라고 묘사하기도 했다.

미국 국방성 펜타곤은 이런 종류의 일에서 둘째가라면 서러울 정도다. 한때는 '이쑤시개'를 wooden interdental stimulators목제 치간 자극 기구, '천막'을 frame-supported tension structures골조 지지 장력 구조물라고 했다. 펜타곤의 식품 조달 담당 부서의 명세서를 보면 제2 유형 샌드위치 쿠키에 관한 규정이 있다. "쿠키는 원형 케이크 2개와 그 사이의 충전물 층 1개로 구성되어 있어야 한다. 쿠키의 무게는 21.5그램 이하가 되어서는 안 되며, 충전물의 무게는 6.4그램 이하가 되어서는 안 된다. 아래쪽의 케이크는 균일하게 구워져야 하며, 그 색깔은 색상 견본 27886보다 밝아서는 안 되고, 색상 견본 13711보다 어두워서는 안 되며 (……) 이때 색깔 비교는 북쪽 하늘의 일광 밑에서 실시하되, 해당 물품을 손으로 잡을 시에는 빛의 반사 굴절이 일어나지 않도록 한다." 쿠키라는 물품 하나에 대한 규정이 이런 식으로 빡빡한 글씨로 쓰여 무려 15쪽에 걸쳐 이어진다. 펜타곤에서는 플라스틱 호루라기(16쪽), 올리브(17쪽), 핫 초콜릿(20쪽) 등 구입하는 물품 하나하나에 이와 유사한 규정을 시시콜콜 늘어놓고 있다.

이렇듯 모호하게 사용될 수 있다는 점이 문제이긴 하지만, 영어는 종종 동양 언어보다 훨씬 더 직설적이고 다른 서양 언어보다 훨씬 더 다변적이라고 할 수 있다. 예스페르센이 지적한 것처럼 영어 사용자들은 first come, first served먼저 온 분의 주문을 먼저 받습니다라고 말하는 반면, 덴마크인들은 Den der kommer først til møllem faår først malet라고 말해야만 하니 말이다.[23]

번역의 어려움 때문에 사람들은 무려 100년이 넘도록 중립적이고 인공적인 언어를 만들기 위해 노력해왔다. 19세기 말에는 그런 인공 언어가 크게 유행했다. 보와 케이블에 따르면, 1880년부터 1907년 사이에 무려 53개의 보편 언어가 고안됐다. 대부분이 깡그리 무시당했지만, 그중 한두 개는 대중의 시선을 끄는 데 성공했다. 이런 성공에 오히려 의외라 할 만한 경우는 1880년에 독일의 사제인 요한 마르틴 슐라이어가 고안한 볼라퓌크어Volapük다. 이 언어를 보급하기 위해 한때 유럽 전역에 280개가 넘는 클럽이 생겨났다. 관련 잡지가 창간되고 국제 대회가 세 차례 열리기도 했다. 그 절정기에 이 언어의 추종자가 100만 명이었다는 이야기도 있다.

하지만 이 언어는 적잖이 괴상하고도 난해했다. 철자 r을 배격했는데, 이 글자가 어린이와 노인과 특히 중국인에게 매우 어렵다고 생각했기 때문이다. 그리고 무엇보다도 모호하기 짝이 없었다. 슐라이어는 이 언어의 어휘가 주로 영어의 어근에 근거하고 있다면서, 영어에 익숙한 사람이라면 누구나 쉽게 배울 수 있으리라고 장담했다. 하지만 볼라퓌크어와 영어의 관계는 종종 연역 자체가 거의 불가능했다. '볼라퓌크어'라는 말 자체가 '세계'를 뜻하는 '볼라vola'와 '말하다'를 뜻하는 '퓌크pük'라는 2가지 영어 어근에서 비롯됐다고 했는데, 장담하건대 초일류 언어학자가 달려들어 연구한다고 해도 그 어원을 입증하기는 쉽지 않을 것 같다. 슐라이어는 이 언어를 더 쉽게 변경하자는 제안을 거절함으로써 그 종말에 일조했고, 이 언어는 인기를 얻던 때와 같은 속도로 급격히

---

23. Jespersen, *The Growth and Structure of the English Language*, p. 6.

잊히고 말았다.

이보다는 훨씬 더 성공적이고, 훨씬 더 이치에 닿았던 인공 언어가 에스페란토다. 1887년에 루도비치 라자루스 자멘호프라는 폴란드인이 고안했는데, 그는 마침 무려 4가지 언어를 일상적으로 쓰는 러시아의 한 지역에 살고 있었다. 자멘호프가 이 언어를 만드는 데는 상당히 오랜 시간이 걸렸다. 그가 워낙 의지가 굳은 사람이었다는 것이 천만다행이었다. 일이 상당 부분 진척된 상태에서, 아들이 혹시 스파이 노릇을 하느라 암호를 사용하나 싶어서 지레 겁을 먹은 그의 아버지가 관련 서류를 모조리 불태워버렸기 때문이다. 자멘호프는 결국 맨 처음부터 다시 시작할 수밖에 없었다. 볼라퓌크에 비하면 에스페란토는 상당히 정련되고 세련되며 쉬운 언어다. 규칙은 겨우 16가지뿐이고, 정관사가 없고, 불규칙 어미가 없으며, 불합리한 철자법도 없다.[24]

에스페란토 사용자들은 오늘날 110개국에 800만 명이 있는데, 그들은 누구나 일주일에 3시간씩만 공부하면 1년 안에 이 언어를 습득할 수 있다고 주장한다. 그 지지자들은 (영어의 hello에 해당하는 luton이 saluton이라는 단어의 신통찮은 축약형인 것처럼) 에스페란토에도 나름대로 속어가 있으며, 심지어 (프랑스어의 merde똥 → 제기랄에서 비롯된 merdo 같은) 욕설까지 있다는 사실을 들어, 이것이야말로 살아 있는 언어로서 에스페란토가 거둔 성공의 증거라고 주장한다. 에스페란토는 얼핏 보기에 에스파냐어와 외계인 말의 중간쯤 되는 것 같은데, 이 언어로 된《구약성서》〈창

---

24. 인터넷에 올라온 독자들의 반론에 따르면, 에스페란토에 정관사 la가 있으며 다음 문단에 나온《구약성서》의 〈창세기〉 본문에도 세 번이나 사용된다.─옮긴이

세기>의 첫 줄을 소개하면 다음과 같다. En la komenco, Dio kreis la cielon kaj la teron. 그런데 에스페란토에는 불가피한 결점이 하나 있다. 전 세계에 800만 명의 사용자가 있다고 주장하지만, 결코 널리 사용되는 법이 없다는 것이다. 정상적인 환경에서 에스페란토 사용자가 또 다른 에스페란토 사용자를 만날 확률이란, 멕시코에 간 노르웨이인이 그곳에서 또 다른 노르웨이인을 만날 확률과도 비슷하다.

이런 불가피한 결점 때문에 20세기 들어서 언어학 분야의 권위자들은 약간 다른 견해를 받아들이게 됐다. 즉 실패로 귀결될 것이 벌써 뻔해진 합성 언어를 만드는 쪽보다는 영어를 덜 복잡하고 덜 색다르고 더 접근하기 쉽게 만드는 쪽이 유리하다는 것이다. 그런 목적을 위해 1930년에 케임브리지대학교의 C. K. 오그든 교수는 '기초 영어Basic English'를 고안했는데, 이는 영어를 be·come·do·get·give·go·have·keep·let·make·may·put·say·see·seem·send·take·will 등의 18가지 동사를 포함한 기본 단어 850개로 축약한 것이다. 오그든은 이것만으로도 모든 행동을 묘사하기에 충분하다고 주장했다. 이렇게 간소화하고 나면 대부분의 외국인이 불과 30시간의 교습으로 영어를 배울 수 있다고도 했다. 하지만 상당히 정교해 보이는 이 체계에도 3가지 단점이 있다.

첫째, 기초 영어를 배우는 사람이라면 물론 간단한 메시지를 적을 수는 있겠지만, 정작 읽을 수 있는 영어는 거의 없을 것이다. 심지어 만화나 연하장에만 해도 이들에게는 아주 생소한 단어와 표현이 대거 포함되어 있을 것이기 때문이다. 둘째, 어떤 언어든지 가장 배우기 힘든 건 어휘 자체가 아니다. 그보다는 형태론·통사론·관용법 등이 훨씬 더 어려운데, 기초 영어는 정작 이런 것들을 간소화하는 노력은 거의 하지 않았다. 셋째, 가장 중요한 문제점은 기초 영어의 어휘가 워낙 간결하다 보니, 그 어휘에 포함되어 있지 않은 어떤 대상을 서술하기가 터무니없이 어렵다는 점이다. watermelon수박이라는 단어를 기초 영어식으로 표현한다면 a large green fruit with the form of an egg, which has a sweet red inside and a good taste달걀 모양에 달고 빨간 알맹이를 지닌 맛 좋은 초록색 큰 과일가 될 것이다. 결국 기초 영어는 아무런 실용성이 없는 것이다.

그와 유사한 시기에 스웨덴 웁살라대학교의 R. E. 사크리손 교수는 앵글릭Anglic이라고 이름 붙인 영어의 일종을 고안했다. 사크리손은 대부분의 외국인이 영어에 접근할 때 가장 큰 장애물이 불규칙한 철자법이라고 생각했다. 그래서 본질적으로는 영어지만 영어보다 훨씬 더 일관성 있는 철자법을 가진 언어를 고안했다. 링컨의 게티즈버그 연설을 앵글릭으로 쓰면 이렇다. Forskor and sevn yeerz agoe our faadherz braut forth on this kontinent a nue naeshon…….[25] 앵글릭은 제법 영향력 있는 지지를 일부나마 받았지만, 역시 유행으로까지 번지지는 못했다.

아마도 이런 언어들 중 가장 가망성 있어 보이는 것은 시스피크 Seaspeak, 바닷말가 아닐까 싶은데, 이는 영국해협같이 통행량이 많은 바

---

25. 원문은 다음과 같다. "Four score and seven years ago, our fathers brought forth on this continent a new nation.(지금으로부터 40하고도 7년 전에, 우리 선조들은 이 대륙에 새로운 국가를 건설하셨습니다.)"— 옮긴이

닷길에서 해운 관련 당국자들 간 의사소통을 위해 영국에서 고안한 언어다. 시스피크의 원리는, 평소 같으면 다양한 방식으로 표현될 수 있는 생각들을 한 가지 표현으로 미리 통일해둠으로써 혼동의 가능성을 최소화하는 것이다. 예컨대 교신 중에 부분적으로 안 들리는 메시지가 있으면 곧바로 다양한 방식의 답변들이 나올 것이다. What did you say? 뭐라고 했습니까? I beg your pardon, I didn't catch that. Can you say it again?죄송합니다만, 제가 미처 못 들었거든요. 다시 한번 말씀해주시겠습니까? There's static on this channel. Can you repeat the message?이 해협에 잡음이 심합니다, 반복해주시겠습니까? 등등 말이다. 반면, 시스피크에서는 오로지 한 가지 표현만 허락된다. Say again.다시 말해요. 어떤 실수가 있든 어떤 이유가 있든 그냥 간단히 Mistake실수라고 말하면 그만이지, 굳이 "잠깐만 기다려보세요. 제가 방위를 잘못 알려드렸네요" 운운할 필요가 없는 것이다.

컴퓨터는 감정이 없고 어마어마한 정보의 흐름을 처리하는 놀라운 능력이 있어서 번역하는 데 이상적일 듯 보이지만 사실은 그야말로 대책이 없다. 관용어와 역설 같은 언어의 갖가지 변덕을 상대하는 데에는 무능하기 짝이 없기 때문이다. 종종 인용되는 사례 가운데 하나는, 컴퓨터를 이용해서 out of sight, out of mind눈으로 보지 못하면, 마음에서도 멀어진다라는 표현을 영어에서 외국어로 번역한 다음 그걸 다시 영어로 옮겼더니 blind insanity눈멀고 정신 나감가 되더라는 것이다. 우리가 사용하는 컴퓨터는 원주율을 무려 5000자리까지 식은 죽 먹기로 계산할 수 있지만, 정작 time flies like an arrow시간은 화살처럼 날아간다와 fruit flies like a banana초파리는 바나나를 좋아한다의 차이를 전혀 이해하지 못하고, to make up a story이야기를 만들어내는 것와 to make up one's face화장을 하는 것와 to make up after a fight싸우고 나서 화해하는 것가 서로 다르다는 것을 모른다는 점은 흥미로울 수밖에 없다. 바로 여기서 에스페란토가 어느 정도 유용할 수도 있다. 네덜란드의 어느 컴퓨터 회사는 실용적인 번역 시스템을 구축하려는 노력의 일환으로 에스페란토를 일종의 연락어로 사용한다. 그 원리는 덴마크어를 네덜란드어로 직역하기보다는 컴퓨터를 이용해 덴마크어를 우선 에스페란토로 옮기는 것이다. 그러면 각 언어의 통사론이나 관용어 표현의 어려움을 완화할 수 있기 때문이다. 에스페란토가 일종의 공기 정화용 필터 노릇을 해줌으로써, 번역 시스템에 방해가 되는 언어의 불순물과 관용어의 알갱이를 제거해주는 셈이다.

물론 우리 모두가 공용어를 사용한다면 세상일은 더욱 원활하게 돌아가겠지만, 재미는 훨씬 줄어들 것이다. 1987년에 〈젠틀먼스 쿼털리〉에 기고한 글에서 케네스 터런은 유럽에서 미국 영화의 더빙이나 자막을 만들 때 일어나는 오해 가운데 일부를 서술했다. 어떤 영화에서 경찰관이 운전자에게 차를 길가에 대라pull over고 말하는 장면이 있는데, 이탈리아인 번역가가 그걸 스웨터pullover를 내놓으라고 말하는 것으로 옮겨놓았다. 또 어떤 영화에서는 등장인물 중 한 사람이 장례식에 애인a date을 데려와도 되느냐고 묻는 장면이 나오는데, 에스파냐의 어느 자막에는 그 사람이 장례식에 무화과a fig를 가져와도 되느냐고 묻는 것으로 되어 있었다.[26]

1970년대 초의 〈타임〉 기사에 따르면, 러시아인 외교관들이 사용하는 러시아어-영어 숙어집을 입수해서 살펴보니, 그 안에는 식당에서 웨이터에게 다음과 같이 부탁하라는 예문이 나와 있었다고 한다. Please give me curds, sower cream, fried chicks, pulled bread and one jellyfish,신 우유, 씨 뿌리는 크림, 영계 튀김, 잡아당긴 빵, 해파리 한 마리 주시오.[27] 영어에 정통한 어느 러시아인 사절은 쇼핑 도중에 a ladies's worsted-nylon swimming pants여성용 소모사 나일론 수영복 바지를 주문하기도 했다.

물론 이런 외국어 사용의 실수가 유독 영어에서만 벌어지는 것은 아니다. 미국의 브래니프 항공사의 어떤 광고는 에스파냐어 사용 승객은 en cuero가죽 의자에 앉을 수 있다고 쓰고 싶었겠지만, en cueros라고 쓰고 말았다(그래서 옷을 입지 않고 비행기에 탈 수 있다는 뜻이 됐다).

1977년에 카터 대통령은 폴란드 방문 중에 그곳 사람들에게 '저는 당신들의 견해를 배우고, 미래에 대한 당신들의 갈망을 이해하고자 합니다I wish to learn your opinions and understand your desires for the future'라고 말하려고 했지만, 통역자가 엉뚱하게도 '저는 폴란드인을 육체적으로 갈망합니다I desire the Poles carnally'라고 말하고 말았다. 게다가 통역자는 카터 대통령이 그날 미국을 '떠나leaving'왔다고 한 말을, 그가 미국을 '내버리고abandoned' 왔다고 말한 것으로 옮겨놓았다. 그런 식의 오역이 두어 시간쯤 지속된 후에, 결국 대통령은 현명하게도 문제의 통역자

---

26. date에는 '날짜', '데이트', '애인'뿐만 아니라 '대추야자'나 '대추야자 열매'라는 뜻이 있다. 이 열매를 '무화과'와 혼동하는 사람들이 종종 있다.— 옮긴이
27. sower cream(씨 뿌리는 크림)은 sour cream(신 크림)이 되어야 맞고, fried chicks(영계 튀김)는 fried chickens(닭튀김)가 되어야 맞다. jellyfish(해파리)는 jelly(젤리)가 든 다른 음식이 되어야 맞을 것이다.— 옮긴이

를 '내버리고abandoned' 말았다.

　이 모두가 그저 우스꽝스러워 보이는 일화 같지만, 사실은 심각한 문제점을 보여주는 예다. 지구상에서 가장 부유하고 힘센 나라인 미국에서 현대 폴란드어를 말할 줄 아는 통역자가 없었기 때문에 카터 대통령은 결국 폴란드 정부 소속 통역자에게 의존해야 했다. 문제는 그 통역자가 이 국빈의 연설과 견해를 당시 폴란드의 정치적 감각에 딱 어울리는 방식으로 '통역'했다는 것이다. 예컨대 카터 대통령은 이날 회견에 '참석하고 싶어 했지만 허락을 받지 못한wanted to attend but were not permitted to come' 비판 성향의 언론인들을 언급하며 아쉬움을 표했는데, 통역자가 이것을 '오고는 싶어 했지만 올 수가 없었던who wanted to come but couldn't'이라고 바꿔 말하는 바람에 청중은 그 말의 진의를 깨닫지 못했다. 마찬가지로 닉슨 대통령 역시 중국을 방문했을 때 중국 정부에서 제공한 통역자들에게 전적으로 의존해야만 했다.

　영어 사용권 세계에 사는 우리는 종종 외국인들이 영어를 배우는 데 만족할 뿐, 그들의 언어를 배우고자 노력할 생각은 하지 않는다. 1986년을 기준으로 러시아어를 배우는 미국인 학생의 수는 2만 5000명이다. 반면, 영어를 배우는 러시아인 학생 수는 400만 명이다. 러시아인 쪽이 무려 160배나 많은 셈이다. 1986년에 뮌헨의 신문인 〈쥐드도이치 차이퉁〉은 외국에서 독일어를 배우는 것에 관해 취재했다. 미국 내 대학생 가운데 독일어 강의를 듣는 사람은 12만 명이었는데, 이는 1966년의 21만 6000명에 비해 크게 줄어든 숫자였다. 소련에서는 그런 학생들의 수가 900만 명이었다. 문제는 이런 상황이 갈수록 더 나아질 것 같지가 않다는 점이다. 1966년부터 1986년 사이에 미국에서만 150개 칼리지와 대학교가 독일어 과목을 폐지했다. 1989년에는 그해 칼리지 졸업생의 77퍼센트가 외국어 강의를 전혀 듣지 않은 것으로 밝혀졌다.

로널드 레이건 정부의 대통령 직속 위원회는 이런 상황이 안타깝다고 표현했다. 1987년에 이 불균형을 바로잡기 위해 의회에서 경제 안보 교육을 위한 법안을 표결에 부쳤는데, 그 내용은 국민 한 사람당 1센트에 해당하는 245만 달러의 추가 예산을 통해 외국어 학습을 촉진하는 것이었다. 이것만 해도 판도는 크게 바뀔 수 있었다. 하지만 의원 가운데 상당수가 거대 상업국 미국이 다언어적이 되어야 할 필요성에 전적으로 공감하지는 못한 모양이다. 어느 의원은 아주 진지하게 당시 국립합동언어위원회의 위원장인 데이비드 에드워즈 박사에게 물었다. "예수 그리스도께서도 영어가 좋다고 생각하셔서 성서에서 사용하신 거라면, 우리한테도 영어가 당연히 좋은 것 아닙니까?"[28]

미국에 사는 사람들은 외국어를 아주 잘하지 못하는 것은 물론이고, 심지어 영어도 아주 잘하지는 못한다. 영국 학술원의 원장이며 주도적인 언어학자인 랜돌프 쿼크 교수는 이 문제를 누구보다도 잘 표현했다. "독일과 일본과 중국의 아이들 수백만 명이 셰익스피어와 엘리엇의 언어를 열심히 배우면서, 그 언어를 모국어로 사용하는 사람들보다도 영어의 사용에 더욱 주의를 기울이고 자신들의 성과에 더욱 큰 자부심을 보인다는 것은 역설이 아닐 수 없다."

언젠가 미국인은 모국어인 영어의 수탁자로서 과연 어느 쪽이 더 자격이 있는지를 궁금하게 생각하게 될지도 모른다. 특히 옥스퍼드대학교

---

28. *Guardian*, 30 April 1988.

출판부에서 출간한《옥스퍼드 영어 사전》의 일본 내 판매 부수가 미국 내 판매 부수에 육박한다는 사실, 게다가 영국 내 판매 부수의 무려 세 배에 달한다는 사실을 상기해볼 때는 더더욱 말이다.

13

이름

NAMES

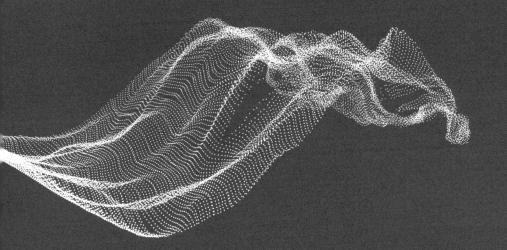

———

영국에서 성은 노르만족의 정복 이후까지만 해도 일상화되지 않았다. 네덜란드 같은 유럽 국가들에서는 그보다 훨씬 더 뒤에야 발전했다. 대부분의 성은 비록 항상 뚜렷하지는 않아도, 궁극적으로는 다음 4가지 원천 가운데 하나에서 비롯됐다. 지명, 별명, 직업명, 그리고 가족 관계를 나타내는 부칭父稱이다.

영어는 이름에 특히 비상한 재주를 갖고 있는 게 아닌가 싶다. 영국 판《인명사전》을 슬쩍 훑어보기만 해도 Lord Fraser of Tullybelton, Captain Allwyne Arthur Compton Farquaharson of Invercauld, Professor Valentine Mayneord, Sir Helenus Milmo, Lord Keith of Kinkel 등 P. G. 우드하우스의 소설 속 주인공 이름처럼 흥미진진하게 들리는 이름들이 수두룩하기 때문이다. 제1차 세계대전 당시 해군 장성이던 Sir Reginald Aylmer Ranfulry Plunkett-Ernle-Erle-Drax처럼 영국인의 호칭 가운데 상당수는 진정으로 영웅적이라고 할 정도다.

이렇게 황당무계할 정도로 장황한 이름 중에서도 압권은 Sir Humphrey Dodington Benedict Sherston Sherston-Baker이며, 이 분야에서 궁극의 지존으로는 제1차 세계대전 중에 사망한 영국의 육군 소령 Leone Sextus Denys Oswolf Fraduati Tollemache-Tollemache-de Orellana-Plantagenet-Tollemache-Tollemache 가 있다. 오늘날 영국 최고의 탐험가로 꼽히는 사람의 이름은 Sir Ranulph Twisleton-Wykeham-Fiennes다. 오늘날까지도 영국 어딘가에는 MacGillesheatheanaich라는 이름을 사용하는 오래된 가문이 있다. 명명법의 영역에서 우리는 그야말로 거인들을 상대하는 셈이다.

십중팔구는 개인적 만족을 위한 것으로 보이는데, 영국인의 이름 중에는 발음이 철자와 전혀 무관한 경우가 종종 있다. Leveson-Gower의 발음은 'looson gore', Majoribanks의 발음은 'marchbanks', Hiscox의 발음은 'hizzko', Howick의 발음은 'hoyk', Ruthven의 발음은 'rivven', Zuill의 발음은 'yull', Menzies의 발음은 'mingiss'다. 또 어떤 사람들은 옛날 노르만식 이름들을 가져다가 한참 짓이겨서 뭔가 독특하게 보이는 이름들을 만드는 데서 각별한 기쁨을 느꼈는지, Beaulieu의 발음은 'bewley', Beauchamp의 발음은 'beecham', Prideaux의 발음은 'pridducks', Devereux의 발음은 'devrooks', Cambois의 발음은 'cammiss', Hautbois의 발음은 'hobbiss', Belvoir의 발음은 어째서인지 'beaver', Beaudesert의 발음은 그야말로 상상을 초월하는 'belzer'가 됐다.

이들은 심지어 가장 단순한 이름에도 이런 술수를 적용해서 Sinclair의 발음은 'sinkler', Blackley의 발음은 'blakely', Blount의 발음은 'blunt', Bethune의 발음은 'beeton', Cockburn의 발음은 'coburn', Coke의 발음은 'cook'로 바꿔놓았다. 그래서 Lord Home은 'hume'이고, 소설가 Anthony Powell은 'pole'이 되고, P. G. Wodehouse는 'woodhouse'가 되고, 시인 William Cowper는 'cooper'가 된다. 케임브리지의 Caius College는 'keys'로 발음되고, 옥스퍼드의 Magdalen College와 케임브리지의 Magdalene College는 양쪽 모두 'mawdlin'으로 발음된다.

이런 식으로 열거하자면 얼마든지 할 수 있다. 물론 실제로도 그렇게 할 생각이다. Viscount Althorp은 자기 이름을 'awltrop'이라고 발음하지만, 이 자작의 조상이 살던 곳 인근의 노샘프턴셔주 Althorp에 사는 좀 더 분별 있는 사람들은 그곳 이름을 'all-thorp'라고 부른다. 스코틀랜드의 Auchinleck는 'ock-in-leck'라고 발음되지만, 이 지역의 남작인 Lord Boswell of Auchinleck은 굳이 'affleck'이라고 발음한다. Baron Dalziel이라는 작위명을 쓰는 사람은 2명이다. 한 사람은 'dalzeel'이라고 발음하고, 또 한 사람은 'dee-ell'이라고 발음한다. Ridealgh라는 성은 'ridalj' 또는 'riddi-alsh'로 발음된다. Pepys 가문의 어떤 사람은 일기 작가인 Samuel Pepys처럼 'peeps'라고 발음하지만, 어떤 사람들은 'peppis', 또 어떤 사람들은 'pips'라고 발음한다. Hesmondhalgh라는 성은 'hezmondhaw'나 'hesmondhalsh'나 'hezmondhawltch'로 발음될 수 있다. 성 중에서도 발음 종류가 가장 다양하다고 알려진 것은 Featherstonehaugh로, 'feather-stunhaw', 'feerston-shaw', 'feston-haw', 'feeson-hay' 또는 무척 바쁜 사람들을 위한 'fan-shaw' 등 5가지 중 하나로 발음될 수 있다. 이렇게 5가지로 발음될 수 있는 이름은 두 종류가 더 있다. 하나는 Coughtrey로 'kōtry', 'kawtry', 'kowtry', 'kootry', 'kofftry'로 발음될 수 있다. 또 하나는 Wriotheseley로, 'rottsly', 'rittsly', 'rizzli', 'rithly'나 'wriotheslee'로 발음될 수 있다.

이런 문제는 워낙 광범하고 실수의 가능성이 항상 있기 때문에, BBC에서는 아예 발음 전담 부서를 두고 있다. 소수의 뛰어난 정음학자, 즉 발음 분야의 전문가들이 모여 이렇게 비논리적인 발음들을 미리 파악해둠으로써 방송인들이 굳이 방송 도중에 애쓰지 않도록 해주는 것이다. 한마디로 이름에 관한 한 영국인들의 변덕스러운 천재성이 드러나지 않은 영역은 없다시피 하다.

예컨대 거리 이름을 보자. 런던 중심가에는 2~3제곱킬로미터 정도의 지역에 Pope's Head Alley교황 머리 길, Mincing Lane점잔 빼는 길, Garlick Hill마늘 언덕, Crutched Friars십자가를 단 수사들, Threadneedle Street실 바늘 거리, Bleeding Heart Yard피 흘리는 심장 마당, Seething Lane끓어오르는 길 등이 있다. 바로 이 좁은 지역 내에 St. Giles Cripplegate불구자 문의 성 자일스 교회,[1] St. Sepulchre Without Newgate새로운 문 바깥의 성 세펄커 교회,[2] All Hallows Barking모든 성자 짖는 교회,[3] 그리고 정말이지 최고가 아닐 수 없는 St. Andrew-by-the-Wardrobe의복 창고 옆의 성 앤드루 교회[4]가 있다. 하지만 이것은 그저 일상적인 이름일 뿐이다. 이에 비해 완전하고 공식적인 명칭들은 훨씬 더 깜짝 놀랄 만하다. 예컨대 The Lord Mayor's Parish Church of St. Stephen Walbrook and St. Swithin Londonstone, St. Benet Sheerhogg and St. Mary Bothall with St. Laurence Pountney성 스티븐 월브루크, 성 스위신 런던스톤, 성 베넷 시어호그, 성 메리 보솔, 성 로런스 폰트니 런던 시장 교구 교회는 교회 하나의 이름이 이 정도다.

---

1. 원래는 런던의 '크리플게이트(Cripplegate, 불구자 문)' 근처에 세워진 교회라서 이런 이름이 붙었다.— 옮긴이
2. 원래는 런던의 '뉴게이트(Newgate, 새로운 문)' 근처에 세워진 교회라서 이런 이름이 붙었다.— 옮긴이
3. 원래는 런던의 '바킹(Barking, 실제로는 지명이지만 '짖다'라는 뜻의 barking과 철자가 같다)' 지구에 있는 교회라서 이런 이름이 붙었다.— 옮긴이
4. 원래는 런던의 퀸 빅토리아 스트리트에 있는 '왕실 의복 창고(Royal Wardrobe)' 옆에 세워진 교회라서 이런 이름이 붙었다.— 옮긴이

영국의 술집 이름 역시 이에 못지않게 흥미롭다. 어떤 사람들은 자신의 술집에 Harry's Bar해리의 술집나 the Greenwood Lounge푸른숲 휴게실 같은 평범한 이름을 붙이는 것으로 만족한다. 하지만 영국인은 맥주를 한 모금 하고 싶으면 반드시 the Dog and Duck개와 오리, the Goose and Firkin거위와 나무통, the Flying Spoon나는 숟가락, the Spotted Dog점박이 개로 가야만 한다. 약 7만 개에 달하는 영국의 술집 이름은 멋진 것부터 황당무계한 것에 이르기까지 그야말로 광범하다. 조금이라도 부조리하기만 하다면, 그곳 주인의 이름과 무관하기만 하다면, 술을 마시고 이야기하고 즐기는 것에 대한 암시가 전혀 없기만 하다면, 어떤 이름이든 갖다 붙일 수 있다. 최소한 그 이름은 영국 내 모든 시설의 기본적인 요구 조건으로서 외국인들을 당혹스럽게 만들 것이고, 바람직하게는 길고도 결론이 나지 않는 토론을 부추기며 모든 종류의 논리적 설명을 거부하고 초현실의 경계에 가까운 이미지를 불러일으킬 것이다. 이런 표준을 딱 만족시키는, 아니 사실상 넘어서다시피 하는 술집들로는 the Frog and Nightgown개구리와 잠옷, the Bull and Spectacles황소와 안경, the Flying Monk나는 수사, the Crab and Gumboil게와 잇몸 궤양 등이 있다.

술집의 이름으로는 참으로 안 어울리는 것 같지만, 이에 관해서는 오랜 역사에 근거한 저마다의 설명이 있게 마련이다. 영국에서 (보통은 술집을 겸하는) 여관에 저마다 이름이 붙은 것은 지금으로부터 2000년 전 로마 지배하의 일인데, 오늘날과 같은 기상천외한 시스템이 생겨난 것은 대부분 중세의 일이다. 당시만 해도 이런 일은 필수적인 것으로 간주됐다. 대부분 문맹이던 여행자들이 곧바로 알아볼 수 있는 상징을 제공해야 했기 때문이다.

가장 간단한, 그리고 종종 가장 신중한 접근 방식은 왕실이나 귀족의 문장을 차용하는 것이었다. 그래서 the White Hart흰 수사슴라는 이름을 지닌 술집은 (모든 여관에 간판을 붙이라는 법령을 만들었고, 흰 수사슴 문장을 사용한) 리처드 2세에 대한 유서 깊은 충성심을 나타내며, an Eagle and Child독수리와 아이는 (독수리 둥지에서 발견된 사내아이의 전설을 문장으로 사용한) 더비 백작 가문에 대한 충성을 표시하고, a Royal Oak왕의 참나무는 영국 내전의 와중에 크롬웰에게 패해 어느 참나무에 올라가 숨을 수밖에 없었다던 찰스 2세를 기념하는 것이다(이런 술집의 간판을 자세히 살펴보면, 참나무 가지 중 어느 한 곳에 그 군주가 숨어 있는 모습을 찾아볼 수 있게 마련이다).

이런 시스템의 분명한 단점은 군주가 쫓겨날 때마다 이름을 서둘러 바꿔야 했다는 점이다. 물론 때로는 술집 주인들도 이름을 바꾸기가 어렵지 않았는데, 흰 멧돼지로 상징되는 리처드 3세가 사망하고 푸른 멧돼지로 상징되는 옥스퍼드 백작이 왕위에 오른 경우가 그랬다. 이때는 그저 페인트 한 통만으로도 쉽게 간판을 고칠 수 있었다. 하지만 술집 주인들은 차라리 일반적인 이름을 고수하면 훨씬 비용이 절감된다는 사실을 깨달았고, 그래서 오늘날 영국에는 Queen's Head여왕의 머리, King's Head왕의 머리, Crown왕관 같은 이름을 가진 술집이 그토록 흔한 것이다. 그런 이름의 술집이 영국 내에 각각 300군데, 400군데, 그리고 무려 1000군데에 달한다.

술집 중에는 the Cricketers크리켓 선수들·the Fox and Hounds여우 사냥·the Cockpit투계 등 대중적인 스포츠의 이름을 딴 곳도 있고, 거기 와서 술을 마시는 사람들의 일상적인 활동에서 이름을 딴 곳도 있다. the Plough쟁기, the Fleece양털, the Woolpack양모 한 짝, the Shepherd's Rest목자들의 안식처 같은 술집들은 분명히 농부와 농장 일꾼들이 자주 들르는 곳이었으리라. the Boot구두는 구두장이, the Anchor닻는 선원, the Shoulder of Mutton양고기 어깨살은 정육점 주인을 위한 술집이었으리라. 모든 이름이 곧바로 뭔가를 연상시키는 것은 아니었다. 버크셔에 있는 the Beetle and Wedge망치와 쐐기는 상당히 모호해 보이는데, 지금으로부터 200년 전만 해도 망치와 쐐기가 목수들의 가장 기본적인 연장이었다는 것을 알고 나면 그럴싸하게 들린다.

The Crossed Keys십자 열쇠, the Seven Stars7개의 별, the Hope and Anchor희망과 닻 등 가장 오래됐다고 할 수 있는 술집 이름 가운데 상당수는 종교적인 소재를 상징한다. 지금도 흔히 찾아볼 수 있는 the Lamb and Flag어린양과 깃발는 십자군에도 참전한 성당기사단의 상징이었고, the Saracen's Head사라센인의 머리와 the Turk's Head터키인의 머리는 이들과 맞서 싸운 적의 운명을 상징하는 것이었다. 그 밖의 술집 이름들은 일종의 구호, 훈계, 말장난, 철학적인 경구나 전혀 알 수 없는 출처에 기초했다. Tumbledown Dick쓰러진 딕, First and Last처음과 나중, Mortal Man죽을 운명의 인간, Romping Donkey뛰노는 당나귀, Ram Jam Inn들이받고 밀어붙이는 여관, Live and Let Live나도 살고 너도 살고, (술집의 바깥에 걸린 간판에는 한 여자를 어깨에 걸친 한 남자가 묘사된) Man with a Load of Mischief유해물을 짊어진 남자 등이 그렇다.

술집 이름들 중 상당수가 수 세기에 걸쳐 와전되어왔다는 점을 고려할 때, 전체 그림은 더욱 모호해질 수밖에 없다. the Pig and Whistle 돼지와 휘파람은 사실 peg술잔와 wassail축배에 근거하고 있다. the Goat and Compasses염소와 나침반는 God Encompasseth Us하느님께서 우리를 보호하신다에서 비롯됐다는 설이 있다. the Elephant and Castle코끼리와 성은 원래 술집 이름이었지만 지금은 런던의 행정구역명이 됐는데, 아마도 Infanta de Castille카스티야의 공주에서 비롯됐을 것이다. 햄스테드 히스에 있는 유명한 술집 the Old Bull and Bush늙은 황소와 덤불는 Boulogne Bouche불로뉴 항구의 입구에서 유래했으며, 프랑스에서 벌어진 어느 전투를 기념한다고 한다. 이런 이름의 유래 가운데 일부는 기발하기도 하지만, 한편으로 the Dog and Bacon개와 베이컨은 원래 the Dorking Beacon도킹의 등대이고, the Cat and Fiddle고양이와 바이올린은 (최소한 〈둠즈데이북〉에 따르면) 원래 Caterine la Fidèle열녀 카트린이었고, 버킹엄셔의 the Ostrich Inn타조 여관은 개업할 때만 해도 Hospice Inn 여행자 여관이었다는 확실한 증거가 있다.

이 모두는 우리가 어째서 오늘날과 같은 이름을 갖게 됐는지를 설명하는 데 (물론 완전히는 아니더라도) 어느 정도 도움이 된다. 이렇게 이름을 연구하는 학문을 '명명학onomastics'이라고 한다. 인류 역사에서 대부분의 시간 동안 성이라는 것이 반드시 필요하다고 여겨지지는 않았다. Peter라는 이름을 가진 두 사람이 한마을에 살고 있다면, 이 두 사람을 구별하기 위해서 자기 자신이나 남들이 두 번째 이름을 붙이는 수도 있어서 한 사람은 Peter White-Head흰 머리 피터가 되고, 또 한 사람은 Peter Son of John존의 아들 피터, 줄여서 Peter Johnson이 되는 것이다. 그래도 이런 추가적인 이름이 대물림되는 경우는 거의 없었다. 사람이 성을 얻는 과정은 불과 몇 년 사이가 아니라 무려 몇 세기에 걸쳐서 변화해온 기나긴 과정이었다. 짐작할 수 있다시피, 성 만들기는 사회 계급의 맨 위에서 시작되어 점차 아래로 내려갔다.

영국에서 성은 노르만족의 정복 이후까지만 해도 일상화되지 않았다. 네덜란드 같은 유럽 국가들에서는 그보다 훨씬 더 뒤에야 발전했다. 대부분의 성은 비록 항상 뚜렷하지는 않아도, 궁극적으로는 다음 4가지 원천 가운데 하나에서 비롯됐다. (Lincoln이나 Worthington처럼) 지명, (Whitehead흰 머리나 Armstrong힘센 팔처럼) 별명, (Smith대장장이나 Carpenter목수처럼) 직업명, 그리고 (Johnson존의 아들이나 Robertson로버트의 아들처럼) 가족 관계를 나타내는 부칭父稱이다. 한 사람이 평생 여러 이름을 가질 수도 있었다. 예컨대 Peter the Butcher Who Lives by the Well at Putney Green퍼트니 그린에 있는 우물 옆에 사는 정육점 주인 피터이라는 이름을 보자. 이 이름이 훗날 변형되어 Peter Butcher나 Peter Green이나 Peter Wells가 되는 것이다. 때로는 근처의 여관 간판에 그려진 형상에서 자기 이름을 따온 사람도 있었다. 중세에만 해도 글을 읽는 능력은 아주 희귀한 것으로 간주됐기 때문에, 가게마다 문간에 각자의 상징을 그려놓는 것이 일반적이었다. 지금도 볼 수 있는 줄무늬 모양의 이발소 간판이 그 시절의 유물이라고 하겠다. 포도주 상인은 자기 집 문에 포도나무를 상징하는 덤불bush 문양을 그려놓게 마련이다. 그러면 언젠가는 그의 이웃 중에서 조지 부시George Bush가 나오게 되는 것이다.

영국에서 성의 차용을 급격히 촉진한 사건이 2가지 있었다. 먼저 1379년에 있었던 인두세 도입으로 정부에서는 자국에 사는 16세가 넘는 모든 사람의 이름을 취합해야 했다. 그리고 1413년에 있었던 부가사항 법령 때문에 모든 법률 문서에 사람의 이름뿐만 아니라 그의 직업이나 주소지까지도 병기하게 됐다. 중세의 관료주의에서 비롯된 이 2가지

조치는 사실상 모든 사람이 뚜렷하고도 고정된 성을 갖게 됐음을 보여준다.

현대의 성 가운데 중세의 직업들이 얼마나 많이 남아 있는지 알면 정말 놀라울 지경이다. Bowman궁수, Archer궁수, Carpenter목수, Shepherd목자, Forrester=forester, 사냥터지기 등 그중 일부는 누가 봐도 대번에 알 수 있다. 하지만 또 다른 성들 가운데 상당수는 그렇지 않다. 한편으로는 Fuller옷 세탁부나 Fletcher활과 화살을 만드는 사람처럼 그 기술이 없어지거나 아주 드물어진 경우가 있다. 또 한편으로는 철자법이 어떤 식으로건 변질된 경우가 있다. boatman사공이 변질된 Bateman이 그 예다. 또 한편으로는 지방색을 담고 있는 이름의 경우로, 원래 '농부'를 가리키는 특정 지방의 말이던 Akerman이 해당한다. 당시 영어에 격랑이 있었으며 여러 지역의 철자법과 단어가 서로 주도권을 잡기 위해 경쟁하고 있었다는 점을 잊지 말아야 한다. 따라서 Hill·Hall·Hull 등이 모두 원래는 Hill언덕을 의미했지만, 다만 전국 각지에서 왔다는 점이 달랐을 것이다. Smith대장장이는 미국과 영국에서 가장 흔한 이름이며 대부분 유럽 언어에서도 아주 흔한 이름이다. 독일어의 Schmidt, 프랑스어의 Ferrier, 이탈리아어의 Ferraro, 에스파냐어의 Herrero, 헝가리어의 Kovacs, 러시아어의 Kusnetzov 등이 모두 영어의 Smith에 해당하는 이름이다.

지명에 근거한 영어 이름들은 십중팔구 처음에는 전치사를 동반했지만, 시간이 지나면서 점차 전치사가 사라져 John of Preston은 그냥 John Preston이 됐다. 하지만 때로는 Atwater물가에나 Underwood덤불 아래처럼 전치사들이 그냥 남아 있는 경우도 있고, 때로는 Noakes

나 Nash처럼 전치사의 흔적이 남아 있는 경우도 있다. 즉 전자는 atten Oakes참나무 옆라는 뜻이고, 후자는 atten Ash물푸레나무 옆라는 뜻이다.

지명에 근거한 이름에서 흥미로운 사실은 잘 알려지지 않은 지명, 대개는 들어본 사람이 극소수인 지명인 경우가 많다는 점이다. 왜 London이라는 성보다는 Middleton이라는 성이 훨씬 더 많고, Bristol이라는 성보다는 Worthington이라는 성이 더 많은 걸까? London · York · Norwich · Glasgow 같은 중세 영국의 주요 도시들은 주민이 수천 명씩이나 됐지만, 그 이름들이 정작 성으로 사용되는 경우는 흔치 않았다. 얼핏 보기에는 역설 같은 이런 현상을 이해하려면 한 사람 또는 한 가문을 다른 사람들과 구별하기 위해 성을 쓴다는 점을 반드시 기억해야 한다. 어떤 사람이 스스로 Peter of London런던의 피터이라고 한다면, 이 세상에는 그 말고도 똑같은 이름의 피터가 수천 명은 더 있을 것이므로, 정작 그를 찾아내려는 사람으로서는 난처하기 짝이 없을 것이다. 따라서 일반적으로 어떤 사람이 Peter of London으로 알려지는 경우는 오로지 그가 어느 지방에 갔을 때, 그러니까 런던이라는 지명이 뚜렷하게 구별되는 특징이 될 만한 곳에 있을 때나 가능할 텐데 그나마 그런 경우도 흔치는 않았다. 이와 마찬가지로 Farmer농부라는 이름을 지닌 사람은 십중팔구 그 조상이 farm농장을 남겨주었기 때문에 그런 이름을 얻었을 테지만, French프랑스인라든지 Fleming플랑드르인이라든지 Welsh웨일스인에서 비롯된 Welch나 Walsh는 이름의 시조가 그 지역에 살았다기보다는 단지 그 지역에서 온 이민자라는 것을 암시한다.

얼핏 보기에는 수수께끼 같은 또 한 가지는 Bishop주교, Monk수사,

Priest사제, Prior수도원장처럼 교회와 관련된 성이 왜 그토록 많은가 하는 점이다. 정작 그런 직위에 있는 사람들은 독신주의자라서 그런 이름을 누군가에게 물려줄 수가 없을 텐데 말이다. 그 이유 가운데 일부는 아마도 원래의 이름이 잊혔기 때문일 것이다. 즉 완전한 형태의 이름은, 하인일 경우에는 Bishop's Man주교의 하인이고 지명일 경우에는 Priest's Hill사제의 언덕이었을 것이다.

그 밖의 이름들은 기원이 뚜렷하지는 않다. 영어가 아닌 언어에서 비롯됐기 때문이다. Russell은 중세 프랑스어의 roussell, 즉 '붉은 머리카락'에서 비롯됐고, Morgan은 웨일스어의 '흰 머리카락'에서 비롯됐다. 때로는 별다른 재미가 없어 보이는 이름 속에 특이한 문자적 의미가 숨어 있기도 하다. Kennedy는 게일어로 '못생긴 머리'라는 뜻이고, Boyd는 '얼굴이 누런, 병약한'이라는 뜻이며, Campbell은 '비뚤어진 입'이라는 뜻이다. 다른 언어에서도 이와 유사한 경우가 종종 있다. 마리오 페이에 따르면 Gorky는 '쓸쓸한', Tolstoy는 '뚱뚱한', Machiavelli는 '나쁜 손톱'이라고 한다. Cicero는 코에 난 사마귀를 뜻하는 고대 로마의 속어로, 문자적으로는 '이집트콩(병아리콩)'을 뜻했다고 한다.

미국에서는 성에 관한 상황이 더 복잡다단하다. 사람들의 배경이 다른 나라보다 다양하기 때문이다. 그래도 미국에서 가장 흔한 성 200개 가운데 183개는 영국계인데, 미국에서 아주 흔한 이름 가운데 일부가 오히려 영국에서는 드물다. Johnson은 미국에서는 Smith 다음으로 흔한 이름이지만, 영국에서는 목록의 한참 아래에 등장한다. 19세기에 스웨덴 출신 이민자들이 미국에 대거 유입됐기 때문이다. 물론 Johnson이 원래 스웨덴 이름은 아니다. 다만 스웨덴어의 Jonsson이나 Johansson

같은 이름이 미국화되면서 Johnson이 된 것이다. 영국보다 미국에서 더 자주 접할 수 있는 이름으로는 Miller도 있다. 영국에서 miller방앗간 주인; 제분업자는 역사적으로도 인기가 좋은 적이 없었다. 곡식을 빻으러 온 농부들을 항상 속여 먹는 성향이 있다고 간주됐기 때문이다. 따라서 이것은 결코 자랑스러운 이름이 아니었다. 오늘날 이에 상응하는 또 다른 이름으로는 Landlord지주가 있다. 하지만 미국에 사는 대부분의 Miller는 사실 Mueller나 Müller였다. 똑같은 뜻의 독일어에는 그런 경멸적인 의미가 전혀 들어 있지 않았다.

미국 이민자들의 상당수, 어쩌면 대부분은 각자의 이름을 미국식 철자법과 발음법에 걸맞게 변형했다. 특히 발음하기 힘든 폴란드어나 러시아어 이름은 본인의 의지와 무관하게 그런 변형이 일어나기도 했다. 아예 통관항에서 그런 이민자들에게 새로운 이름을 지어주었는데, 대개는 자신들이 택한 나라에 좀 더 잘 섞여 들어가기 위해서 그리고 누굴 만날 때마다 번번이 이름 철자를 설명해야 하는 골치 아픈 일을 피하기 위해서 이민자들이 자발적으로 바꿔버렸다. Pfoershing을 Pershing으로, Wistinghausen을 Westinghouse로, Pappadimitracoupolos를 Pappas로, Niewhuis를 Newhouse로, Kuiper를 Cooper로, Schumacher를 Shoemaker로, Krankheit를 Cronkite로, Sjogren을 Seagren으로, Lindqvist를 Lindquist로 바꾸는 편이 살아가는 데 훨씬 더 쉬웠기 때문이다. 어려운 슬라브계나 독일계 이름만 변한 건 아니었다. McLeod라는 이름을 지닌 스코틀랜드계는 자신들의 이름을 그 발음에 맞춰서 McCloud로 바꿨으며, McKay라는 이름을 지닌 사람들은 십중팔구 그 이름이 원래 sky와 똑같은 운韻이라는 사실을 더는 일일이 말하지 않게 됐다.

어떤 사람들은 이런 기회를 적극적으로 이용해, 일찍이 이름이 처음 지어지던 시기에 자신들의 조상에게 붙은 바람직하지 못한 성을 제거하기도 했다. 그런 성은 대개 모욕적인 것들이었다. 때로는 그런 이름을 붙여준 사람이 변덕스러운 유머 감각의 소유자였거나 덜 창피한 이름을 원한다면 뇌물이라도 내놓으라는 뜻을 담았는지도 모른다. 예컨대 Kolokotronis라는 그리스계 이름은 '궁둥이에 박힌 총알'이라는 뜻이다. 반면 또 다른 사람들은 각자 이름을 그대로 유지했다. Goldwater금빛 물라는 성이 그런데, 이것은 원래 오래전부터 '소변'을 가리키는 말이었다.

미국에서 벌어진 이름의 변화 중에는 강세 변화도 있다. 어떤 이유에선지 미국식 영어에서는 사람 이름에서도 맨 끝이나 맨 끝에서 두 번째 음절에 강세를 주는 쪽을 현저하게 선호하는 경향이 있다. 그래서 미국에 온 이탈리아인들은 원래 Esposito라는 이름을 Es-PO-si-to라고 발음하다가 나중에는 Es-po-SI-to로 발음하게 됐다. 이는 영국 이름에도 똑같이 적용됐다. Purcell·Bernard·Barnett가 모두 영국에서는 'persul'·'bernurd'·'barnutt'로 발음됐지만, 미국에서는 pur-SELL·ber-NARD·bar-NETT로 발음된 것이다. 하지만 이런 과정이 모든 이름으로까지 확장되지는 않아, Mitchell과 Barnum의 경우 여전히 첫음절에 강세가 남아 있다.

시간이 흐를수록 대부분의 이름이 다양하게 변형됐다. Waddington이라는 이름이 어떻게 Wadigton, Wuldingdoune, Windidune 등등으로 바뀌었는지에 관해서는 앞에서 살펴봤다. Shakespeare의

할아버지는 자기 이름을 Shakestaff라고 불렀다.[5] Snooks는 원래 Sevenoaks일곱 참나무(영국 켄트주의 마을 이름)였을 것이고, Backus는 원래 Bakehouse빵집였을 것이다. 제11대 미국 대통령인 James K. Polk는 원래 Pollock작은 연못이라는 집안의 후예다.

역사를 거치면서 변천을 전혀 겪지 않은 이름은 거의 없다. 지명에서 그런 사실이 가장 현저하게 예증된다. Cambridge는 10세기에만 해도 Grantanbrycge로 불렸다. 하지만 이 나라를 정복한 노르만족은 그 이름이 발음하기 껄끄럽다고 생각했고, 특히 'gr' 발음이 어렵다고 생각해서 그 대신 Cantebrigie라는 철자를 쓰기 시작했다. 그 뒤 Caumbrigge, Cambrugge, Caunbrige를 거쳐서 마침내 오늘날과 같은 철자가 됐다. 앞으로 수 세기가 지난 뒤에는 어쩌면 또 다른 철자가 될지도 모른다. 이와 유사한 복잡다단한 과정을 거쳐 Eboracum은 결국 York로 변모했다.

언어의 이런 변환은 현저하게 복잡해질 수도 있다. P. H. 리니의 《영어 지명의 기원》에 따르면, Brightlingsea는 어느 최초의 참견쟁이가 켈트어의 Brictrich를 제멋대로 바꿔 쓰기 시작한 이래 그 철자가 무려 404가지나 됐다고 한다. 게다가 갖가지 영향 때문에 단일한 어근이 다양한 단어로 진화해나갈 수도 있다. 얼핏 보기에는 전혀 아닌 것 같지

---

5. 하나 덧붙이자면, 셰익스피어에 관해 잘 알려지지 않은 사실이 있다. 그가 태어나기 직전에 그의 아버지가 인근의 다른 마을에서 스트래트퍼드어폰에이번(Stratford-upon-Avon)으로 이사했다는 점이다. 만약 그렇게 하지 않았다면 '에이번의 시인(Bard of Avon)'이라는 셰익스피어의 별명은 '스니터필드의 시인(Bard of Snitterfield)'이 되어서 좀 덜 매력적이었으리라.

만, 사실은 Brighton · Brixton · Brislington · Bricklehampton 같은 지명들은 모두 Beorhthelmes라는 똑같은 이름으로 시작됐다.

켈트인, 로마인, 데인인, 바이킹, 앵글인, 색슨인, 주트인, 노르만인 등의 연이은 침입으로 영국의 지명들은 끊임없이 변해갔다. 그 결과 영국은 Wendens Ambo · Saffron Walden · Gussage All Saints · Stocking Pelham · Farleigh Wallop · Dunton Bassett · Husbands Bosworth 등 전 세계에서 가장 호화찬란하다고 할 수 있는 지명, 마치 훌륭한 포도주처럼 혀 위에서 굴러다니고 입안을 향긋이 채워주는 지명 중 일부를 갖게 됐다. 영국에는 약 3만 개의 지명이 있으며, 최소한 그중 절반가량은 흥미롭고도 독특하다. 어떤 무작위적인 활동으로 생겨났다고 말할 수 있는 것 이상인 셈이다. 그런 이름들이야말로 초가지붕 오두막, 구불구불한 산울타리, 바람에 흔들리는 미나리아재비와 그 위를 떠도는 나비들이 가득한 풀밭과 더불어 영국 시골의 매력 중에서도 결코 빠뜨릴 수 없는 부분이다. 성과 마찬가지로 영국인들이 이렇게 독특한 지명을 갖게 된 것은 단순히 우연한 진화 때문이라기보다는 영국인들이 Lower Slaughter아래쪽 도살장니 Great Snoring커다란 코골이 같은 지명을 은근히 '좋아하기' 때문이라는 결론이 불가피해 보인다.

지명의 철자와 발음도 성의 경우와 마찬가지로 종종 불가해하기 짝이 없다. 때로는 철자가 발음을 무시하는 경우도 있어서 켄트주에 있는 어떤 지명은 철자가 Meopham이지만 발음은 'meppam'이고, 스코틀랜드의 한 지명은 철자가 Auchtermuchty지만 발음은 'awk-ter-mucktee'다. 하지만 실제로는 반대인 경우가 더 흔하다. 즉 발음보다 철자가 훨씬 더 간단하고 직설적으로 보이는 것이다. 순진한 여행객들은 철자만 보고 일종의 안도감 같은 것을 느끼지만, 사실 그 뒤에 어떤 배반이 숨어 있는지는 까맣게 모르는 것이다. 즉 Postwick의 발음은 'pozzick', Puncknowle의 발음은 'punnel', Keighley의 발음은 'keethley', Holnicote의 발음은 'hunneycut', Cholmondeston의 발음은 'chumson', Wyardisbury의 발음은 'razebry', Wymondham의 발음은 'windhum', Flawith의 발음은 'floyth', 그리고 켄트주에 있는 마을인 Dent-de-Lion의 발음은 'dandelion'이다. 마지막 예는 옛날 철자에다 그 유해한 잡초(민들레)의 현대식 발음을 조합한 경우다.

때로는 여러 철자 또는 음절 전체가 쓸모없는 경우도 있다. 예컨대 Browsholme의 발음은 'brewsum', Wavertree의 발음은 'wawtree', Ludgvan의 발음은 'ludge-un', Darlingscott의 발음은 'darskut', Culzean Castle의 발음은 'cullayne'이다. 심지어 발음이 둘 이상인 이름도 상당수다. 웨스트요크셔주 Harewood의 경우, 그 한가운데 있는 대저택에서는 'harwood'로, 그 대저택을 둘러싼 마을에서는 'harewood'로 발음한다. 스태퍼드셔주 Hednesford의 발음은 'hedjford'나 'henssford'다. Shrewsbury는 'shrooz-bree'나 'shrozebree'다. 스코틀랜드의 Athelstaneford는 철자대로 또는 'elshanford'로 발음된다. 그리고 한 지명의 철자가 2개인 동시에 발음도 2개인 경우가 있다. 하트퍼드셔주의 Frithsden/Friesden이 그런 경우로, 발음은 'frizdun'이나 'freezdun'이다.

영국에는 Houghton이라고 불리는 마을이 세 군데 있는데, 저마다 'hoton'·'hawton'·'howton' 등으로 발음이 다르다. 사우스요크셔주의 Oughtibridge는 발음이 'owtibrij', 'awtibrij', 'ootibrij', 'ōtibrij'

등 4가지다. 데번주의 Dittisham은 발음이 'dittisham', 'dittisum', 'dittsum' 등 3가지다. 웨스트요크셔주의 Adwalton은 간혹 'Atherton'으로 발음되는데, 이 도시가 원래 Heather Town이라는 이름으로 불렸기 때문이다. 하지만 가장 기묘한 발음은 도싯주의 Okeford Fitzpaine일 텐데, 아무도 감히 추측조차 할 수 없는 이유로 이 지역 사람들이 이곳을 'fippeny ockford'라고 순서를 바꿔서 발음하기 때문이다.

애석하게도 이제는 이름들도 철자대로 발음되는 경우가 점점 더 늘어나는 것 같다. 아마 영국에서도 사람들의 이동이 늘어난 결과가 아닐까 싶다. 웨스트요크셔주의 Pontefract는 원래 'pumfrit'라고 불리다가 지금은 철자 그대로 불리게 됐다. Cirencester 역시 이런 운명을 맞게 되어, 한때는 'sissiter'로 불리다가 지금은 보통 'siren-sester'로 불린다. Grantham과 Walthamstow는 어원적으로 'Grant-ham'과 'Walt-hamstow'에서 비롯된 지명이며 한때는 그렇게 발음됐지만 지금은 'th' 발음이 됐다. 기묘하게도 노팅엄셔주에 있는 Gotham이라는 작은 마을, 즉 뉴욕의 별칭이 유래한 마을의 경우에는 'th' 소리를 내지 않기 때문에 그 지역 사람들은 'Gott-hum'이라고 발음한다.

그래도 웨일스에 비하면 이 정도는 약과다. 그곳에는 단어 만들기 게임인 스크래블(15장을 보시라)을 하다가 남은 찌꺼기 철자들을 이용해 만든 것처럼 보이는 마을 이름이 수두룩하다. Bwichtocyn · Llwynddyrys · Cwmtwrch · Mwnt · Pwllheli 등이 그 예인데, 심지어 이런 이름들을 발음하기까지 한다. 어이쿠, 세상에!

미국에서는 이름을 갖고 지지고 볶을 시간이 얼마 없었는데도 간혹 그런 일이 벌어졌는데, 대개는 낯선 이름을 더 입맛에 맞게 만든 결과였다. Ojibway Missikamaa를 'Michigan'으로, 다코타주의 인디언 부족 Sahiyena를 'Cheyenne'으로 바꾼 것이 그렇다. 가끔은 영국과 마찬가지로 뚜렷한 이유 없이 그런 일이 벌어지기도 했다. Thomas Ricks의 이름에서 따온, 아이다호주 Ricksburg가 졸지에 'Rexburg'가 된 경우가 그 예다.

이와 마찬가지로 미국인들은 발음이 불가능한 이름을 만들어내기에 충분한 시간을 갖지 못했지만, 실제로는 몇 가지가 이미 나와 있다. 앨곤퀸 인디언어로 '근처에 불 흔적이 있는 장소'를 뜻하는 뉴햄프셔주의 Schohomogomoc Hill을 비롯해 (각각 'nak-uh-tosh'와 'skat-uh-kohk'로 발음하는) 루이지애나주 Natchitoches와 뉴욕주 Schaghticoke 등이 그렇다. 하지만 미국인 대부분이 어떻게 발음하는지 안다고 '생각'하는 지명 가운데 상당수를 정작 그 지역 토박이들은 전혀 다르게 발음한다. 그 중 일부를 예로 들면 이렇다.

일반적으로 생각하는 발음	현지인의 발음
아이다호주 Boise	Boyce-ee
펜실베이니아주 Gettysburg	Gettizburg
사우스다코타주 Pierre	Peer
매사추세츠주 Quincy	Quinzy
버지니아주 Monticello	Montisello
펜실베이니아주 Lancaster	Lankus-ter
미시시피주 Biloxi	Buh-lux-ee
워싱턴주 Yakima	Yak-im-uh

미시간주 St. Ignace	St. Ig-nuss
매사추세츠와 뉴햄프셔주 Concord	Conk-urd/Conkit
미시시피강의 지류 Arkansas	Ar-kan-zus
미시간주 Milan	Mile-un
오하이오주 Lima	Lye-muh
아이오와주 Nevada	Nuh-vay-da
테네시주 Versailles	Vur-sales
조지아주 Vienna	Vye-enna
오하이오주 Houston	How-stun
미네소타주 Montevideo	Monna-video
일리노이주 Cairo	Kay-ro

앞세대의 미국인들은 종종 외부인의 발음을 따르기보다는 이름의 철자를 바꾸는 편이 더 쉽다는 사실을 발견했다. 그래서 오하이오주 Worcester는 Wooster가 됐고, 코네티컷주 Hertford는 Hartford가 됐다. Notre Dame, Detroit, Des Plaines, St. Louis 등 프랑스식 이름 가운데 상당수도 꽤 자연스럽게 미국화됐다. 네덜란드식 이름도 골칫거리였다. 하지만 가끔은 사소한 철자법상의 수정만 필요해서, Haarlem이 Harlem으로, Cape Mey가 Cape May로 변했다. 가끔은 태피 사탕처럼 잔뜩 잡아당겨서 훨씬 더 쉽게 파악할 수 있는 것으로 만들어야 했기 때문에 앞에서 설명한 것처럼 De Kromme Zee가 Gramercy로, Vlacht Bos평평한 숲가 Flatbush평평한 덤불로 되기도 했다. 플로리다에서도 이와 유사한 과정을 거쳐 에스파냐어의 Cayo Hueso뼈다귀 섬가

'Key West'로 변했다.

그런데 미국이 정말로 풍부하게 보유하고 있는 유산은 바로 다채로운 지명이다. 몇 가지 예만 들어보겠다. 텍사스주에는 Chocolate Bayou초콜릿 색깔 강어귀, Dime Box동전통, Ding Dong딩동, Lick Skillet 프라이팬을 핥다가 있다. 루이지애나주에는 Sweet Gum Head달콤한 껌(고무) 머리가 있다. 미시시피주에는 Whynot안 될 것 없지이 있다. 캘리포니아에는 Zzyzx Springs자이직스 온천⁶가 있다. 노스캐롤라이나에는 Coldass Creek차가운 엉덩이 개울, Stiffknee Knob무릎 뻐근한 언덕, Rabbit Shuffle토끼 셔플이 있다. 앨라배마주에는 Scratch Ankle무릎을 긁적이다이 있다. 미네소타주에는 Fertile비옥한이 있다. 미시간주에는 Climax절정가 있다. 펜실베이니아주에는 Intercourse성교; 교류가 있다. 뉴욕주에는 Breakabeen성공을 빈다이 있다. 아이오와주에는 What Cheer기분이 어떠세요가 있다. 켄터키주에는 Bear Wallow곰의 뒹굴기, Mud Lick진흙 핥기, Minnie Mousie미니마우스 같은, Eighty-Eight88, Bug벌레가 있다. 테네시주에는 Dull무딘; 지루한, Only유일한, Peeled Chestnut껍질 벗긴 밤, Defeated패배한, Nameless이름 없는가 있다. 위스콘신주에는 Cozy Corners아늑한 모퉁이가 있다. 워싱턴주에는 Humptulips곱사등이 튤립⁷가 있다. 아이다호주에는 Hog Heaven돼지 천

---

6. 1944년에 그곳의 온천을 찾은 커티스 하우 스프링어라는 인물이 '영어 사전에서 맨 끝에 있는 말'이 되도록 일부러 붙인 지명으로, 그 자체는 아무런 의미가 없다. — 옮긴이
7. 일설에는 '물살이 세어 카누의 노를 저어가기 힘들다'는 뜻의 그 지역 인디언어에서 나온 말이 와전된 것이라고 한다. — 옮긴이

국이 있다. 사우스캐롤라이나주에는 Ninety-Six96가 있다. 메릴랜드주에는 Potato Neck감자 목이 있다. 애리조나주에는 Why왜가 있다. 와이오밍주에는 Dead Bastard Peak죽은 놈 봉우리, Crazy Woman Creek미친년 개울이 있고, 이런 종류의 이름 중 최고봉이라고 할 만한 Maggie's Nipples매기의 젖꼭지도 있다.

아쉽게도 이런 이름 가운데 상당수가 오늘날에는 바뀌어버렸지만, 몇 가지는 아직 남아 있다. 또 일부 지역은 그 기묘한 이름 덕분에 먹고살기까지 한다. 펜실베이니아주 Intercourse성교; 교류가 그런 경우로, 이곳은 이중적 의미가 있는 지명을 떡하니 새겨 넣은 엽서의 판매 사업이 호황을 누리고 있다. 다른 지역도 간혹 군중의 관심을 끄는데, 켄터키주 Eighty-Eight의 경우 1988년 내내 자연스럽게 관심이 집중됐다. 와이오밍주 캐스퍼에서 온 어느 커플은 1988년 8월 8일 오후 8시 8분에 Eighty-Eight에서 결혼하기도 했다. 이 도시의 유별난 이름은, 처음 이 도시를 만든 대브니 너널리가 우연히 주머니를 뒤져봤더니 88센트가 들어 있던 데서 비롯됐다고도 한다. 그 이름에 걸맞게 1948년 대선에서는 이곳에 사는 주민 가운데 88명이 트루먼에게, 88명이 듀이에게 표를 던졌다.

미국에 사는 사람들에게 자기가 사는 도시의 이름을 바꾸라고 설득하는 데는 그다지 힘이 들지 않을 것 같다. 1950년에 뉴멕시코주 Hot Springs온천의 주민들은 어느 인기 있는 라디오 쇼의 도전에 응해, 자기 도시 이름을 Truth or Consequences진리냐 결과냐로 바꾸자는 결의를 놓고 찬반 투표를 실시해 4대 1로 통과시켰다. 그래서 이들이 받게 된 상품은 그 라디오 프로그램의 진행자인 랠프 에드워즈가 프로그램의

10주년 기념 방송을 바로 그곳에서 진행한다는 것뿐이었다. 그 순간의 전율은 아마 금방 지나갔겠지만, 이름만큼은 줄곧 남아 있게 됐다. 그로부터 4년 뒤, 운동선수 짐 소프Jim Thorpe의 미망인이 남편의 시신을 펜실베이니아주 Mauch Chunk의 산간 휴양지에 묻는 대신 그 도시의 이름을 남편의 이름으로 바꿔달라는 조건을 내걸었고, 그곳 주민들은 이를 수락했다. 와이오밍주 Cody도 버펄로 빌 코디Buffalo Bill Cody를 위해 똑같은 일을 해서 생긴 이름이다.

초기의 정착민들은 특정한 장소에 다채로운 이름을 부여할 뿐만 아니라 자신들의 주에도 다채로운 별칭을 부여하는 경향이 있었다. 물론 항상 찬사 일변도는 아니었다. 네브래스카주와 미주리주는 각각 한때 Bugeating State벌레 먹은 주와 Puke State토 나오는 주라는 별명이 있었다. 가끔은 이런 별칭이 완전히 굳어진 다음에도, 도대체 어째서 그런 이름이 붙었는지 아무도 모르는 경우도 있다. 미국 사람이라면 누구나 인디애나주의 별칭이 Hoosier후지어라는 것은 알지만, Hoosier가 도대체 무엇인지 또는 한때 무엇이었는지를 아는 사람은 아무도 없는 것 같다. 마찬가지로 왜 아이오와주가 Hawkeye매의 눈초리라고 불리는지 아는 사람 역시 없는 것 같다.

때로는 우리에게 익숙한 지명도 정작 그곳에 사는 토박이들이 부르는 지명과는 전혀 다른 경우가 있다. 이탈리아어로는 Florence가 아니라 'Firenze', Naples가 아니라 'Napoli', Padua가 아니라 'Padova', Venice가 아니라 'Venezia', Milan이 아니라 'Milano', Genoa가 아니라 'Genova'다. 덴마크인들은 Copenhagen이라고 안 하고 'København'(발음은 '쾨펜하운')이라고 한다. 유고슬라비아 사람들은

Belgrade라고 안 하고 'Beograd'라고 한다. 러시아인들은 Moscow라고 안 하고 'Moskva'라고 한다. 네덜란드인들은 The Hague라고 안 하고 'Den Haag'라고 한다.

나라 이름은 그 영어식 표기와 실제 표기의 차이가 큰 경우가 많다. 다음 목록 중 왼쪽 열을 가린 채 오른쪽 열의 단어만으로 과연 몇 개나 알아맞힐 수 있는지 보시라.

그리스	Ellinki Dimokratia엘린키 디모크라티아
핀란드	Suomen Tasavalta수오멘 타사발타
헝가리	Magyar Népköztáraság마그야 네프쿠스타라차그
알바니아	Shqipëri스퀴피에리
일본	Nihon니혼
그린란드	Kalâtdlit Nunât칼라트들리트 누나트
요르단	Al Mamlaka al Urduniya al Hashemiyah 알 마믈라카 알 우르두니야 알 하셰미야
남한	Han Kook한국
북한	Chosun Minchu-chui Immin Kongwhaguk 조선민주주의인민공화국
모로코	Al Mamlaka al-Maghrebia알 마믈라카 알 마그레비아
중국	Zhonghua Renmin Gonghe Guo종구하 렌민 공헤 구오
스웨덴	Konungariket Sverige코눙가리케트 스베리게
통가	Friendly Islands프렌들리 아일랜즈

여기에는 다양한 이유가 있다. 때로는 영어식 이름을 그 지역 특유의 명명법과 무관하게 외부인이 지었기 때문이기도 하다. 예컨대 Korea라는 영어식 이름은 한국인이 아니라 일본인이 식민 통치 시절에 지은 것이다.[8] Hungary는 고대 러시아어에서 차용한 라틴어식 이름으로, 헝가리인들이 사용하는 실제 이름과는 무관하다. 유럽과 아시아를 연결하는 해협의 이름인 Bosporus는 영어의 옥스퍼드Oxford, 황소의 여울를 그리스어로 옮긴 것에 불과하다.[9] 터키인들은 그곳을 Karadeniz Bogazi카라데니즈해협라고 부른다.

종종 지명은 뭔가를 잘못 듣거나 잘못 이해한 데서 비롯되기도 한다. 대표적인 예가 West Indies서인도제도인데, 물론 이 지역은 India인도와는 무관하다. 자기가 지금 어느 반구에 있는지조차 판단하지 못했던 콜럼버스의 어마어마한 무능력을 반영하는 이름일 뿐이다. 멕시코의 Yucatán유카탄은 "뭐?" 또는 "뭐라고 말하는 거야?" 정도의 의미다. 그곳의 바닷가에 도착한 에스파냐인 침략자들이 맨 처음 던진 질문에 대한 그곳 토착민들의 답변이었다. Dutch네덜란드인라는 말 역시 철저히 오해에서 비롯됐으니, 원래는 Deutsch독일인라는 단어에서 나온 말이기 때문이다. 이런 오류는 훗날 Pennsylvania Dutch펜실베이니아 네덜란

---

8. 아마도 저자는 흔히 '고려'에서 비롯됐다는 Corea가 Korea로 철자가 바뀌게 된 이유를 말한 것으로 보인다. 일설에는 Japan 다음에 Korea가 오도록 일본이 일부러 한국의 철자를 바꿨다고 하지만, 'ㅋ' 발음을 표기할 때 c보다 k를 선호하는 미국이나 러시아식 표기가 유행한 결과라는 견해도 있다. ― 옮긴이
9. 그리스 신화에서 제우스의 애인이었다가 헤라의 질투로 '암소'가 된 이오가 도망쳐 건너갔다는 장소라서 훗날 이런 이름으로 불렸다는 견해가 있다. ― 옮긴이

드인라는 또 다른 잘못된 이름을 통해 영속하게 됐다. 그 이름에 해당하는 사람들은 사실 Dutch네덜란드인가 아니라 German독일인이었기 때문이다.

이름은 말 그대로 무척이나 큰 문제가 된다. 상업의 세계화가 가속화하면서 세계 어디에서나 귀에 거슬리지 않고 발음하기도 쉬운 브랜드 이름을 찾는 일이 갈수록 어려워지기 때문이다. 이 문제가 어느 정도인지를 잘 보여주는 어느 영국 회사의 예가 있다. 이 회사는 Cockburn's Dry Tang이라는 상표명의 빈티지 포트와인을 스칸디나비아에서 판매했는데 매출이 신통치 않았다. 회사에서는 조사 끝에 tang이라는 단어가 스웨덴어로 '해초'를 뜻하며, 따라서 Dry Tang말린 해초이라는 이름만으로는 스웨덴인들이 이 제품을 잔뜩 구입하게 할 만큼 맛과 품질이 훌륭하다는 이미지를 만들어내지 못한다는 사실을 알아냈다. 스웨덴 측 수입 업자의 제안에 따라 이 회사에서는 포도주병의 라벨을 Dry Cock말린 수탉; 말린 음경이라고 바꾸었는데, 이런 이름이 영어 사용자들에게는 무척이나 우스꽝스럽게 들리겠지만 스웨덴인들 사이에서는 선풍적인 인기를 끌었다. 하지만 그 직후에 덴마크에서는 이 제품의 판매가 급감하고 말았다. 회사 측에서 서둘러 조사해본 결과 cock라는 말은 그곳에서 일차적으로 여성의 성기를 뜻한다는 사실이 밝혀졌다. 그래서 회사 측에서는 또 다른 이름을 고안해야만 했다. 이것이야말로 국제 마케팅에서 흔히 일어나는 위험이다.

Standard Oil은 회사 명칭을 변경하기로 한 직후에 한동안 Enco라는 이름을 고려해봤지만, 마침 enco가 일본어로 '연료가 떨어진 자동차'를 가리키는 속어임을 알게 됐다. 또 다른 영국 회사인 Gallaher's는

Park Lane이라는 이름의 담배를 에스파냐에서 판매하려고 했지만 그다지 성공하지 못했다. 물론 그 이름 자체에는 귀에 거슬릴 만한 요소가 전혀 없었지만, 에스파냐인들이 그 이름을 제대로 발음하지 못해 주문하기를 꺼린 것이다. 반면, 회사 중에는 뭔가 유별나거나 어려운 이름을 가진 것이 오히려 득이 되는 경우도 있다. 미국에서 Häagen-Dazs 아이스크림이 그랬다. 이 이름은 단지 이국적으로 들린다는 이유만으로 선택된 것이었다.

제품의 이름을 짓는 데는 종종 놀라우리만치 많은 돈과 노력이 들어가기도 한다. 전형적인 예로 〈선데이 타임스〉에 보도된, 스위스의 어느 과자 회사가 영국의 상표 전문가 존 머피에게 신제품 초콜릿 바에 어울리는 매력적인 이름을 지어달라고 주문한 것을 들 수 있다. 컴퓨터를 이용해 무작위로 이름을 추출하거나 말 그대로 종일 앉아서 이름밖에는 생각하는 것이 없는 일군의 전문가들까지 동원한 결과, 머피의 회사는 350종의 후보작을 선정했다. 하지만 회사 측에서는 후보작 가운데 302종을 퇴짜 놓았다. 그 이름들이 너무 요란하고 경쾌하다는 이유였다. 나머지 48종의 후보 가운데 세계 어디서도 상표 등록이 되어 있지 않은 것은 2종뿐이었다. 머피 자신도 똑같은 문제를 겪은 바 있다. 그의 회사 이름이 영국에서는 Novamark였지만 해외에서는 Inter Brand를 썼는데, 이미 같은 이름을 선점한 곳이 있었기 때문이다.

이런 어려움 때문에 브랜드 이름을 지키는 데에는 어마어마한 노력이 든다. 자동차 회사인 롤스로이스는 한 해에만 무려 500건에 달하는 상표권 침해 소송을 치른다(그중 상당수는 어느 배관 설비 업체에서 '배관설비 업계의 롤스로이스'를 자처하는 광고를 낸 경우처럼 시시콜콜하기 짝이 없는 것이다). 그에 비해 다른 회사들은 이들만큼 근면하지 못했거나 이들만큼은 성과가 없었던 모양이다. Aspirin아스피린, cellopane셀로판, yoyo요요, escalator에스컬레이터 등은 한때 브랜드 이름이었지만 결국 보호에서 해제됐다. 그런가 하면 여전히 브랜드 이름으로 남아 있지만, 마치 그렇지 않은 듯 일반명사처럼 대중에 회자되는 이름도 있다. Band-Aid밴드에이드, Frisbee프리스비, Jell-O젤로, Coke코크, Kleenex크리넥스, Xerox제록스 등이 그렇다. 영국에서는 특히 (전기 청소기 상표명) Hoover후버가 그런데, 이것은 어떤 행동에 사용되는 기구는 물론이고 그 행동 자체까지도 가리키는 일반적인 용어가 됐다(Did you hoover the carpet?양탄자에 청소기 돌렸어?). 경쟁자들이 자신들의 제품을 '콜라 맛 청량음료'라든지 '젤라틴 디저트'라고 표현할 수밖에 없게 만드는 회사에는 분명히 대단한 상업적 이득이 있을 것이다.

좋은 이름을 만들기 위한 노력과 별개로 미국에서는 매년 1000개 이상의 회사가 이름을 바꾼다. 인수, 합병 또는 (원래 철강 회사 U. S. Steel인) USX나 (원래 탐폰 회사 Tampax인) Tambrands처럼 회사 측에서 더는 특정한 상품과 회사 이름이 결부되는 것을 원치 않기 때문이다. 그리고 때로는 그런 결정이 변덕에서 비롯한 오판으로 드러나기도 한다. 1987년에 United Airlines의 회장 리처드 페리스는 무려 870만 달러를 들여서 회사명을 UAL, Inc.에서 Allegis로 바꾸었다. 이것은 크나큰 오판으로 널리 받아들여졌다. 뉴욕의 부동산 개발업자인 도널드 트럼프는 이 이름이 마치 "이다음에 창궐할 전 세계적인 질병"의 이름처럼 들린다고 꼬집었다.[10] 겨우 6주 뒤에 페리스는 자리에서 물러나야만 했다. 그의 후임자가 취한 첫 번째 조치 가운데 하나가 회사 이름을 다시 United

Airlines로 바꾼 것이었다.

이름을 변경한 사례 중에 이만큼 파멸적이지는 않았지만, 과연 회사에 어떤 이득을 가져다주었는지가 의심스러운 경우도 있었다. 1987년의 여론조사에 따르면 Esmark가 미국의 거대 복합 기업이라는 사실을 아는 사람은 60퍼센트 미만이었다. 그 정도 비율이라면, 12년 전에 그 이름이 도입되기 전의 회사명인 Swift를 기억하는 응답자의 비율과 크게 다르지 않다. 인수 합병되는 바람에 좋건 싫건 새로운 이름을 갖게 된 회사들로는 (Burroughs와 Sperry의 합병으로 생겨난 회사인) Unisys, (원래 Libbey-Owens-Ford인) Trinova, (원래 First National City Bank인) Citibank가 있다.

회사가 이름을 바꾸는 과정은 보통 새로운 브랜드의 과자나 가루비누의 이름을 찾는 과정과 상당히 비슷하다. 보통 회사 측에서는 Novamark나 Lippincott & Margulies 같은 이름 전문 업체에 작명을 의뢰한다. 의뢰받은 전문 업체는 수백, 수천 가지의 이름 후보를 고안한다. 직원들 또는 특별히 선발된 심사위원단이 제안한 것이거나 컴퓨터를 이용해 무작위로 추출한 것이다. 그런 후보들 가운데 4분의 3가량은 전 세계 어디에선가 이미 상표로 등록됐거나 거슬리거나 부적절한 뭔가를 가리킨다는 사실이 밝혀져 결국 폐기되고 만다.

만약 지금 새로운 상품을 만들어보려는 사람이 있다면 Sic('원문 그대로임'을 표시하는 기호), Pschitt(탄산음료 뚜껑을 딸 때의 의성어 '칙'), Plopp(의성어 '뽁'), Super Piss(슈퍼 오줌) 같은 이름은 사용하지 말기를 바란다. 처음

---

10. *U. S. News & World Report*, 18 February 1985.

2개는 벌써 프랑스에서 청량음료의 이름으로 등록되어 있으며, 세 번째 것은 타이완에서 생산되는 초콜릿 바의 이름이고, 마지막 것은 핀란드에서 나온 제빙 장치의 이름이기 때문이다. 정말 유감이다.

14

욕설

SWEARING

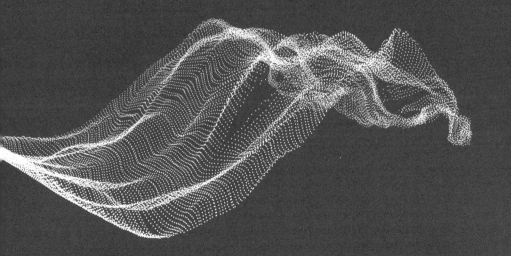

———

욕설은 대개 보편적인 특징이 있는 듯하다. 대부분의 문화에서 욕설은 다음 한두 가지와 관련이 있게 마련이다. 외설적인 것, 금기, 성스러운 것, 그리고 보통은 이 3가지 전부에 해당하기도 한다. 대부분의 문화에는 2가지 층위의 욕설이 있다. 하나는 상대적으로 가벼운 것이고, 또 하나는 상당히 모독적인 것이다.

SWEARING

중국인 사이에서는 '거북이'라고 부르는 것이 가장 심한 욕설이다. 노르
웨이인 사이에서는 '악마'라는 말이 최고의 금기어다. 영어로 대략 fuck
씹이라는 말에 상응한다고나 할까. 남아프리카의 족자Xoxa족 사이에서
는 직역하면 '네 엄마의 귀'를 뜻하는 hlebeshako라는 말이 가장 도발
적인 말이다. 프랑스어에서는 누군가를 '암소'나 '낙타'라고 부르는 것
이 어마어마한 모욕이고, 그 앞에다가 espèce de일종의라는 말을 갖다
붙이면 더 심한 말이 된다. 즉 그냥 '암소'라고 부르는 것보다 '일종의
암소'라고 하면 더 심한 욕이 되는 것이다. 오스트레일리아 원주민에게
가장 심한 욕설은 '제 어미와 붙어먹은 놈'이다. 근친상간이야 워낙 많
은 문화에서 심각한 문제로 여겨지기 때문에, 대개는 어렴풋한 말로 암
시하기만 해도 효과를 발휘한다. 에스파냐어로는 tu madre너네 엄마, 미
국 흑인들 사이에서는 your mama너네 엄마라고 말하는 것만으로도 충
분할 정도다. 가끔은 전 국가적으로 널리 사용되는 욕설인데도 뜻이 전
혀 통하지 않기도 한다. 독일어의 schweinehund, 즉 '돼지개'가 그렇다.

그런가 하면 욕설이 전혀 없는 문화도 있다. 일본인, 말레이인, 대부
분의 폴리네시아인과 미국 인디언에게는 토착적인 욕설이 없다. 핀란드
어에는 새벽 2시에 걸려 온 전화를 받으러 일어나다가 발가락을 어디에

꽉 찡었는데 막상 받고 보니 잘못 걸린 전화였을 때의 감정을 표현할 만한 말이 없다. 그래서 이들은 좀 기묘하다 싶은 단어인 ravintolassa[1]를 차용했다.

하지만 대부분의 문화에서는 욕을 하고, 그것도 상당히 오래전부터 그랬다. 맨체스터대학교의 J. N. 애덤스 박사는 로마인들의 욕설을 연구한 결과, (완곡하게 표현하자면) '지저분한' 단어 800여 개가 있었다는 것을 알아냈다. 그에 비하면 오늘날 영어 사용자들은 겨우 20여 개 단어를 갖고 있다. 물론 욕설을 무엇으로 정의하느냐에 따라 달라지긴 하지만. 할리우드의 등급결정위원회에는 어떤 영화에 반드시 R 등급[2]을 매길 수밖에 없을 만큼 심각하게 거슬리는 단어 17가지의 목록이 있다. 만약 crap쓰레기 → 똥 → 거짓말이나 boobs얼간이 → 실수 → 젖통 등 공공연한 금기까지는 아니지만 사회적으로 좀 미심쩍은 단어들까지 포함시키면, 흔히 사용되는 욕설의 숫자는 아마도 50~60개까지 늘어날 것이다. 하지만 실제로는 그보다 훨씬 더 많을 수 있다. 영어에는 '성행위'와 관련된 말만 해도 1200개가 넘는다는 집계 결과가 있기 때문이다.

애덤스 박사의 발견에 따르면, 어떤 욕설은 무려 1500년이라는 시차를 넘어 예나 지금이나 마찬가지인데, 특히 남성의 물건 크기에 대한 선

---

1. 인터넷상 독자들의 지적에 따르면, ravintolassa가 핀란드어로 '식당에서'라는 뜻이긴 하지만 욕설까지는 아니다. 한 핀란드인 독자는 저자가 혹시 누군가의 농담을 잘못 이해한 것 아니냐면서 핀란드에도 고유의 욕설 단어가 상당히 많고, 상당히 많이 쓰인다고 지적했다.─옮긴이
2. 미국 영화분류및등급위원회가 분류하는 성인물 등급으로 영화에 폭력석, 선정성, 약물 사용 등의 내용이 포함돼 있어 17세 미만은 보호자 동반 시에만 관람할 수 있다.─옮긴이

입견이 그렇다. 일단 남성의 물건 자체에 대해서도 로마인들은 '연장', '단검', '낫', '키', '말뚝', '검', (약간은 기묘하게 느껴지는) '애벌레' 등 갖가지 이름을 붙였다. 이보다도 좀 더 기묘한 점은 남성의 음경을 가리키는 데 로마인들이 가장 자주 사용하는 속어 2종은 모두 여성형 명사인 반면, 여성의 성기를 가리키는 속어는 남성형 명사라는 것이다.

욕설은 대개 보편적인 특징이 있는 듯하다. 대부분의 문화에서 욕설은 다음 한두 가지와 관련이 있게 마련이다. 외설적인 것, (특히 근친상간에 관한) 금기, 성스러운 것, 그리고 보통은 이 3가지 전부에 해당하기도 한다. 대부분의 문화에는 2가지 층위의 욕설이 있다. 하나는 상대적으로 가벼운 것이고, 또 하나는 상당히 모독적인 것이다. 애슐리 몬터규는 《욕설의 해부》에서 케이프 요크 반도에 사는 위크 몽컨 토착민들이 사용하는 욕설에 관한 연구를 인용한다. 이들의 말에는 big head왕대가리·long nose코주부·skinny arms말라깽이 팔 등 보통 무해한 놀림으로 여기는 욕설이 상당히 많으며, 이보다 훨씬 더 심각한 욕설들도 많다. 대부분 감정이 극도로 고조된 상황에서만 쓰이는데 심각한 편에 속하는 욕설 중에는 big penis왕자지, plenty urine푸진 오줌, vagina woman mad미친 보지 년 등이 있다.

영어는 그야말로 불가능한 것과 유쾌한 것을 불경한 말투로 써먹는다는 점에서 유별난 편이다. 영어의 특이성 가운데 기묘하지만 별로 주목되지 않던 점은, 극도의 분노를 표현하고 싶을 때 분노의 대상에게 해부학적으로 전혀 할 수 없는 행동을 수행하도록 하거나, 더 기묘하게도 그 대상에게 다른 무엇보다 더 큰 기쁨을 얻을 수 있을 법한 행동을 하도록 권한다는 것이다. 솔직히 가만 생각해보면 Get fucked!씹이나 해!

라는 욕설이야말로 얼마나 역설적인가. 게다가 실제로 이를 갈면서도 상대방에게 반어적으로 이렇게 말하지 않는가. Make a lot of money! 돈 많이 벌어라! 또는 Have a nice day!좋은 하루 되든가!

영어 사용자들이 쓰는 욕설 단어 가운데 대부분은 상당히 오래된 것이다. 현대 영어에 10세기의 앵글로색슨인 농부도 단번에 알아들을 법한 단어는 거의 포함되어 있지 않지만, 적어도 tits젖통라는 단어만큼은 그런 단어 중 하나다. 잘 믿기지 않겠지만, fart방귀도 마찬가지다. 앵글로색슨인들은 scitan이라는 단어를 사용했는데, 이 단어는 1300년대에 shite가 됐고, 1500년대에 shit똥→제기랄이 됐다. shite는 오늘날에도 영국에서 shit의 이형異形으로 사용된다.

fuck은 일각에서 제기되는 추측처럼 모두 똑같은 의미를 가진 라틴어 futuo, 프랑스어 foutre, 독일어 ficken에서 비롯됐을 수 있다. 몬터규에 따르면, 이 단어가 처음 인쇄물에 등장한 것은 1503년 스코틀랜드의 시인 윌리엄 던바의 시에서다. fuck이라는 단어는 수 세기 동안, 어쩌면 1000년 가까이 우리 곁에 있었지만 한동안은 일반적으로 사용되지 않은 채 남아 있었다. 1503년 이전까지만 해도 섹스를 가리키는 비속어는 오히려 swive였다.

여성의 생식기를 가리키는 속어인 pussy보지는 최소한 1600년대로 거슬러 올라간다. arse똥구멍는 고대 영어다. 음경을 가리키는 일반적인 이름, 즉 영어 사용권에서 다양하게 사용되는 dick · peter · percy는 지금으로부터 최소한 150년 전으로 거슬러 올라간다. 어쩌면 그보다 훨씬 더 오래됐을 수도 있다. jock는 한때 이런 쪽에서 흔히 사용되는 단어였지만 나중에는 잘 쓰이지 않게 됐고 jockstrap국부 보호구에만 남아 있게 됐다.

이런 용어들을 확실하게 추적하는 일에는 종종 어려움이 따른다. 대개는 기록조차 되지 않은 단어들이며 한편으로는 (당연한 이야기지만) 학문적 연구의 대상으로 관심을 끈 적이 별로 없기 때문이다. buttocks궁둥이는 최소한 13세기까지 거슬러 올라가지만, 그 단어의 속어적 축약형인 butt는 1859년에 미국에서 처음 기록됐다. 스튜어트 버그 플렉스너가 고찰한 것처럼 무려 600년 동안이나 buttocks를 butt로 바꿔 쓰면 어떨까 하고 생각한 사람이 아무도 없었을 가능성은 극히 작다. 이와 유사하게 shit똥이라는 말은 노르만인의 정복 이전부터 여러 형태로 돌아다녔지만, horseshit말똥→헛소리은 1930년대 들어서야 처음 등장했다. 이것도 수백 년 동안이나 쓰이지 않던 말일 가능성은 작아 보인다. 이 분야에 관한 권위 있는 지침이 없다는 사실 때문에, 사람들은 종종 불경스러운 말에 대해서 기발한 설명을 고안해낸다. 예컨대 fuck은 원래 경찰의 사건 기록부에서 For Unlawful Carnal Knowledge불법 성행위라는 표현의 약자로 사용된 데서 비롯됐다는 식이다.

fuck이야말로 영어 단어 중 O. K. 다음으로 용도가 다양한 단어가 아닐까 싶다. 이것은 뭔가를 난장판으로 만들어버리거나(fuck up망치다; 좆되다) 뭔가 몸가짐이 가볍고 도발적이게 되거나(fuck around난교를 벌이다) 떠날 생각을 품거나 진짜로 떠난다고 말하거나(fuck off떠나다) 추산이 가능하게 되거나(fucking-A맞아; 틀림없어) 당황하거나(I'm fucked if I know그걸 내가 어떻게 알아?) 역겨움을 느끼는(fuck this빌어먹을) 등 아주 다양한 조건과 현상을 서술하는 데 사용될 수 있다. fuck의 절정기는 아마도 제2차 세계대전 때가 아니었을까 싶다. 대부분 사람이 육군의 속어 (situation normal all fucked up정상 상황: 완전히 좆같음의 약자인) snafu대혼란를 잘 알고 있었기 때문이다. 당시에 흔히 사용되던 이와 비슷한 말들은 더 있었다. (fucked up beyond all recognition상상을 초월할 정도로 좆같음의 약자) fubar대혼란와 (fucked up beyond belief믿을 수 없을 정도로 좆같음의 약자) fubb대혼란 등이다.

piss오줌는 13세기까지 거슬러 올라가지만, 어쩌면 그보다 더 오래됐을 수도 있다. 이 말의 어원은 통속 라틴어 pissiare로 추정되기도 하는데, 그렇다면 로마인의 영국 지배 당시까지로 거슬러 올라갈 수도 있다. piss가 버젓하지 못한 단어로 간주되면서 그 완곡한 표현인 pee가 생겨나게 됐는데, 이것은 단순히 그 단어의 첫 번째 철자 p의 발음에 근거한 것이다. 미국에서 piss가 처음으로 기록된 것은 1760년, pee가 처음으로 기록된 것은 1788년이다.

어떤 단어에 따르는 정서적 감정은 세월이 흐르면서 극적으로 변할 수도 있다. cunt보지라는 말은 한때 비교적 무해한 말로 여겨졌다. 초서만 해도《캔터베리 이야기》에서 이 말을 아무렇지도 않게 여러 번 사용했으며 철자도 queynte, queinte, 심지어 Kent로까지 바꿔 썼을 정도다. 런던 중심가에는 한때 매춘부들이 좋아한 곳이라서 Gropecuntlane보지 더듬는 길이라는 이름이 붙은 길이 있었다. 18세기 초에야 이 단어는 버젓하지 못한 것으로 여겨졌다. shit똥은 19세기 초까지만 해도 무해한 단어로 받아들여졌다. prick좆은 18세기까지만 해도 표준적인 단어로 여겨졌다. piss오줌는 1250년부터 1750년까지만 해도 결코 예외적이지 않은 단어로 여겨졌는데, 이런 사실은 소변기를 가리키는 프랑스어의 일상적인 단어 pissoirs에 지금도 반영되어 있다. 반면, 지금은 전혀 무해한 것으로 여겨지는 단어들이 한때 상당한 흥분을 야기할 수 있는 것으로 여겨지기도 했다. 16세기 영국에서 zooterkins개새끼는 아주 아슬 아슬한 단어였다. 19세기 영국에서는 puppy강아지 → 애송이와 cad상스 러운 놈가 무척 외설적인 단어였다.

오늘날 영어에서 욕설을 뜻하는 단어 중 최악은 아마 fuck, shit, cunt일 것이다. 하지만 1870년대까지만 해도 이런 저속한 표현보다는 오히려 종교적으로 불경한 표현이 더욱 거부감을 일으키는 것으로 여 겨졌다. God damn하느님이 저주하실 → 망할이나 Jesus예수님 → 망할, 심지 어 Hell지옥 → 망할 같은 단어들이 fuck이나 shit보다도 나쁜 말로 여겨 진 것이다(물론 이런 말들 사이에서도 일종의 우열을 가릴 수가 있다고 치면 말이다).

욕설의 역사 초창기에 종교는 그야말로 두드러진 구실을 했다. 어느 정도였느냐 하면, 15세기 프랑스에서 영국인에게 흔히 달아주는 별명 은 goddams라는 것이었다. 성인聖人의 이름을 들먹이며 욕하는 것도 일반적이었다. 이 분야의 성유물聖遺物이라 할 만한 것은 흔히 쓰는 by George조지에 걸고 → 진짜로라는 표현인데, 이것은 by St. George성 조지 에 걸고의 축약형이며 수 세기 동안이나 우리 주위를 돌아다녔다. cock 좆은 오래전부터 음경의 속된 표현이었을 뿐만 아니라 God하느님의 완 곡한 표현으로 사용되기도 했다. 그래서 《햄릿》에서 오필리아는 이런 말장난을 할 수 있었다. Young men will do't, if they come to't; By cock, they are to blame.젊은 남자라면 그렇게 할 거예요. 만약 기회만 있으 면 말이에요. 하느님/좆에 걸고, 그런 사람들은 욕을 먹어도 싸다니까요.[3] 이런 표

---

3. 셰익스피어, 김재남 옮김, 〈햄릿〉 4막 5장, 《(삼정) 셰익스피어전집》, 을지서적, 1995, 830쪽.— 옮긴이

현들 중 by God's bones하느님의 뼈에 걸고, by God's body하느님의 몸에 걸고 같은 것은 놀라우리만치 노골적이지만 시간이 갈수록 (원래 God's wounds하느님의 상처인) zounds니 (원래 God's hooks하느님의 갈고리인) gadzooks 등 더 무해한 표현으로 변했다. 그 밖에도 God's bodkins하느님의 돗바늘나 odsbodikins와 gadsbudlikins 같은 변형이 있었는데, 이 모두가 God's body에서 나온 표현이다.

한때 불경했던 표현이 나중에 무해한 표현으로 변하는 경향은 영어 욕설의 특징이라고 할 수 있다. 대부분의 언어는 그리스어에서 비롯된 말로 '좋게 말하다'를 뜻하는 euphemism완곡어법을 어느 정도까지는 차용한다. 독일인들은 Gottes Blitz하느님의 공격라는 말 대신 Potz blitz 라는 무의미한 말을 사용하고, 프랑스인들은 par Dieu하느님의 이름으로 →제기랄 대신 par bleu라고 하고, Ventre Saint Christ그리스도의 배 대신 Ventre Saint Gris라고 한다. 하지만 평생 독신으로 사시는 친척 아주머니 앞에서도 얼마든지 안전하게 말할 수 있는 darn, durn, drat, gosh, golly, goodness gracious, gee whiz, jeepers, shucks 등 미묘한 비속어의 숫자는 다른 어떤 언어도 영어를 능가할 수 없다. 이런 용어가 수백 개까지는 아니라도 수십 개는 된다. 하지만 때로는 이런 단어까지 불쾌한 것으로 간주될 수 있는데, 특히 새로 고안됐을 때가 그렇다. blooming활짝 꽃핀; 지독하게이나 blasted무너진; 몹시 같은 단어들은 본래 약간의 모멸감을 뜻하는 말로 고안됐는데, 19세기 영국에서는 그 말이 대체하려고 한 훨씬 더 오래된 비속어에 필적할 정도로 거슬리는 말로 여겨졌다.

하지만 어떤 언어에서나 욕설 단어의 무게는 그런 단어 자체와 연관되기보다는 오히려 그런 단어가 금지됐다는 사실 자체와 더 연관된다. 이것은 일종의 순환 효과다. 금지된 단어들은 금지됐기 때문에 감정적이며, 감정적이기 때문에 금지된 것이다.

이런 경우의 주목할 만한 사례는 영국의 bloody피투성이의 → 뒈지게라는 단어다. bloody는 대부분의 영국인에게는 최소한 shit똥에 맞먹을 정도로 거슬릴 만한 단어지만, 사실 무의미한 단어이기도 하다. 이에 관해서 적잖은 설명이 제기됐는데, 대개는 by Christ's blood그리스도의 피에 걸고나 by our Lady성모마리아에 걸고 같은 욕설이 축약되거나 월경과 연관 있는 것이라는 주장이었다. 하지만 어느 견해가 다른 견해보다 더 낫다는 것을 보여주는 역사적 증거는 전혀 없다. 실제로는 16세기의 언젠가부터 사람들이 갑자기 bloody라는 말을 하기 시작했고, 그걸 가지고 저주의 의미를 나타내기 시작했다. 나중에 가서는 과연 그 단어가 어떤 때는 저주를 뜻하고 또 어떤 때는 문자 그대로를 뜻하는지를 분간하는 것 자체가 어려워졌다. 〈리처드 3세〉에서 리치먼드가 The bloody dog is dead잔인한/피투성이 개란 놈은 죽고 말았소라고 말한 것처럼 말이다.[4]

셰익스피어는 이중적 의미의 말장난에 능숙하지는 못했지만, 전반적으로 아주 창의적이지는 못해도 상당히 자제력 있는 욕쟁이였다. 그가 쓴 37편의 희곡 중에 damned망할라는 표현은 모두 105회 등장하며 그밖에는 For God's sake하느님을 위해서 → 제발 → 뒈지게 · a pox on't천연두에 걸릴 → 염병할 · God's bread하느님의 빵 같은 같은 기묘한 표현을 넣

---

4. 〈리처드 3세〉 5막 5장, 앞의 책, 1287쪽.─옮긴이

는 데 만족했는데, 한번은 whoreson jackanapes건방진 사생아 새끼라는 표현을 쓰기도 했다. 〈줄리어스 시저〉에는 당시로서는 유별나게 욕설이 단 한 마디도 등장하지 않았다. 반면, 〈줄리어스 시저〉가 처음 공연된 해에 나온 벤 존슨의 〈사람마다 기질은 제각각〉에서는 whoreson base fellow사생아에 천박한 녀석, whoreson coney-catching rascal사생아에 더럽기 짝이 없는 악당 놈, by my fackins내 신앙을 걸고, I am the rankest cow that ever pissed나야말로 지금까지 오줌 싼 암소 중에서도 제일 더러운 암소다 같은 다채로운 표현이 등장한다. 그의 다른 연극에는 I fart at thee 방귀나 처먹어라, Shit o'your head머릿속에 똥만 들어 있는 놈, Turd i'your teeth빌어먹을 네놈의 이빨 등 훨씬 더 풍부한 표현들이 담겨 있다. 이와 비슷한 시기의 또 다른 연극인 〈거튼 노파의 바늘〉은 1550년에 처음 공연됐는데, 여기에도 말 그대로 열댓 가지 욕설이 포함되어 있다. by Jesus빌어먹을, dirty bastard더러운 사생아, bawdy bitch음탕한 암캐, for God's sake하느님을 위해서 → 제발 → 뒈지게, 그리고 이와 유사한 맥락의 표현이 여럿 있다. 심지어 어느 교구 목사가 누군가를 that shitten lout 저 망할 놈의 시골뜨기라고 묘사한 경우도 있었다. 이 시기의 다른 욕설에 는 kiss my blindcheeks눈 안 달린 내 뺨에 뽀뽀해라 → 내 똥구멍이나 핥아라 와 stap my vitals내 불알을 만져라 → '분노'나 '놀라움'을 표시하는 말 같은 기억해둘 만한 표현들이 포함된다.

셰익스피어 사후, 영국은 다른 모든 나라도 주기적으로 사로잡히는 일종의 점잔 빼는 시기를 겪었다. 1623년에는 욕설을 불법화하는 법률 이 통과됐다. 그보다 한 세기 전에 나온 God's poxes하느님의 천연두나 by my fackins내 신앙을 걸고에 비하면 당연히 훨씬 더 가벼운 욕설일 수밖에 없는 upon my life목숨을 걸고 → 맹세코나 by my troth성실을 걸고 → 단연코 같은 말을 한 사람까지 벌금을 물어야 했다. 1649년에는 이 법률이 더 강화되어, 부모를 향해 욕을 하는 사람은 최고 사형까지 선고받을 수 있었다.

이런 점잔 빼기의 역사에서도 초절정기는 19세기였다. 그때는 이런 풍조가 말 그대로 열병처럼 전 세계를 휩쓸었다. 사람들의 감수성이 얼마나 예민했던지 어느 귀부인은 자기 집에서 키우는 금붕어에게 옷을 만들어 입혀 체면을 지켰으며, 마담 들라 브레스라는 또 다른 귀부인은 파리에서 만들어지는 눈사람에 옷을 만들어 입히도록 재산을 두둑이 남겨두었을 정도다. 이런 식의 점잔 빼기는 특히 빅토리아 여왕의 치세 기간(1837~1901)과 일치하는 것으로 여겨지는데, 사실은 그보다 상당히 더 앞선 시기였다. 이 분야에서 가장 저명한 인물로 에든버러의 의사인 토머스 바우들러가 있는데, 그는 셰익스피어와 에드워드 기번 같은 저명한 작가들의 작품을 순화한 것으로 유명하다. 그는 이들의 작품에 새로운 것을 갖다 붙이지는 않고, 다만 "가정에서 큰 소리로 읽어도 무방할 정도로 버젓하지 못한" 표현들을 없앴다고 호언장담했다. 총 열 권에 달하는 《가정용 셰익스피어》는 빅토리아 여왕이 태어나기 한 해 전인 1818년에 출간됐다. 따라서 빅토리아 여왕은 그런 전통을 만들어낸 장본인이 아니고 그런 전통이 이어지도록 일조했을 뿐이라고 봐야 정당하리라.

사실은 여왕의 치세가 시작되기보다 한 세기 전에 새뮤얼 존슨은 어떤 여성으로부터 그가 만든 사전에 버젓하지 못한 말들이 실리지 않아서 좋다는 칭찬을 받았다. 이 칭찬을 듣고 그는 치명적인 일격을 날렸다. "그렇다면 부인께서는 그런 단어들만 골라서 일일이 찾아보셨다는 거로군요. 안 그렇습니까, 부인?"

19세기의 점잔 빼기가 어느 정도까지 치솟았는가 하면, 사람들은 심지어 피아노 다리에도 작은 치마를 만들어 입혀서 혹시나 그걸 본 사람들이 격정을 느끼지 않도록 했을 정도라는 이야기가 종종 있었다. 그런데 토머스 파일스는 《미국식 영어의 단어와 방식》에서 그 이야기의 기원을 추적해보니 1837년에 프레더릭 메리어트 대위라는 영국인 관광객이 쓴 《미국에서 쓴 일기》라는 책이었다고 밝히면서, 이 이야기는 어디까지나 코믹한 효과를 위해 한 말이지 결코 사실일 리 없다고 결론내렸다. 오히려 같은 책에 기록된 또 다른 일화가 당시의 풍조를 보여주는 것으로는 더욱 믿을 만해 보인다. 이 책에서 메리어트는 걷다가 넘어진 젊은 여자를 향해 혹시 '다리leg'를 다치지 않았느냐고 물어보는 큰 실례를 범하고 만다. 그의 질문에 여자는 얼굴을 붉히고 시선을 피하면서, 우리 미국 사람들은 '그런' 단어를 쓰지 않는다고 대답했다. "나는 세련되지 못한 내 행동을 사과하면서, 이는 내가 오로지 영국/영어English 사회에만 익숙해 있었기 때문에 벌어진 일이라고 했다." 메리어트는 이렇게 익살을 떨면서, 그렇다면 '그런 부분'에 어울리는 적당한 말이 무엇이냐고 그 여자에게 물었다. 그가 들은 대답은 '수족limbs'이었다.

그 시기에는 가장 무해한 단어조차 졸지에 용납할 수 없는 것으로 여겨졌고, 정말이지 머리가 어질어질할 속도로 그렇게 변했다. stomach배는 belly배의 완곡어가 됐지만, 나중에는 이것 역시 너무 노골적이라고 여겨져서 tummy배(아이들 말로), midriff몸통, breadbasket빵 바구니

로까지 대체되기도 했다. 닭의 여러 부위를 가리키는 전통적인 표현인 breast가슴, leg다리, thigh허벅지조차 특별한 불안을 야기하는 바람에 졸지에 drumstick북채, first joint첫째 관절, white meat흰 고기 같은 단어로 대체됐다. 동물의 수컷을 가리키는 buck수사슴; 숫양; 수토끼, stallion수말 같은 단어도 남녀가 함께 있을 때는 결코 입 밖에 내지 않았다. bulls황소라고 하지 않고 sires아빠 소나 male animals남성 동물라고 불렀으며, 우스꽝스럽기 짝이 없게도 gentleman cows신사 암소라고 부르기도 했다. 이것이 다가 아니다. cock수탉 → 좆이라는 말이 들어가는 단어마다 완곡어법이 고안되어 haycock건초더미은 haystack건초더미으로, cockerel수평아리은 rooster수탉로 써야 했으며 심지어 Hitchcock이나 Peacock처럼 성에 cock이 들어가는 사람들은 어디 가서 자기 이름을 말해야 할 때마다 말할 수 없는 민망함을 느껴야 했다. 이런 문제라면 미국인 역시 어떤 면에서는 영국인을 능가할 정도로 까다로웠다. 이들은 심지어 titbit을 tidbit으로 바꾸는 데까지 나아갔다.[5]

이런 배경에서라면, 1882년 1월의 어느 날 아침 〈타임스〉를 펼쳐 든 독자들이 느낀 충격이 어느 정도였을지를 쉽게 상상할 수 있으리라. 그날 이 신문에는 당시의 법무부 장관이 국회에서 한 연설에 관한 장문의 기사가 실려 있었는데, 그 기사의 거의 끝부분에서 전혀 예기치 못한 직설적인 문구가 튀어나왔다. The speaker then said he felt inclined for a bit of fucking.그러고 나서 연사는 정말 씹할 기분이라고 말했다. 당연히

---

5. 원래 titbit은 '맛있는 음식, 작은 조각'이라는 뜻인데, 여기서 tit이 속어로 '젖통, 젖꼭지' 라서 굳이 tidbit으로 바꾼 것이다.─옮긴이

이 기사는 물의를 일으켰다. 〈타임스〉의 중역들은 그때까지의 버젓함에 가해진 범행 앞에서 얼이 빠졌는지, 무려 나흘이 지나고 나서야 실수를 시인했다. 이 신문사의 역사상 가장 철저한 내부 조사 끝에, 마침내 사과문이 실렸다. "본사의 운영진은 본지 지난주 월요일 자에 실린 윌리엄 하코트 경의 연설문 가운데 한 줄이 바꿔치기되어 벌어진 어마어마한 위반 행위의 장본인을 찾아내기 위해 갖은 노력을 했습니다. 이 악의적인 위조 행위는 간교하게도 신문이 인쇄되기 바로 직전에 벌어졌습니다. 이 문제는 현재 법적 조사가 진행 중이므로, 조만간 그 장본인이 처벌받기를 희망합니다." 하지만 나흘이 지나고도 누구 짓인지 알아내지 못한 상황에서, 과연 장본인을 색출할 수 있었을지는 의문이다.

어쨌든 그 장본인 또는 그와 비슷한 감수성을 지닌 누군가가 그로부터 6개월 뒤에 어떤 책 광고를 통해 다시 공격에 나섰다. Every-day Life in our Public Schools. Sketched by Head Scholars. With a Glossary of Some Words used by Henry Irving in his disquisition upon fucking.우리나라 공립학교의 일상생활. 이 분야의 최고 학자들이 그 대략을 서술하다. 헨리 어빙이 씹하기에 관해 쓴 논문에서 사용한 어지간한 단어풀이집 수록. 이 속편을 만들어낸 사람(들)이 누구건 간에 그 뒤로는 줄곧 침묵을 지켰다. 물론 빅토리아 여왕이 클리프턴 현수교의 개통식에 참석한 직후에 〈타임스〉에서는 Her Majesty then passed over the bridge여왕 폐하께서는 곧이어 다리를 건너가셨다라고 써야 할 것을 실수로 Her Majesty then pissed over the bridge여왕 폐하께서는 곧이어 다리에 오줌을 싸셨다라고 썼다는 이야기도 전하지만 말이다. 과연 이런 사실의 윤색이 의도한 결과인지 우연인지(또는 심지어 믿을 만한 출처가 있는 것인지)에 관해서라면 나는 뭐라고 딱 잘라 말할 수가 없다.

인쇄물에 욕설이 포함되는 것에 대한 빅토리아 시대의 공포는 오늘날까지도 이어지고 있다. 애슐리 몬터규에 따르면 1947년에 거의 과학자나 기술 관료만 읽는 매사추세츠 공과대학의 간행물 〈테크놀로지 리뷰〉에서 doing his damnedest망할 정도로 열심히라는 표현을 doing intensely his very best최선을 다해 열심히라는 표현으로 바꾼 적이 있는데, 이것이 최근 사례다. 그로부터 10년 뒤에 같은 저자가 책에서 같은 표현을 쓰자, 전처럼 그 대목을 잘라내야 했다. 몬터규는 1941년에 일어난 사건을 인용했는데, 연방대법원 판사가 법정에서 버젓하지 못한 저속한 언사를 썼다는 이유로 어느 변호사에게 엄중한 경고를 내렸다는 내용이다. 문제가 된 단어는 바로 damn망할의 완곡어인 darn이었다.

1948년에 버지스 존슨은 욕설에 관한 책인 《잃어버린 불경의 기술》을 쓰면서도 정작 육두문자는 하나도 언급하지 않았다. 만약 그랬다가는 어느 출판사도 감히 그걸 펴내려고 하지 않았을 테니까. 1949년까지도 할리우드 영화 제작 규약에서는 damn과 발음이 같다는 이유로 dames여자; 귀부인라는 말을 쓰지 못하게 했다. 마리오 페이에 따르면, 그해에 제작된 〈여자들은 말을 하지 않는다Dames Don't Talk〉는 결국 〈똑똑한 여자들은 말을 하지 않는다Smart Girls Don't Talk〉로 제목을 바꿔야 했다.

1966년 판 《랜덤하우스 영어 사전》의 편집자들은 상당한 고민 끝에 육두문자에 해당하는 단어는 하나도 넣지 않기로 결정했다. 이런 원칙은 1987년에 제2판이 나오기 전까지 유지됐다. 《옥스퍼드 영어 사전》의 초판도 영어에 있는 모든 단어를 망라한다는 원칙과 달리 육두문자는 하나도 넣지 않았다. 그러다가 1972년부터 출간된 보유편부터 포함시켰고, 비슷한 시기에 출간된 《간략 옥스퍼드 사전》에도 집어 넣었다.

1988년에 윌리엄 새파이어는 〈뉴욕타임스 매거진〉에 쓴 칼럼에서 the shit hit the fan똥이 팬 위에 떨어지다 → 뭔가 끔찍한 일이 벌어지다이라는 표현을 쓰면서도 정작 shit똥이란 말을 쓰지는 않았다. 그가 이에 가장 가깝게 고안한 표현은 "우리에게 친숙한 '팬 위에 떨어지다hit the fan' 라는 표현 앞에 변과 관련된 단어가 들어간다"라는 것이었다. 워터게이트 청문회 당시 〈타임스〉는 리처드 닉슨이 사용한 candyass달달한 똥구멍 → 겁쟁이이란 표현을 그대로 싣기는 했지만, 어디까지나 마지못해 한 일이었다. 이 신문의 내부 어문 규정집은 여전히 goddamn빌어먹을이라는 단어를 "부득이한 이유가 있기 전에는 쓰지 말라"라고 권고한다. 그리고 미국 국립교통안전협회에서는 1989년에 아이오와주 수시티에서 일어난 유나이티드 항공사의 추락 사고 때 조종석에서 오간 대화 내역을 공개하면서도 놀라운 섬세함을 과시했다. 예를 들면, 이런 식이었다. "활주로까지 갈 수 없겠어, 이보게들. 이 ○○○[6] 같은 놈의 물건을 불시착시키고 잘되기를 바랄밖에."[7]

미국인에 비해 영국인은 언어에 상대적으로 관대한 태도를 보여왔으며 사용된 언어에 대해서도 그랬다. 1989년에 프린터 회사인 엡손은 영국의 여러 신문에 낸 장난기 어린 광고에서 인쇄의 역사에 관해 설명했는데, 그중에는 다음과 같은 대목이 포함되어 있었다. "중국의 환관 채

---

6. 여기서 삭제된 단어는 '개자식(son of a bitch)'이다. ─ 옮긴이
7. *New York Times*, 19 September 1989.

륜은 비록 배짱/불알balls은 없었지만 상상력은 매우/더럽게hell 대단한 사람이어서 종이를 발명했다." 종이 발명자의 고환에 관한 이야기를 노골적으로 언급한 광고를 흔쾌히 실어주겠다고 나설 미국 신문이 내 생각에는 많지 않았을 듯하다.

영국의 유명한 신문은 대부분 상황이 허락하면 노골적인 말들도 얼마든지 수용한다. 그 최초의 기회는 1960년, 그러니까 《채털리 부인의 사랑》을 인쇄하는 것이 사회의 공익에 돌이킬 수 없는 손상을 결코 끼치지 않을 것이라는 법원의 판결이 나왔을 때다. 영국의 세 정기간행물, 즉 〈옵서버〉와 〈가디언〉과 〈스펙테이터〉에서 이 기회를 빌려 fuck이라는 단어를 실었고, 곧 그 일로 언론위원회로부터 경고를 받았다. 하지만 그때 이후 영국의 언론에서는 그 단어가 무척이나 여러 번 등장했고, 대개는 아무 불평도 나오지 않았다(역설적이게도 타블로이드 신문에서는 섹스나 외설에 관한 내용을 전문적으로 다루기는 해도 막상 욕설에 관한 단어를 인쇄하는 데는 훨씬 더 조심스럽다).

1988년에 영국의 신문들에는 외설에 관한 자신들의 지위를 한층 드높일 좋은 기회가 생겼다. 당시 잉글랜드 크리켓팀의 주장인 마이크 개팅이 어느 중요한 경기의 심판을 가리켜 "a fucking, cheating cunt씹할 놈의 사기꾼 보지 새끼"라고 했기 때문이다. 이 단어들을 별표로 처리하지 않고 모조리 실은 매체는 〈인디펜던트〉뿐이다. cunt라는 말이 영국의 신문에 등장한 것은 이때가 사상 최초다.

어떤 단어들은 겉보기와 달리 별로 순수하지가 않다. bollix라는 단어는 미국에서는 혼란스러운 상황을 서술하기 위해 사용되는 말이고, 일찍이 〈필라델피아 인콰이어러〉에 수록된 다음과 같은 인용문에서도 마찬가지였다. "이것이야말로 줄곧 승리를 거두지 못한 자이언츠가 파업으로 인해 혼란스러운bollixed 시즌에 겪은 세 번째 패배였다."[8] 아메리칸 에어라인스의 기내지인 〈아메리칸 웨이〉에도 다음과 같은 문장이 있다. "본지 2월호의 내용 가운데 실수가 발생해 '헤비 스터프Heavy Stuff'라는 제목이 붙은 십자말풀이에서 모든 것이 엉망진창이 되어bollixed up 있었습니다."[9] 아마도 양쪽 모두의 필자는 bollix라는 말이 사실은 bollocks(또는 ballocks), 즉 '고환'이라는 단어의 직접적인 변형이라는 사실을 전혀 몰랐으리라. 이 단어는 지금도 영국에서 고환을 묘사하는 데 사용되며 미국식 용법의 bullshit소똥 → 개뻥과 유사하게, 뭔가를 믿지 못하겠다며 지르는 소리로도 사용된다. 파일스가 지적한 것처럼 Barnacle Bill the Sailor선원 바너클 빌는 원래 Ballocky Bill불알 달린 빌이었으며, 그에 관한 노래의 원문은 오늘날 여러 세대에 걸쳐 아이들에게 사랑받는 순진무구한 내용에 비해 좀 더 노골적이고 성적이었을 것이다.[10] 약간은 불쾌한 기원을 숨기고 있는 다른 단어들 중에 bumf화장지; 휴지라는 것이 있는데, 이것은 원래 독일어로 '화장실 휴지'를 뜻하는 bumfodden[11]의 줄임말이다. 또 poppycock무의미; 헛소리은 원래 '무른 똥'을 의미하는 네덜란드어를 차용한 것이다(여기서 독자들이 십중팔구

---

8. *Philadelphia Inquirer*, 7 October 1987.
9. *American Way*, 1 May 1988.
10. 어느 예쁜 아가씨와 선원 바너클 빌이 주고받는 사랑의 대화지만, 일설에 따르면 이것이 본래 어느 창녀와 선원의 외설적인 대화를 담고 있었다고 한다.—옮긴이
11. 인터넷에 올라온 독자들의 지적에 따르면, 독일어에는 bumfodden이라는 단어가 없다. 일각에서는 영국에서 사용되던 bumfodder(똥구멍 건초, 즉 '밑 닦는 물건')라는 속어에서 비롯된 것이 아니냐는 추측도 있지만, 정확한 유래는 알 수 없다.—옮긴이

제기할 질문에 미리 대답하자면, 바로 '그렇다'다. 네덜란드어에는 그 반대로 '굳은 똥'을 의미하는 단어도 무려 2개나 있다. 바로 poep와 stront다).

몇몇 욕설 단어는 영국과 미국에서 저마다 다른 의미를 발전시켜왔다. 미국에서는 어떤 사람이 pissed오줌을 쌌다라고 표현하는 것이 '화났다'라는 뜻이지만, 영국에서는 '술에 취했다'라는 뜻이다. bugger는 미국에서 '놈'이나 '녀석'이라는 뜻으로 통용되는 전혀 무해한 단어지만, 영국에서는 점잖은 대화에서는 전혀 환영받지 못하는 단어다. 파일스가 지적한 것처럼 1934년까지는 그런 말을 하는 것만으로도 벌금을 내거나 징역을 살 수 있었다. 영국에서 bugger는 '비역꾼'을 뜻하기 때문이다. bugger는 용납이 안 되지만, buggery비역는 아무 문제가 없다. 후자는 누군가가 형법상의 비역죄로 기소된 경우 사법 분야에서나 신문에서 종종 사용되는 말이기 때문이다.

15

말놀이

WORDPLAY

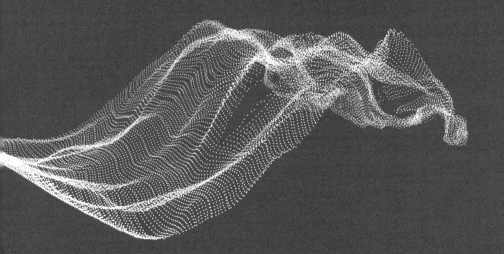

———

말놀이는 언어 자체만큼이나 역사가 오래되고 다양하다. 토니 오가드가 학술적이면서도 매우 재미있는 《옥스퍼드 말놀이 지침서》에서 지적한 것처럼, 말을 가지고 하는 오락 가운데 상당수는 그 기원이 고대로까지 거슬러 올라간다. 회문, 그러니까 앞에서 뒤로, 뒤에서 앞으로 읽어도 모두 뜻이 통하는 문장은 역사가 최소한 2000년 이상 된 것이다.

BILL BRYSON

WORDPLAY

일주일에 엿새 동안, 로이 딘이라는 영국인은 자리에 앉자마자 불과 몇
분 사이에 우리 중 상당수가 결코 하지 못할 일을 뚝딱 해치운다. 그는
〈타임스〉의 십자말풀이를 만드는 사람이기 때문이다. 딘Dean이야말로
영국 십자말풀이계의 최고 실력자dean다. 1970년의 어느 경연에서, 그
는 〈타임스〉의 십자말풀이를 겨우 3분 45초 만에 풀었는데, 이것은 워
낙 경이적인 기록이라 20년이 넘도록 깨지지 않고 있다.

　대개는 정의에 따라 단어를 찾아내기만 하면 그만인 미국의 십자말
풀이와 달리 영국의 십자말풀이는 그보다 훨씬 더 무시무시하다. 영국
의 십자말풀이를 풀려면 말장난, 철자 바꾸기, 회문, 철자 빼기lipogram
그리고 고안자의 교활한 머릿속에 떠오른 갖가지 언어적 가능성에 숙
달되어야 한다. 예컨대 carthorse짐마차 말가 orchestra오케스트라의 철
자 바꾸기이며, contaminated오염되다는 no admittance입장 불가가
될 수 있고, emigrants이민자들는 streaming흐름으로 바꿀 수 있으며,
Cinerama시네라마는 American아메리칸이 되고, Old Testament구약성서
는 most talented가장 재능 있는가 되고, World Cup team월드컵 팀은 (그
야말로 천재적인 발상에 따라) talcum powder탤컴파우더가 된다는 것을 알
아야 한다(도대체 누가 이런 사실을 감히 '생각'이나 했을까).

영국의 십자말풀이 열성 팬들은 '체코슬로바키아Czechoslovakia에 있는 중요한 도시'라는 힌트를 보자마자 엉뚱하게도 노르웨이의 '오슬로Oslo'를 정답으로 떠올린다. 왜? 체크-오슬로-바키아Czech-OSLO-vakia이기 때문이다. '차고에 넣는 씨앗'이라는 힌트의 정답은 caraway캐러웨이[1]다. 또 HIJKLMNO라는 힌트의 정답은 '물'인데, 이것은 알파벳에서 'H부터 O까지H-to-O', 즉 H_2O를 나타내기 때문이다. 어떤 힌트는 정말로 이해하기 어렵다. Sweetheart could take Non-Commissioned Officer to dance하사관과 함께 무도회에 갈 수 있는 애인의 정답은 flame불길이다. 왜? noncommissioned officer하사관의 약자는 NCO다. 그리고 sweetheart애인를 가리키는 다른 말 중에는 flame불길, 애인이 있다. 이렇게 놓고 앞의 질문을 직역하면 '애인이라는 뜻의 단어로, NCO를 붙이면 춤이 된다'라는 의미이기 때문이다. flame에다가 NCO를 붙이면 flamenco라는 춤이 된다.

무슨 말인지 아시겠는가? 솔직히 나로선 이런 십자말풀이를 다 푸는 사람이 정말 있을지 궁금하다. 하지만 수많은 영국인은 단순히 그걸 다 푸는 것뿐만이 아니라 최대한 빨리 푸는 데 대단한 자부심을 갖고 있다. 이튼Eton의 어느 학장은 자기가 아침 식사용 달걀을 삶는 동안 〈타임스〉의 십자말풀이를 다 풀 수 있다고 자랑했는데, 그 말을 들은 어떤 익살꾼은 만약 그게 사실이라면 재직하는 학교가 Eton이튼인지는 몰라도 그 달걀은 너무 삶아서 eaten먹었다이 불가능할 것이라고 꼬집었다.

---

1. 차를 넣는다(put a car away)라는 표현이 씨앗을 약으로 쓰는 캐러웨이 열매(caraway)를 연상시키기 때문이다.─옮긴이

갤럽의 여론조사에 따르면, 십자말풀이는 앉아서 하는 오락 중에서 가장 인기가 높다. 미국인 가운데 매일 잠깐씩이라도 십자말풀이를 한다는 사람이 무려 3000만 명이나 된다. 세계 최초의 십자말풀이는 32개의 힌트만 담은 것으로, 1913년 12월 21일에 뉴욕 〈월드〉에 처음 모습을 드러냈다. 아서 와인이라는 재미 영국인이 남는 지면을 메우기 위해 만들어내서 처음에는 '말 십자가word-cross'라는 이름을 붙였다(내가 앞에서 그러지 않았나. 뭐가 됐든지 간에 발명자는 자기 발명품에 제대로 된 이름을 붙이는 적이 없다고!). 이후에도 〈월드〉에 정기적으로 수록되기는 했지만, 인기가 본궤도에 오른 것은 1924년 4월에 사이먼 앤드 슈스터라는 신생 출판사에서 십자말풀이 책자를 1달러 35센트라는 가격에 단행본으로 펴내면서부터였다. 이 책은 곧바로 큰 인기를 끌었으며, 머지않아 그 후 속편이 두 권이나 더 나왔다. 그해 말까지 이 책은 무려 50만 부나 팔렸으며, 십자말풀이 열풍이 미국 전역을 휩쓸었다. 어느 정도였냐면, 볼티모어 오하이오 철도에서는 객차마다 사전을 여러 권 구비해놓을 정도였다. 그래야만 십자말풀이를 하는 승객들이 알래스카에서 가장 큰 호수의 이름은 Iliamna일리암나가 맞는지, 민물고기 중에 oquassa오콰사라는 것이 정말 있는지를 확인할 수 있을 테니 말이다.

십자말풀이가 엄청난 인기를 끌었음에도 대서양 양측에서 가장 존경받는 신문들은 그것이 그저 일시적인 유행이라고 일축했다. 〈타임스〉역시 줄곧 그런 태도를 유지했는데, 마침내 1930년 1월에 처음으로 십자말풀이를 실었다(십자말풀이를 한 번도 해본 적이 없는 노퍽의 어느 농부가 고안한 것으로, 당연히 그리 잘된 구성은 아니었다). 이런 시시한 놀이에 결국 굴복했다는 굴욕감을 무마하기 위해서인지 〈타임스〉는 가끔 라틴어로 십자말풀이를 싣기도 했다. 뉴욕에 있는 또 다른 〈타임스〉는 그 후로도 무려 10년 이상이나 고집을 꺾지 않고 있다가, 1942년에 처음으로 십자말풀이를 실었다.

그 인기와 체면에서 십자말풀이에 감히 도전한 단어 게임은 역사상 단 하나뿐이었으니, 바로 스크래블Scrabble이다. 이것은 원래 1953년에 셀처 앤드 라이터라는 게임 전문 회사가 고안했다. 물론 실제 발명은 그 보다 20여 년 전인 1931년에 앨프리드 버츠라는 인물이 했지만 말이다. 버츠는 영어에서 가장 자주 사용되는 철자가 어떤 것인지에 관해서는 아예 관심조차 없었던 듯하다. 98가지 철자 타일 가운데 알파벳의 각 글자를 나타내는 것이 최소한 2개는 되어야 한다고 고집하다 보니 q, j, z 같은 철자가 너무 자주 나오게 됐다.[2] 그래서 스크래블이라는 게임에서 승리의 관건은 손도끼 비슷한 연장인 zax라든지, 그리스 알파벳 가운데 하나인 xi처럼 잘 안 알려진 단어들을 얼마나 잘 아는가 하는 것이었다. 버트는 s의 수를 일부러 제한했는데, 그렇게 해서 복수형 만들기를 억제하려는 것이었다. 그 대신 그는 i의 수를 늘려서 접미사와 접두사의 형성을 권장했다. 전 영국 챔피언인 앨런 리히터는 1987년 〈애틀랜틱〉에 사상 최고 점수가 3881점이었다고 썼다. 그중에는 psychoanalyzing정신 분석하기이라는 단어가 포함되어 있었는데, 그 단어 하나만 해도 1539점이었다고 한다.[3]

---

2. 현재 시판되는 제품 가운데 A, E, O 등 자주 쓰이는 글자 타일은 비교적 많은 대신 J, Q, X, Z 등 덜 쓰이는 글자 타일은 하나씩으로 제한되어 있다. ― 옮긴이
3. Y나 Z 같이 빈도가 낮아서 점수가 높은 글자를 많이 썼기 때문인 듯하다. ― 옮긴이

말놀이는 언어 자체만큼이나 역사가 오래되고 다양하다. 토니 오가드가 학술적이면서도 매우 재미있는《옥스퍼드 말놀이 지침서》에서 지적한 것처럼, 말을 가지고 하는 오락 가운데 상당수는 그 기원이 고대로까지 거슬러 올라간다. 회문, 그러니까 앞에서 뒤로, 뒤에서 앞으로 읽어도 모두 뜻이 통하는 문장은 역사가 최소한 2000년 이상 된 것이다. 고대 그리스인들은 샘에 Nispon anomimata mi monanopsin이라고 적었다. 번역하자면 "얼굴뿐만 아니라 죄까지도 씻어내시오"다. 로마인도 회문을 좋아해서 in girum imus nocte et consumimurigni우리는 어두워진 다음에 나타나서 불타버린다라는 문장은 나방의 행동을 묘사한 것으로 전한다. 로마인은 어떤 단어나 문장의 철자 순서를 바꿔 새로운 단어나 문장을 만드는 철자 바꾸기anagrams도 좋아해서, Quid est veritas?진리란 무엇인가?를 Est vir qui adest바로 여기 있는 이 사람이다로 바꾸었다.

오가드는 가장 오래된 말놀이의 사례로 기원전 3세기경의 그리스어 철자 바꾸기 하나와 기원전 5세기경에 그리스의 시인 라수스가 만든 철자 빼기(이때는 철자 s를 쓰지 않고 만든 문장이었다) 하나를 인용했다. 따라서 말놀이가 아주 오래되고 사실상 보편적인 현상이라고 말해도 무리는 없을 것이다. 심지어 그리스도도 일종의 말장난을 사용했으니 말이다. "너는 베드로라. 내가 이 반석 위에 내 교회를 세우리니."(마태복음 16:18) 이 구절에 들어 있는 말놀이를 제대로 이해하려면 고대 그리스어로 '베드로Peter'와 '반석rock'이 똑같은 뜻이라는 사실을 알아야 한다.

영어에서 말놀이는 영문학의 역사만큼이나 오래됐다. 영국 최초의 시인이라고 할 수 있는 퀴너울프는 8세기에 얼핏 보기에는 진지한 종교시 네 편을 쓰고는 각각에 자기 이름을 어크로스틱acrostic 시, 즉 보통

각 행의 첫 글자를 연결하면 의미 있는 어구가 되는 형식으로 교묘하게 엮어 넣었다. 그런데 그 이유가 그냥 자기 자신이 재미있어서였던 것 같다. 이런저런 종류의 말장난은 그때 이후 영문학의 특징 가운데 하나가 됐다. 셰익스피어는 말장난을 워낙 좋아해서 자기 희곡에 3000개나 (그렇다, 무려 3000개다!) 넣었다. 심지어 전혀 안 어울리는 자리에까지 넣었다. 〈헨리 4세〉 제1부에서 하트스퍼의 아버지가 자기 아들의 비극적인 죽음을 전해 듣고서 대뜸 'Hotspur뜨거운 박차'가 이제 싸늘한 시신이 됐으니 'Coldspur차가운 박차'가 됐다고 말한 것이 그렇다. 루이스 캐럴에서 제임스 조이스에 이르는, 영문학 사상 가장 길이 남을 만한 작가들 역시 십중팔구 말놀이를 곁들였다. 심지어 새뮤얼 존슨도 앞에서 살펴본 것처럼 그 위대한 사전에 농담을 상당수 넣으려고 했다. 이것이야말로 다른 언어에서는 상상조차 못 할 행동이 아닐 수 없다.

영어에서 할 수 있는 말놀이의 종류는 무수히 많다. 말장난puns, 빨리 말하기 힘든 말tongue-twisters, 철자 바꾸기anagrams, 수수께끼riddles, 암호문cryptograms, 회문palindromes, 익살스러운 4행 연구clerihews, 글자 맞추기rebuses, 십자말풀이crossword puzzles, 철자 맞추기spelling bees 등 무궁무진할 지경이다. 이런 놀이는 중독성이 있다. 말놀이를 고안하고 실제로 하는 데에도 열성적이던 루이스 캐럴은 어느 날 정치인 William Ewart Gladstone윌리엄 이워트 글래드스턴의 이름으로 철자 바꾸기를 하느라 밤을 꼬박 새운 끝에 Wild agitator, means well사나운 선동가여, 기특하도다이라는 구절을 만들어냈다. 애석하게도 지금은 누구인지 전해지지 않지만 어떤 근면한 학자는 셰익스피어의 〈사랑의 헛수고〉에 등장하는 유명한 임시어nonce word인 honorificabilitudinitatibus존경: 면목에 특별히 관심을 기울여 연구한 끝에, 이것이야말로 셰익스피어가 자신이 희곡들을 쓰지 않았다고 증명하는 철자 바꾸기 단어라고 주장했다. 즉 이 단어는 Hi ludi F. Baconis nati tuiti orbi로 재구성할 수 있으며, 이를 번역하면 '이 연극들은 F. 베이컨이 탄생시켰으며 세계를 위해 보존됐다'라는 뜻이라고 했다. 겨우 '이런' 발견을 위해 도대체 얼마나 오래 애를 썼을지 생각해보면 그저 한숨이 나올 뿐이다. 《기네스북》에 따르면, 헤레퍼드 앤드 우스터 카운티에 사는 어떤 사람은 1983년에 6만 5000개의 회문을 썼다고 한다. 그가 쓴 문장이 과연 정말로 뜻이 통하기나 했을까? 내 집을 걸고서 장담하건대 십중팔구 '안 통한다' 쪽이었으리라. 그래도 그의 노력만큼은 존경하지 않을 도리가 없다.

아마도 영어에서, 사실은 세계 어떤 언어에서든 가장 어려운 형태의 말놀이는 회문일 것이다. 1629년에 이 단어를 영어에서 처음 사용한 인물은 벤 존슨이다. 훌륭한 회문은 정말 드물다. 그중 대부분은 웬만큼 마음 너그러운 사람이 아닌 다음에는 결코 뜻이 통한다고 인정해줄 수 없을 만한 것이기 때문이다. 예컨대 Mad Zeus, no live devil, lived evil on Suez dam미친 제우스, 살아 있는 악마 아니고, 수에즈 댐 위에 살던 악이라든지 Stiff, O dairyman, in a myriad of fits경직됐구나, 오, 낙농장 주인이여, 무수히 많은 발작 속에나, Straw? No, too stupid a fad. I put soot on warts지푸라기? 아니, 취미로선 너무 어리석어. 차라리 사마귀 위에 검댕을 바르지 같은 사례들은 길이는 A+지만 뜻은 D-를 받아 마땅하다. 회문은 철자를 이용해서 만들 수도 있는데, 짧지만 주목할 만한 Yreka Bakery 이리카 빵집나 이보다 훨씬 더 뛰어난 Lewed I did live, & evil did I dwel추잡스럽게 나는 살았고, 악 속에 나는 거했노라이 그런 경우다. 윌러드 R.

에스피의《말로 하는 놀이》에 따르면, 후자는 시인 존 테일러가 썼으며 최초로 기록된 영어 회문이라고 한다. 하지만 이것은 사실 회문이라고 볼 수가 없다. 'and'라는 단어 대신 기호 &를 사용했기 때문이다.

회문 중에 신통치 못한 것이 이토록 많은 이유는 물론 회문을 만들기가 무척 어렵기 때문이다. 그러니 훌륭한 회문은 희귀성 때문에라도 기억할 만한 가치가 크다. 아마도 가장 유명한 다음의 회문이야말로 가장 훌륭한 사례일 것이다. 겨우 일곱 단어로 만들었지만, 뜻이 통하는 이야기를 들려주기 때문이다.

A man, a plan, a canal, Panama! 한 남자, 하나의 계획, 하나의 운하, 파나마!

이것이야말로 정말 뛰어나다. 이에 비해 다른 회문들은 뜻이 잘 안 통하는 데가 있다.

Norma is as selfless as I am, Ron. 노마는 나만큼이나 사심이 없어, 론.
Was it Eliot's toilet I saw? 내가 본 게 엘리엇의 화장실인가?
Too far, Edna, we wander afoot. 너무 멀리, 에드나, 우린 걸어서 헤매고 있어.
Madam, I'm Adam. 부인, 저는 아담입니다.
Sex at noon taxes. 정오의 섹스는 부담을 가한다.
Are we not drawn onward, we few, drawn onward to new era? 우리는 앞으로 끌려가는 것이 아니라, 우리 몇 사람이 새로운 세기를 향해 앞으

로 끌려가는 것인가?

Able was I ere I saw Elba. 유능한 인물이었지 나는, 엘바를 보기 전에는.

Sums are not set as a test on Erasmus. 산수는 에라스무스에 대한 시험에 포함되지 않는다.

Satan, oscillate my metallic sonatas. 사탄, 내 금속성의 소나타를 진동시키네.

특히 맨 마지막 회문은 도무지 뜻이 안 통하지만, 그래도 상관없지 않을까? oscillate진동시키다, metallic금속성의, sonatas소나타 같은 단어를 한 회문에 끼워 넣을 수 있는 저자라면 뜻이 통하느냐 아니냐 같은 사소한 문제는 한 수 접어주어도 좋을 테니 말이다. 그리스인과 로마인도 일종의 회문을 갖고 있었는데, 이들은 글자 단위가 아니라 단어 단위로 거꾸로 읽을 수 있는 문장을 만들었다. 영어에서 Jack loves Jill, not Jane잭은 질을 사랑해, 제인이 아니라을 단어 단위로 거꾸로 읽었을 때 Jane, not Jill, loves Jack제인은 질이 아니라, 잭을 사랑해으로 전혀 다른 의미가 되는 식이다. 이런 종류의 회문은 영어 사용권에서 결코 유행하지 못했다. 영어를 가지고 이런 회문을 만들기가 쉽지 않았기 때문이다. 나도 오후 내내 이런 회문을 하나 만들어보려고 끙끙거려봤다(말놀이란 원래 중독성이 있다지 않나). 그런데 기껏 만든 것이라곤 Am I as stupid as you are?내가 당신만큼 어리석은가?뿐이었다. 이걸 거꾸로 읽으면 뜻이 통하기는 한다. 하지만 이런! 안타깝게도 '당신이 나만큼 어리석은가?'가 되어 결국 제대로 읽는 것과 똑같은 뜻이 된다.

회문과 크게 다르지 않은 것이 철자 바꾸기인데, 한 단어나 이름의 철자를 재조합해서 새롭고 그럴싸한 구절을 만들어내는 것이다. 예컨대 Ronald Wilson Reagan로널드 윌슨 레이건을 Insane Anglo Warlord미친 미국인 군벌로, Spiro Agnew스피로 애그뉴를 Grow a Penis음경이나 키워라로 바꾸는 식이다. 여기서도 몇몇 사례에서 찾아볼 수 있는 기발함과 끈기에는 혀를 내두를 수밖에 없다. 도대체 어떤 사람이 two plus eleven2+11과 one plus twelve1+12가 똑같은 철자를 사용하고, 계산 결과까지 똑같다는 사실을 알아낸 것일까? 그 밖에 유명한 또는 주목할 만한 철자 바꾸기의 예로는 다음과 같은 것들이 있다.

Western Union웨스턴 유니언 전신 회사 = no wire unsent전보 안 보낸 것 없음

circumstantial evidence정황 증거 = can ruin a selected victim지목된 희생자를 파멸시킬 수 있음

a stitch in time saves nine적당하게 한 번 꿰맨 것이 아홉 번의 가치가 있다 = this is meant as incentive이것은 격려 유인책으로 의도됐다

William Shakespeare윌리엄 셰익스피어 = I am a weakish speller (or) I like Mr. W. H. as a pal, see? (or) we all make his praise.나는 철자법이 약한 사람이다. (또는) 나는 W. H. 씨를 친구로서 좋아한다, 알았나? (또는) 우리 모두 그를 찬양하자.

funeral장례식 = real fun진짜 재미

The Morse Code모스 부호 = here come dots점들이 나가신다

Victoria, England's Queen빅토리아, 잉글랜드 여왕 = governs a nice quiet land훌륭하고 평온한 나라를 다스리다

parishioners교구 목사 = I hire parsons나는 목사를 고용한다

intoxicate중독되다 = excitation흥분

schoolmaster교장 = the classroom교실

mother-in-law시어머니, 장모 = woman Hitler여자 히틀러

또 다른 종류의 말놀이로는 '글자 맞추기'라는 것이 있는데, 이것은 일종의 말 수수께끼로, 단어와 기호를 나열해 의도한 의미에 대한 단서로 사용하는 것이다. 다음 단서가 어떤 주소를 나타내는지 이해하시겠는가?

Wood

John

Mass

이것은 'John Underwood, Andover, Massachusetts매사추세츠주 앤도버에 사는 존 언더우드'라는 뜻이다.[4] 말놀이에 관한 책들과 기사에 따르면, 한때는 이런 주소를 봉투에 적어 보내면 실제로 원래 의도한 곳에 도착했다고 한다. 그렇다면 예전에는 우편 업무가 지금보다 훨씬 더 훌륭했거나 그런 책이나 기사를 쓴 사람들이 지금보다 훨씬 더 남의 말에 잘 속는 편이었을 것이다. 오늘날에는 글자 맞추기라는 것이 대개 잊

---

4. '존이 우드 밑에(John under Wood), 그리고 매사추세츠 위(and over Mass)에 있다'라는 뜻이기 때문이다.— 옮긴이

힌 형태의 말놀이인데, 한 가지 예외가 있다면 미국의 자동차 번호판
이다. 간혹 그 소유주들은 (SAY AH아 하세요라고 하는 의사처럼) 자기 이름이
나 직업을 나타내거나 (Y ME=Why me, 왜 내게?처럼) 형이상학적 질문을 제기
하거나 (RUNVS=Are you envious?, 왜 부럽나?처럼) 도발적인 질문을 제기하거나
(ALLBCNU=I'll be seeing you, 또 봅시다처럼) 그냥 작별 인사를 던진다. 내가 본 것
중 제일 마음에 든 자동차 번호판은 맥도날드 농장McDonald's Farm에서
온 어느 트럭에 붙어 있던 것이었는데, 거기에는 그냥 EIEIO라고만 적
혀 있었다.[5] 적어도 이런 자동차 번호판은 우리에게 그 시대의 정신에
관해 말해주는 것이 있다. 1984년에 〈로스앤젤레스 타임스〉에 실린 기
사에 따르면, 1970년대에 가장 자주 주문받은 번호판은 PEACE평화였
다고 한다.[6] 그런데 1984년에는 GO FOR IT최선을 다하자라는 주문이
제일 많았다고 한다.

　지적인 것을 높이 평가하는 정서에 걸맞게 프랑스인들은 오래전부
터 말놀이를 애호했다. 중세에만 해도 프랑스에는 국왕 전속 철자 바꾸
기 전문가Anagrammatist라는 직위가 있을 정도였다. 프랑스 최고의 말
놀이 전문가로 소설가 조르주 페렉을 들 수 있는데, 그는 1982년에 이
른 나이로 사망하기 전까지 '잠재문학공동작업실Ouvroir de Littérature
Potentielle'의 약자인 울리포OuLiPo라는 문학회의 견인차 구실을 했다.
이 문학회의 회원들은 복잡한 언어적 난제를 즐겨 풀었다. 페렉은 언젠

---

5. '맥도날드 농장' 소속 자동차라는 점에 착안해 (우리말로는 보통 '박 첨지네 밭 있어'로
　번안해 부르는) 유명한 동요 〈맥도날드 아저씨네 농장 있어〉의 '이 아이 이 아이 오'라
　는 후렴구를 쓴 것이다. ─ 옮긴이
6. *Verbatim*, Vol. XIV, No. 4.

가 ('철자 빼기'를 실행해) e를 전혀 넣지 않은 소설을 한 편 썼으며 회문을 소재로 5000자짜리 회문을 쓰기도 했다.

프랑스어 글자 맞추기의 예를 하나 들자면, Ga나는 몹시 배가 고프다라는 것이 있다. 이걸 이해하기 위해 우선 프랑스어의 대문자 G(즉 G grand)와 소문자 a(즉 a petit)를 연이어 읽으면 'J'ai grand appétit나는 몹시 배가 고프다'가 된다. N'est-ce pas?안 그런가? 프랑스인들은 이것 말고도 여러 가지 말놀이를 갖고 있는데, 그중에는 영어권에는 없는 것도 있다. 프랑스어 말놀이 중에서도 훨씬 더 기발한 것으로 일치운holorime이란 것이 있는데, 두 행의 시를 쓰되 각 행이 발음은 똑같지만 의미는 전혀 다른 것을 말한다. 다음 예에서 바로 알 수 있듯이, 이런 창작물에서는 발음의 일치를 위해 뜻은 저만치 뒤로 밀려나기 일쑤다.

Par le bois du Djinn, ou s'entasse de l'éffroi,

Parle! Bois du gin, ou cent tasses de lait froid!

번역하자면 "진(마귀)의 숲을 지나갈 때 크나큰 두려움에 휩싸여 이야기를 계속했네 / 진(술)을, 아니면 차가운 우유를 100잔이나 들이키게나" 정도가 된다. 영어에서도 이와 비슷한 것을 만들 수 있다. I love you나는 당신을 사랑합니다와 isle of view저기 보이는 섬가 일치운 구절인데, 이런 것들은 무한히 많을 수 있다. 윌리엄 새파이어가 인용한 사례 중에는 어느 미국인 할머니가 비틀스의 노래에서 the girl with kaleidoscope eyes변화무쌍한 눈을 지닌 아가씨라는 대목을 the girl with colitis goes by대장염을 앓는 아가씨가 지나가네로 잘못 들었다는 것도 있는데, 이것이야말로 영어에서도 얼마든지 일치운을 만들 가능성을 보여주지 않나 싶다. 영어 일치운을 만들어내는 보기 드문 시도를 한 사람은 (앞에 소개한 예를 만든) 유머 작가 마일스 킹턴으로, 1988년에 〈즐거운 게으름 속에서 끝난 스코틀랜드 저지에서의 휴일〉이라는 시를 세상에 소개했다.

In Ayrshire hill areas, a cruise, eh, lass? 에이셔 힐 지역에서, 유람선, 어, 아가씨?

Inertia, hilarious, accrues, hélas. 무기력함, 명랑한, 저절로 생겨난, 아아.

이 예로 짐작하건대, 영어 일치운이라는 분야의 결정판은 아직 나오지 않았다고 결론 내려도 무방할 것 같다. 하지만 아이들의 오래된 수수께끼 중 하나만 봐도 여기에 근접하지 않았나 싶다. 이 수수께끼는 이런 질문을 던진다.

"종이 한 장a sheet of paper이 게으른 개a lazy dog라는 사실을 증명하는 3단계는?"

정답은 이렇다.

1단계, 종이 한 장은 ink-lined plane잉크로 선이 그려진 평면이다.

2단계, inclined plane기울어진 평면은 slope up경사진 오르막이다.

3단계, slow pup느린 강아지는 lazy dog게으른 개이다.

영어에 제대로 된 일치운은 없어도 프랑스어에는 없는 것이 있다. 바로 4행 연구clerihews다. 이것을 고안한 영국의 언론인 E. 클러리휴 벤틀리E. Clerihew Bentley의 이름에서 따온 이 시는 항상 누군가의 이름으로 시작해서, 그 대상자의 삶에서 두드러진 사실을 4행으로 서술하는 것을 목표로 삼는다.

Sir Humphry Davy 험프리 데이비 경
Detested gravy. 고깃국물을 싫어하셨네.
He lived in the odium 세상의 비난 속에 살아가셨으니
Of having invented sodium. 나트륨을 발견하셨기 때문이라지.

미국에서 이제까지 만들어낸 것 중 4행 연구에 가장 가까운 것은 반세기 동안이나 미국의 고속도로를 장식한 버마 셰이브 간판이다. 이 회사 설립자의 아들인 앨런 오델이 1926년에 고안한 이 광고 문구는 대략 30미터마다 하나씩 해서 모두 5~6개의 간판에 버마 셰이브 면도용 크림을 선전하는 유쾌한 문구를 늘어놓았다. 예를 들면 이런 식이다. "복숭아는/솜털이 많아도/보기 좋지만/사람은 복숭아가 아니죠/결코 아니죠/버마 셰이브." 또는 "시속 100킬로미터에서는/커브를 틀지 마세요/고객을/잃기는 싫으니까요/버마 셰이브." 이 가운데 가장 뛰어난 문구는 차마 도로변에 세워질 수 없었는데, 당시로서는 지나치게 외설스럽게 여겨졌기 때문이다. "당신의 부드러운 포옹을/아내가 외면한다면/얼음 장수를 총으로/쏘지 마시고/당신 얼굴을 만져보세요."

1960년대까지만 해도 미국 전역의 도로변에는 버마 셰이브 간판이 7000개나 있었다. 하지만 1965년의 고속도로 미화법은 새로운 간판의 설립에 종지부를 찍었으며, 옛날 간판도 기념품 사냥꾼들이 순식간에 약탈하고 말았다. 이제는 그런 간판들이 워낙 과거지사가 되어버려서,

현재 버마 셰이브 상표를 소유하고 있는 아메리칸 세이프티 레이저의 광고 담당자인 여직원조차 이에 관해서는 한 번도 들어보지 못했다고 말할 정도다.

영어에는 말의 코믹한 효과를 좋아하는 뿌리 깊은 전통이 있는데, 유쾌한 광고 문구뿐만 아니라 수준 높은 문학작품에도 들어 있다. 예스페르센은 "세계 어떤 문학도 '거창한' 단어를 오용하거나 왜곡하는 방식으로 독자를 웃기는 인물을 창조하는 점에서는 영어를 따라올 수가 없다"[7]라면서 그 예로 셰리던의 멜러 프로프 부인, 필딩의 슬리프슬로프 부인, 디킨스의 샘 웰러, 셰익스피어의 퀴클리 부인 등을 들었다.[8] 이 모두가 희곡이나 소설에서 코믹한 효과를 위해 창조된 인물이지만, 가끔은 자연적으로 정말 그런 인물이 나타나기도 한다.

그중 가장 유명한 말 헷갈리기 선수는 1903년부터 1924년까지 옥스퍼드 뉴 칼리지 학장을 지낸 윌리엄 스푸너 목사다. 그는 (의학 용어로 '음위 전환metaphasis'이라고 하는) 습관적인 두음 갈아 치우기로 생전에도 유명했을 뿐 아니라 그의 이름을 딴 단어까지 생겼다. 바로 '스푸너리즘

---

7. Jespersen, *The Growth and Structure of the English Language*, p. 150.
8. 멜러 프로프 부인은 R. B. 셰리던의 희곡 〈라이벌(The Rivals)〉(1775)의 등장인물로 종종 단어를 오용하거나 혼용한다. 저자는 malapropos(부적절한; 안 어울리는)라는 단어를 염두에 두고 이름을 지은 듯한데 훗날에 이 이름으로부터 발음은 비슷해도 의미는 전혀 다른 단어들의 사용, 즉 말의 오용을 가리키는 malaproprism과 malaprop라는 단어가 생겨났다. 한편 슬리프슬로프 부인은 헨리 필딩의 〈조지프 앤드루스(Joseph Andrews)〉(1742)에, 샘 웰러는 찰스 디킨스의 〈피크위크 클럽 회보(The Pickwick Papers)〉(1832)에, 퀴클리 부인은 셰익스피어의 〈윈저의 유쾌한 아낙네들(The Merry Wives of Windsor)〉(1597)에 등장하는 인물이다.—옮긴이

spoonerism'이다. 스푸너에 대해서 잘 알려지지 않은 한 가지 사실은 그가 백색증(알비노) 환자였다는 점이다. 그는 또 지독하게도 지루한 인물로 유명했는데, 스푸너가 자기 설교에 관해 쓴 일기를 통해 이런 단점을 스스로도 어떻게 생각했는지 알 수 있다. "내 설교는 워낙 진부해지는 성향이 있다." 1905년 런던 〈에코〉에 수록된 인물 단평에서, 기자는 스푸너가 "기묘하게도 자신이 재직하는 칼리지에 어떤 결정적인 인상을 남기는 데는 성공하지 못했다"라고 지적했다. 그래도 학생들의 머릿속에 길이길이 남을 만한 일화를 하나씩 심어주는 데에는 누구보다도 탁월했다. 십중팔구 그가 남긴 것으로 회자되는 황당무계한 발언 중에는 Which of us has not felt in his heart a half-warmed fish?반쯤 '익힌' '생선'을 가슴속에 지니지 않은 사람이 우리 중에 누가 있겠습니까?[9]라든지 어느 태만한 학부생에게 했다는 You have hissed my mystery lectures. You have tasted a whole worm. You will leave Oxford on the next town drain.자네는 내 '추리' 수업을 '야유'했지. 자네는 '벌레'를 온통 '맛본' 걸세. 다음번 '시내' '하수구'를 타고 옥스퍼드에서 떠나게 될 거야.[10] 같은 말이 있었다.

한번은 안경점에 들러서 그가 이렇게 말했다고 전한다. Have you a signifying glass?혹시 '중요'해 보는 안경 있소? 그런 안경은 없다고 대답하

---

9. 철자를 바로 잡으면 이런 문장이다. "반쯤 '일군(farmed)' '희망(wish)'을 가슴속에 지니지 않은 사람이 우리 중에 누가 있겠습니까?"—옮긴이
10. 철자를 바로잡으면 이런 문장이다. "자네는 내 '역사(history)' 수업을 '빼먹었지(missed)'. 자네는 한 '학기(term)'를 온통 '날린(wasted)' 걸세. 다음번 '하행(down)' '열차(train)'를 타고 옥스퍼드를 떠나게 될 거야."—옮긴이

자, 그는 이렇게 대답했다. Oh, well, it doesn't magnify.아, 알았소, 뭐 '확대'한 것까진 아니니까.[11] 하지만 그의 전기 작가인 윌리엄 헤이터의 지적처럼, 스푸너는 이런 두음 전환으로 워낙 유명해졌기 때문에, 어디까지가 실제로 그가 한 말이고 어디부터가 그의 이름을 빌려 지어진 말인지를 구분하기가 힘들다. 그는 '정말로' in a dark glassly'희미'로 보는 것같이 '거울' 하나[12]라고 말했으며, 어떤 결혼식에서는 이제 이 한 쌍이 loifully jawned'맺'법하게 '적'어졌음했음을 선언하기도 했다고 전한다. 그러나 그가 말한 두음 전환의 사례는 실제로 극히 적으며, 그가 했다고 전하는 다른 사례들처럼 전혀 우습지 않을 수도 있다. 출처가 의심스러운 다음과 같은 사례처럼 말이다. Please sew me to another sheet. Someone is occupewing my pie.저한테 '조각' 하나만 '썰어'주세요. 누군가가 제 '파이'를 '차즈'했네요.[13]

분명한 사실은 스푸너가 항상 단어까지는 아니더라도, 사고에서만큼은 일종의 음위 전환으로 고생했다는 점이다. 이런 사례는 비교적 출처가 분명하다. 뉴 칼리지의 예배당 바깥에서 그는 어떤 학생을 이렇게 야단쳤다.

"자네 오늘 성서 낭독을 너무 못하지 않았나."

---

11. 철자를 바로 잡으면 이런 문장이다. "혹시 '확대(magnifying)'해 보는 안경 있소?" "아, 알았소, 뭐 '중요(signify)'한 것까진 아니니까.—옮긴이
12. 철자를 바로잡으면 '거울로 보는 것같이 희미한(in a glassly dark)'이며 《신약성서》 〈고린도전서〉 13장 12절에 나오는 구절이다.—옮긴이
13. 철자를 바로잡으면 이런 문장이다. "저한테 '자리[sheet(=seat)]' 하나만 '마련해 [sew(=shew)]'주세요. 제 '좌석(pew)'을 누가 '차지하고(occupying)' 있네요.—옮긴이

"죄송합니다만, 선생님, 오늘 낭독은 제가 안 했는데요." 학생이 대답했다.

"아." 스푸너가 대답했다.

"난 또 자네가 안 한 줄 알았지." 이 말을 남기고 그는 가버렸다.

또 한번은 그가 어느 동료 교수에게 다가가서 이렇게 말했다. "오늘 저녁이나 함께하면서 새로 온 강사 카슨을 만나보지 않겠나."

그러자 상대방이 이렇게 대답했다. "죄송합니다만, 학장님. 제가 바로 그 카슨인데요."

이 대답에 스푸너는 이렇게 대답했다. "그래도 괜찮으니, 걱정 말고 오시게나."

또 다른 동료는 언젠가 스푸너로부터 쪽지를 하나 전달받았는데, 거기에는 긴급한 문제가 있으니 다음 날 아침에 자기 사무실로 오라고 적혀 있었다. 그 내용 밑에는 추신 표시와 함께 그 문제는 이미 해결됐으니, 굳이 내일 찾아올 필요까진 없다고 적혀 있었다.

스푸너는 자신의 말솜씨가 서투른 것에 대한 주위의 평판을 물론 잘 알고 있었고, 그런 얘기를 듣는 것을 매우 싫어했다. 한번은 술에 취한 학생들이 그를 찾아가 창밖으로 몸을 내밀고 연설해달라고 말하자, 그가 화를 내며 말했다.

"자네들은 내 연설 따위를 듣고 싶어 하는 게 아니지 않나. 그냥 내가…… '그거'를 말할 때를 바라는 거지."

유쾌한 방식으로 말을 뒤섞어버리는 것 말고도 영어에서는 할 수 있지만 다른 언어에서는 결코 못 하는 것 가운데 하나는, 2가지로 해석될 수 있는 모호한 문장을 의도적으로 만드는 것이다. 출처가 의심스럽기는 하지만, 어떤 식당의 유명한 안내문이 대표적인 예다. Customers who think our waiters are rude should see the manager.저희 웨이터들이 불손하다고 생각하는 고객께서는 지배인을 만나보시기 바랍니다.[14]

이런 문장을 가리키는 전문용어가 있다(하긴 항상 그렇지 않은가?). 즉 '애매어'라는 것이다. 지금은 잊힌 이 기술의 뛰어난 사례로는 어느 야심만만한 저자를 향한 벤저민 디즈레일리의 경쾌한 답변을 들 수 있다. Thank you so much for the book. I shall lose no time in reading it.책을 보내주어 정말 고맙네. 그걸 읽는 데 시간 낭비가 없도록 하겠네.[15] 새뮤얼 존슨은 애매어를 말하지는 않았지만, 어느 자칭 저술가에게 쓴 편지의 한 구절에 그와 유사한 정신이 나타나 있다. "당신의 저술은 훌륭함과 독창성을 겸비했습니다. 그러나 불행히도 훌륭한 부분은 독창적이지 못하고, 독창적인 부분은 훌륭하지 못하군요."

때로는 사람들이 말장난의 가능성에 워낙 도취된 나머지 일상 언어에도 그걸 짜 넣어 사용하기도 한다. 미국에서 이와 관련해 가장 유명한 사례는 '분틀링boontling'인데, 이것은 캘리포니아주 분빌Boonville과 그 인근에서 널리 사용되는 신조어다. 이 말이 어떻게 시작됐는지에 대

---

14. 저자가 본문에 인용한 문장은 '애매어'의 대표적인 사례다. 이 문장은 다음 2가지 뜻으로 모두 해석이 가능하기 때문이다. (1) 만약 웨이터들이 불손하다고 생각하는 고객이 있다면, 지배인을 직접 만나서 항의를 할 수 있다. (2) 만약 웨이터가 불손하다고 생각하는 고객이 있더라도, 지배인을 직접 만나보면 생각이 달라질 것이다. 왜냐하면 이 식당의 지배인은 웨이터들보다 훨씬 더 불손하기 때문이다. — 옮긴이
15. "지체하지 않고 이 책을 읽어보겠네"라는 긍정적인 뜻과 "이 책을 읽느라 시간을 낭비하진 않겠네"라는 부정적인 뜻으로 해석할 수 있다. — 옮긴이

한 설명 가운데 하나에 따르면, 1892년의 어느 날 분빌의 애니타임 술집에 앉아 있던 더프 형제와 버거 형제가 한편으로는 스코틀랜드 및 아일랜드계 혈통이라는 자신들의 공통점에 근거해, 또 한편으로는 근처에 살던 포모족 인디언의 언어에 근거해, 그러나 가장 크게는 다채로운 비밀 언어를 만들어내는 자신들의 재능에 근거해서 장난삼아 사적 언어를 고안한 것이 그 기원이라고 한다. 이들의 원래 생각은 자신들이 하는 말을 남들이 전혀 알아듣지 못하게 하자는 것이었지만, 머지않아 그 마을 사람 거의 전부가 분틀링을, 또는 그 지역에서 일컫는 명칭대로 하핑 분트harpin' boont를 말하게 돼 이들의 계획은 수포로 돌아갔다. 그래서 샌프란시스코에서 북쪽으로 160킬로미터 떨어진 이 외딴 마을에서는 이 언어가 적어도 40년 넘게 공용어처럼 사용됐다. 이 언어가 그 지역 문화의 일부로 워낙 확고히 편입됐기 때문에, 어떤 사람은 그 마을이 있는 계곡 밖으로 나갔을 때 영어를 사용하는 세계에 적응할 시간이 최소 1~2분 정도 걸리기도 했다. 시간이 흐르면서 이 언어는 1200개가량의 단어를 갖게 됐는데, 사적 언어라고 할 때 벌써 충분히 눈치챌 수 있듯이, 그중 상당수는 외설적인 단어였다.

그 표현 가운데 상당수는 그 지역 사람들에게서 가져온 것이었다. coffee는 zeese라고 했는데, 컵 안에 숟가락을 꽂으면 빳빳하게 설 정도로 걸쭉한 커피를 만들기로 유명한 그 지역의 캠프 요리사 Zachariah Clifton의 이름에서 따온 말이었다. 근면한 독일인 Otto의 이름에서 따온 otting은 열심히 일한다는 뜻이었다. 사람 턱에 난 염소수염은 billy ryan이라고 했다. 등유 랜턴은 floyd hutsell이라고 했다. 파이는 charlie brown이라고 했는데, 그 이름을 한 그 동네 사람이 항상 식사

보다도 후식인 파이를 먼저 먹어 치웠기 때문이다. 매춘부는 madge라
고 불렀다. 의사는 shoveltooth이를 삽으로 퍼내다라고 불렀는데, 이것은
옛날에 보건의保健醫가 이를 뽑아내던 무지막지한 방법을 가리켰다. 다
른 단어들은 일종의 단축에 근거했다. four-bits50센트는 forbs, two-
bits25센트는 toobs, haircut이발은 hairk, small change잔돈는 smalch
였다. 다른 단어들은 문학작품이나 《성서》를 빗댄 것이었다. 사생아는
《구약성서》에 나온 모세를 가리켜 bulrusher갈대밭의 아이였다. 호우는
trashlifter쓰레기 들어 올리기였고, 그보다 더한 호우는 loglifter통나무 들어
올리기였다. 하지만 기억에 남을 만한 단어 가운데 상당수는 의성어에서
비롯됐는데, 특히 성교를 가리키는 말 가운데 하나인 ricky chow가 그
런 경우다. 이것은 사람이 위에서 내리누를 때 나는 침대 스프링 삐걱거
리는 소리를 나타낸다고 한다. 이런 단어 가운데 상당수는 성적인 내용
에서 유래했는데, 대표적인 것이 그 지역의 일화에서 비롯되어 성행위
를 의미하게 된 burlapping마대질이었다. 어느 젊은 연인이 잡화점 뒤
에 있는 오래된 마대 더미 위에서 그 유서 깊은 행위를 하다가 발각된
적이 있다는 것이다.

　지금도 분틀링을 말할 수 있는 사람이 있긴 하지만, 한때 유행하던 것
만큼 널리 사용되지는 않는다. 그보다 더 나은 형태를 지닌 것은 코크니
cockney, 런던내기 압운 속어로, 런던의 이스트엔드에서 사용되는 것이다.
압운 속어는 별도의 언어는 아니지만, 수수께끼 같고 종종 존경스럽기
까지 한 속어 단어들을 자유롭게 섞어 쓰는 것이다.

　코크니는 오늘날 전 세계에서 영어를 가장 기교적으로 사용하는 사
람들이라고 할 수 있다. 중세 영어의 cokeney, 즉 cock's egg수탉의 알

에서 비롯됐으며 약삭빠른 도시 사람을 가리키던 속어이던 진짜 코크니는 바우 종Bow Bells의 소리가 들리는 지역에서 태어나는 사람을 가리킨다고 한다. 이 유명한 (물론 시끄럽기로도 유명한) 종은 런던 중심가의 치프 사이드에 있는 세인트 메리르바우 교회에 있었다. 하지만 한 세기 정도는 이 종의 소리 범위 내에서 아무도 태어날 수 없었는데, 제2차 세계대전 때 이 종이 독일군의 폭탄에 파괴됐기 때문이다. 어쨌거나 런던 중심가가 이 수도의 금융 지구로 성장하면서부터, 코크니 역시 그때 이후 오랫동안 이스트엔드에서 더 외곽 지역, 그러니까 바우 종소리가 설령 들린다고 하더라도 극도로 희미하게 들릴 지역까지 퍼져나간 것이다.

런던의 이스트엔드는 항상 일종의 용광로여서, 16세기 프랑스의 위그노 직공들로부터 오늘날의 방글라데시인까지 갖가지 침입자의 물결로부터 단어들을 가져왔다. 다른 사람들도 제국 시절은 물론이고 두 차례의 세계대전 시기에 해외에 나가서 눈이 휘둥그레질 경험을 하고 돌아왔다. '한번 쳐다본다'라는 뜻의 shufti, '공짜인 것'이라는 뜻의 buckshee는 모두 인도에서 온 말이다. Let's have a parlyvoo잡담하자에서 parlyvoo잡담라는 표현은 프랑스어의 parlez-vous이야기하다에서 온 것이 분명하다. 이스트엔드의 표현 중에서 이보다 덜 주목받는 것은 san fairy ann, 즉 '천만에, 문제없어'라는 표현으로, 본래 프랑스의 ça ne fait rien이 와전된 것이다. 코크니는 자신들만의 용어를 수백 가지나 고안하기도 했다. hang about은 '잠깐만'이라는 뜻이다. leave it out는 "그만, 나한테 뭐라고 하지 마"라는 뜻이고, straight up은 "솔직히 그게 사실이야"라는 뜻이다. 어떤 잘못을 저지르는 사람에 대해서는 out of order맛이 갔다 또는 taking liberties제멋대로다라고 표현한다.

영어에 대한 이들의 가장 독특한 기여는 바로 압운 속어다. 코크니의 압운 속어가 언제부터 시작됐는지는 아무도 모르지만, 19세기 중반 이후 큰 인기를 누린 것은 분명하다. 일반 속어와 마찬가지로 그중 일부는 잠시 유행하다가 소멸됐지만, 일부는 수십 년 동안 살아남았고 또 일부는 더 넓은 세상으로 진출했으며, 다행히도 그 기원과 진짜 의미는 종종 잊히다시피 했다.

압운 속어 중에서도 가장 자주 인용되는 사례 2개는 apples and pears사과와 배=stairs계단라는 것과 trouble and strife문제와 다툼=wife아내라는 것이다. 물론 이스트엔드에 자리한 마일 엔드 로드에 평생 살면서 이런 표현을 실제로는 한 번도 듣지 못한 사람도 있다. 하지만 그곳 사람들이 일상적으로 쓰는 표현은 이것 말고도 "use yer loaf네 덩어리를 써"(여기서 loaf덩어리는 loaf of bread빵 덩어리=head머리)라든지 "have a butcher's정육점 하다"(여기서 butcher's정육점는 butcher's hook정육점 갈고리=look보다)라든지 "how you doin', my old china뭐 하고 지냈어, 우리 도자기"(여기서 china도자기는 china plate도자기 접시=mate친구)라든지 등 수십 개가 있다. 여기서 문제를 복잡하게 만드는 원인은 압운을 맞춘 단어가 나중에는 떨어져 나가기 때문에 그 어원이 모호해지기 일쑤라는 것이다. tifter는 '모자'라는 뜻인데 원래 tit-for-tat되갚기=hat모자이었다. Tom은 '보석'이라는 뜻인데, 원래 tomfoolery=jewellery였다. 이런 현상을 가리키는 전문 용어도 있다. 바로 반절법hemiteleia[16]이다.

상황을 더욱 복잡하게 만드는 것은 코크니의 발음이 종종 전통적인 영국의 발음과는 상당히 다르다는 점이다. rabbit편안하게 수다 떨다이 원래 rabbit and pork토끼와 돼지고기=talk말하다에서 비롯됐다는 점을 보면 알 수 있다. 이스트엔드에서는 pork와 talk가 (다소) soak와 같은 운으로 여겨진다(코크니 발음의 향취를 발견할 수 있는 또 다른 증거는 런던에 있는 Ealing일링이라는 지구의 철자를 불러주는 방법이다. 즉 "'천국(eaven=heaven)'의 머리글자 E, '말들이 먹는 것(건초, hay)'의 발음 A, '우리가 가는 곳(화장실, lavatory)'의 머리글자 L, '나'를 뜻하는 I, '달걀을 낳는 것(암탉, hen)'의 발음 N, '젠장, 귓구멍 좀 열고 있으라니까!(for God's sake keep your ears open)의 G'"라고 설명하는 것이다).

가끔은 이런 압운 단어들이 또 다른 압운을 낳기도 한다. bottle병은 오래전부터 arse엉덩이를 뜻했다(bottle and glass병과 유리잔=arse엉덩이이기 때문이다). 하지만 어느 시점에 이것은 더 나아가 Aristotle애리스토틀; 아리스토텔레스로 바뀌었고, 종종 (Oo, I just fell on my Aris아이구, 나 방금 떨어지면서 애리스를 찧었어라고 하는 것에서처럼) Aris애리스로 축약됐으며, 거기서 더 나아가 (원래 plaster of Paris파리 석고,[17] 소석고燒石膏의 축약형인) plaster를 낳았다. 이 복잡다단한 계보를 한눈에 보이게 열거하면 이렇다. *arse* →<u>bottle</u> and gl*ass* →<u>bottle</u> →*Aristotle* →*Aris* →<u>plaster</u> of P*aris* →<u>plaster</u>.

코크니의 몇 가지 압운 속어는 미국에까지 진출했다. 19세기 런던에서 dukes는 (Dukes of Yorks요크 공작 →forks포크 → 갈라진 것 →hands손라는 변화를 통해) hands를 의미했는데, 이 단어가 미국에서는 '주먹'이 되어 put up your dukes주먹을 들어라 → 싸울 준비를 하라 같은 표현에 살아남았다.

---

16. 한자에서 '반절'은 2가지 한자에서 각각 발음을 따서 합하는 방법으로, 예컨대 '민(民)'의 발음을 '미(米)의 초성과 인(人)의 종성'으로 표시하는 경우다. '반절'은 또 훈민정음을 가리키는 말이기도 한데, 훈민정음도 초성과 중성과 종성을 합해서 글자를 만드는 방식을 따르기 때문이다. ― 옮긴이
17. 이런 석고가 파리의 몽마르트르에서 주로 생산됐기 때문에 붙은 이름이다. ― 옮긴이

money돈의 속어 동의어로서 bread빵는 원래 bread and honey빵과 꿀에서 비롯됐다. chew the fat기름을 씹다 → 재잘거리다는 have a chat수다를 떨다에서 비롯됐으며, brass tacks놋쇠 못 → 핵심; 진실는 facts사실에서 비롯됐다. 그리고 왜 Bronx cheer브롱크스식 환호(혀를 입술 사이로 내밀어 푸르르 떨며 경멸을 표시하는 행위)를 raspberry라즈베리라고 하는지가 궁금한 사람은, 영국에서 가장 인기 있는 후식이 raspberry tart라즈베리 타르트라는 사실을 기억하면 될 것이다.[18]

---

18. 압운 속어에서 raspberry tart(라즈베리 타르트)가 fart(방귀)를 나타내기 때문이다.— 옮긴이

16

영어의 미래

THE FUTURE OF ENGLISH

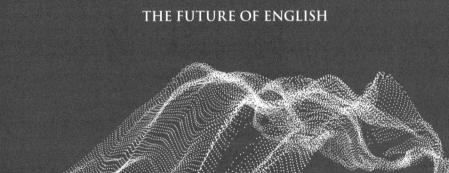

―――

혹시나 우리가 영어의 미래에 대해 품어야 할 걱정이란 것이 있다면, 영어의 다양한 흐름이 서로 동떨어질 것에 대해서가 아니라 오히려 피차 구별할 수 없을만큼 동질화되리라는 것에 대해서일 것이다.

BILL BRYSON

THE FUTURE OF ENGLISH

1787년에 새로운 미국의 대표자들이 필라델피아에 모여 향후 미국의 생활 방식을 위해 영구한 청사진으로 기능할 헌법을 작성할 때, 과연 국가의 언어를 무엇으로 해야 하는가라는 문제를 고려해야 한다는 생각은 그들의 머릿속에 떠오르지 않았음이 분명하다. 그때는 물론이고 그 뒤 두 세기 동안이나 미국인은 당연히 영어를 말할 것으로 여겨졌다. 하지만 1980년대에 에스파냐어, 베트남어와 그 외 이민자 언어가 미국 사회에 유입되는 것에 대해 불안해하는 미국인이 늘어나면서, 영어를 공용어로 규정하는 법률을 만들어야 한다는 주장이 일각에서 나오기 시작했다.

미국 인구조사국에 따르면, 미국인 가운데 11퍼센트가 가정에서 영어 이외의 언어를 쓰고 있다. 캘리포니아 한 곳만 해도, 전체 인구의 5분의 1이 히스패닉이다. 로스앤젤레스에서는 에스파냐어 사용자의 비율이 절반 이상이다. 뉴욕시에만 150만 명의 히스패닉이 있으며, 그 인근 지역에 100만 명이 더 있다. 뉴저지의 버건라인 애비뉴는 90개 구역에 걸쳐 있는데, 그곳을 지나가는 내내 들리는 말이 대부분 에스파냐어다. 미국 전역에 에스파냐어 신문은 200종, 라디오 방송국은 200곳, TV 방송국은 300곳이나 된다. 이 TV 방송국에서 1987년 한 해 동안 벌어들인

에스파냐어 광고료만 거의 3억 달러에 달했다.

여러 영역에서 영어 사용자들은 궁지에 몰릴까 봐 두려워하고 있다. 어떤 사람은 심지어 이것을 음모론으로 보기도 하는데, 그중에는 상원의원 S. I. 하야카와도 있다. 그는 1987년에 "미국을 이중 언어 및 이중문화 사회로 만들기 위한 음모가 진행 중"이라고 믿는다고 썼다.[1] 하야카와는 영어를 이 나라의 유일한 공용어로 만드는 것을 목표로 한 유에스 잉글리시U. S. English라는 압력단체를 조직하는 데 앞장선 인물이다. 이 단체의 회원은 짧은 시간에 35만 명을 넘어섰고, 솔 벨로·앨리스테어 쿠크·노먼 커즌스 같은 저명인사들이 '자문단'에 포함됐으며, 매년 기부금이 750만 달러나 된다. 1988년 말에 이 단체는 애리조나, 콜로라도, 플로리다, 네브래스카, 일리노이, 버지니아, 인디애나, 켄터키, 조지아, 캘리포니아를 비롯한 미국 내 17개 주에서 영어를 공용어로 삼도록 하는 데 성공했다.

수많은 미국인이 이 문제에 관해 느끼는 감정의 강도를 이해하기는 어렵지 않다. 캘리포니아주의 어떤 법률은 전교생 가운데 영어가 아닌 언어만 말할 수 있는 학생이 겨우 20명인 학교에서도 이중 언어 교육이 반드시 제공되어야 한다고 규정하고 있어서 종종 혼란을 야기하기 때문이다. 할리우드에 있는 어느 고등학교에서는 학부모 간담회가 열리는 날 밤에 모든 강연을 영어 말고도 한국어, 에스파냐어, 아르메니아어로 번역해주어야만 했다. 1986년 12월 캘리포니아주에서는 에스파냐어에 능숙한 3364명의 주 소속 노동자를 고용했는데, 이는 법원과 사회복지

---

1. *Education Digest*, May 1987.

사업 같은 분야에서 영어를 모르는 사람들을 돕기 위한 조치였다. 비판자들은 이 모든 것이 영어를 모르는 사람들의 응석을 받아주는 것이며, 결과적으로 이들이 미국의 주류로 편입되고자 하는 열의를 갖지 못하게 한다고 주장한다.

유에스 잉글리시 및 이와 유사한 다른 단체에서는 캐나다나 벨기에 같은 국가들에서 언어 분리가 사회적 불안을 낳았다고 주장한다. 하지만 이들은 에스파냐처럼 내부 분쟁과 폭력이 현저한 나라들이야말로 소수 집단의 언어를 가장 열심히 탄압하는 국가들이라는 사실까지는 미처 깨닫지 못하고 있다. 흥미로운 사실은, 언어 규제를 그토록 열성적으로 지지하는 유에스 잉글리시의 구성원들이라도, 일단 그들이 퀘벡주 같은 곳으로 이주한다면 그곳에서 자신들의 언어가 불법이 된다는 사실을 발견하게 되리라는 점이다.

유에스 잉글리시는 영어법이 정부 분야에만 적용될 것이며 비공식적이거나 사적이거나 종교적인 맥락에서는 사람마다 자기가 쓰고 싶은 언어를 써도 될 것이라고 주장한다. 하지만 유에스 잉글리시는 정작 로스앤젤레스 업종별 전화번호부에 에스파냐어 광고를 수록했다는 이유로 어느 미국 전화 회사를 법정에 세우려고 노력했다. 전화 광고야말로 정부 분야와는 전혀 상관이 없는데 말이다. 그리고 상당수의 히스패닉은 시민으로서 자신들의 자유에 관한 침해가 앞으로 더 빈번해질 것으로 생각한다. 예컨대 1985년에 플로리다주 데이드 카운티에서는 결혼 예식을 영어로만 집전해야 한다는 규제를 만들려는 시도가 잠시나마 있었다. 유에스 잉글리시는 자신들이 이중 언어 교육을 금지하려는 것은 아니라면서, 자신들의 목표는 고립을 조장하기보다는 변화를 추구하려는 것뿐이라고 주장한다.

무엇보다도 불쾌한 점은, 이 모두가 결국 인종차별이나 지나친 외국인 혐오증에 불과한 것을 가리려는 눈속임에 불과하다는 것이다. 국외자로서는 이것이야말로 과민 반응이라고 결론 내리지 않을 수 없다. 네브래스카주에서 영어를 공용어로 지정하는 것이 도대체 무슨 의미가 있다는 말인가. 소비자 신뢰도 보고서의 세부 사항을 영어와 에스파냐어로 쓰게 한 현재의 뉴욕주 법률을 뒤집는다고 해서 도대체 어떤 공공선이 성취될 수 있다는 걸까? 만약 유에스 잉글리시의 목표가 달성된다면, 그 보고서는 앞으로 영어로만 나올 것이다. 그런 변화가 정말로 히스패닉이 영어를 배우도록 촉진할 수 있을까, 아니면 어느 부도덕한 대출 업자에게 착취당하는 결과를 낳기가 더 쉬울까?

사람들이 영어를 배우기 싫어한다는 사실을 보여주는 증거는 거의 없다. 1985년에 랜드 코퍼레이션에서 내놓은 연구에 따르면, 멕시코 출신 이민자의 자녀 가운데 85퍼센트는 영어를 말할 수 있다. 이민 2세대로 접어들면 절반 이상이 '오로지' 영어만 말할 줄 안다. 실제로 모두가 사용하는 영어를 배우면 편의와 문화와 수입에서 크나큰 이점이 있기 때문이다. 스탠퍼드대학교의 언어학자 제프리 D. 넌버그는 이를 한마디로 요약한다. "영어에 공적인 보호가 필요하다고 말하는 것은 보스턴 셀틱스의 농구 선수들에게 키높이 구두가 필요하다고 말하는 것과 마찬가지다."

그보다 더 시급한 문제는 히스패닉과 다른 민족 집단이 사용하는 영어에 관한 것이 아니라, 미국에서 사용되는 영어 전반의 함량에 관한 것이다. 최근 수년 동안 읽고 쓰기에서 미국의 교육적 성과가 얼마나 퇴조했는지에 관한 보도들이 쏟아져 나오면서 신문용지를 꽤나 소비했다. 〈유에스 뉴스 앤드 월드 리포트〉에 따르면, 1973년부터 1983년 사이에 대학 진학 적성검사SAT에서 600점 이상을 얻은 고등학생의 비율은 10퍼센트에서 7퍼센트로 떨어졌다.[2] 1967년부터 1984년 사이에 SAT 영어 점수 평균은 466점에서 424점으로 10퍼센트 가까이 떨어졌다. 어쩌면 이것도 놀라운 일은 아닐 것이다. 똑같은 시기에 4년짜리 영어 과목을 배우는 고등학생의 비율은 85퍼센트에서 41퍼센트로, 즉 절반 이하로 줄어들었기 때문이다. 〈유에스 뉴스 앤드 월드 리포트〉는 미국의 성인 가운데 사실상 문맹자가 2700만 명이라고 집계했다. 결론적으로, 21세 이상의 성인 6명 가운데 1명이 문맹이라는 것이다. 이런 성인 문맹자들이 미국의 실업자 가운데 4분의 3을 차지하고 있으며, 이들의 숫자는 해마다 200만 명씩 늘어나고 있다.

　교육 수준의 퇴조와 관련해 호들갑을 떨면서 종종 간과하는 사실은 이것이 결코 새로운 현상이 아니라는 점이다. 1961년에 기초교육위원회라는 곳에서 펴낸 〈내일의 문맹자들〉이라는 보고서에서는 미국의 학생들 가운데 3분의 1 이상이 "읽기에서 심각하게 뒤처져 있다"라고 썼다. 1964년에 나온 《우리말의 보배》에서 링컨 바넷은 당시 컬럼비아대학교의 어느 교수가 역사학과 졸업생 170명을 대상으로 B. C., A. D., ibid., i. e. 등 일반적인 약어들과 대문자로 표시하는 로마 숫자를 정확히 식별할 수 있는지 시험한 결과를 인용했다. 바넷에 따르면, "170명 가운데 시험에 등장한 20종의 약어를 모두 아는 사람은 단 1명뿐이었

───────────

2. *Education Digest*, May 1987.

다. 15종 이상을 아는 사람은 17명밖에 안 됐으며, 4종 이하를 아는 사람이 절반 이상이었고, 그중 MDCLIX가 1659년을 나타낸다는 것을 아는 사람은 하나도 없었다." 그들이 모두 역사학과 졸업생, 그것도 아이비리그에 속하는 대학의 졸업생들이었음을 기억하시라.

한편으로는 미국의 국가 지도자들조차 모국어에 숙달되지 못하는 상황에서 젊은이들한테 그런 요구를 한다는 것은 너무 가혹하지 않느냐는 의견도 나올 만하다. 조지 부시 대통령이 반자동 무기를 금지하자는 법안에 반대하는 이유를 설명한답시고 한 발언을 보자. But I also want to have — be the President that protects the rights of, of people to, to have arms. And that — so you don't go so far that the legitimate rights on some legislation are, are, you know, impinged on.하지만 저 역시 갖고 싶습니다, 권리를 보호하는 대통령이 되고 싶습니다, 사람들의, 무기를 갖고 싶은 거를요. 그리고 그건, 그러니 일부 입법이, 법이, 왜 있잖습니까, 침해하는, 합법적 권리에서 그렇게 멀지가 않은 겁니다. 대통령의 언어 구사 능력을 비판적으로 분석한 〈뉴욕타임스〉의 기사에서 탐 위커가 지적한 대로, "마치 자신이 홀로코스트를 설명하려고 애쓰는 댄 퀘일이라도 된 것처럼 말할 것이 아니라, 차라리 그는 하다못해, 가령, 어쩌면, 왜 있지 않은가, 6학년이나 7학년 학생의 영어 수준 정도로라도 자기주장을 펼칠 수 없었던 것일까?"[3]

하지만 부통령에 비하자면 대통령 부시는 그야말로 탁월한 즉흥 연설가라고 해야 마땅하리라. 부통령 퀘일은 버지니아주 찰스시티에

---

3. *New York Times*, 24 February 1988.

서 열린 추수감사절 축제에서 즉흥 연설을 한답시고 이렇게 말했다. I suppose three important things certainly come to my mind that we want to say thank you. The first would be our family. Your family, my family — which is composed of an immediate family of a wife and three children, a larger family with grandparents and aunts and uncles. We all have our family whichever that may be. 문득 제 머릿속에는 감사하다고 말해야 할 3가지 중요한 대상이 떠오릅니다. 그중 첫 번째는 우리 가족일 것입니다. 여러분의 가족, 제 가족 말입니다. 제 가족은 부인 1명과 자녀 3명으로 이루어진 직계가족이고, 거기다가 조부모와 숙부·숙모를 포함한 더 커다란 가족입니다. 우리 모두는 우리의 가족을 갖고 있습니다, 어느 쪽의 가족이건 간에 말입니다.[4] 이 말과 함께 즉흥 연설은 딱 끝나버리고 말았다고 전한다.

영어에 대해 제기되는 가장 중요한 질문은, 과연 영어가 앞으로도 계속 대체로 응집력 있는 언어로 남아 있을 것인지, 아니면 상호 연관되어 있어도 피차 이해할 수 없는 하위 언어들의 집합으로 분해될 것인지다. 1978년 800명의 사서들이 모인 시카고의 한 자리에서 당시《옥스퍼드 영어 사전》의 편찬 총책임자였던 로버트 버치필드는 강연을 통해 영국식 영어와 미국식 영어가 워낙 기세 좋게 서로 멀어져서, 앞으로 200년 뒤에는 이해할 수 없는 언어가 되리라는 견해를 개진했다. 그의 좀 투박한 표현을 그대로 옮기자면 "앞으로 200년 정도 더 흐르고 나면, 이 2가지 영어는 동일하지 않은 상태에 처할 것이고, 그렇게 되면 이해할 수

---

4. *Des Moines Register*, 23 November 1988.

없는 상태로 귀결될 것"이다(파울러의 《현대 영어 용례 사전》의 개정판을 만들도록 위촉받은 인물이 이런 말을 한 것이다!). 이런 주장의 여파로 대서양 양편에서는 온갖 기사가 쏟아져 나왔는데, 그중 대부분은 버치필드가 그 순간만큼은 정신이 나간 것 아니냐는 식의 추측이었다.

영어가 언젠가는 분열되리라고 예측한 사람은 그만이 아니었다. 앞에서 살펴본 것처럼, 토머스 제퍼슨과 노아 웹스터만 해도 미국식 영어가 별개의 언어로 발전해나갈 것으로 고대했다. H. L. 멩컨도 《미국 언어》의 초판에서는 같은 의견이었다가, 1936년 판에서는 그런 견해를 뒤집어서 농담 반 진담 반으로 영국식 영어는 점차 미국식 영어의 한 가지 방언이 되고 있다고 말했다. 19세기 말까지만 해도 이런 믿음은 보기 드문 것이 아니었다. 1880년대에 당대의 가장 저명한 언어학 전문가로 꼽히던 헨리 스위트는 자신 있게 예견했다. "앞으로 한 세기 안에 (……) 영국과 미국과 오스트레일리아는 서로 이해할 수 없는 언어를 사용하게 될 것이다." 물론 그런 일은 실제로 벌어지지 않았다. 그리고 내 생각에는 지금 당장은 아닐 것 같다.

그날의 강연으로 논쟁이 야기된 뒤 버치필드는 〈옵서버〉에 기고한 글에서 자신의 외로운 처지를 언급하며 반론을 펼쳤다. 자신으로서는 거의 '지나가는 투로' 한 문제의 발언에 대한 열띤 반응에 약간의 놀라움을 표시한 다음, "영어의 2가지 주요 형태는 애초부터 지리적으로 동떨어져 있었으며 1776년부터는 정치적으로도 단절됐고 지금도 계속 서로 멀어져 가고 있으므로, 두 영어 간에 현존하는 언어적 상이함의 요소는 시간이 갈수록 더욱 그 도를 더해가게 될 것"이라고 했다. 물론 이 말이 두 영어가 서로 다른 언어로 변할 것이라는 의미까지는 아니지만,

여전히 논쟁을 불러일으킬 만한 주장이었다.[5]

버치필드가 펼친 반론의 대체적인 내용은 2가지 주요 믿음에 근거한다. 하나는 언어의 분기分岐는 타당한 역사적 흐름이라는 것이다. 과거에는 대부분의 언어가 어느 시점에 가면 분리됐는데, 상호 이해가 불가능하던 북게르만 방언들이 독일어나 네덜란드어나 영어 같은 상호 이해가 불가능한 언어들로 발전한 경우가 그 예다. 두 번째로 버치필드는 영어에서 혼동을 야기하는 단어가 이미 상당수라고 고찰했다. "이 나라 사람들이 전혀 (또는 거의) 이해하지 못하는 미국식 영어 표현들의 목록을 만들기란 어렵지 않다." 그는 〈옵서버〉에 이렇게 쓰면서 그런 단어의 예로 barf토하다, boffo인기 있는, badmouth욕설, schlepp나르다, schlock 싸구려 등을 들었다. 물론 그의 말은 사실이겠지만(실제로는 대부분의 영국인도 문맥상으로 이 단어의 뜻을 어느 정도 짐작할 수 있다), 일부 혼란을 야기하는 용어들이 있다고 해서 거기서 곧바로 영구한 언어적 분기라는 결론이 도출되는 것은 아니다. 예컨대 아이오와주 사람이 펜실베이니아주를 여행하다가, 그 주의 전역에서 식당 메뉴에 등장하는 단어들을 보고 어리

---

5. 버치필드 자신은 이 두 종류의 영어가 완전히 동떨어질 때까지 시간이 얼마나 걸릴지 딱 꼬집어 말한 적은 없다고 주장한다. 그는 이렇게 썼다. "나중에 있었던 대대적이고 혼란스러운 기자회견 자리에서 기자들이 (미국식 영어와 영국식 영어는 계속해서 멀어지고 있다는) 어디까지나 일반적인 서술에 불과한 것을 200년이라는 정확한 예언으로 변모시켰으며, 당연히 그 이야기가 나중에 전 세계에 회자됐다. 기자회견장의 카메라와 펜이 저마다 할 일을 하고 난 뒤에는 나로서도 그런 보도를 막을 도리가 없었다." 냉소적으로 들릴 위험을 무릅쓰고 덧붙이자면, 내 생각에는 전 세계의 카메라가 그에게 집중된 그 시간이야말로 오히려 그가 잘못된 기록을 제대로 바로잡을 최고의 기회가 아니었을까 싶다.

둥절할 수는 있을 것이다. soda탄산수, scrapple튀김 요리, sub서브머린 샌드위치, snits말린 사과, fat cakes동물성 지방으로 만든 케이크, funnel cakes반죽을 튜브로 뽑아 튀긴 빵 등이 아이오와주 사람에게는 다른 이름으로 알려져 있거나 전혀 알려지지 않은 것들이니 말이다. 하지만 누구도 아이오와주와 펜실베이니아주가 서로 다른 언어를 사용한다고는 말하지 않는다. 미국식 영어와 영국식 언어의 상황도 이와 똑같다고 해야 할 것이다.

1940년대 말 〈데일리 메일〉에서는 일반적인 영국인이 '진짜로 이해할 수 없는' 미국식 표현을 다룬 기사를 실었다. 거기에는 commuter통근자, seafood해산물, 그리고 고기에 적용되는 rare살짝 익힌 고기, mean치사하다, dumb멍청하다, intern인턴, dirt road흙길; 비포장도로, living room거실 등이 포함됐다. 〈데일리 메일〉의 가장 큰 실수는 자기네 독자들의 수준을 과소평가하다 못해, 한 번도 들어보지는 못했다고 해도 seafood나 dirt road같이 읽자마자 바로 뜻을 알 수 있는 쉬운 단어들의 의미조차 추측하지 못할 것으로 생각했다는 점이다. 하지만 이 모든 단어가 지금은 영국 전역에 알려져 있고, 특히 그중 seafood · commuter · rare meat 등 일부는 오늘날 그런 대상을 가리키는 데 꼭 필요한 단어로 간주된다. 물론 이 두 나라 간에 공유되지 않은 단어들도 상당하다. 하지만 그런 단어의 수가 점점 더 늘어난다는 것을 보여주는 증거는 어디에도 없다. 〈데일리 메일〉의 사례가 보여주는 것처럼 실제로는 시간이 흐르면서 전혀 친숙하지 않던 단어가 친숙해지고, 그다음에는 또 다른 새로운 단어로 대체될 뿐이다.

라틴어가 프랑스어와 에스파냐어와 이탈리아어로 갈라져 나갔듯이 영어도 가지를 쳐나가리라는 추측이야말로, 과거와 현재 사이에 통신 수단이 크게 발달했다는 명백한 사실을 깡그리 무시한 성급한 결론이 아닐까 싶다. 영화와 TV, 책, 잡지, 음반, 사업 계약서, 관광 산업 등이 모두 강력한 영향력을 발휘하고 있다. 내가 이 대목을 쓰고 있는 지금도 영국의 어느 TV 시청자는 하룻밤 사이에 오스트레일리아의 연속극 〈네이버즈Neighbours〉, 미국의 보스턴을 배경으로 한 코미디 드라마 〈치어스Cheers〉, 코크니들을 소재로 한 영국 프로그램 〈이스트엔더스EastEnders〉를 모두 보고 있다. 이 모든 작품이 두 세기 전만 해도 누구도 평생 겪을 수 없었을 법한 다양한 어휘와 억양과 언어적 영향들을 불과 하룻밤 사이에 집집마다 날라주고 있는 것이다. 혹시나 우리가 영어의 미래에 대해 품어야 할 걱정이란 것이 있다면, 영어의 다양한 흐름이 서로 동떨어질 것에 대해서가 아니라 오히려 피차 구별할 수 없을 만큼 동질화되리라는 것에 대해서일 것이다. 그것이야말로 얼마나 안타깝고 애석한 손실이겠는가.

이 책은 빌 브라이슨의 저서《빌 브라이슨 언어의 탄생(Mother Tongue)》의 완역본이다. 지금은《거의 모든 것의 역사(A Short History of Nearly Everything)》의 저자로 가장 유명하지만, 그의 저술 영역은 초기에만 해도 언어와 여행 분야에 집중되어 있었다. 미국 출신으로 영국에서 언론사에 근무하며 내놓은 첫 저서가《빌 브라이슨의 틀리기 쉬운 영어(Bryson's Dictionary of Troublesome Words)》였다는 사실만 봐도 언어에 대한 그의 애정을 짐작할 수 있다.

언어 분야에서 그의 두 번째 저서인 이 책은 특정한 주제를 잡아서 지식과 유머를 함께 버무린 '빌 브라이슨 표' 글쓰기의 본격적인 시작이라고 할 수 있다. 그다음으로 나온《빌 브라이슨 발칙한 영어 산책(Made in America)》에서는 영어와 미국사에서 뽑아낸 흥미진진한 이야기를 파노라마식으로 배열하는 실험을 한다. 그리고 이런 독특한 스타일은 훗날 대표작인《거의 모든 것의 역사》와《거의 모든 사생활의 역사(At Home)》에서 절정을 이룬다.

《빌 브라이슨 언어의 탄생》에서 저자는 단어, 발음, 철자법 같은 기본 요소부터 욕설과 말놀이 같은 의외의 부분에 이르기까지 영어를 낱낱이 해부한다. 아울러 영어의 변종, 좋은 영어와 나쁜 영어, 미국 영어와 영국 영어의 차이, 세계 언어로서 영어의 현황에 관한 설명도 덧붙인다. 비록 영어에 관한 이야기이지만, 저자의 설명을 통해 독자의 모국어를 비롯한 전 세계 언어의 공통적인 특징을 자연스레 숙고하게 된다는 것이야말로 이 책의 가장 큰 매력이라고 할 수 있다.

물론 초판 간행 후 한 세대가 지났기에 낡아 보이는 내용도 있긴 하다. 소련이나 동·서독처럼 지금은 역사 속으로 사라진 나라 이름이 등장하고, 언제부턴가 실언의 대명사가 된 미국 대통령의 사례에도 조지 H. W. 부시까지는 등장하지만 그의 아들이며 실언의 대가인 조지 W. 부시와 여러 후임자는 등장하지 않는다. 아울러 오랜 세월 동안 꾸준히 판매되었던 만큼, 내용 가운데 일부 오류에 관한 독자들의 가차 없는 지적과 비판도 인터넷에 올라와 있다.[1]

하지만 이런 여러 가지 한계에도 불구하고 영어의 역사와 현황에 관

---

1. 그런 지적 가운데 타당하다고 판단되는 것은 적극 수용해서 오류를 바로잡았지만, 진위가 불분명하거나 독자 사이에서도 의견이 엇갈리는 경우는 손대지 않았다. 다만 이 책에 대한 비판 중에는 독자의 오해에서 비롯된 것도 없지 않음을 지적하고 싶다. 예를 들어 로버트 레인 그린이 《모든 언어를 꽃피게 하라: 말에 관한 잔소리의 사회사》(모멘토, 2013)라는 저서에서 《빌 브라이슨 언어의 탄생》의 내용 가운데 '외국인을 가리키는 일본어의 명칭'에 관한 설명을 잘못이라고 단언한 것이 그렇다. 그린은 일본어에서 '외국인(外人)'이란 단어가 중립적 의미일 뿐이라고 주장했지만, 정작 경멸적 의미의 '양놈(毛唐)'이라는 단어가 있다는 사실까지는 미처 몰랐던 것 같다. 짐작건대 이 책의 내용에 대한 독자들의 비판 가운데 일부는 이처럼 무지나 착각일 가능성도 없지 않을 것이다. 물론 브라이슨도 분명히 오류를 범한 면이 있지만, 그렇다고 이 책의 내용을 모조리 엉터리로 모는 것은 지나치다. 아울러 일부 독자의 지적처럼 이 책의 오류 가운데 일부는 저자가 참고한 자료가 대부분 20세기 초·중반에 나온 오래된 것들이기 때문일 수도 있다. 또 브라이슨 특유의 현란한 말솜씨가 때로는 지나친 단순화나 일반화의 오류를 범한 경우도 없지 않고 말이다.

한 교양서로는 여전히 이만한 것도 없다고 생각된다. 단순한 정보 소개나 유머 구사로 따지자면 블로그나 유튜브에서 더 뛰어난 사례를 발견할 수 있을지 모르겠지만, 다양한 지식을 독특한 재치와 섞어 흥미진진하게 풀어나가는 이야기 솜씨로는 여전히 브라이슨을 따라갈 사람이 없기 때문이다. 이미 8년 전에 한 번 소개되었다가 판이 끊긴 책을 이제 와서 굳이 되살린 이유도 그래서다.

첫 간행 당시에는 노래 하나 때문에 전 세계가 뜻도 잘 모르는 Gangnam을 중얼거린다는 사실이 기묘하다 싶었는데, 이제는 또 영화 한 편 때문에 전 세계가 뜻도 잘 모르는 Minari를 중얼거린다는 사실이 역시나 기묘하게 느껴진다. 그사이에 국내에서는 '사흘'이 왜 '3일'을 가리키는지를 두고 인터넷에서 대대적인 논전도 벌어졌다 하니, 언어의 변화무쌍함을 다시 한번 실감하게 된다. 꼼꼼하게 교정을 진행해주신 유영 편집부에 감사드린다.

Aitchison, Jean. *Words in the Mind: An Introduction to the Mental Lexicon.*
Oxford: Basil Blackwell, 1987.

Aitchison, Jean. *Language Change: Progress or Decay.* London: Fontana
Paperbacks, 1981.

American Heritage Dictionary, first edition. New York: American Heritage
Publishing Company, 1969.

Augarde, Tony. *The Oxford Guide to Word Games.* Oxford: Oxford
University Press, 1986.

Baddeley, Alan. *Your Memory: A User's Guide.* London: Penguin Books,
1982.

Barber, C. L. *The Story of Language.* London: Pan Books, 1972.

Barnett, Lincoln. *The Treasure of Our Tongue.* New York: Alfred A. Knopf,
1964.

Baugh, Albert C., and Thomas Cable. *A History of the English Language.*
London: Routledge & Kegan Paul, 1978.

Bernstein, Theodore M. *Dos, Don'ts & Maybe of English Usage.* New York:
Times Books, 1977.

Blake, Robert (ed.). *The English World.* London: Thames and Hudson, 1982.

Bleiler, Everett F. *Essential Japanese Grammar.* New York: Dover
Publications, 1963.

Boorstin, Daniel J. *The Discoverers: A History of Man's Search to Know His
World and Himself.* London: Penguin Books, 1986.

Boulton, Marjorie. *The Anatomy of Language.* London: Routledge & Kegan

Paul, 1959.

Bryant, Margaret. *Current American Usage*. New York: Funk & Wagnalls, 1962.

Burchfield, Robert. *The English Language*. Oxford: Oxford University Press, 1986.

Burnley, David. *A Guide to Chaucer's Language*. London: Macmillan, 1983.

Cameron, Kenneth. *English Place-Names*. London: B. T. Batsford, 1961.

Cassidy, Frederic G. (chief editor). *Dictionary of American Regional English, Volume I, A-C*. Cambridge, Ma: Belknap Press of Harvard University Press, 1985.

Claiborne, Robert. *Our Marvelous Native Tongue: The Life and Times of the English Language*. New York: Times Books, 1983.

Clark, Kenneth. *Civilisation: A Personal View*. New York: Harper & Row, 1969.

Concise Oxford Dictionary of Current English Usage. Oxford: Oxford University Press, 1982.

Copperud, Roy H. *American Usage: The Consensus*. New York: Van Nostrand Reinhold Company, 1970.

Cottle, Basil. *Names*. London: Thames and Hudson, 1983.

Cross, Donna Woolfolk. *Word Abuse*. New York: Coward, McCann and Geoghegan, 1979.

Crystal, David. *Who Cares About English Usage?* London: Penguin Books, 1984.

Crystal, David. *The English Language*. London: Penguin Books, 1988.

Dickson, Paul. *Words*. New York: Dell Books, 1982.

Dohan, Mary Helen. *Our Own Words*. Baltimore: Penguin Books, 1975.

Donaldson, Gerald. *Books*. Oxford: Phaidon Press, 1981.

Drabble, Margaret (ed.). *The Oxford Companion to English Literature*. London: Guild Publishing, 1985.

Ehrlich, Eugene and Raymond Hand, Jr. *NBC Handbook of Pronunciation*, 4th edn. New York: Harper & Row, 1984.

Espy, Willard R. *An Almanac of Words at Play*. New York: Clarkson N. Potter, Inc., 1975.

Espy, Willard R. *Another Almanac of Words at Play*. New York: Clarkson N. Potter, Inc., 1980.

Espy, Willard R. *O Thou Improper, Thou Uncommon Noun*. New York: Clarkson N. Potter, Inc., 1978.

Espy, Willard R. *The Game of Words*. New York: Bramhall House, 1972.

Evans, Bergen and Cornelia. *A Dictionary of Contemporary American Usage*. New York: Random House, 1957.

Field, John. *Discovering Place-Names*. Aylesbury, Bucks.: Shire Publications, 1976.

Flexner, Stuart Berg, and others. *I Hear America Talking*. New York: Van Nostrand Reinhold Co., 1976.

Foster, Brian. *The Changing English Language*. London: Macmillan, 1968.

Fowler, H. W. *A Dictionary of Modern English Usage*, 2nd edn, revised by Sir Ernest Gowers. Oxford: Clarendon Press, 1965.

Fowler, H. W. and F. G. *The King's English*. Oxford: Oxford University Press, 1931.

Gowers, Sir Ernest. *The Complete Plain Words*. London: Penguin, 1977.

Gowlett, John. *Ascent to civilization: The Archaeology of Early Man*. London: Galley Press, 1984.

Harris, Sydney J. *The Best of Sydney J. Harris*. Boston: Houghton Mifflin, 1976.

Hayakawa, S. I. *Language in Action*. New York: Harcourt, Brace and Company, 1941.

Hayter, William. *Spooner*. London: W. H. Allen, 1977.

Hendrickson, Robert. *American Talk: The Worlds and Ways of American Dialects*. New York: Viking Penguin Inc., 1986.

Holt, Alfred H. *Phrase and Word Origins*. New York: Dover Publications, 1961.

Howard, Philip. *A Word in Your Ear*. London: Penguin Books, 1985.

Howard, Philip. *The State of the Language*. London: Penguin Books, 1986.

Howard, Philip. *New Words for the Old*. London: Hamish Hamilton, 1977.

Howard, Philip. *Words Fail Me*. London: Hamish Hamilton, 1980.

Hudson Kenneth. *The Dictionary of Diseased English*. London: Macmillan Press, 1977.

Jespersen, Otto. *The Growth and Structure of the English Language*. Garden City, NY: Doubleday & Co., 1956.

Jordan, Lewis (ed.). *The New York Times Manual of Style and Usage*. New York: Times Books, 1976.

Knowler, John. *Trust an Englishman*. London: Jonathan Cape, 1972.

Laird, Chalton. *The Miracle of Language*. Greenwich, Ct: Fawcett Publications, 1953.

Laird, Chalton. *The Word*. New York: Simon & Schuster, 1981.

Large, J. A. *The Foreign-Langugage Barrier: Problems in Scientific Communication*. London: André Deutsch, 1983.

Least Heat Moon, William. *Blue Highways*. Boston/Toronto: Little, Brown and Co., 1982.

McCrum, Robert, William Cran, and Robert MacNeil. *The Story of English*. New York: Penguin Books, 1987.

Marshall, Mary. Bozzimacoo: *Origins and Meanings of Oaths and Swear Words*. Walton-on-Thames: M. & J. Hobbs, 1975.

Mencken, H. L. *The American Language: An Inquiry into the Development of English in the United States*, 4th edn. and two supplements, abridged. New York: Alfred A. Knopf, 1963.

Michaels, Leonard, and Christopher Ricks (eds.). *The State of the Language*. Berkeley: University of California Press, 1980.

Millington, Rober. *The Strange World of the Crossword*. Walton-on-Thames: M. & J. Hobbs, 1975.

Montagu, Ashley. *The Anatomy of Swearing*. New York: coller Books, 1967.

Moorhouse, Alfred C. *The Triumphs of the Alphabet*. New York: Henry Schuman, 1953.

Morley, John David. *Pictures from the Water Trade: An Englishman in Japan.* London: André Deutsch, 1985.

Morris, William and Mary. *Harper Dictionary of Contemporary Usage.* New York: Harper & Row, 1975.

Newman, Edwin. *Strictly Speakiing.* New York: Warner Books, 1975.

Newman, Edwin. *A Civil Tongue.* New York: Warner Books, 1977.

Nicholson, Harold. *The English Sense of Humour.* London: Constable, 1956.

Onions, C. T. (ed.). *The Oxford Dictionary of English Etymology.* Oxford: Oxford University Press, 1966.

Oxford English Dictionary. Compact edition. Oxford: Oxford University Press, 1971.

Oxford Guide to the English Language. London: Guild Publishing, 1986.

Palmer, Frank. *Grammar.* London: Penguin Books, 1982.

Partridge, Eric. *Usage and Abusage.* London: Penguin Books, 1981.

Partridge, Eric. *The Penguin Dictionary of Historical Slang.* London: Penguin Books, 1972.

Pearsall, Ronald. *Collapse of Stout Party: Victorian Wit and Humour.* London: Weidenfeld & Nicholson, 1974.

Pei, Mario. *The Story of Language.* Philadelphia: J. B. Lippincott Company, 1949.

Phythians, B. A. *A Concise Dictionary of Correct English.* London: Hodder and Stoughton, 1979.

Pointon, G. E. (ed.). *BBC Pronouncing Dictionary of British Names.* Oxford: Oxford University Press, 1983.

Potter, Simeon. *Our Language.* London: Penguin Books, 1976.

Price, B. E., and E. Tweed. *Geographical Studies in North America.* Edinburgh: Oliver & Boyd, 1985.

Pyles, Thomas. *Words and Ways of American English.* New York: Random House, 1952.

Quirk, Randolph. *The Usage of English.* London: Longman, 1969.

Reaney, P. H. *The Origin of English Place Names.* London: Routledge &

Kegan Paul, 1985.

Renfrew, Colin. *Archaeology and Language: The Puzzle of Indo-European Origins*. London: Jonathan Cape, 1987.

Roback, Abraham. *A Dictionary of International Slurs*. Waukesha, Wis.: Maledicta Press, 1979.

Safire, William. *What's the Good Word?* New York: Times Books, 1982.

Safire, William. *On Language*. New York: Avon Books, 1980.

Scragg, D. G. *A History of English Spelling*. Manchester: Manchester University Press, 1974.

Shaw, George Bernard. *Pygmalion*. Baltimore: D. C. Heath & Co., 1942.

Shaw, Harry. *Dictionary of Problem Words and Expressions*. New York: McGraw-Hill Book Company, 1975.

Sherk, William. *Five Hundred Years of New Words*. Toronto: Doubleday Canada Ltd., 1983.

Shipley, Joseph T. *In Praise of English: The Growth and Use of Language*. New York: Times Books, 1977.

Shorter Oxford English Dictionary. London: Book Club Associates, 1983.

Simon, John. *Paradigms Lost: Reflections on Literacy and Its Decline*. New York: Clarkson N. Potter, Inc., 1980.

Smith, Elsdon C. *The Story of Our Names*. New York: Harper & Brothers, 1950.

Stewart, George R. *American Place-Names: A Concise and Selective Dictionary for the Contienntal United States of America*. New York: Oxford University Press, 1976.

Strunk Jr., William, and E. B. White. *The Elements of Style*, 3rd edn. New York: Macmillan, 1979.

Trudgill, Peter. *Sociolinguistics: An Introduction to Language and Society*. London: Penguin Books, 1983.

Upton, Clive, Stewart Sanderson, and John Widdowson. *Word Maps: A Dialect Atlas of England*. London: Croom Helm, 1987.

Wakelin, Martyn. *The Archaeology of English*. London: B. T. Batsford, 1988.

Watzlawick, Paul. *How Real Is Real?: Communication, Disinformation, Confusion*. London: Souvenir Press, 1983.

Wilson, P. G. *German Grammar*. London: English Universities Press, 1962.

Wolff, Diane. *Chinese for Beginners*. New York: Barnes and Noble Books, 1974.

Wood, Frederick T. *Current English Usage*, revised by R. H. and L. M. Flavell. London: Macmillan Press, 1981.

Wrenn, C. L. *A Study of Old English Literature*. London: George G. Harrap & Co., 1967.

찾아보기

1

101법안 Bill 101 63

ㄱ

〈가디언〉 the guardian 389
《가정용 셰익스피어》The Family
    Shakespeare 383
가타카나 Katakana 204
《간략 스코틀랜드어 사전》The concise
    Scots Dictionary 192
《간략 옥스퍼드 사전》Concise Oxford
    Dictionary 388
《간소화된 알파벳》A Simplified Alphabet
    219
간소화철자법위원회 Simplified Spelling
    Board 220, 221
갈리아(골)어 Gaulish 46
감탄사 Interjection 283
강세 emphasis 153, 154, 162, 163, 208,
    279, 354
개인 언어 idiolect 170
〈거튼 노파의 바늘〉 Gammer Gurton's
    Needle 382
걸라어 Gullah 194, 195, 196, 291
게르만어 Germanic languages 45, 46, 87
게일어 Gaelic 16, 20, 42, 45, 47, 54, 60,
    67, 68, 69, 70, 125, 143, 163, 178, 192,
    194, 352
게일어위원회 Bord na Gaelige 70
게일터흐트 Gaeltacht 70
격 형태 case forms 53, 80
《계획에 관한 시론》Essay Upon project
    236
고대 영어 Old English 74, 80, 81, 83, 84,
    89, 91, 92, 99, 100, 119, 157, 211, 243,
    376
고워스, 어니스트 Gowers, Ernest 239, 246,
    300
고트어 Gothic 43, 46
곡절 악센트 Circumflex 87, 111, 237
공용어 Official language 13, 14, 59, 61,
    66, 90, 287, 314, 324, 334, 415, 424,
    426
공자 孔子, Confucius 203
과거 시제 the past tense 38, 40, 224, 229
과거 시제 분사 past tense participle 231
과라니어 Guarani 61
관계사 relative 242
관용법 idiom 331
광둥어 Cantonese 20, 144

구드리치, 촌스 A. Goodrich, Chauncey A. 269

구텐베르크, 요한 Gutenberg, Johann 215

국립교육위원회 Natinal Education Association 220

국제음표문자 International Phonetic Alphabet 147

굴절 refraction 23, 37, 46, 49, 80, 89, 96, 97, 206, 229, 328

그레이, 토머스 Gray, Thomas 100

그리스어 Greek 43, 45, 77, 122, 136, 243, 265, 325, 380, 399

그림, 야코프 Grimm, Jacob 43

근친상간 Incest 373, 375

《기네스북》 Guinness book 401

기독교 Christianity 79

기번, 에드워드 Gibbon, Edward 108, 383

기치 Geechee 194

노르망디 Normandy 84, 85

노르웨이어 Norse 37, 83, 290

노른 Norn 83

《노붐 오르가눔》 Novum Organum 107

노섬브리아 Northumbria 78, 81

놀러, 존 Knowler, John 187

뉘앙스 nuance 15, 258, 327

〈뉴요커〉 The New Yorker 151

〈뉴욕 이브닝 포스트〉 The New york evening post 298

〈뉴욕타임스〉 The New york times 244, 247, 259, 428

〈뉴욕타임스 매거진〉 The New york times magazine 388

《뉴욕타임스 문체 및 용례 편람》 The New York Times Manual of Style and Usage 244

《뉴잉글랜드의 언어지도》 Linguistic Atlas of New England 177

뉴턴, 아이작 Newton, Issac 107, 129

ㄴ

나데네어 Na-Dene 34

《내추럴 히스토리》 Natural History 34

네안데르탈인 Neanderthal man 29~32

네오멜라네시아어 Neo-Melanesian 40, 313

노르만인 Normans 84, 85, 86, 87, 89, 90, 91, 211, 212, 356, 377

노르만인의 정복 Norman Conquest 89, 377

ㄷ

다윈, 찰스 Darwin, Charles 220

다의성 polysemy 115, 116

《단어》 The Word 214

단테, 알리기에리 Dante, Alighieri 48

대명사 pronouns 23, 80, 84, 99, 102, 112, 277

대모음 변화 Great Vowel Shift 155

〈대학생의 이야기〉Clerk's Tale 98
〈댈러스〉Dallas 324
데이븐포트, 존 Davenport, John 151
데인로 Danelaw 83
데인인 Danes 82, 83, 356
덴마크어 Danish 16, 85, 92, 334
도언, 메리 헬렌 Dohan, Mary Helen 130, 278
도일, 아서 코넌 Doyle, Arthur Conan 220
독일 Germany 14, 21, 29, 36, 59, 60, 73, 85, 215, 216, 255, 280, 290, 316, 319, 324, 329, 337
독일어 German 14, 15, 16, 19, 23, 24, 42, 46, 53, 58, 59, 64, 73, 74, 80, 126, 139, 149, 155, 157, 265, 287, 288, 289, 290, 324, 336, 337, 350, 353, 373, 376, 390, 431
동굴벽화 cave paintings 29, 30
동사 verbs 19, 23, 37, 41, 54, 80, 89, 98, 100, 101, 103, 107, 116, 120, 138, 147, 161, 163, 210, 229, 231, 232, 234, 240, 245, 277, 283, 293, 297, 298, 331
동사형 a verbal form 229
동의어 synonyms 15, 84, 92, 93, 112, 114, 183, 247, 284, 293, 325, 420
동족어 cognates 34, 44
두음 전환 spoonerisms 154, 412
〈둠즈데이북〉Domesday Book 157, 211, 348
드라비다족 언어 Dravidian languages 33
등어선 isoglosses 171, 172

디모티키 Dhimotiki 61
디킨스, 찰스 Dickens, Charles 129, 132, 244, 410
디포, 대니얼 Defoe, Daniel 236, 244
딕시 Dixie 173, 174

ㄹ

라틴어 Latin 19, 20, 42, 43, 46, 47, 48, 49, 50, 59, 77, 78, 81, 90, 94, 96, 107, 108, 122, 123, 125, 131, 132, 136, 139, 155, 217, 229, 235, 236, 240, 243, 265, 281, 365, 378, 397, 432
《랜덤하우스 영어 사전》Random House Dictionary of English Language 247, 387
랠런어 Lallans 192
램지, 데이비드 Ramsay, David 285
러시아어 Russian 15, 16, 54, 59, 61, 314, 334, 336, 350, 365
런던 London 18, 68, 79, 83, 91, 93, 94, 95, 96, 97, 100, 150, 158, 186, 188, 190, 212, 216, 225, 241, 243, 244, 261, 271, 291, 302, 303, 312, 318, 344, 348, 351, 378, 411, 416, 417, 419
레베스크, 르네 Levesque, Rene 63
레어드, 찰턴 Laird, Charlton 15, 74, 76, 156, 177, 214, 254, 265
레이보브, 윌리엄 Labov, William 174, 179, 180

레토로만어 Rhaeto-Romanic 58

《렛 스토크 스트라인》Let Stalk Strine 183

로구도리아어 Lugudorese 49

로더, 아퍼벡 Lauder, Afferbeck 182, 183, 187

로마 제국 Roman Empire 76

로만치어 Romantsch 58

로망슈어 Romansh 58

로맨스어 Romance languages 16, 47, 48, 155, 265

로우스, 로버트 Lowth, Robert 241, 245

《로제 시소러스》Roget's Thesaurus 15

롤린슨, 헨리 Rawlinson, Henry 43

루마니아어 Romanian 47, 60

루스벨트, 시어도어 Roosevelt Theodore 221

루오라웨틀란어 Luorawetlan languages 33

룩셈부르크어 Luxemburgish 61

룬 runes 75, 76, 210

룬 알파벳 runic alphabet 75

룰렌, 메리트 Ruhlen, Merrit 34

룽, 마그누스 Ljung, Magnus 316

〈르 몽드〉 Le Monde 321, 322

르네상스 Renaissance 81, 314

리니, P. H. Reaney, P. H. 355

리디아어 Lydian 46

《리머스 아저씨와 보낸 밤들》Nights with Uncle Remus 195

《리머스 아저씨와 토끼 양반》Uncle Remus and Br'er Rabbit 195

리버먼, 필립 Lieberman, Philip 31

리슐리외 추기경 Cardinal Richelieu 237, 260

리투아니아어 Lithuanian 46, 318

□

마오리족 Maori 18

〈마이 페어 레이디〉 My Fair Lady 222

마이너, W. C. Minor, W. C. 271

마찰음 fricatives 157

매코믹, 로버트 R. McCormick, Robert R. 222

매크럼, 로버트 McCrum, Robert 92, 254, 255

맬러리, 토머스 Malory, Thomas 216, 232

맹크스어 Manx 69

머리, 제임스 A. H. Murray, James A. H. 220

멀캐스터, 리처드 Mulcaster, Richard 108

《메리엄 웹스터 인터내셔널 영어 사전》 Merriam-Webster International Dictionary 118

멘케, 후베르투스 Menke, Hubertus 73

멩컨, H. L. Mencken, H. L. 179, 221, 264, 292, 430

명령문 imperative sentence 38, 233

명사 nouns 19, 23, 49, 53, 60, 80, 103, 111, 115, 116, 125, 147, 210, 230, 231, 283, 375

모순어 contronym 117

모스 부호 Morse code 202, 404

모어, 토머스 More, Sir Thomas 107, 129

모음 vowels 58, 59, 97, 143, 147, 150, 152, 156, 157, 158, 159, 180, 181, 209

몬터규, 애슐리 Montagu, Ashley 375, 387

몰다비아어 Moldavian 60

몰리, 존 데이비드 Morley, John David 327

몸짓 gestures 56

문법 grammar 19 37 38 41, 49, 53, 77, 80, 84, 88, 89, 91, 94, 97, 103, 192, 194, 195, 205, 230, 231, 235, 236, 238, 241, 245, 265, 283, 300, 313

《물 거래의 풍경: 일본인의 생활 관찰》 Pictures from the Water Trade 327

미국 독립혁명 American Revolution 164

《미국 동부의 언어 지형도》A Word Geography of the Eastern United States 171

《미국 말》American Talk 178, 195

《미국 언어》The American Language 430

미국 영어 American English 13, 278, 280, 435

《미국 영어 사전》American Dictionary of the English Language 266

《미국 지역 영어 사전》Dictionary of American Regional English 175

《미국 철자 교본》The American Spelling Book 265

《미국 혁명사》History of the American Revolution 285

《미국과 캐나다의 언어지도》Linguistic Atlas of the United States and Canada 177

미국방언학회 American Dialect Society 171

《미국식 영어의 단어와 방식》Words and Ways of American English 384

미래 시제 the future tense 55, 80, 230, 231

미테랑, 프랑수아 Mitterrand, Francois 321, 322

밀턴, 존 Milton, John 102, 113, 129

ㅂ

바넷, 링컨 Barnett, Lincoln 90, 206, 254, 427

바버, C. L. Barber, C. L. 88

바스크족 Basque 32

바우들러, 토머스 Bowdler, Thomas 383

바이킹 Vikings 82, 83, 84, 88, 356

반달어 Vandalic 46

발음 pronunciation 16, 20, 21, 24, 25, 29, 31, 35, 58, 62, 65, 74, 81, 86, 87, 88, 97, 125, 143~148, 149, 150~166, 169, 170~174, 176~183, 186, 187, 194, 196, 201, 203, 204, 207~212, 217, 218, 223, 225, 234, 237, 261, 267, 268, 277, 279, 280, 285, 286, 289, 291, 292, 295, 317, 318, 321, 342, 343, 353~360, 363, 365~367, 378, 387, 407, 410, 418, 419,

435

방언 dialects 46, 47, 49, 56, 57, 58, 59, 61,
62, 69, 73, 80, 83, 85, 88, 91, 93, 94,
95, 97, 103, 122, 127, 146, 166, 171,
173, 174, 175, 179, 181, 182, 186~192,
194, 196, 203, 211, 234, 284, 288, 289,
290, 291, 318, 324, 430, 431

《버지니아주에 관한 소론》 Notes on the
State of Virginia 296

버치필드, 로버트 Burchfield, Robert 13,
22, 86, 127, 164, 205, 235, 286, 429,
430, 431

번리, 데이비드 Burnley, David 95

번스, 로버트 Burns, Robert 192

번스타인, 시어도어 M. Bernstein,
Theodore M. 209, 239, 246

《베다》 Vedas 42

〈베로나의 두 신사〉 The Two Gentleman
of Verona 102

베스푸치, 아메리고 Vespucci, Amerigo 281

〈베오울프〉 Beowulf 74, 93

베이컨, 프랜시스 Bacon, Francis 107, 297,
401

베일리, 너새니얼 Bailey, Nathaniel 261

벤담, 제러미 Bentham, Jeremy 129, 298

벤트리스, 마이클 Ventris, Michael 43

벤틀리, E. 클러리휴 Bentley, E. Clerihew
408

벨 전화 연구소 Bell Telephone
Laboratories 148

벨기에 Belgium 14, 21, 59, 62, 125, 215,
323, 425

보, 엘버트 C. Baugh, Albert C. 89, 108,
122, 216, 254, 262, 299, 329

《보편 어원 사전》 Universal Etymological
Dictionary 261

보프, 프란츠 Bopp, Franz 43

볼라퓌크어 Volapuk 329

부르고뉴어 Burgundian 46

부사 adverbs 103, 115, 116, 147, 231, 245,
283

부시, 조지 Bush, George 239, 240, 349,
428, 436

부정사 infinitive 19, 235, 245, 246

분리부정사 split infinitive 245, 246

분틀링 boontling 414, 415, 416

브라우닝, 로버트 Browning, Robert 120,
121

브로드무어 병원 Broadmoor 271

브뤼셀 Brussels 14, 62, 309, 325

브르타뉴 Brittany 47, 78

브르타뉴어 Breton 64, 67

BBC 구어영어자문위원회 BBC Advisory
Committee 295

비교언어학 comparative linguistics 271

비드 Bede 57, 78, 81, 91, 157

비언, 브렌던 Behan, Brendan 70

비저, F. Th. Visser, F. Th. 235

비커턴, 데릭 Bickerton, Derek 39, 40, 41

ㅅ

〈사람마다 기질은 제각각〉 Every Man in
His Humor 382
〈사랑의 보람〉 Love's Labour's won 106
사크리손, R. E. Zachrisson, R. E. 332
4행 연구 Clerihews 400, 408, 409
《사회언어학》 Sociolinguistics 181
산스크리트어 Sanskrit 42, 43
상형문자 pictographs 201
《새로운 알파벳과 철자법 개혁 양식 을 위
한 계획》 A scheme for a New Alphabet
and a Reformed Mode of Spelling 218
새파이어, 윌리엄 Safire, William 205, 239,
388, 407
샤를마뉴 대제 Charlemagne, Holy Roman
Emperor 48, 81
서양식 알파벳 Western alphabet 61
선형 B 문자 Linear B script 43
성 아우구스티누스 Augustine, Saint 79
성별 gender 23, 37, 53, 80, 89, 96, 192,
196
《성서》 Bible 99, 215, 255, 266, 268, 278,
292, 298, 416
세르보크로아티아어 Serbo-Croatian 283
세르비아어 Serbian 61
셰익스피어, 윌리엄 Shakespeare, William
96, 98, 99, 100, 102, 103, 104, 106,
107, 108, 120, 127, 128, 129, 131, 157,
159, 160, 161, 162, 191, 213, 242, 254,
255, 273, 291, 292, 293, 297, 337, 355,

379, 381, 382, 383, 400, 401, 404, 410
소련 Soviet Union 59, 60, 64, 336, 436
속기술 shorthand 219
쇼, 조지 버나드 Shaw, George Bernard
129, 187, 221
슈와 schwa 143
슈트라우스, 리하르트 Strauss, Richard 23
슐라이어, 요한 마르틴 Schleyer, Johann
Martin 329
슐레겔, 프리드리히 폰 Schlegel, Friedrich
von 43
스미스, 토머스 Smith, Thomas 236
스와힐리어 Swahili 41
스웨덴어 Swedish 45, 290, 316, 352, 366
스위프트, 조너선 Swift, Jonathan 70, 236
스칸디나비아어 Scandinavian languages
83~85, 92, 243
스코틀랜드 Scotland 16, 47, 60, 69, 75,
108, 157, 186, 190, 192, 216, 225, 262,
270, 297, 357, 376, 408, 415
스크래블 Scrabble 202, 358, 398
〈스펙테이터〉 Spectator 302, 389
스푸너, 윌리엄 Spooner, William 410, 411,
412, 413
스푸너리즘 spoonerism 410
슬라브어 Slavonic 45
시리아어 Syriac 265
시스피크 Seaspeak 332, 333
시제 tenses 15, 37, 38, 40, 53, 55, 80, 224,
229, 230, 231
〈시카고 트리뷴〉 Chicago Tribune 222

신세계의 인디언 언어 New World Indian Language 34
신할라어 Sinhalese 45
《심벨린》Cymbeline 120, 131
십자말풀이 crossword puzzles 202, 390, 395, 396, 397, 398, 400
싱, 존 밀링턴 Synge, John Millington 70

ㅇ

아라우카족 Araucanian 18
아랍어 Arabic 18, 37, 122, 220, 265, 314
아르메니아어 Armenian 45, 126, 424
《아메리칸 헤리티지 사전》The American Heritage Dictionary 147, 247, 256
아서 왕 Arthur, King 78
아이누어 Ainu languages 33
아이슬란드어 Icelandic 57
아일랜드 Ireland 20, 22, 47, 54, 67, 68, 69, 70, 77, 82, 108, 160, 178, 186, 225, 287
아카데미 프랑세즈 Academie Francaise 260, 262, 264
아포스트로피 apostrophe 233
아프리칸스어 Afrikaans 41
알바니아어 Albanian 46, 126
애덤스, J. N. Adams, J. N. 374
애머린드어 Amerind 34, 125
〈애틀랜타 컨스티튜션〉Atlanta Constitution 195
앨프리드 대왕 Alfred the Great, king of England 91, 156
앵글로노르만어 Anglo-Norman 85, 86, 87, 124
앵글로색슨어 Anglo-Saxon 92, 123, 125, 126, 136, 211, 243, 265, 321
앵글로색슨인 Anglo-Saxons 75, 76, 79, 81, 85, 93, 376
앵글로프랑스어 Anglo-French 91
앵글릭 Anglic 332
앵글인 Angles 73, 74, 75, 155, 356
어두 모음 소실 aphesis 150
《어려운 단어 알파벳순 일람》A Table Alphabeticall of Hard Words 261
어말음 소실 apocope 150
어원 etymology 17, 36, 49, 123, 130, 149, 201, 209, 217, 234, 261, 271, 329, 358, 378, 418
어조 vocal pitch 20, 146, 153
어중음 소실 syncope 150
어휘 vocabulary 15, 33, 38, 40, 53, 54, 56, 58, 59, 74, 78, 79, 87, 88, 91, 93, 96, 113, 114, 126, 128, 170, 171, 176, 178, 183, 192, 193, 196, 216, 254, 255, 257, 260, 295, 329, 331, 332, 433
억양 accents 37, 170, 171, 172, 178, 179, 180, 181, 182, 183, 184, 285, 289, 299, 433
《언어 이야기》The Story of Language 206
《언어의 기적》The Miracle of Language 177
《에네이도스》Eneydos 93, 94

에드워드 참회왕 Edward the Confessor, king of England 85

에드워즈, 데이비드 Edwards, David 337

에이릭손, 레이프 Ericson, Leif 57

에번스, 버건 Evans, Bergen 247

에셀버트 왕 Ethelbert, king of Kent 79

에스키모알류트어족 Eskimo-Aleut 34

에스키모어 Eskimo 16, 17

에스토니아어 Estonians 60

에스파냐 Spain 22, 30, 33, 36, 64, 78, 88, 280, 281, 325, 334, 367, 425

에스파냐어 Spanish 15, 16, 37, 47, 48, 60, 61, 64, 78, 124, 155, 279, 314, 335, 350, 360, 373, 423, 424, 425, 432

에스페란토 Esperanto 64, 330, 331, 334

에트루리아어 Etruscan 43

엘리스, A. J. Ellis, A. J. 292

엘리엇, 토머스 Elyot, Thomas 129, 337

엘리자베스 시대 Elizabethan Age 78, 100, 160, 213, 291, 292, 293

엘리자베스 여왕 Elizabeth Ⅰ, queen of England 292

역사언어학 historical linguistics 42

《역사적 원칙에 따른 새 영어 사전》The New English Dictionary on Historical Principles 269

《영국 교회사》The Ecclesiastical History of the English People 78

《영국 언어지도》The Linguistic Atlas of England 189

영국 영어 British English 13, 436

《영국인을 믿으라》Trust an Englishman 187

《영어》(버치필드) The English Language 22, 86, 205, 235

《영어》(크리스털) The English Language 208

《영어 문법》(1619) Logonomia Anglica 236

《영어 문법》(1653) Grammatica Linguae Anglicanae 236

《영어 문법 간략 개론》A Short Introduction to English Grammar 241

《영어 사전》Dictionary of the English Language 263

《영어 이야기》The Story of English 315

《영어 지명의 기원》The Origin of English 355

《영어를 올바르게 개선해 쓰는 것에 관한 대화》De Recta et Emendata Linguae Anglicae Scription Dialogus 236

《영어의 교정, 향상, 확인을 위한 제안》Proposal for Correcting, Improving and Ascertaining the English Tongue 236

《영어의 문법적 규칙》A Grammatical Institute of the English Language 265

예스페르센, 오토 Jespersen, Otto 79, 93, 103, 118, 128, 238, 246, 257, 328

예이츠, 윌리엄 버틀러 Yeats, William Butler 70

오가드, 토니 Augarde, Tony 399

오브라이언, 코너 크루즈 O'Brien, Conor Cruise 68

오스칸어 Oscan 46

오스틴, 제인 Austen, Jane 132

오용 catachresist 131, 410

오케이 O. K. 284

오턴, 해럴드 Orton, Harold 189

《옥스퍼드 말놀이 지침서》Oxford Guide to Word Games 399

《옥스퍼드 영어 사전》Oxford English Dictionary (OED) 13, 15, 25, 115, 116, 118, 253, 269, 272, 294, 338, 387, 429

옥스퍼드대학교 Oxford University 14, 189, 337

옴 Orm 212

〈옵서버〉 Observer 309, 389, 430, 431

와인, 아서 Wynne, Arthur 397

와일드, 오스카 Wilde, Oscar 70

완곡어법 euphemism 380, 385

《왕의 영어》 In The King's English 299

요크의 알쿠인 Alcuin of York 81

욕설 swearing 144, 208, 330, 373, 374, 375, 376, 379, 380, 381, 382, 387, 389, 391, 431, 435

《욕설의 해부》 The Anatomy of Swearing 375

우랄어 Uralic 34

《우리말의 보배》 The Treasure of Our Tongue 206, 315, 427

《우리의 말》 Our Own Words 130, 278

《우리의 언어》 Our Language 81

우비흐어 Oubykh 57

운 rhymes 158, 159, 160, 161, 353

움브리아어 Umbrian 46

원순모음 round vowels 178

월리스, 존 Wallis, John 236

웨일스어 Welsh 20, 21, 35, 53, 65, 66, 67, 288, 352

《웹스터 뉴 월드 사전》 Webster's New World Dictionary 205

《웹스터 뉴 인터내셔널 사전》3판 Webster's Third New International Dictionary 15

웹스터, 노아 Webster, Noah 160, 165, 219, 222, 264, 265, 266, 267, 268, 269, 272, 287, 430

위크 몽컨 Wik Monkan 375

유럽경제공동체 European Economic Community 68

유럽자유무역연합 European Free Trade Association(EFTA) 13

유스카라 Euskara 32

유아 돌연사 증후군 Sudden Infant Death Syndrome 31

유에스 잉글리시 U. S. English 425, 426

《유토피아》 Utopia 107

음성 조합 mixture of phonics 143

음성학 phonics 66, 81, 146, 148, 154, 225

음절 syllables 111, 139, 150, 151, 152, 153, 154, 162, 163, 204, 208, 224, 279, 354, 357

의문문 interrogative sentence 38, 233

의성어 onomatopoeia 35, 36, 145, 416

이누이트어 Inuit 126

이로쿼이어 Iroquoian 278

이분석 metanalysis 101

이중 언어 교육 bilingual education 424, 425

이중모음 diphthong 147, 178

이중부정 double negatives 41, 241

〈이코노미스트〉 Economist 67, 315, 316, 317

이탈리아어 Italian 15, 16, 17, 47, 48, 49, 54, 58, 59, 122, 124, 155, 209, 290, 318, 350, 363, 432

인도 India 13, 33, 42, 57, 76, 315, 324, 417

인도유럽어 Indo-European languages 32, 33, 34, 43, 44, 45, 46, 80, 139

인도이란어 Indo-Iranian 45

인디언 Indian 17, 18, 34, 61, 102, 122, 278, 279, 280, 284, 285, 359, 361, 373, 415

〈인디펜던트〉 The Independent 389

《인명사전》 Who's who? 341

인용문 citation 95, 270, 272, 273, 292, 298, 389

인후 상부 성도 supralaryngeal vocal tract 152

〈일 펜세로소〉 Il Penseroso 102

일본어 Japanese 33, 54, 55, 201, 204, 311, 314, 318, 320, 326, 366, 436

일치운 holorime 407, 408

ㅈ

자멘호프, 루도비치 라자루스 Zamenhoff, Ludovic Lazarus 330

자음 consonants 57, 89, 147, 152, 207, 208

전치사 prepositions 49, 116, 230, 233, 240, 241, 242, 350, 351

접두사 prefixes 135, 136, 137, 138, 398

접미사 suffixes 78, 87, 99, 120, 135, 136, 137, 138, 154, 240, 291, 316

접사 affixes 49, 138, 243

접속사 conjunction 111, 230, 233, 240

정관사 definite article 23, 54, 80, 246, 330

정복왕 윌리엄 William the Conqueror, king of England 90, 158, 211

《정신 속의 말》 Words in the Mind 257

제1차 세계대전 World War Ⅰ 125, 221, 288, 341

제임스 1세 James Ⅰ, king of England 212

제임스 2세 James Ⅱ, king of England 131

제퍼슨, 토머스 Jefferson, Thomas 238, 265, 280, 281, 287, 296, 298, 430

조건문 conditional sentence 230

조이스, 제임스 Joyce, James 70, 400

조지 1세 George Ⅰ, king of England 85

조지, 데이비드 로이드 George, David Lloyd 108

족자족 Xoxa tribe 373

존 F. 케네디 연구소 John F. Kennedy Institute 37

존 왕 John, king of England 89
존스, 윌리엄 Johns, William 42
존슨, 벤 Jonson, Ben 129, 382, 401
존슨, 새뮤얼 Jonson, Samuel 86, 238, 253,
  260, 261, 298, 383, 400, 414
〈주기도문〉Lord's Prayer 74, 95, 99
주트인 Jutes 74, 75, 356
중국어 Chinese 14, 37, 39, 41, 146, 201,
  202, 203, 314, 324
중세 영어 Middle English 88, 89, 98, 416
질, 알렉산더 Gil, Alexander 236

ㅊ

차용 borrowing 79, 87, 103, 105, 121,
  122, 124, 125, 126, 131, 132, 162, 163,
  184, 195, 207, 209, 210, 211, 218, 221,
  229, 231, 278, 279, 282, 284, 286, 299,
  300, 317, 318, 320, 322, 325, 346, 349,
  365, 374, 380, 390
차우셰스쿠, 니콜라에 Ceausescu, Nicolae
  65
찰스 왕세자 Charles, prince of Wales 66,
  187
철자 바꾸기 anagrams 202, 395, 399, 400,
  401, 403, 404
철자법 spelling 20, 53, 58, 65, 81, 88, 89,
  94, 95, 96, 97, 99, 107, 116, 158, 160,
  161, 162, 188, 197, 205, 206, 207, 208,
  209, 210, 211, 212, 213, 214, 216, 217,
  218, 219, 220, 221, 222, 223, 224, 225,
  233, 237, 261, 262, 264, 266, 267, 269,
  270, 273, 278, 301, 330, 332, 350, 360,
  435
철자법개혁협회 Spelling Reform
  Association 220
초서, 제프리 Chaucer, Geoffrey 90, 91, 95,
  99
촘스키, 놈 Chomsky, Noam 36

ㅋ

카네기, 앤드루 Carnegie, Andrew 220, 221
〈카르데니오〉Cardenio 106
캐드먼 Caedmon 81
카이사르, 율리우스 Caesar, Gaius Julius
  221
카타레보사 Katharevousa 61
카탈루냐어 Catalan 47, 64
카터, 지미 Carter, Jimmy 239, 335, 336
칼라일, 토머스 Carlyle, Thomas 129
캅카스어 Caucasian languages 57
캐나다 Canada 17, 34, 62, 63, 173, 185,
  186, 315, 425
《캐스터브리지의 시장》The mayor of
  Casterbridge 132
캐시디, 프레더릭 Cassidy, Frederic 175
캑스턴, 윌리엄 Caxton, William 93, 96,
  158, 215, 216, 217
《캔터베리 이야기》The Canterbury Tales

91, 94, 98, 378

커뉴트 왕 Canute, king of England 85

커라트, 한스 Kurath, Hans 171, 175

케이블, 토머스 Cable, Thomas 89, 108,
    122, 216, 254, 262, 299, 329

케이전어 Cajun 193, 194, 291

케임브리지대학교 Cambridge University
    331

켈트어 Celts 32, 43, 45, 46, 47, 69, 77, 78,
    191, 355

코드리, 로버트 Cawdrey, Robert 212, 261

《코드리의 어려운 단어 알파벳순 일람》
    Cawdrey's Table Alphabetically 212,
    261

코스테르, 로런스 얀스존 Koster, Laurens
    Janszoon 215

코크니 Cockney 188, 416, 417, 418, 419,
    433

코크니 압운 속어 cockney rhyming slang
    418, 419

콘델, 헨리 Condell, Henry 106

콘월 Cornwall 75

콘월어 Cornish 46, 69

콜럼버스, 크리스토퍼 Columbus,
    Christopher 57, 365

콜리지, 새뮤얼 테일러 Coleridge, Samuel
    Taylor 129, 244, 296, 302

쿠퍼, 윌리엄 Cowper, William 161

쿼크, 랜돌프 Quirk, Randolph 14, 286,
    337

퀘벡 Quebec 63, 193, 425

퀘벡해방전선 Front de Liberation de
    Quebec 63

퀴너울프 Cynewulf 399

크로마뇽인 Cro-Magnon people 30, 32

크로아티아어 Croatian 61

크로켓, 데이비 Crockett, Davy 127

크롬웰, 올리버 Cromwell, Oliver 163, 214,
    346

크리스털, 데이비드 Crystal, David 208

크리올어 creole languages 39, 40, 41, 313

클라크, 케네스 Clark, Kenneth 81

클레이본, 로버트 Claiborne, Robert 186

키릴 알파벳 Cyrillic alphabet 61

키츠, 존 Keats, John 100

키케로 Cicero 48

《킹 제임스 성서》 King James Bible 99, 254

ㅌ

타갈로그어 Tagalog 122, 283

《타르로 만든 아이》 The Tar Baby 195

〈타임스〉 The Times 272, 327, 385, 386,
    388, 395, 397, 398

태즈메이니아 Tasmania 18

테니슨, 알프레드 Tennyson, Alfred 220

토하라어 Tocharian 45

톨킨, J. R. R. Tolkien, J. R. R. 189

통사론 syntax 39, 49, 84, 88, 91, 195, 288,
    316, 331, 334

튜턴족 Teutonic 16

트라코일리리아어 Thraco-Illyrian 45
트라키아어 Thracian 43
트로브리안드 군도 Trobriand Island 18
《트로이 역사 이야기》 Recuyell of the
    Historyes of Troy 216
트루질, 피터 Trudgill, Peter 181
트웨인, 마크 Twain, Mark 170, 219, 220

ㅍ

파르티아어 Parthian 45
파리 Paris 46, 85, 86, 87, 91, 241, 383,
    419
파열음 plosives 152
파울러, H. W. Fowler, H. W. 239, 240,
    246, 299, 430
파이퍼, 줄스 Feiffer, Jules 114
파일스, 토머스 Pyles, Thomas 265, 384,
    390, 391
퍼트넘, 조지 Puttenham, George 94
페렉, 조르주 Perec, Georges 406
페로스어 Faeroese 45
페르시아어 Persian 42, 43, 265
페이, 마리오 Pei, Mario 49, 56, 60, 102,
    132, 182, 186, 206, 254, 255, 281, 387
포르투갈어 Portuguese 15, 60, 300, 314,
    324, 325
포터, 시미언 Potter, Simeon 81, 92, 131,
    147, 170, 207
포프, 알렉산더 Pope, Alexander 161

품사 word class 229, 231
프랑스 France 13, 14, 15, 21, 30, 33, 36,
    47, 64, 67, 78, 82, 84, 86, 88, 90, 91,
    94, 96, 123, 163, 203, 237, 249, 262,
    319, 321, 323, 348, 370, 379, 406, 417
프랑스어 French 14, 15, 16, 19, 34, 39, 47,
    48, 49, 54, 58, 60, 61, 62, 63, 64, 78,
    85, 86, 87, 88, 90, 91, 94, 96, 108, 119,
    122, 124, 136, 155, 162, 163, 191, 193,
    194, 209, 211, 237, 238, 243, 279, 280,
    314, 320, 321, 322, 325, 330, 352, 373,
    376, 378, 407, 408, 417, 432
프랑스어일반위원회 Commission on
    Terminology 321
프랑스어감독위원회 Commission de
    Surveillance de la Langue Francaise 63
프랑시엔 Francien 86
프랑코, 프란시스코 Franco, Francisco 64
프래플리 fraffly 187
프랜시스, W. 넬슨 Francis, W. Nelson 174
프랭클린, 벤저민 Franklin, Benjamin 218,
    264, 287, 297
프리스틀리, 조지프 Priestley, Joseph 238
프리슬란트어 Frisian 46, 74
《프린키피아》 Principia 107
플랑드르어 Flemish 14, 46, 62
〈피그말리온〉 Pygmalion 186, 188, 222
피어스, 존 R. Pierce, John R. 148
피진어 pidgin languages 39, 313
《피터버러 연대기》 Peterborough
    Chronicle 89

피트먼, 아이작 Pitman, Isaac 219
〈피파가 지나간다〉 Pippa Passes 121
핀란드어 Finnish 34, 53, 60, 145, 284, 374
필드, 리처드 Field, Richard 107

ㅎ

〈하기스에게〉 To a Haggis 192
하디, 토머스 Hardy, Thomas 132
하비, 윌리엄 Harvey, William 107
하일랜드 스코틀랜드어 Highland Scottish
    16
한국어 Korean 34, 314, 424
해리스, 조엘 챈들러 Harris, Joel Chandler
    195, 196
해링턴, 존 Harrington, John 107
《허클베리 핀》 Huckleberry Finn 170
헝가리어 Hungarian 65
헤밍, 존 Hemming, John 106
헨드릭슨, 로버트 Hendricson, Robert 178,
    195
헨리 4세 Henry Ⅳ, king of England 85,
    90, 103, 400
헨리 5세 Henry Ⅴ, king of England 91,
    292, 293
《현대 영어 용례 사전》 A Dictionary of
    Modern English Usage 300, 430
현재 시제 the present tense 229, 230, 231
현재 시제 분사 present participle 231
형용사 adjectives 54, 60, 80, 96, 103, 111,

115, 116, 120, 125, 136, 193, 231, 232,
    258, 283
형태론 morphology 331
호모 사피엔스 Homo sapiens 31, 32
호모 사피엔스 사피엔스 Homo sapiens
    sapiens 30
호프만스탈, 후고 폰 Hofmannsthal, Hugo
    von 23
화석어 표현 fossil expression 134
《황량한 집》 Bleak House 132
회문 parlindromes 202, 395, 399, 400,
    401, 402, 403, 407
후두 larynx 30, 31, 152
후음 gutturals 152
히라가나 hiragana 204
히브리어 Hebrew 265
히타이트어 Hittite 34
히틀러, 아돌프 Hitler, Adolf 64, 405
힌디어 Hindi 45, 122, 314

빌 브라이슨
언어의 탄생

초판 1쇄 인쇄 2021년 6월 30일
초판 4쇄 발행 2024년 8월 23일

부사장 김은영
콘텐츠사업본부장 박현미
콘텐츠사업9팀장 차혜린 **콘텐츠사업9팀** 강지유, 최유진, 노현지
마케팅본부장 권장규 **마케팅1팀** 최혜령, 오서영, 문서희 **채널1팀** 박태준
미디어홍보본부장 정명찬 **브랜드관리팀** 오수미, 김은지, 이소영, 서가을
뉴미디어팀 김민정, 이지은, 홍수경, 변승주
지식교양팀 이수인, 염아라, 석찬미, 김혜원, 백지은, 박장미, 박주현
편집관리팀 조세현, 김호주, 백설희 **저작권팀** 이슬, 윤제희
재무관리팀 하미선, 윤이경, 김재경, 임혜정, 이슬기
인사총무팀 강미숙, 지석배, 김혜진, 황종원
제작관리팀 이소현, 김소영, 김진경, 최완규, 이지우, 박예찬
물류관리팀 김형기, 김선민, 주정훈, 김선진, 한유현, 전태연, 양문현, 이민운

펴낸곳 다산북스 출판등록 2005년 12월 23일 제313-2005-00277호
주소 경기도 파주시 회동길 490 다산북스 파주사옥
전화 02-704-1724 **팩스** 02-703-2219 **이메일** dasanbooks@dasanbooks.com
홈페이지 www.dasan.group **블로그** blog.naver.com/dasan_books
종이 신승INC **인쇄** 민언프린텍 **코팅 및 후가공** 제이오엘엔피 **제본** 다온바인텍
ISBN 979-11-306-3832-4(03700)

다산북스(DASANBOOKS)는 책에 관한 독자 여러분의 아이디어와 원고를 기쁜 마음으로 기다리고 있습니다. 출간을 원하는 분은 다산북스 홈페이지 '원고 투고' 항목에 출간 기획서와 원고 샘플 등을 보내주세요. 머뭇거리지 말고 문을 두드리세요.